KB128682

河圖(하도)

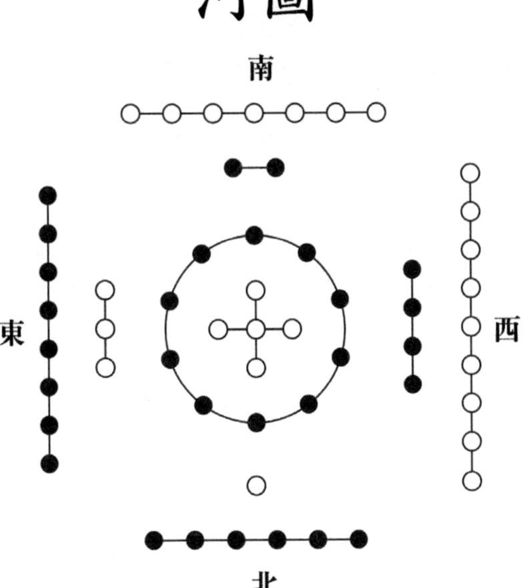

洛書(낙서)

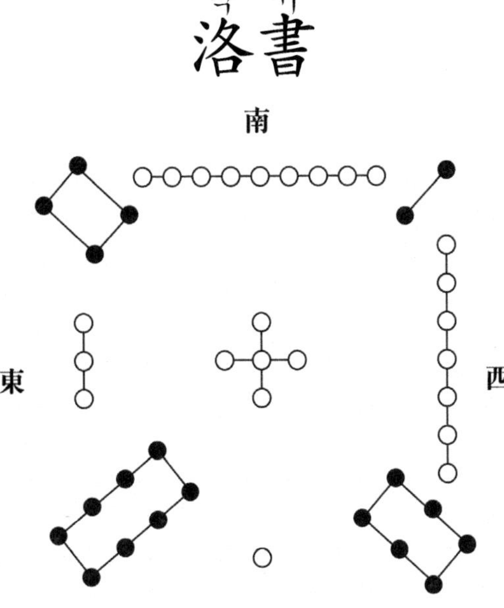

伏義先天八卦方位之圖
복희선천팔괘방위지도

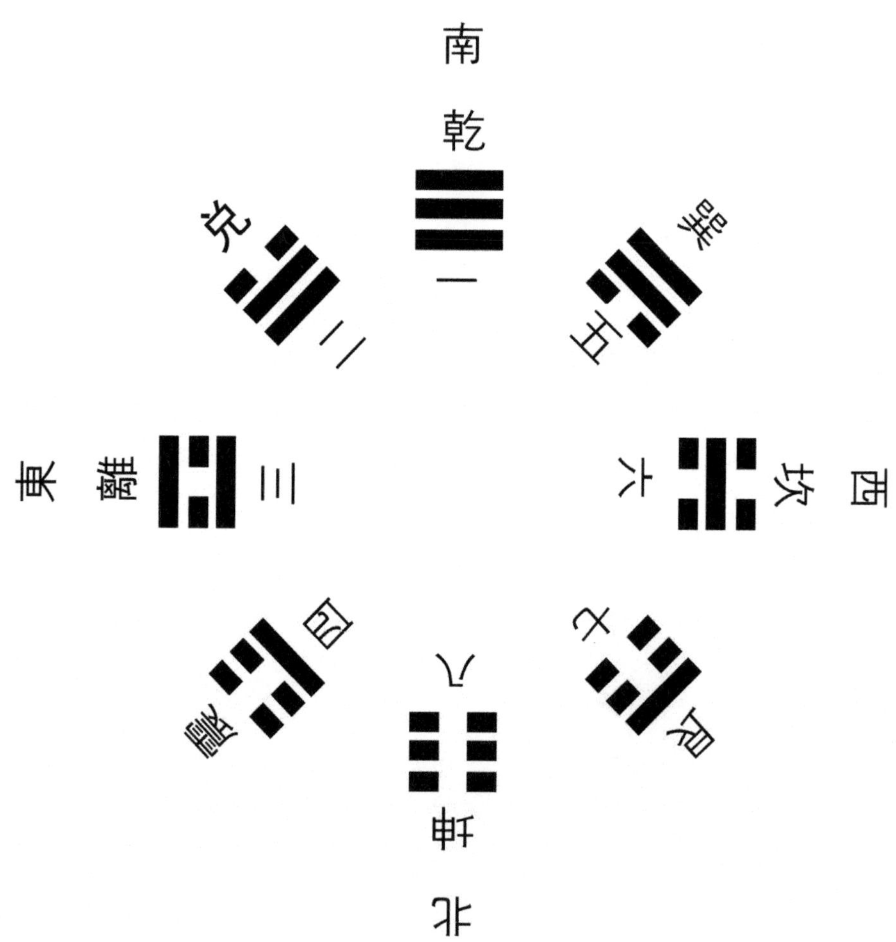

문 왕 후 천 팔 괘 방 위 지 도
文王後天八卦方位之圖

南

離

巽

東 震

北

복희육십사괘방위지도
伏羲六十四卦方位之圖

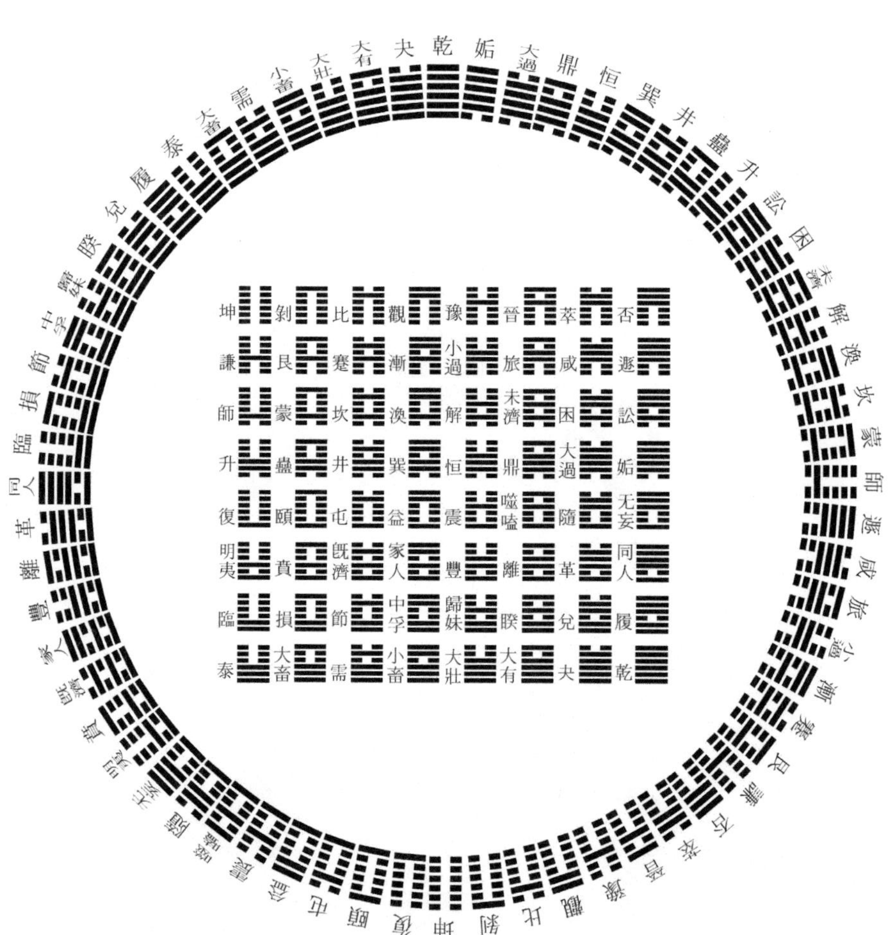

태극도
太極圖

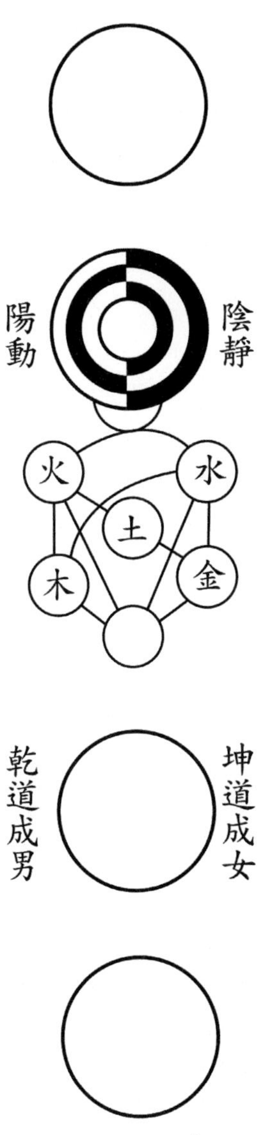

生化物萬

주역내전 1

이 번역은 중국 장사(長沙)의 악록서사(嶽麓書社)에서 1992년에 발행한 선산전서(船山全書) 가운데 『주역내전(周易內傳)』과 『주역내전발례(周易內傳發例)』를 저본으로 하였습니다.

이 책은 (재)한국연구재단의 지원으로 학고방출판사에서 출간, 유통합니다.

한국연구재단 학술명저번역총서
동양편 613

(건괘乾卦䷀~비괘否卦䷋)

주역내전 1

Zhou Yi Nei Zhuan

왕부지(王夫之) 지음 | 김진근(金珍根) 옮김

學古房

역자서문

올해가 30년째다. 왕부지가 홀연히 내게 철학의 심오함을 일깨워주는 이로 다가온 뒤 어언 이만큼의 세월이 흘렀다. 그동안 나는 왕부지를 통해 동양철학의 정수(精髓)를 섭렵할 수 있었고, 학인(學人)으로서의 자세가 어떠해야 한지를 어렴풋이나마 엿볼 수 있었다. 그래서 대학원 학업 과정에서 왕부지의 역학(易學)을 연구하여 석사·박사학위를 얻었으며, 『왕부지의 주역철학』이라는 저서도 냈다. 뿐만 아니라 왕부지의 역학을 주제로 하여 10편이 넘는 논문을 써서 국내 학계는 물론 중국 학계에서 발표하기도 했다. 그리고 강단에 자리를 잡고 후학들에게 강의도 할 수 있게 되었다. 이러한 점에서 볼 때, 왕부지는 나의 사숙(私淑) 스승이요 학문적 은인이라 할 수 있다. 그리고 나의 평생 공부는 이 왕부지의 역학 속에 있다.

이 세월 동안 왕부지의 『주역내전』을 읽은 것을 바탕으로 이제 이 번역을 내놓는다. 한국연구재단의 2011년도 명저번역사업 분야에서 이 『주역내전』 번역으로 연구비를 지원받아 4년 동안 매진한 결과가 이 번역 속에 녹아 있다. 이 세월 동안 힘들었던 만큼 이제 뿌듯함으로 다가온다. 그리고 두렵다. 동양철학사 3천 년에서 걸작 중의 걸작인 이 작품을 우리말로 옮기면서 내가 얼마나 많이 훼손했을까를 생각하니! 완전 번역을 지향하면서 매달렸지만, 진행하면 할수록 그것은 이상일 뿐이라는 느낌을 번역자로서 처연하게 받았기 때문이다. 왕부지의 『주역』은 그만큼 어렵고 무거운 것이었다. 그래도, 완전 번역을 이루지는 못하더라도, 그만큼 내 손에 의해 훼손된 것이 많다손 치더라도, 우리말로 된 것이 있는 것이 없는 것보다는 낫다는 전제에서 용기를 내서 진행하였다. 독자 제현께서 혜량해주시기를 바란다.

이 『주역내전』은 왕부지가 67세 때 완성한 것이다. 그가 37세 때 쓴 『주역외전』과는 달리, 이 『주역내전』은 『주역』의 경(經)・전문(傳文)을 축자적으로 충실하게 풀이하고 있다. 이 『주역내전』은 원래 왕부지가 제자들에게 『주역』을 강의하는 데서 교재로 활용하기 위해 저술한 것이다. 이에 비해 『주역외전』은 경・전문이 없이 단지 『주역』의 틀만을 준수하며 왕부지가 자신의 『주역』철학을 체계적으로 서술한 것이다. 따라서 우리는, 그가 '내(內)'・'외(外)'라는 말을 사용하여 이들을 구별짓고 있는 점을 대강 짐작할 수 있다. 즉 『주역내전』은 『주역』 속에 들어가서 속속들이 그 풀이를 시도한 것이고, 『주역외전』은 『주역』 밖에서 그것을 전체적으로 조망하며 쓴 풀이글이라는 것이다. 이들 『주역내전』과 『주역외전』은 쌍벽을 이루며 왕부지 철학의 정수(精髓)를 보여주고 있다. 이들은 중국철학사에서 '인식 체계의 대전환(paradigm shift)'이라 부르기에 충분한 철학적 독창성과 혜안을 여실히 보여주고 있다. 이들 외에도 왕부지는 『주역대상해(周易大象解)』, 『주역고이(周易考異)』, 『주역패소(周易稗疏)』 등을 저술하여 『주역』에 대한 그의 입체적인 이해와 포괄적인 설명을 내보이고 있다.

그런데 왕부지의 『주역』은 독자에게 무거움을 요구한다. 그 이유는 이러하다. 첫째, "『주역』은 군자가 일을 도모하는 데 활용하기 위해 만든 것이지 소인이 무슨 일을 도모하는 데 활용하도록 만들어진 것이 아니다."(『正蒙』, 「大易」: 『易』爲君子謀, 不爲小人謀)라는 장재(張載)의 말을 그가 금과옥조(金科玉條)로 운용하기 때문이다. 이는 왕부지가 『주역』을 읽는 이에게 선결 요건으로 군자가 되라고 요구함을 의미한다. 그렇지 않으면, 즉 군자의 요건을 갖추지 못한 채 자신의 이익 따위나 도모하기 위해 시초점을 치면, 정작 거기에서 나온 괘·효사의 의미가 점친 이에게 해당되지 않는다고 하기 때문이다. 왕부지는 『춘추좌씨전』에 나오는 목강(穆姜)의 예를 들어 이를 강조하고 있다. 따라서 자신이 군자가 아니고 또 시초점에게 묻는 일이 의로움[義]이 아니라 이로움[利]에 관련된 것이라면, 아예 『주역』은 손에 잡아서도 안 된다고 하는 의미가 된다. 왕부지는 이러한 관점에서 『주역』이 "의로움을 점치는 것이지 이로움을 점치는 것이 아니다(占義不占利)."고 하였고, "군자에게 권하여 경계하도록 하는 것이지 자신을 모독해가면서까지 소인에게 고해주지 않는다(勸戒君子, 不瀆告小人)."고 하였다. 이처럼 왕부지의 역학은 의리역학의 정수(精髓)를 보여주고 있는 것이다. 이는 공자가 항상된 덕이 없으면 점을 치지 말라고 하였던(『論語』, 「子路」: 子曰, "南人有言曰, '人而無恆, 不可以作巫醫.' 善夫!" "不恆其德, 或承之羞." 子曰, "不占而已矣.") 가르침을 그대로 이어받은 것이라 할 수 있다. 그래서 무겁지 않을 수가 없다.

둘째, 왕부지의 한평생이 『주역』 속에 녹아 있기 때문이다. 그는 오늘날 우리 한국인의 관점에서 보면 지나치다 싶을 정도로 한족(漢族)과 다른 민족들을 구별하였다. 이른바 '이하지변(夷夏之辨)'에서 그는 주변의 다른 민족들을 동등한 인간으로 보려 하지 않는 점이 너무나 두드러지는 것이다. 이러한 관점을 가진 그가 만주족에게 중원이 지배당한 수모 속에 지식인으로서 한평생을 살았으니, 그 열패감이 어떠했으리라는 것은 짐작키에 어렵지 않다. 그런데 그는 자신의 '이하지변'을 정당화하는 차원에서 한족의 문화적 우월성을 든다. 짐승과 구별되는 사람 세상을 운용할 수 있도록 하는 체제인 예(禮)를 가졌다는 측면에서 그렇다는 것이며, 그 장구한 역사 속에서 성현(聖賢)들의 가르침을 많이 축적하고 있다는 점에서 그렇다는 것이다. 이러한 점들을 그대로 온축하고 있는 것이 이 『주역』이다. 그는 이제 한족에 의한 중원 회복 가능성이 완전히 사라져버렸다고 여긴 상황에서 이렇게 이민족에게 지배를 당함이 하늘의 뜻이라 보고는, 자신의 서실에 "육경이 나를 다그치며 새로운 면모를 열라 하니, 이 한 몸 하늘의 뜻을 좇으며 산 채로 묻어 달라 애걸하네!(六經責我開生面, 七尺從天乞活埋)"라는 대련(對聯)을 붙이고 경전 연구에 자신의 남은 평생을 걸었다. 이렇게 하여 탄생한 것이 이 『주역내전』이다. 그만큼 그의 『주역』은 독자들에게 숙연함을 요하고 있다.

셋째, 『주역내전』에는 중국 고전에 대한 왕부지의 해박함이 그대로 녹아 있기 때문이다. 이 『주역내전』을 읽다 보면, 문(文) · 사(史) · 철(哲) 모두에 달통한 그의 지식이 총망라되어 있다는 것을 금방 알아차릴 수 있다. 『주역』 풀이에서 이들 고전의 관련 구절을 인용하며 풀이하는 곳이 너무나 많기 때문이다. 13경은 물론이요, 24사(史)로 통칭할 수 있는 중국의 역사적 사건들이 그 풀이에 끊임없이 동원되고 있는 것이다. 따라서 독자로서도 이러한 배경 지식이 없으면, 오리무중(五里霧中)을 헤매는 답답함에 애가 닳기 십상이고, 읽고 또 읽어도 격화소양(隔靴搔

癢)의 미진함이 남기 마련이다. 그만큼 왕부지의 『주역』은 독자들에게 무거움으로 다가온다고 할 수 있다.

넷째, 왕부지의 글이 너무나 압축이 심하고, 어휘가 풍부하기 때문이다. 그가 중국의 그 방대한 고전을 꿰고서 그것들을 『주역』 풀이에 적절하게 활용한다는 데서 이미 들어난 사실이기도 하지만, 왕부지의 천재성이 이 『주역내전』에는 남김없이 발휘되어 있다. 따라서 그에 못 미치는 수준의 사람으로서는 이 『주역내전』을 읽는 것이 여간 힘든 일이 아니다. 그가 60대에 들어서는 잔병치레 하느라 끊임없이 시달렸고 지병이었던 천식 때문에 몸을 가누기조차 어려운 상황인지라, 제자들에게 말로 『주역』을 설명하기가 어려워 글로 풀이를 제시하기 위해 이 『주역내전』을 썼다는데, 그의 천재성이 녹아 있는 압축과 풍부한 어휘가 그만 범연한 사람으로서는 따라 읽는 것을 너무나 어렵도록 하는 것이다. 도대체 풀이가, 풀이가 아닌 것이다. 이 풀이를 이해하기 위해서 우리는 다시 공부하지 않으면 안 되고, 그가 하고자 하는 말이 무슨 의미를 지닌 것인지 몇 날이고 곱씹어보지 않으면 안 된다. 그래서 왕부지의 『주역』이 독자들에게 무거움으로 다가온다고 하지 않을 수가 없다.

역자로서 나는 내가 읽으면서 느낀 이 무거움을 가능하면 독자들은 겪지 않도록 하겠다는 차원에서 최선을 다해 번역에 임하였다. 그래서 왕부지가 『주역』 풀이에서 동원하고 있는 관련 고전의 구절과 역사적 사실들을 일일이 전거를 찾아서 각주의 형식을 빌려 설명하였다. 아울러 압축이 심한 구절의 의미를 재삼재사 곱씹으며 나름대로 풀이하여 제시하였다. 그러다 보니, 각주의 수가 엄청나게 불어났고, 각주 하나하나의 양도 한없이 늘어나기만 했다. 그런데 관점에 따라서는 필요하지 않는 각주들이 있다고 여길 수도 있고, 각주가 너무 장황하다고 여길 수도 있을 것이다. 그러나 역자로서는 독자들에게 하나라도 더 배경 지식을 전해준다는 차원에서 시도해본 것이니, 역자의 각주가 필요 없는 수준의 독자들로서는 이 점을 양해하길 바란다.

이 『주역내전』의 독창적인 면 몇 가지를 약술하고자 한다. 첫째, 왕부지의 태극관(太極觀)이다. 왕부지는 태극을 '음・양이 나뉘지 않은 채 뒤섞여 있는 것(陰陽之渾合者)'이라 한다. 즉 음・양이라는 본체가 인(絪)・온(縕) 운동을 하면서 서로 함께 어울려 합동으로 지어내고(合同而化) 하늘과 땅 둘 사이를 가득 채우고 있는 것을 태극이라 한다. 다시 말해서 '음・양 둘이 합하여 함께 이루어내는 합동의 조화(合同之之和)'를 태극이라 한다. 이렇게 보면, 왕부지에게서 태극은 음・양이라는 두 본체의 기(氣)가 인(絪)・온(縕) 운동을 통해 만물을 지어내면서 이루고 있는 전체적인 조화의 양태를 의미한다. 그러므로 이 태극은 따로 독립된 장(場)을 갖거나 자기 정체성(identity)을 갖는 또 하나의 존재가 아니다. 이렇듯이 왕부지는 이 태극을 우주 만물의 총 근원・근거로서의 본체라 하지 않는다. 왕부지에게서 이러한 본체는 어디까지나 음・양의 기(氣)다. 그는 이것을 '인・온 운동을 하는 속에 거대하게 조화를 이루고 있는 기[太和絪縕之氣]'라고 명명하였다. 이러한 왕부지의 태극관은 주희(朱熹)의 태극관과 명확하게 비교된다. 주희는 태극을 형이상자(形而上者)로서의 도(道), 음・양을 형이하자(形而下者)로서의 기(器)라 하면서, 양태로 보면 휑하고 아득하여 아무런 조짐이 없는[沖漠無朕] 태극 속에 음・양의 리(理)가 다 갖추어져 있다고 하였다.(朱熹, 『太極圖說解』 참조) 따라서 주희에게서는 우주 만물의 총 근원・근거로서의 본체가 이 태극이다. 그리고 주희는 이 태극을 리(理), 음·양을 기(氣)라 하면서, 이 둘 사이에는 본래 선후가 없는 것이지만 논리적·개념적으로 소종래(所從來), 즉 어디로부터 왔는가를 추론해보면 태극인 리(理)가 먼저 있고 그것으로부터 기(氣)가 왔다고 해야 한다고 하였다. 그러나 왕부지에게서 이러한 태극은 없다. 태극이 결코 음·양의 본체나 근거가 될 수 없는 것이다. 태극이 자기 정체성을 지닌 독립된 존재가 아니기 때문이다. 이것이 이 『주역내전』의 태극에 대한 설명에서 분명하게 제시되어 있다.

둘째, 왕부지는 이 세계의 본체인 음·양을 『주역』에서 표상하고 있는 것이 건괘䷀·곤괘䷁ 두 괘요, 음(陰)·양기(陽氣)가 천지 만물을 낳는 것처럼 이들 두 괘가 나머지 62괘를 낳는다고 하고 있다. 왕부지는 이를 '건괘·곤괘 두 괘가 아울러 다른 괘들을 세움[乾坤竝建]'이라 명명하고 있다. 따라서 왕부지의 역학(易學)에서는 태극이 본체가 되지도 않고, 건괘䷀만이 홀로 본체가 되지도 않는다. 어디까지나 이들 건괘·곤괘 두 괘가 아울러서 『주역』 64괘의 본체가 된다고 하고 있다. 이를 논증하기 위해 왕부지는 한 괘의 여섯 효 낱낱의 뒤쪽[背]에는 앞쪽[嚮]과 상반되는 효가 자리 잡고 있다고 하였다. 즉 앞쪽에 양효(—)가 있으면 뒤쪽에는 음효(--)가 있고, 앞쪽에 음효(--)가 있으면 그 뒤쪽에는 양효(—)가 자리 잡고 있다는 것이다. 따라서 왕부지에게서 한 괘는 6위(位)가 아니라 12위(位)가 된다. 이 12위(位)를 고려하면 『주역』의 64괘는 모두 건괘·곤괘 두 괘로 환원된다. 다시 말해서 64괘가 모두 건괘·곤괘 두 괘로 이루어져 있다고 함을 확인할 수 있는 것이다. 이 '건곤병건'설은 그의 기철학(氣哲學)을 역학에서 정합적으로 운용한 것이라 할 수 있다.

셋째, '사성동규(四聖同揆)', 또는 '사성일규(四聖一揆)'론이다. 이는, 오늘날 우리가 접하는 『주역』을 복희씨(伏犧氏), 문왕(文王), 주공(周公), 공자라는 네 성인이 각기 시대를 달리하면서도 동일한 원리를 좇아서 만들었다고 하는 주장이다. 복희씨는 팔괘를 그렸고, 문왕은 이를 육십사괘로 연역하고는 각각의 괘에 괘사(卦辭)를 붙였으며, 그 아들 주공은 육십사괘 각각의 여섯 효들에 효사를 붙였다는 것이다. 효사는 모두 386개다. 그리고 공자는 『주역』의 원리 및 괘・효사들에 담긴 의미를 풀이해주는 전(傳)으로서의 '십익(十翼)'을 지었다는 것이다. 다만 왕부지는 전통 주역관에서 말하는 것과는 달리 역전(易傳) 가운데 「서괘전(序卦傳)」만은 공자의 저작이 아니라고 단언하며 이 『주역내전』에서 그 원문만을 덩그러니 그대로 둔 채 아예 풀이조차 하지 않고 있다. 그리고는 '십익'에서 이 「서괘전」을 빼낸 자리에, 이제 「상전(象傳)」에서 「대상전」을 분리하여 추가함으로써 '십익'의 숫자 '10'을 채우고 있다. 왕부지는 그의 천재성으로 말미암아 「서괘전」의 조악함을 벌써 눈치챈 것이다. 사실 냉엄하게 보면, 이 「서괘전」만큼은 그 횡설수설 및 논의의 일관성 결여 때문에 십익 가운데서도 너무나 격이 떨어진다. 그래서 이것을 『역전』 속에 포함시키는 것이 민망스러울 정도다. 그런데 왕부지는 그 학문적 엄밀성과 객관성에 입각하여, 전통적으로 경전의 의심스러운 점들에 대해 자신의 관점에서 함부로 재단하지 않고 그대로 두는 '존이불론(存而不論)'의 태도를 지양하면서, 이렇게 과감하게 자신의 입장을 개진하고 있는 것이다. 그리고 왕부지는 '사성동규'론에 입각하여 팔괘, 육십사괘, 괘・효사, 『역경』과 『역전』 사이 등에 정합성과 일관성이 자리 잡고 있다고 본다. 즉 이들 사이에 어떤 모순도 존재하지 않는다고 보는 것이다. 따라서 괘・효사들 사이에 더러 상충되어 보이는 것들에 대해서 그는 어떻게든 그 정합성과 일관성을 역설하며 풀이를 시도하고 있다. 이것을 왕부지 자신은 '단효일치(彖爻一致)'라는 말로 부르고 있다.

넷째, 『역학계몽』의 『주역』 풀이 관점과 도설(圖說)들을 철저하게 배격하는 점이다. 주지하다시피 『역학계몽』은 채원정(蔡元定)과 주희(朱熹)가 함께 지은 것으로서, 주자학이 동아시아에서 관학으로 자리 잡은 뒤에는 주희의 권위에 실려 『주역』 풀이에서 거의 교조(敎條)처럼 자리매김 되어 있었다. 이 『역학계몽』의 핵심을 이루는 것은 소옹(邵雍)의 『주역』 관련 저작들과 한대(漢代)부터 거의 정설처럼 내려오는 괘변설이다. 그런데 왕부지는 소옹이 그린 도(圖)들을 거의 모두 부정하고, 가일배법(加一倍法)도 신랄하게 비판한다. 우주 변화의 법칙은 이처럼 정연하게 점진적으로, 또 도식적으로 변화하지 않는다는 이유에서다. 즉 우주는 인간의 입장에서까지 예측 가능할 정도로 이와 같은 필연의 과정을 밟으며 변화하지 않는다고 보는 것이다. 물론 왕부지 자신이 "수의 밖에는 상이 없고, 괘・효상의 밖에는 괘・효사가 없다.(無數外之象, 無象外之辭)"라고 하며 『주역』을 풀이하는 데서 괘・효상과 수를 고려함이 필수불가결함을 역설하고는 있다. 그리고 그는 이를 논거로 하여 왕필의 유명한 "뜻을 얻었거들랑 말은 잊어버리고, 말을 얻었거들랑 상은 잊어버려라!(得意忘言, 得言忘象)"라는 설을 비판하고도 있다. 왕부지 자신도 상(象)과 수(數)를 『주역』의 핵심 요소로 보고 있는 것이다. 그럼에도 불구하고 왕부지는 『역학계몽』에서 내세우는 도(圖)나 상(象)・수(數) 및 관련 이론들에 대해 철저하게 부정하는 입장을 취하며 자신의 관점에서 정치(精緻)한 대안들을 제시하고 있다. 『역학계몽』의 관점과 해석틀이 당시 동아시아에서 절대적 권위를 확보하고 있었다는 배경을 감안할 때, 이러한 면은 왕부지 역학의 대단히 두드러진 특징이라 하지 않을 수 없다. 그리고 우리는 여기서 왕부지의 학문적 순수성과 객관성을 충분히 짐작할 수 있다.

왕부지는 이 『주역내전』에 대해서 장문의 '일러두기'에 해당하는 『주역내전발례(周易內傳發例)』를 붙이고 있다. 그런데 이 『주역내전발례』에는 『주역내전』에 대한 단순한 일러두기를 넘어 왕부지의 주역관이 소상하게 개진되어 있다. 따라서 어떤 측면에서는 이것이 『주역내전』의 길잡이 역할을 한다고도 할 수 있다. 이러한 이유에서 역자인 나는 독자들이 본격적으로 『주역내전』을 읽기에 앞서 이 『주역내전발례』를 먼저 읽을 것을 권하고 싶다.

이제 이 성과를 책으로 내면서 역자로서 나는 한국연구재단에 감사하지 않을 수 없다. 피상적으로만 보면 전혀 돈이 될 리가 없는 이 『주역내전』의 번역과 출판을, 이 재단에서 명저번역사업의 일환으로 전격 지원해 주었기 때문이다. 이 지원이 없으면 거의 빛을 보기 어려웠을 이 작업성과가 이렇게 하여 세상에 드러날 수 있었다. 따라서 번역자의 입장에서 한국연구재단에 아무리 감사해도 지나치지 않다고 본다.

또 있다. 우리 한국교원대학교의 대학원 석・박사 과정에서 나에게 지도를 받고 있고 또 받았던 김경주・김명희 선생께 나는 감사해야 한다. 이들은 나에게 이 『주역내전』을 디지털로 옮겨 줌으로써 내가 그만큼 편하게 번역을 진행할 수 있도록 해주었다. 그리고 이들은 일부의 교정에도 흔쾌히 시간을 내주었다. 이제 이 성과를 출간하면서 이들의 노고를 기리며 마음속 깊이 고마움을 느낀다. 아울러 이 번역의 출간에 흔쾌히 응해준 학고방 출판사의 하운근 사장과 직원들에게 깊이 감사한다. 특히 나의 다양한 요구들을 말없이 수행해 준 박은주 차장에게 감사하다는 말씀을 올린다.

독자 제현들의 눈에 이 번역물이 한두 곳에만 문제가 있는 것이 아닐 것이다. 이에 대해 독자 여러분들의 따뜻하면서도 준엄한 질정(質正)을 바란다. 그리고 이러함이 모여 우리나라에 왕부지의 역학이 더욱 정확하게 알려지고 그에 대한 수준 높은 연구가 지속될 수 있기를 바란다.

2014년 11월 24일

문수 · 보현봉이 바라보이는 작은 서실에서

김진근 쓰다

목 차

주역내전 (건괘乾卦䷀~비괘否卦䷋)

주역내전 (동인괘同人卦䷌~이괘離卦䷝)

3

주역내전 (함괘咸卦䷞ ~ 곤괘困卦䷮)

주역내전 (정괘井卦䷯~미제괘未濟卦䷿)

5

주역내전 (계사전繫辭傳)

6

주역내전 (설괘전說卦傳 · 서괘전序卦傳 · 잡괘전雜卦傳 · 附 발례)

附 발례

일러두기

- 이 번역은 중국 장사(長沙)의 악록서사(嶽麓書社)에서 1992년에 발행한 선산전서(船山全書) 가운데 『주역내전(周易內傳)』과 『주역내전발례(周易內傳發例)』를 저본으로 하였다.

- 『주역』 본문의 끊어 읽기와 풀이는 저자의 것을 기준으로 하였다. 따라서 우리나라의 전통 끊어 읽기와 다른 곳이 있을 수 있고, 우리나라의 전통 풀이와 다른 곳이 있을 수 있다. 괘 이름에서도 저자의 풀이를 근거로 하였다. 예컨대 우리나라에서는 遁卦䷠를 '돈괘'라고 읽지만, 왕부지가 철저하게 '은둔'의 의미로 풀고 있음을 존중하여 이 번역에서는 '둔괘'로 읽었다.

- 가능하면 순수한 우리말로 풀자는 관점에서 우리말로 표기한 것들이 있다. 예컨대 '剛·柔'를 '굳셈[剛]·부드러움[柔]'으로, '動·靜'을 '움직임(動)·고요함(靜)'으로 표기한 것들이 그것이다. 이 외에도 가능하면 순수한 우리말로 풀자는 시도를 의식적으로 하였다. 따라서 이것들이 일반 서술어들과 혼동을 줄 수 있는 여지가 있지만 독자 제현의 양해를 바란다.

주역내전

(건괘乾卦䷀~비괘否卦䷋)

건괘乾卦䷀ ~ 비괘否卦䷋

伏羲氏始畫卦, 未有『易』名. 夏曰「連山」, 商曰「歸藏」, 猶筮人之書也. 文王乃本伏羲之畫, 體三才之道, 推性命之原, 極物理人事之變, 以明得吉失凶之故, 而『易』作焉. 『易』之道雖本於伏羲, 而實文王之德與聖學之所自著也.

복희씨께서 처음으로 괘를 그렸을 적에는 '역(易)'이라는 이름조차 없었다. 하(夏)나라에서 「연산」이라 하고 상(商)나라에서 「귀장」이라 한 것들은 점치는 이들의 재료와 비슷하였다. 이에 문왕이 복희씨가 그린 괘획을 근본으로 삼고 삼재(三才)의 도를 체현하여, 성(性)과 명(命)의 근원 및 만물의 이치・사람 일의 변화를 궁극까지 탐구하여 득(得)・실(失)과 길・흉의 까닭을 밝혔다. 이렇게 하여 『주역』이 만들어졌다. 이렇듯 『주역』의 도는 비록 복희씨에게 근본이 있기는 하지만, 그것에는 실로 문왕의 덕뿐만 아니라 성인(聖人)됨을 지향하는 우리 유학(儒學)이 저절로 드러나 있다.

'易'者, 互相推移以摩盪之謂. 『周易』之書, '乾''坤'竝建以爲首, 『易』之體也; 六十二卦錯綜乎三十四象而交列焉, 『易』之用也. 純乾純坤, 未有

『易』也, 而相峙以竝立, 則『易』之道在, 而立乎至足者爲『易』之資. '屯'・'蒙'以下, 或錯而幽明易其位, 或綜而往復易其幾, 互相易於六位之中, 則天道之變化, 人事之通塞盡焉. 而人之所以酬酢萬事, 進退行藏, 質文刑賞之道, 即於是而在. 故同一道也, 失則相易而得, 得則相易而失, 神化不測之妙, 即在庸言庸行一剛一柔之中. 大哉, 『易』之爲道! 天地不能違之以成化, 而況於人乎!

'역'이란 '서로 밀추어 이동하게 하면서 비비대고 자극하여 번갈아 변화를 일으킴'을 일컫는다. 『주역』이라는 책을 보면, 건괘☰와 곤괘☷를 나란히 머리로 세워 놓았으니 이는 '역'의 체(體)요, 나머지 62괘가 34상(象)에서 착(錯)의 관계와 종(綜)의 관계로 교차하며 배열을 이루고 있으니[1] 이는

1) 여기서 말하는 '상(象)', '착(錯)', '종(綜)'은 모두 왕부지의 역학에서 독특한 의미를 지니는 용어다. 먼저 '상'은 64괘 가운데 이웃하고 있는 홀수・짝수째 사이의 두 괘들, 예컨대 셋째・넷째, 다섯째・여섯째, 일곱째・여덟째 …… 31째・32째 …… 63째・64째 사이의 두 괘들이 역치(易置) 또는 도치(倒置)로 이루는 하나의 상을 말한다. '종(綜)'은 이들 두 괘 사이에 이루는 도치(倒置)의 관계를 말하는데, 도치하였을 경우 상이 각기 달라져야 한다. 예컨대 준괘(屯卦)☳와 몽괘(蒙卦)☶, 수괘(需卦)☵와 송괘(訟卦)☰, 기제괘(旣濟卦)☵와 미제괘(未濟卦)☲ 등이 이루는 관계가 그것이다. 64괘 가운데 56괘・28짝에서 이러한 관계가 발생한다. 왕부지는 이를 베틀에서 잉아가 오르내리는 것에 비유하여 '종(綜)'이라 하고 있다. 그런데 이들은 하나의 상을 뒤집어 놓은 것이기 때문에 상(象)으로는 하나다. 그래서 56괘・28짝이 28상을 이루는 것으로 된다. 이는 드러나 보이는 '명(明)'의 관계에서만 고려한 것이다. '착(錯)'은 이들 두 괘를 도치하였을 경우에도 역시 동일한 상을 이룰 경우에 발생하는 관계를 말한다. 이때에는 드러나 보이는 '명(明)'의 도치(倒置)로는 변화의 의미가 드러나지 않으니, 각각의 굳셈[剛]・부드러움[柔] 효(爻)를 뒤바꾸는(易置) 관계로 짝을 이루게 된다. 즉 이면의 '유(幽)'까지 고려하여 관계를 이루게

'역'의 용(用)이다. 순수한 건괘와 순수한 곤괘 자체에는 '역'이 있지 않다. 이들이 서로 대치하면서 나란히 서 있음에 '역'의 도(道)가 존재한다. 그래서 이들이 지극히 충족하게 서 있는 것이 '역'의 바탕이 된다. 준괘(屯卦)䷂ · 몽괘(蒙卦)䷃ 이하의 괘들은 '착'의 관계로 '유(幽)'와 '명(明)' 사이에서[2] 그 위(位)를 바꾸기도 하고, '종'의 관계로 왕복하면서 그 체제[機]를 바꾸기도 한다. 이렇듯 여섯 위(位)에서 서로 바뀜을 통해 천도의 변화, 사람 일의 통함과 막힘이 다 드러난다. 그래서 사람이 온갖 일들에 응대함이 드러나 있는데, 세상에 나아가서 행세해야 할지 아니면 물러나

되는 것이다. 예컨대 건괘䷀와 곤괘䷁, 감괘(坎卦)䷜와 이괘(離卦)䷝, 이괘(頤卦)䷚와 대과괘(大過卦)䷛, 중부괘(中孚卦)䷼와 소과괘(小過卦)䷽ 등의 짝지음이 그것이다. 이들은 64괘 가운데 첫째 · 둘째, 27째 · 28째, 29째 · 30째, 61째 · 62째의 순서에 해당한다. 이 '착(錯)'은 줄로 갈아내면 속에 있는 것이 드러난다는 의미를 담고 있다. 그리고 이 '착'의 관계에 있는 괘들은, '종'의 관계에 있는 괘들처럼 이웃하고 있는 두 괘가 1상(象)을 이루는 것이 아니라, 여덟 괘가 각기 하나의 상을 이룬다. 그래서 이들은 여덟 상을 이루고 있다. 따라서 64괘 전체로는 36상(종괘 28상+착괘 8상)을 이룬 것이 된다. 이러한 관점으로 64괘의 유기적 관계를 분석하는 것은 왕부지의 독창은 아니다. 그 이전에 래지덕(來知德)이 이미 이러한 관계로 64괘의 유기적 관계를 분석하고 있고 왕부지가 그로부터 영향을 받은 것이다.

2) '유(幽)'와 '명(明)'도 왕부지의 역학에서 쓰는 독특한 용어다. 먼저 '명(明)'은 드러나 보이는 세계를 말한다. 그런데 왕부지는 드러나 보이는 효(爻)들의 뒷면에 정반대되는 효들이 있다고 본다. 즉 굳셈의 효[剛爻; ⚊]가 드러나고 있는 속에는 뒷면에 부드러움의 효[柔爻; ⚋]가, 반대로 부드러움의 효[柔爻]가 드러나고 있는 속에는 뒷면에 굳셈의 효[剛爻]가 있다고 여긴다. 여기서 말하는 뒷면의 '속'의 세계가 '유(幽)'다. 왕부지는 이 '유(幽)'와 '명(明)' 사이를 각각의 효들이 왔다 갔다[往 · 來] 하는 것이라 여긴다. 이러한 설도 래지덕(來知德)으로부터 영향 받은 것이다.

숨어 살아야 할지, 질박하게 살아가야 할지 아니면 문화세계를 이루며 살아가야 할지, 벌을 받을지 아니면 상을 받을지 원리가 여기에 존재하고 있다. 그러므로 동일한 도이니 잃었는가(失) 하면 서로 바뀌어 얻기도(得) 하고, 얻었는가 하면 서로 바뀌어 잃기도 한다. 이처럼 가늠할 수 없을 정도로 신묘하게 지어내는 오묘함이 다름 아니라 평소의 말과 평소의 행위, 하나의 굳셈[剛]과 하나의 부드러움[柔] 속에 있다. 위대하도다, '역'을 이루는 도(道)여! 하늘과 땅도 이를 어기지 못하면서 지어냄[造化]을 이루는데 하물며 사람에게서랴!

陰陽者, 定體也, 確然隤然爲二物而不可易者也; 而陽變陰合, 交相感以成天下之亹亹者, 存乎相易之大用. 以蓍求之, 而七・八・九・六, 無心之動, 終合揆於兩儀之象數. 唯萬物之始, 皆陰陽之撰. 夫人之情, 皆健順之幾. 天下無不可合之數, 無不可用之物, 無不可居之位, 特於其相易者各有趨時之道, 而順之則吉, 逆之則凶. 聖人所以顯陰陽之仁, 而詔民於憂患者, 存乎易而已矣. 故曰, '憂悔吝者存乎介.' 介者, 錯綜相易之幾也. 此『易』之所以名, 而義繫焉矣.

음과 양은 정해진 몸이다. 그래서 확고함과 부드러움으로 두개의 물(物)이 되어 뒤바꿀 수 없는 것들이다. 그러나 양(陽)은 변하고 음(陰)은 합하면서 서로 유기적으로 감응함으로써 부지런히 천하를 이루는데, 이러함이 서로 번역하는 위대한 작용 속에 존재한다. 이를 시책을 헤아려 구하면 7・8・9・6이 되는데, 아무런 사심이 없이 시책들을 경영하여 마침내 양의(兩儀)로 드러난 상(象)과 수(数)를 종합적으로 헤아려 판단한다.

오로지 만물의 시초가 되는 것은 모두 음과 양이 하는 일이고, 사람의 일반적인 정황은 씩씩함[健]과 순종함[順]의 기미[幾]에서 갈린다. 천하에 합할 수 없는 수(數)란 없고, 사용할 수 없는 물(物)은 없으며, 차지할 수 없는 위(位)란 없다. 다만 그 서로 변역하는 것에 각각 때에 맞추어 진행하는 원리가 있으니, 그것에 순종하면 길하고 그것에 거역하면 흉하다. 그래서 성인들께서 음・양의 인(仁)[3]을 드러내어서 우환에 젖어 있는 백성들에게 알려준 것은 바로 이 『주역』에 존재할 따름이다. 그러므로 "후회함[悔]・아쉬워함[吝]을 우려함은 막 싹 터 나와 갈리는 경계점[介]에 달려 있다."[4]라고 하는데, 막 싹 터 나와 갈리는 경계점이란 착(錯)과 종(綜)의 관계로 서로 뒤바뀌는 기미[幾]를 의미한다. 이것이 곧 『주역』이라는 이름이 붙은 까닭이며 의리는 바로 여기에 연계되어 있는 것이다.

後世緯書, 徇黃老養生之邪說, 謂有太初, 有太始, 有太易, 其妄滋甚. '易'在'乾'・'坤'既建之後, 動以相易. 若陰陽未有之先, 無象無體, 而何所易耶? 邵子"畫前有『易』"之說, 將無自彼而來乎!

---

3) 여기서 '인(仁)'은 '생생(生生)'을 의미한다. 유가(儒家)에서는, 음・양이라는 양대 기능이 유기적으로 작용하면서 이 세상 만물을 만들어내는데, 이를 가치적으로 '인(仁)'이라 한다. 특히 송대 성리학자들에 의해 이러한 관점이 유가의 정형이 되었다.

4) 「계사상전」 제3장에 나오는 말이다. 역대 제가들의 주석에 따르면 여러 가지로 다른 번역이 가능한데, 여기서는 저자인 왕부지의 풀이에 맞추어 번역하였다. 이에 대해서는 해당 구절을 참조하라.

후세의 위서들이 황로의 양생에 관련된 사설(邪說)을 좇으며 '태초가 있다', '태시가 있다', '태역이 있다' 등을 말하는데,[5] 그 망령됨이 무엇보다 심하다. 그러나 '역'은 건괘䷀・곤괘䷁가 이미 세워진 뒤 움직여 서로 바뀌는 데 존재한다. 만약에 아직 음・양이 있기 전이라면 상(象)도 없고 체(體)도 없으니 어디에서 바뀐단 말인가! 소자(邵子)[6]의 "괘획을 그리기 전에도 『주역』이 있다."는 설[7]은 바로 저들에게서 온 것이 아니겠는가!

---

5) 『周易乾鑿度』: 故曰有太易, 有太初, 有太始, 有太素也. 太易者未見氣也, 太初者氣之始也, 太始者形之始也, 太素者質之始也. 炁形質具而未離, 故曰渾淪. 渾淪者, 言萬物相渾成而未相離, 視之不見・聽之不聞・循之不得, 故曰易也.

6) 소옹(邵雍; 1011~1077)을 지칭하는 말이다. 소옹은 자가 요부(堯夫)였고, 강절(康節)은 시호(諡號)다. 일찍이 급제하여 신종(神宗) 연간에 비서저작랑(秘書著作郞)의 벼슬이 내렸으나 받지 아니하고 오직 학문에만 전념하였다. 그리고 자신의 거처를 '안락와(安樂窩)'라 이름 짓고 스스로를 '안락 선생(安樂先生)'이라 불렀다. 그래서 죽은 뒤에 시호를 '강절(康節)'이라 하였다. 그는 북송의 오군자(五君子) 가운데 한 사람으로 꼽히는데, 상수역학에서 새로운 경지를 연 사람이다. 그가 「하도(河圖)」와 「낙서(洛書)」를 나름대로 고증하여 이를 중심으로 역학을 설명하였기 때문에 그의 학문을 '도서학(圖書學)'이라고도 한다. 채원정(蔡元定)의 학문에 깊은 영향을 주어 그가 주자(朱子)와 함께 『역학계몽』을 저술하는 데서 결정적인 영향을 미쳤다. 여기서는 왕부지의 칭호 그대로 부르기로 한다. '소자(邵子)'라는 칭호에는 존경의 의미가 담겨 있다. 왕부지는 비록 소옹의 학문 경향에 대해서는 대단히 비판적인 견해를 가졌지만 학자로서는 그를 존경하여 이렇게 부른 것으로 보인다.

7) 이 말이 소옹(邵雍)이 한 말이라는 점에 대해 이전의 유학자들 대부분 인정하고 있지만, 오늘날 전하는 소옹의 『황극경세서(皇極經世書)』에서는 이 말을 찾을 수가 없다. 어떤 이들은 이 말이 소옹의 아들 소백온(邵伯溫)이 아버지의 역학을 전하면서 한 말이라고 한다. 그런데 이 말을 애용한 사람은 주희다. 주희는 이 말을 분명히 소옹이 한 말이라고 명시하며, 자신의 태극론과 '일이분수(一而分殊)'론에 입각하여 이 말을 사용하고 있다. 즉 우주 만물의 존재 근거로서의

經者, 七十子之徒以古聖所作者謂之經, 孔子所贊者謂之傳, 尊古之辭也. 分上・下者, 以分簡策而均之, 說詳「發例」.

‘경(經)’이란 공자의 문도인 72자(子)가 옛 성인들이 지은 것을 ‘경’이라 일컫고 공자가 그에 대해 서술한 것은 ‘전(傳)’이라 한 데서 유래한 것이니, 옛것을 높이 받드는 의미를 지닌 말이다. 이를 상・하로 나눈 것은 간책(簡冊)을 균형 있게 나누기 위한 것이었다. 이에 대해서는 『주역내전 발례』에서 자세하게 설명하였으니 참고하라.

리(理)는 혼일체(渾一體)로서의 태극 속에 이것저것 구별되지 않는 혼연(渾然)함으로 존재하는 바, 주희는 이것이 ‘괘획을 그리기 전에도 『주역』이 있음’이라 하고 있다. 그래서 태극 속의 리(理)가 기(氣)와 결합하여 천지 만물로 현현(顯現)하듯이, 괘의 획을 그리기 전에 있는 『주역』이 양의, 사상, 팔괘, 육십사괘로 드러난다고 하고 있다. 그리고는 이것들이 본디 태극의 혼연함 속에 벌써 갖추어져 있던 것들이니, 이렇게 전개되는 데서도 털끝만큼도 사람의 사려나 작위(作爲)를 허용하지 않는다고 한다. 그는 이를 ‘전혀 망령됨이 없이 참다운 것[眞實无妄]’이라는 말로도 표현하고 있다. 그래서 정작 우리가 시초(蓍草)를 헤아려서 괘를 얻기는 하지만, 이것들은 이미 태극 속에 있는 것을 기계적인 절차를 통해 얻는 것일 뿐이라 한다.(朱熹, 『易學啓蒙』, 「原卦畫」: 蓋盈天地之間, 莫非太極陰陽之妙. 聖人於此, 仰觀俯察, 遠求近取, 固有以超然而默契於其心矣. 故自兩儀之未分也, 渾然太極, 而兩儀四象六十四卦之理, 已粲然於其中. 自太極而分兩儀, 則太極固太極也, 兩儀固兩儀也; 自兩儀而分四象, 則兩儀又爲太極, 而四象又爲兩儀矣. 自是而推之, 由四而八, 由八而十六, 由十六而三十二, 由三十二而六十四, 以至於百千萬億之無窮, 雖其見於摹畫者, 若有先後而出於人爲; 然其已定之形・已成之勢, 則固已具於渾然之中, 而不容毫髮思慮作爲於其間也. 程子所謂‘加一倍法’者, 可謂一言以蔽之; 而邵子所謂“畫前有易”者, 又可見其真不妄矣. 世儒於此或不之察, 往往以爲聖人作『易』, 蓋極其心思探索之巧而得之; 甚者至謂‘凡卦之畫, 必由蓍而後得’, 其誤益以甚矣.) 주희는 그의 관련 저작 여러 곳에서 이를 강조하고 있다.

●●●

乾卦乾下乾上

건괘☰

乾: 元, 亨, 利, 貞.

건괘: 으뜸되고, 형통하고, 이롭고, 올곧다.[8)]

乾, 氣之舒也. 陰氣之結, 爲形爲魄, 恆凝而有質. 陽氣之行於形質之中外者, 爲氣爲神, 恆舒而畢通, 推盪乎陰而善其變化, 無大不屆, 無小不入, 其用和煦而靡不勝, 故又曰'健'也. 此卦六畫皆陽, 性情功效皆舒暢而純乎健. 其於筮也, 過揲三十有六, 四其九, 而函三之全體, 盡見諸發用, 無所倦吝, 故謂之乾.

건(乾)은 기(氣)의 펼침이다. 음기가 맺어서 형(形)이 되고 넋[魄]이 되는데, 늘 응결하며 질(質)을 이룬다. 양기는 그 형·질의 안팎을 운행하며 기(氣)가 되고 신(神)이 되는데, 늘 펼쳐 끝내 통한다. 그래서 양기는 음에서 밀치고 자극하며 그 변화를 잘 이끌어낸다. 그리고 아무리 크더라도 미치지 못함이 없고 아무리 작더라도 들어가지 못함이 없다. 이렇게

---

8) 『주역』 괘·효사에 대한 번역은 매우 다양하게 번역될 수 있다. 역대 제가들의 주석도 매우 다기하다. 이 점을 감안하되, 여기서는 주석가인 왕부지의 풀이에 맞추어 번역하기로 한다.

양기는 그 작용함이 조화를 이루며 따뜻하지만 그 어느 것인들 이기지 못할 것이 없다. 그래서 '씩씩하다'고 한다. 이 괘의 여섯 획은 모두 양(陽)이고, 성정과 공효도 모두 화창하게 펼치면서 순전히 씩씩하다. 시책을 헤아려 점을 치는 데서 이 건(乾)의 획은 과설지책[9]의 수가 36이다. 이는 4×9로서 3의 전체를 포함하고 있고[10] 용(用)으로 펼쳐짐에서 다 드러나며, 게으르거나 인색함이 없다. 그러므로 건(乾)이라 한 것이다.

『周易』竝建'乾'·'坤'爲太始, 以陰陽至足者統六十二卦之變通. 古今之遙, 兩間之大, 一物之體性, 一事之功能, 無有陰而無陽, 無有陽而無陰, 無有地而無天, 無有天而無地, 不應立一純陽無陰之卦; 而此以純陽爲乾者, 蓋就陰陽合運之中, 擧其陽之盛大流行者言之也. 六十二卦有時, 而'乾'·'坤'無時. '乾'於大造爲天之運, 於人物爲性之神, 於萬事爲知之徹, 於學問爲克治之誠, 於吉凶治亂爲經營之盛, 故與'坤'竝

---

9) 과설지책(過揲之策) 또는 과설시책(過揲蓍策)은 시초점을 치는 데서 사용하는 용어다. 49개의 시책을 왼손과 오른손 둘로 나눈 뒤 4개씩 헤아린 시책의 수를 합하여 말하는 것이다. 이 과설지책은 언제나 36·32·28·24 넷 가운데 하나만 나온다. 이 가운데 '36'이 노양(老陽)으로서 양효(—)를 상징하고 『주역』 64괘의 양효들은 모두 이를 드러내고 있는데, 건괘(乾卦)는 여섯효가 모두 이렇게 이루어져 있다는 것이다.

10) 『주역』 64괘의 양효(—)는 모두 '9'로 표시되어 있고, 음효(--)는 모두 '6'으로 표시되어 있다. 그런데 '9'는 3×3으로서 양을 상징하는 '3'을 셋 다 갖추고 있고, '6'은 3×2로서 '3' 하나가 결여되어 있다고 보는 것이다.

建, 而'乾'自有其體用焉.

『주역』에서는 건괘 · 곤괘 두 괘를 나란히 세워서 위대한 시작으로 삼아, 음 · 양의 지극히 충족함으로써 나머지 62괘의 변함과 통함을 통괄한다. 시간적으로 옛날부터 지금까지의 요원함과 또 공간적으로 하늘과 땅 사이의 광대함 사이에서 낱낱 물(物)들의 체(體)를 이루는 성(性)이나 낱낱 일들의 기능 등에 모두 음(陰)만 있는 채 양(陽)은 없는 것이라든가 양만 있는 채 음은 없는 것, 또는 땅은 있는 채 하늘은 없는 것이라든가 하늘은 있는 채 땅은 없는 것이란 없다. 그러니 전혀 음이 없는 하나의 순수한 양만의 괘를 세워서는 절대로 안 되는 것이다. 그런데 여기서 순수한 양을 건(乾)이라 한 것은 음 · 양이 함께 운행하는 속에서 그 양의 성대한 유행만을 지목하여 말한 것이다. 나머지 62괘에는 특수한 시(時)가 있지만 건괘 · 곤괘 두 괘에는 특수한 시(時)가 없다. 건(乾)은 위대한 창조 과정에서는 하늘의 운행이 되고, 사람과 물(物)들에서는 성(性)의 신묘함이 되며, 온갖 사(事)에서는 지(知)의 통철(通徹)함이 되고, 학문을 함에서는 능히 다해내는 정성스러움이 되며, 길 · 흉과 치 · 란에서는 경영함의 성대함이 된다. 그러므로 곤괘와 나란히 세웠더라도 건(乾)☰에는 저절로 그것만의 체와 용이 있는 것이다.

元 · 亨 · 利 · 貞者, '乾'固有之德, 而功即於此遂者也. '元', 首也; 取象於人首, 爲六陽之會也. 天下之有, 其始未有也, 而從無肇有, 興起舒暢之氣, 爲其初幾. 形未成, 化未著, 神志先舒以啓運, 而健莫不勝, 形化皆其所昭徹, 統羣有而無遺, 故又曰'大'也. 成性以後, 於人而爲'仁'; 溫和之化, 惻悱之幾, 淸剛之體, 萬善之始也, 以函育民物, 而功亦莫倖其大矣. '亨', 古與烹, 享通. 烹飪之事, 氣徹而成熟; 薦享之禮, 情達而交合; 故以爲'通'義焉. '乾'以純陽至和至剛之德, 徹羣陰而訢合之, 無往不遂, 陰不能爲之礙也. '利'者, 功之遂, 事之益也. '乾'純用其舒氣, 徧萬物而無所吝者, 無所不宜, 物皆於此取益焉. 物莫不益於所自始, '乾'利之也. '貞', 正也. 天下唯不正則不能自守; 正斯固矣, 故又曰正而固也. 純陽之德, 變化萬有而無所偏私, 因物以成物, 因事以成事, 無詭隨, 亦無屈撓, 正而固矣.

괘사의 으뜸됨[元]・형통함[亨]・이로움[利]・올곧음[貞]은 건괘의 고유한 덕이니, 그 공은 바로 이것들에 의해 이루어진다. '으뜸됨'은 우두머리를 의미하는데, 사람의 머리에서 상을 취한 것으로서 건괘에 여섯 양효가 모여 있음에서 의미를 취한 것이다. 천하의 있는 것들은 어느 것이든 모두 그 시초에는 있지 않다가 없음[無]으로부터 비롯하여 있게 되는데, 흥기(興起)하여 활짝 펼쳐지게 하는 이 건(乾)䷀의 기(氣)가 그 시초의 기미[幾]가 된다. 있는 것들의 형체가 아직 이루어지지 않고 만들어냄이 아직 드러나지 않았더라도 이 건(乾)의 신묘한 뜻함(志)이 먼저 펼쳐지며 운행을 여니 그 씩씩함이 이기지 못함이 없다. 그래서 형체와 만들어진 것들 모두 이것에 의해 존재를 드러내게 되는데, 이 건(乾)은 뭇 '있음[有]'들을 통할하며 어느 것 하나라도 남김이 없다. 그래서 또한 '위대하다'고 한 것이다. 성(性)을 이룬 뒤에는 사람에게서 '인(仁)'이 되어 따뜻하게 서로 어울리게 하는 화함, 측은해하고 비통해 함의 싹틈, 맑고 굳센 체(體), 온갖 선함의 시초가 된다. 그리하여 백성들과 물(物)들을 감싸 안고 길러주니, 이 건(乾)의 공(功)은 또한 어느 것도 짝할 수 없을 정도로 위대하다.

'형통함'의 '亨(형)'은 옛날에는 '팽(烹)'・'향(享)'과 통용되었다. 삶아서 익히는 일에서는 기가 통철하여 익음을 의미하고, 제사 음식을 올리는 예(禮)에서는 정(情)이 전달되어서 교접하며 합치함을 의미한다. 그러므로 여기에서 '통함'의 의미를 갖게 된다. 건(乾)은 순수한 양(陽)이다. 그래서 지극히 조화롭고 지극히 굳세며 튼튼한 덕으로써 뭇 음(陰)들 속으로 파고들어가 기쁘게 화합하니, 어디든 가서 완수하지 않음이 없다. 그리고 음(陰)은 결코 그것을 가로막을 수가 없다.

'이로움'의 '리(利)'는 공의 이루어짐과 일의 이익됨을 의미한다. 건(乾)은 순전히 그 쫙 펼쳐지는 기(氣)를 사용하여 만물들에게 인색함이 없이 두루 베푸니 마땅하지 않음이 없어서 물(物)들 모두가 이러함에서 이로움을 취한다. 이렇게 이 세상에 존재하는 것들이 모두 생겨나는 데서 이익을 보지 않음이 없는 것은 바로 이 건☰의 이롭게 함 때문이다.

'올곧음'의 '정(貞)'은 올바름을 의미한다. 천하에 오직 올바르지 아니한 것들만은 스스로 지킬 수가 없고, 올바름이라야 굳건하다. 그러므로 또한 '올바르며 굳건하다'고 하는 것이다. 순수한 양(陽)의 덕으로서 온갖 있는 것들을 변화시키면서도 눈곱만큼도 치우치거나 사사로움이 없이 물(物)들을 그대로 성취시켜 주고 일들을 그대로 성사시켜 주는 것이다. 하지만 옳고 그름을 따지지 않은 채 망령되이 무엇이든 따른다거나 굴욕스럽게 굽히는 경우는 결코 없으니, 올바르고도 굳건할 따름이다.

'乾'本有此四德, 而功即於此效焉. 以其資萬物之始, 則物之性情皆受其條理, 而無不可通; 唯元故亨, 而亨者大矣. 以其美利利天下, 而要與以分之所宜, 故其利者皆其正; 而唯其正萬物之性命, 正萬事之紀綱, 則抑以正而利也. 其在占者, 爲善始而大通, 所利皆貞而貞無不利之象, 德·福同原而不爽, 非小人所得而與焉. 就德而言之爲四; 就功而言之, 亨唯其元, 而貞斯利, 理無異也. 此卦即在人事, 亦莫非天德, 不可言利於正. 天道之純, 聖德之成, 自利而自正, 無不正而不利之防. 若夫人之所爲, 利於正而不利於不正, 則不待筮而固然, 未有不正而可許之以利者也.

건괘에는 본래 이 네 가지 덕이 있으니, 그 공은 바로 이들에 의해서 효과를 드러낸다. 그래서 만물이 비롯함에서 바탕이 되어주기 때문에, 만물의 성과 정은 모두 그 조리를 받아들여서 통할 수 없는 것이란 없다. 또 오직 으뜸 되기 때문에 형통하고, 형통한 것은 위대하다. 그리고 그 아름다운 이로움으로써 천하를 이롭게 하면서도 나눔의 마땅함으로써 함께하려고만 하니, 그 이롭게 함이 모두 올바르다. 오직 이렇게 만물의 성(性)과 명(命)을 올바르게 하고 온갖 일들의 기강을 올바르게 하기 때문에, 또한 올바르면서도 이로운 것이다.

이는 점(占)에서는 선함으로 시작하여 위대하게 통하는 상(象)이 되고, 이익을 보는 것들이 모두 올곧고, 올곧은 것들은 이롭지 아니함이 없는 상이 된다. 그리하여 갖춘 덕과 받는 복이 근원이 동일하며 어긋나지 않는다. 그렇기 때문에 소인들은 결코 이 괘에 함께할 수가 없다.[11]

덕의 관점에서 말하면 넷이 된다. 그러나 이루는 공력(功力)의 관점에서 말하자면, 오직 그 으뜸인 것을 형통하게 하고 올곧은 것이라야 이로움을 얻으니, 이치로는 서로 다름이 없다. 이 괘는 바로 사람의 일에 관련이

11) 소인들은 점을 쳐서 설사 이 건괘(乾卦)䷀를 얻었다 하더라도 이 괘사의 의미 그대로를 얻지 못한다는 것이다. '갖춘 덕과 받는 복이 근원이 동일하며 어긋나지 않음'의 원리에 비추어 볼 때, 그들은 합당한 덕을 갖추고 있지 못하기 때문이다.

되는 것이기는 하지만, 또한 하늘의 덕이 아닌 것도 없다. 그래서 "올바름에 이롭다."고 말할 수가 없다. 왜냐하면 하늘의 덕이 지닌 순수함과 성인들의 덕이 이루어냄을 보면, 스스로 이롭고 스스로 올바르기 때문이다. 그래서 이들에게서는 올바르지 않아서 이롭지 아니함을 방비할 필요가 없다. 그러나 보통사람의 하는 행위는 이와 다르니, 올바름에는 이롭고 올바르지 않음에는 이롭지 아니하다. 이는 꼭 점(占)에 의하지 않는다 하더라도 본디 그러한 것이다. 올바르지 아니한데도 이로움을 허용할 수 있는 것이란 없기 때문이다.

初九: 潛龍勿用.

초구: 물속에 잠긴 용이니 쓰지 마라.

'初'者, 筮始得之爻. '上', 卦成而在上也. '九'者, 過揲之策三十六, 以四爲一則九也. 於象則一, 而函三奇之畫. 一, 全具其數; 三, 奇而成陽; 三三凡九. 陰, 左一, 右一, 中缺其一; 三二而爲六. 陽, 淸虛浩大, 有形無形皆徹焉, 故極乎函三之全體而九. 陰, 聚而吝於用, 則雖重濁, 而中固虛以受陽之施, 故象數皆有所歉而儉於六. '初'·'上', 先言卦位, 而後言象數; '初'爲位所自定, '上'所以成卦也. '二'·'三'·'四'·'五'先言象數, 而後言位; 初畫已定六畫之規模, 聽數之來增以成象也.

'초(初)'는 시초점을 치는 데서 맨 처음에 얻은 효를 의미한다. 그리고 '상(上)'은 한 괘가 이루어진 데서 맨 위에 있음을 의미한다. '구(九)'는 과설지책 36개가 넷씩 한 묶음으로 하면 9가 됨을 의미한다. 그리고 상(象)으로는 하나지만 거기에 세 홀수의 획을 포함하고 있다. 그래서 '하나'는 그 수들을 온전히 갖추고 있음을 의미하고 '셋'은 홀수로서 양(陽)을 이룸을 의미한다. 셋을 세 배하면 무릇 '9'가 된다. 이에 비해 음의 효는 왼쪽 하나에 오른쪽 하나로서 그 가운데의 하나는 결핍되어 있다. 그리하여 둘을 세 배하여서 '6'이 된다. 또 양은 투명하고 텅 비었으며 아득하게 넓고 커서, 형체를 지닌 것이든 지니지 않은 것이든 모두 이것에로 통하여 환원된다. 그러므로 셋을 휩싸고 있는 전체를 범위로 하여 '9'가 된다. 이에 비해 음은 모여 있기는 하나 사용함에서는 인색하다. 그래서 비록 무겁고 흐린 것이기는 하지만 가운데가 본디 비어 있어서 양의 베풂을 받아들인다. 그러므로 상과 수 모두에 부족한 바가 있고 '6'으로 절제되어 있다. '초'와 '상'에 대해서는 먼저 괘의 위(位)를 말하고 뒤에 상수를 말하는데[12] '초'는 괘위(卦位)가 자체로 정해지고 '상'은 하나의 괘를 완성시킨다. 이에 비해 '2' • '3' • '4' • '5'에 대해서는 먼저 상수를 말하고 뒤에 괘위를 말하는데, 초효가 이미 6획의 규모를 정하고서 이들 수가 순차적으로 와서 하나씩 보탬으로써 괘상(卦象)을 이루게 한다.

---

12) 예컨대 '초구(初九)' • '초육(初六)', '상구(上九)' • '상육(上六)'의 방식으로, 먼저 괘위(卦位)를 나타내는 '초(初)'나 '상(上)'을 말하고 뒤에 '구(九)'나 '육(六)'을 말한다는 의미다.

伏而不見之謂'潛'. '龍', 陽升而出, 陽降而蟄, 絶地而遊, 乘氣而變, 純陽之物也. '乾', 純陽, 故取象焉. 六爻成而龍德始就, 乃隨一爻而皆言龍者, 六爻相得以成象, 雖在一爻, 全體已具, 亦可以見爻之未離乎象也. 『易』參三才而兩之. 初・二, 地位; 三・四, 人位; 五・上, 天位; 其常也. 而『易』之爲道, 無有故常, 不可爲典要; 唯'乾'・'坤'爲天地之定位, 故分六爻爲三才. 初在地之下, 龍之蟄乎地中者也, 故曰'潛龍'.

웅크린 채 드러나지 않음을 '잠(潛)'이라 한다. '용(龍)'은 양이 상승하여서는 출현하고 양이 하강하여서는 칩거한다. 용은 땅을 뚫고 나와서 노닐고 기(氣)를 타고서 변하는데, 순수한 양으로 된 물(物)이다. 건괘☰는 순수한 양이기 때문에 그 상을 취한 것이다. 여섯 효가 이루어져서 용의 덕이 비로소 완성된다. 이에 하나하나의 효를 좇아가며 모두 '용'을 말하는 것은 여섯 효가 서로 함께 상(象)을 이루어서 비록 하나의 효라 할지라도 거기에 전체는 이미 갖추어져 있기 때문이다. 이를 통해 또한 낱낱 효들이 전체 괘로부터 분리되지 않는다는 것을 알 수 있다. 『주역』은 삼재를 셋으로 하고 그들을 또 각기 둘로 한 것이다. 여기서 초효와 2효는 땅의 위(位)를, 3효와 4효는 사람의 위(位)를, 5효와 상효는 하늘의 위(位)를 나타낸다. 이는 항상된 것이다. 그러나 '역'을 빚어내는 도(道)에는 옛것만을 항상된 것으로 고집함이 없다. 그래서 일정불변한 틀을 만들어 모든 괘들에 일률적으로 적용할 수가 없다. 오직 건괘・곤괘만이 하늘과 땅의 정해진 위치를 나타낸다. 그러므로 여섯 효를 나누어 삼재를 상징하게 되는데, 초효는 땅에서도 아래에 있는 것이니 용이 땅속에 칩거하고 있음을 상징한다. 그래서 '물속에 잠긴 용'이라 한 것이다.

'勿'者, 戒止之辭. '勿用', 爲占者言也. 龍之爲道, 潛則固不用矣, 無待止也. 占者因其時, 循其道, 當體潛爲德而勿用焉. 才德具足於體而效諸事之謂用. 既已爲龍, 才盛德成, 無不可用, 而用必待時以養其德. 其於學也, 則博學不教, 內而不出; 其於教也, 則中道而立, 引而不發; 其於治也, 則恭默思道, 反身修德; 其於出處也, 則處畎畝之中, 樂堯舜之道; 其於事功也, 則遵養時晦, 行法俟命; 其於志行也, 則崇樸尚質, 寧儉勿奢. 『易』冒天下之道, 唯占者因事而利用之, 則即占即學. 卦有小大, 若此類卦之大者, 皆可推而通之. 唯夫富貴利達, 私意私欲之所爲, 初非潛龍, 其干求聞達, 不可謂之用, 非易所屑告者. 張子曰, '『易』爲君子謀, 不爲小人謀.' 凡象爻之有戒辭者放此.

'하지 마라[勿]'는 것은 경계하고 금지하는 말이다. '쓰지 마라!'는 점치는 이에게 한 말이다. 용이 지닌 도는 잠복하고 있을 적에는 본디 쓰지 않는다. 이러할 경우에는 굳이 제지함을 필요로 하지 않는다. 점을 친 사람은 이 시(時)가 그러하기 때문에 그 도(道)를 좇으며 마땅히 잠복함을 덕으로 체현하며 쓰지 말아야 하는 것이다. 몸에 재주와 덕을 갖추고서 하는 일에서 그 공효를 드러내는 것을 '쓴다'고 한다. 이 건괘는 이미 용이기 때문에 재간은 풍성하고 덕도 완성되어 있어 어디엔들 쓰지 못할 곳이 없다. 그러나 그 쓰임이 반드시 때를 기다려야 하니 그 덕을 함양하고 있는 것이다. 이러한 사람은 학문의 측면에서 박학하여 가르칠 것이 없지만 속으로 머금고 내뿜지 않으며, 가르침의 측면에서도 중도를 지키고 서 있을 뿐 끌어당기더라도 펼치지 않는다. 또 나라를 다스림에서도 공경하며 묵묵히 도(道)만을 생각하고, 스스로에게로 돌이키며 덕을 닦는다. 이러한 사람은 나아가 벼슬할까 물러나 잠복해 있을까에 대해서는 논밭을 일구며 농사를 짓는속에서 요순의 도를 즐기는 쪽을 택한다. 또 이러한 사람은 사공(事功)에 대해서는 시대의 흐름에 순응하여 은거한 채 자신의 역량을 쌓고 시기를 기다리며[13] 법대로만 행하면서 자신에게 올 명(命)을 기다린다. 이러한 사람은 뜻함과 행동함에서도 질박함을 숭상하고 차라리 검소할지언정 사치를 부리지 않는다. 『주역』은 천하의 모든 도(道)를 포괄하고 있으니, 오직 점치는 이가 자신의 일에 맞게 그것을 이용한다면, 그것으로 점을 쳐도 되고 배움에 활용해도 된다. 괘의 의미가 큰 것도 있고 작은 것도 있는데, 이 건괘의 부류와 같이 괘의 의미가 큰 것은 어느 것에든 모두 미루어 통할 수가 있다. 부귀와 입신양명은 오직 사사로운 의지와 욕구가 하는 짓일 뿐 처음부터 잠룡에 해당하는 것이 아니어서 그 입신출세를 추구하는 것을 '쓰임'이라 할 수가 없다. 『주역』도 이에 대해서는 달갑게 여기며 고해주지 않는다. 장자(張子)[14]께서 말씀하시기를, "『주역』은 군자의 도모함을

---

13) '遵養時晦(준양시회)'를 이렇게 번역하였는데, 이 말은 원래 『시경』, 「주송(周頌)·작(酌)」 편에 나온다. 이에 대해 주희는 『시집전(詩集傳)』에서 '물러나 스스로를 함양하면서 시대의 흐름과 함께하여 어둠 속에 묻혀 있음(退自循養, 與時俱晦)'으로 풀이하고 있다.

14) 장자(張子)는 장재(張載; 1020~1077)를 존경하여 부르는 칭호다. 여기서는 지은이의 뜻을 존중하여 이렇게 표기하기로 한다. 장재는 역시 북송의 오군자(五君子) 가운데 한 사람으로 꼽히는 대학자로서 기일원론(氣一元論)으로 중국철학사의 문제를 정리한 사람이다. 이정(二程)과는 인척간으로서 이들과 깊이 있는 학문적 교류를 하였다. 그의 '청허일대(淸虛一大)'론은 정이(程頤)로부터 신랄한 비판을 받기도 하였다. 그래서 이들의 학문을 '낙학(洛學)'이라 함에 비해 장재의 학문은 '관학(關學)'이라 부른다. 장재의 학문은 이후 남송의 주희(朱熹)의 학문 형성에도 큰 영향을 미쳤는데 특히 '성이 발하여 정이 된다(性發爲情)', '사람의 마음은 성과 정을 통괄한다(心統性情)'는 명제는 주자학의 인성론에 깊은 영향을 미쳤다. 그리고 이것이 조선의 사단칠정(四端七情) 논쟁에서

위한 것이지 소인의 도모함을 위한 것이 아니다."[15] 라고 하였는데, 무릇 괘사와 효사에서 경계하도록 하고 있는 말들은 모두 이를 기준으로 하고 있다.

九二: 見龍在田, 利見大人.

구이: 드러난 용이 밭에 있으니 대인을 만남이 이롭다.

'見'者, 道行而昭示天下之謂. '田', 地上也, 人之所養也. 以重畫言之, 出乎地上; 以內貞外悔言之, 得內卦之中, 德著於行, 有爲之象也. 六畫之卦, 因三畫而重之; 分三才之位, 自畫者筮者相積之數而言也. 已成乎卦, 則又有二卦相承之象焉. 故大象以'雲雷'言屯之類, 就其既成之象而言也. 變動不居, 爲道屢遷, 而非術士之以一例測者比也. 龍之德, 聖人也; 其位, 天子也. 初之'潛', 學聖之功, 養晦之時. 三・四之'惕'・'躍', 不履中位, 爲聖修之序・升聞受命之基, 君子所有事, 故正告以其爻之道. 二・五居中, 皆爲君位之定, 聖道之成, 非占者所敢當, 則告以龍之'見', 而占者所利見也. 伊尹受湯之幣聘, 顏子承夫子之善誘, 其此象與! 而時有大人, 愚賤皆利戴以承其德施, 亦通焉. 若以利祿干進取者, 見小人而邀其榮寵, 瀆占得此, 爲災而已矣. 餘卦放此.

그대로 계승되었다. 장재의 기일원론은 조선시대 서경덕의 기철학 및 최한기의 기철학에도 깊은 영향을 주었다.

15) 장재, 『정몽(正蒙)』, 「대역(大易)」 편에 나오는 말임.

'드러남'이란 도가 행해져서 천하에 밝게 시현되고 있음을 일컫는다. '밭'은 지상(地上)을 의미하는 것으로서 사람은 그것에 의해 먹여살려진다. 이 효는 중획괘(重畫卦)[16]의 관점에서 말하면 땅 위로 나온 것이고[17], 내정(內貞) · 외회(外悔)[18]의 관점에서 말하면 내괘의 중(中)을 얻었다. 그래서 덕이 행위에 드러나고 무엇인가 행위를 함이 있는 상이다. 6획괘는 3획괘를 중첩한 것인데, 이를 삼재의 위(位)로 나눈 것은 괘를 그린 사람과 점을 치는 사람의 관점에서 쌓아 올라간 수를 보고서 말한 것이다. 이미 하나의 괘를 이루면 거기에는 또한 두 괘들이 서로 유기적으로 연관되는 상이 있게 된다. 그러므로 『대상전(大象傳)』에서 준괘(屯卦)에 대해 '구름과 우레'로써 말하고 있는 따위는 이미 이루어진 상을 보고서 말한 것이다.

---

16) 3획으로 된 팔괘를 중첩한 6획 육십사괘를 지칭한다.

17) 여기에는 6획괘의 초효 · 2효는 땅을, 3효 · 4효는 사람을, 5효 · 상효는 하늘을 상징하는 것으로 보는 사상이 반영되어 있다. 즉 삼재(三才) 사상의 반영이다. 그런데 이들 각각의 조합에서도 또 상 · 하로 나뉘니 건괘의 구이효는 땅의 위가 되는 것이다.

18) 6획괘를 상 · 하 각기 3획괘로 나누어 본 것을 말한다. 이때 위 3획괘를 '외괘(外卦)', 또는 '회괘(悔卦)'라 부르고 아래 3획괘를 '내괘(內卦)', 또는 '정괘(貞卦)'라 부른다. '정(貞)'과 '회(悔)'를 함께 거론하던 것은 원래 『상서(尙書), 주서(周書) · 홍범(洪範)』에서 비롯되었다. 여기서는 이들을 점치는 일을 분류하는데 사용하고 있는데(擇建立卜筮人, 乃命卜筮. 曰雨, 曰霽, 曰蒙, 曰驛, 曰克, 曰貞, 曰悔.), 이에 대해 공안국(孔安國)은 "내괘를 정괘(貞卦)라 하고 외괘를 회괘(悔卦)라 한다.(內卦曰貞, 外卦曰悔)"고 풀이하였다. 이것이 이후 거의 정설이 되었다. 왕부지도 이를 받아들여서 이렇게 구사하고 있는 것으로 보인다. 그런데 이후의 번역에서는 정괘(貞卦) · 내괘(內卦)를 '정괘(貞卦)'로, 회괘(悔卦) · 외괘(外卦)를 '회괘(悔卦)'로 통일해서 지칭하기로 한다.

변역함을 빚는 도(道)는 변하고 움직이므로써 한 자리만 차지하고 있게 하지 않으며 자주 변천하게 한다. 그래서 술사들처럼 한 가지 예만 가지고 가늠하는 것으로는 이에 견주지도 못한다. 용의 덕을 갖춘 이는 성인이고, 그 위(位)는 천자의 자리다. 초효에서는 그것이 '물속에 잠김'이었는데, 이는 성인의 공력을 배우면서 은거한 채 자신의 역량을 쌓고 시기를 기다리는 때에 해당하였다. 그리고 3효와 4효에서는 각각 '두려워함', '도약함'을 말하는데, 이는 이들 효가 중(中)의 위(位)를 차지하고 있는 것이 아니라 성인이 되기 위해 수양하는 순서에 해당하고 제왕에게 알려져 임명을 받는 터전에 있음을 의미한다. 이들은 군자가 자신의 처지로 삼아 매진하고 있는 곳이다. 그러므로 바로 그 효의 도리를 가지고 고해주고 있다. 이에 비해 2효・5효는 군주의 자리로 정해진 것이고 성인의 도가 이루어졌음을 드러내는 효들이다. 그래서 점치는 이들로서는 이 효들이 감히 자기에 해당된다고 할 수 없으므로 용의 '드러남'으로써 고하고 있다. 점치는 이로서는 뵙는 데서 이로움을 얻는다. 이윤(伊尹)[19]이 탕임금으로부터 예물을 갖추어 초빙을 받던 것이나

19) 이윤(伊尹)은 상(商)나라를 세운 탕(湯) 임금의 대신이었다, 이름이 이(伊)이고 윤(尹)은 그가 맡았던 벼슬 이름이다. 그가 이(伊) 강 부근에서 태어났기 때문에 이름을 '이(伊)'라고 한다고 전해진다. 그는 원래 탕임금의 부인이 시집올 때 지참하고 온 노예였는데, 나중에 탕임금이 하(夏)나라의 걸(桀) 왕을 무찌르는 데서 큰 공을 세워 아형(阿衡)에 임명되었다. 이 자리는 사보(師保)에 해당하는 자리로서 임금을 보좌하는 최고 지식인의 벼슬자리다. 이 자리에 올랐기 때문에 그를 '이윤'이라고 부르는 것이다. 탕임금이 죽은 뒤에는 복병(卜丙; 外丙)과 중임(仲壬) 등의 두 왕을 대대로 보좌하였다. 그런데 그 뒤 태갑(太甲)이 즉위하여서는 임금으로서 제 할 일은 하지 않고 방탕에 빠지자 그를 동궁(桐宮)에 유폐시켰다가 3년 뒤에 다시 맞아들여 복위시켜 주기도 했다. 『상서(尙書)』,

안자(顔子)[20]가 공자의 훌륭한 가르침을 받들던 것 등이 바로 이 상(象)이로다! 이에 대해서는 시대에 대인이 있으니 어리석고 천한 이들이 모두 이로움을 얻고, 그를 추대하여서 그 덕이 베풀어짐을 받아들인다고 해도 역시 뜻은 통한다. 만약에 재물과 영화를 얻기 위해 적극적으로 나아가서 일하는 것을 추구하고, 소인배를 만나서도 그의 총애를 얻으려 한다면, 점(占)을 모독하여 이를 얻은 것이니, 이는 오히려 재앙이 될 뿐이다. 다른 괘들도 이와 같다.

九三: 君子終日乾乾, 夕惕若, 厲无咎.

구삼: 군자가 종일토록 씩씩하고 씩씩하게 일하고 저녁에는 오늘 혹시라도 잘못이 없었을까 하고 두려움에 젖어 되돌아본다면 위태롭기는 하나 허물이 없다.

'乾乾', 乾而又乾, 健之篤也. '惕若', 憂其行之過健而有戒也. '厲', 危也. 凡言'無咎'者, 皆宜若有咎而无之也. 三・四皆人位, 而人依乎地以立功,

---

「이훈(伊訓)」 편과 『춘추좌씨전』, 「양공(襄公)」 편의 21년 조 등에 모두 그에 관한 기록이 있다.

20) 공자의 최고 제자인 안회(顔回)를 가리킨다. 그가 불행히도 단명하자 공자는 매우 비통해 하기도 하였다. 그에 관해서는 『논어』에 간헐적으로 기록이 나온다. 특히 공자의 가르침에 매우 충실하였다는 것, 안빈낙도(安貧樂道) 했다는 것 등으로 칭송을 받는다. 맹자(孟子), 증자(曾子), 자사(子思) 등과 함께 '아성(亞聖)'으로 꼽히며 우리 문묘(文廟)에도 배향되어 있다.

三尤爲人事焉, 故於此言君子之道. 內卦已成, '乾'道已定, 故曰'終日'. 九二德施已普, 而三尤健行不已, 必極其至, 故曰'乾乾'. 然陽剛已至, 安於外卦之下, 雖進而不敢驟達於天, 唯恐不勝其任, 故曰'夕惕若'. 其象與上九同, 則過於進而不已, 危道也, 故'厲'. '厲'則咎矣. 以'惕若'內省其'乾乾', 是以'无咎'. 君子希聖之功, 竭才求進, 其引天下爲己任也, 無所疑貳; 然剛於有爲者, 唯恐動而有咎, 方'乾乾'而即'惕若', 知聖域之難登, 天命之難受也. 君子之德如此其敏以慎, 而但言'无咎', 德至聖人, 猶以無大過爲難也. 凡言'无咎', 小大非一, 此則就君子寡過之深心而言也.

'乾乾(건건)'은 씩씩하고 씩씩함이니 튼튼함이 돈독하다는 의미다. '저녁에는 오늘 혹시라도 잘못이 없었을까 하고 두려움에 젖어 되돌아본다'는 것은, 그 하루 동안 했던 행위에 지나치게 씩씩했던 점이 있지 않았을까 하고 우려하며 경계한다는 의미다. '위태롭다'는 말 그대로의 의미다. 『주역』에서 무릇 '허물이 없다(无咎)'고 한 것은 모두 마땅히 허물이 있어야 할 듯하지만 없게 한다는 의미다. 3효·4효는 모두 사람의 위(位)다. 사람은 땅에 의지하여 공을 세운다. 그런데 3효는 더욱 사람의 일에 해당한다. 그러므로 이 효(爻)에서 군자의 도리를 말하고 있는 것이다. 또 여기서는 내괘(內卦)가 이미 완성되고 건(乾)의 도(道)도 이미 정해졌기 때문에 '종일'이라 하고 있다. 구이효에서 덕은 이미 널리 베풀어졌는데 구삼효는 더욱 씩씩하게 행하며 그침이 없으니 반드시 극에 이르게 되어 있다. 그래서 '씩씩하고 씩씩하게'라 한 것이다. 그러나 양(陽)의 굳셈[剛]이 벌써 다 된 데다 외괘(外卦)의 밑에서 안주하고 있으니, 비록 나아간다고는 하더라도 감히 급속하게 하늘에 도달하지는 않으며 오직 그 임무를 감당해내지 못할까만을 두려워한다. 그래서 '저녁에는 오늘 혹시라도 잘못이 없었을까 하고 두려움에 젖어 되돌아본다'고 한 것이다. 이 구삼효의 상은 상구와 같다. 그리하여 나아감이 지나치고 그침이 없어서 이치상으로는 위험하다. 그래서 '위태롭다'고 한 것이다. '위태롭다'면 허물이 있게 된다. 그러나 '혹시라도 잘못이 없었을까 하고 두려움에 젖어 되돌아봄'으로써 그 '씩씩하고 씩씩함'에 대해 속으로 반성하니, 그래서 '허물이 없다'고 한 것이다. 군자는 우러러 성인이 되기를 바라는 나머지 자신의 온갖 역량을 다해 더 나아지기를 추구하며 온 천하를 가슴으로 껴안는 것을 자신의 임무로 삼으면서 이에 대해 의심하거나 두 마음을 품는 일이 없다. 그러나 그렇게 하는 데서 굳셈[剛]이 있는 자는 오직 자신의 행동으로 허물이 있을까를 두려워하니, 바야흐로 '씩씩하고 씩씩하다'고 하면서 '혹시라도 잘못이 없었을까 하고 두려움에 젖어 되돌아본다'는 것이다. 그 까닭은 성인의 경지가 얼마나 오르기 어렵고 천명을 받기가 얼마나 어려운지를 잘 알기 때문이다. 군자의 덕은 이와 같이 재빠르게 삼가니, 그래서 다만 '허물이 없다'고 한 것이다. 덕이 성인의 경지에 이르렀더라도 오히려 큰 허물이 없음을 어렵게 여기는 것이다. 『주역』에서 무릇 '허물이 없다'고 한 것들은 큰 것도 있고 작은 것도 있어서 한결같지는 않다. 여기서는 군자가 과오를 적게 하려는 속 깊은 마음에 대해서 한 말이다.

九四: 或躍在淵, 无咎.

구사: 혹은 도약하기도 하고 연못에 있기도 하니, 허물이 없다.

'四'超出於下卦之上, 故曰'躍'. 居上卦之下, 仰承二陽而爲退爻, 以陽處陰, 故又曰'在淵'. 或躍也, 或在淵也, 疑而未決. 志健而慮深, 則其躍也,不以躁進爲咎; 其在淵也, 不以怯退爲咎; 兩俱似咎而皆无咎也. 未達一間而'欲罷不能', 止不如進也; '欲從末由', 進而止也. '上帝臨女, 勿貳爾心', 止不如進也; '俟時而後興', 進而止也. 處此者, 君子憂患之府, 聖人愼動之幾, 唯純'乾'爲道而介其時, 乃能勝之. 甚矣, 免於咎之難也!

구사효는 하괘의 위로 초월하여 나와 있기 때문에 '도약하여(躍)'라 한 것이다. 그런데 이 구사효는 또한 상괘(上卦)의 맨 밑에 자리 잡고서 위로 두 양(陽)들을 우러러 받들고 있고, 물러남의 효가 되어 양으로서 음의 자리를 차지하고 있기 때문에, 또한 '연못에 있다(在淵)'고 한 것이다. 도약을 할까 연못에 있을까를 의심한 나머지 결정을 못하고 있는 것이다. 그런데 이 구사효는 본래 뜻함이 씩씩하고 사려함이 깊다. 그래서 도약하더라도 조급하게 나아감의 허물이 되지 않을 것이고, 연못에 있다 하더라도 겁을 집어먹고 물러나 있음의 허물이 되지는 않을 것이다. 둘 다 마치 허물이 있는 듯 보이지만 모두 허물이 없는 것이다. 딱 1칸이 미달하여 '그만두고자 하나 그럴 수 없음'이면 그만두는 것보다는 나아가는 것이 나으며, '좇아가고자 하나 도달할 방법이 없음'[21]이면 나아가다

---

21) 『논어』, 「자한(子罕)」 편에 나오는 말. 안연이 스승 공자의 가르침과 됨됨이가 워낙 높음을 탄식조로 칭송한 말이다. 여기서 안연은 "우러러볼수록 더욱 높아만 가시고 뚫어보려 할수록 더욱 단단해지시며, 앞에 있는 것으로 보았는데 어느 사이에 뒤에 계신다. 선생님께서는 차근차근 나를 잘 유도하시어, 문(文)으로써 나를 넓혀 주시고 예(禮)로써 요약해 주시니, 그만 두고자 하더라도 도저히 그럴 수가 없다. 그런데 이미 나의 온갖 역량을 다 쏟았으나 여전히 우뚝 솟아 계시는 듯하기만 하니 비록 좇아가고 싶지만 또한 이를 방법이 없을 따름이로다.(顔淵喟然歎曰, "仰之彌高, 鑽之彌堅. 瞻之在前, 忽焉在後. 夫子循循然善誘人, 博我以文, 約我以禮, 欲罷不能. 旣竭吾才, 如有所立卓爾. 雖欲從

그만두게 되는 것이다. 또 '상제께서 너에게 임하시니 절대로 네 맘을 두 가지로 갖지 마라'라고 하면 나아가는 것이 그만두는 것보다는 낫고, '때를 기다린 뒤에 일어나라'라고 하면 나아가다 그만두는 것이다. 이러한 상황에 처함이 군자에게는 우환으로 가득 찬 창고라 할 수 있고, 성인에게는 신중하게 행동에 옮기게 되는 갈림길이라 할 수 있다. 오직 순수한 건(乾)이 운용 원리가 되어 그 시(時)에 개입할 때에라야 이를 잘 처리할 수 있다. 아, 허물을 벗어나기 어려움이 이다지도 심하도다!

九五: 飛龍在天, 利見大人.

구오: 나는 용이 하늘에 있다. 대인을 만남이 이롭다.

純'乾'之德, 積淸剛而履天位, 天下莫測其所自, 在己亦非期必而至; 唯不舍其健行, 一旦自致, 故爲'飛'之象焉. 豁然一貫而天德全, 天佑人助而王業成, 道行則揖讓而有天下, 道明則敎垂於萬世, 占者弗敢當, 學者亦弗敢自信, 故爲聖人作而天下'利見'之象. 唯君子爲能利見之, 則雖堯・舜・周・孔之已沒, 樂其道而願學焉, 亦利見也. 若小人革面以遵路, 亦可爲寡過之民.

순수한 건(乾)의 덕이 맑고 굳셈[剛]을 쌓아 나아가다 하늘의 위(位)에 이른 것인데, 천하에 그 누구도 그것이 어디로부터 왔는지 가늠조차

之, 未由也已.)"라 하고 있다.

할 수 없으며, 자신에 대해서도 꼭 이르게 될 것이라고 기대할 수가 없다. 오로지 그 씩씩한 행동을 그만두지 않고 해 나아가다 어느 날 아침에 스스로 이루게 되니, 그래서 여기에는 '낢'의 상이 있는 것이다. 툭 터지게 깨우쳐서 하늘의 덕이 온전하니, 하늘이 돕고 사람이 도와서 왕업이 성취됨이다. 도가 행해지는 세상이면 읍양(揖讓)으로 천하를 갖게 되고 도가 밝으면 교화가 만세에 드리우니, 점을 친 이로서는 감히 이를 자신에게 해당하는 것으로 여길 수가 없고 배우는 이들도 감히 스스로가 이러하다고 믿을 수가 없다. 그러므로 이 구오효는 성인을 위해 지은 것이며 천하 사람들에게는 '뵘이 이롭다'의 상(象)이다. 그리고 오직 군자라야 만나 뵘이 이로울 수 있으니, 비록 요 · 순 · 주공 · 공자 등이 벌써 죽고 없지만 그들의 도를 즐기면서 배우기를 원한다면 또한 만나 뵘이 이롭다고 할 수 있다. 그리고 소인으로서도 철저하게 이전의 과오를 뉘우치고 갈 길을 준수한다면 역시 과오가 적은 백성이 될 수가 있다.

上九: 亢龍有悔.

상구: 너무 높이 올라간 용이니 후회함이 있다.

'亢', 自高而抑物之謂. 行之未有大失, 而終不歉於心之謂'悔'. 卦之六爻, 初 · 三 · 五, 三才之正位也; 二 · 四 · 上, 重爻非正位, 而上爲天之遠於人者. 三爻皆陰, 非陽所利, 特二居地位, 利於上升, 故爲多譽之爻, 且於貞 · 悔二象爲得中. 四 · 上不然; 上尤不切於人用. 龍德, 履天位而極矣, 上則無餘地矣. 積策至於二百一十六, 無餘數矣. 天地陰陽之撰, 位與數皆無餘焉, 更健行不已, 將何往乎? 德極其剛, 行極其健, 非無一時極盛之觀, 而後且有悔. 然不損其龍德者, 自彊不息, 盡其大正, 則悔所不恤, 聖人固不以知罪易其心也. 此爻於理勢皆君子之所戒, 唯學問之道不然, 憤樂而不知老之將至, 任重道遠, 死而後已, 不以亢悔爲憂. 故『文言傳』言天道人事, 而不及聖學.

'너무 높이 올라간'이라 한 것은 스스로 높여서 다른 것들을 억누른다는 의미로 한 말이다. 그리고 행위에 큰 잘못은 없지만 마침내 마음에 차지 않아 함을 '후회함'이라 한 것이다. 괘의 여섯 효 가운데 초효·3효·5효는 삼재의 올바른 위(位)다. 이에 비해 2효·4효·상효는 중첩된 효로서 올바른 위가 아니다. 그런데 상효는 하늘로서 사람으로부터 멀리 있다. 2효·4효·상효 세 효는 모두 음의 위(位)에 있으니[22] 양(陽)에게 이로운 것이 아닌데, 다만 2효는 땅의 위(位)에 있기 때문에 위로 올라감이 이롭다. 그러므로 2효는 찬미함이 많은 효(爻)이다. 또 이 건괘를 정괘(貞卦)와 회괘(悔卦)로 분석해 보더라도 구이효는 득중(得中)하고 있다. 이에 비해 4효와 상효는 그렇지 아니하다. 그리고 이 둘 중에서도 특히 상효는 더욱 사람이 쓰기에 절실하지 않다. 용의 덕은 하늘의 위(位)에 이르러 최고도에 오른 것이다. 그 위로 더 이상 갈 곳이 없다. 과설지책도 216책에 이르면 더 이상의 여지가 없는 수이다.[23] 하늘과 땅, 음과 양이

---

22) 건괘(乾卦)의 이 세 효는 물론 양효(陽爻)다. 그러나 이들이 자리 잡고 있는 위(位)가 2·4·상의 위(位)로서 모두 짝수에 해당하니 음의 위(位)다.

23) 노양(老陽)의 과설지책은 36이다. 그리고 소음은 32, 소양은 27, 노음은 24다. 그런데 건괘 6효는 모두 양효로 되어 있으니 그것들이 모두 노양의 효라면 그 과설지책은 36×6으로서 216책이 된다.

하는 작용이 여기서는 위(位)로서도 수(數)로서도 모두 더 이상의 여지가 없으니, 다시 또 쉼 없이 씩씩하게 행한다 한들 장차 어디로 가겠는가! 그런데 이 상육효는 덕으로서도 그 굳셈을 극한에 이르게 하고 행위로서도 그 씩씩함을 극한에 이르게 하였으니, 어느 때든 극성함을 펼쳐 보임이 없지 않을 것이며, 그러한 뒤에는 또한 후회함이 있게 되는 것이다.

그러나 그 용덕(龍德)을 손상하지 않은 이는 쉼 없이 스스로를 튼튼하게 하고 그 크고 올바름을 다하니, 후회하리라는 것조차 마음 쓰지 않는다. 그리고 성인은 본디 죄가 됨을 알았다고 하여 그 마음을 바꾸지 않는다. 이 상구효는 이치와 추세, 모든 면에서 군자가 경계로 삼아야 할 것이다. 그러나 오직 학문의 원리만은 그렇지 않아서 즐기면서 근심 따위는 잊어버려 늙는 것도 알지 못하는 정도여야 하고[24], 임무는 무겁고 갈 길은 머니 죽은 뒤에나 그치는 것이다.[25] 그래서 너무 높이 올라가

---

24) 이는 공자가 자신에 대해 서술하는 말이다. 스스로를 '공(公)'이라 참칭(僭稱)한 섭공(葉公)이 공자의 제자인 자로(子路)에게 공자의 됨됨이에 대해 물은 적이 있다. 그런데 그 질문 속에 불순한 의도가 담겨 있다고 본 자로는 이에 대해 아예 대답하지 않았다. 이 사실을 안 공자는 "너는 왜 '그 사람의 됨됨이는 발분하여 먹는 것조차 잊고 또 즐기면서 근심 따위는 잊어버려 늙는 것도 알지 못하는 정도다.'라고 대답하지 않았느냐!"라고 일갈하고 있다.(『論語』, 「述而」: 葉公問孔子於子路, 子路不對. 子曰, "女奚不曰, '其爲人也, 發憤忘食樂以忘憂, 不知老之將至.'云爾?") 후세의 학자들은 이 구절이 공자 스스로가 배움을 즐기는 데 돈독하다는 점을 드러낸 것으로 여긴다. 그리고 이 순수하고도 끊임없이 노력하는 오묘한 경지는 성인이 아니면 미칠 수 없는 것으로서 배우는 이들에게 귀감이 된다고 찬탄한다.(朱熹: 「論語集注」, 「述而」: 但自言其好學之篤爾. 然深味之, 則見其全體至極, 純亦不已之妙, 有非聖人不能及者. 蓋凡夫子之自言, 類如此, 學者宜致思焉.)

후회함이 있으리라는 것을 우려하지 않는다. 그러므로 『문언전』에서는 하늘의 도와 사람의 일에 대해서는 말하면서도 성인을 지향하는 학문(聖學)에 대해서는 언급하지 않고 있는 것이다.

用九: 見群龍无首, 吉.

용구: 무리 지은 용들을 보는데 머리가 없다. 길하다.

'用九', 六爻皆九, 陽極而動也. 舊說以爲筮得'乾'者, 六爻皆動, 則占此爻. '用'者, 動而見於行事之謂. 筮法, 歸奇爲不用之餘, 過揲爲所用之數. 六爻過揲之策皆四其九. 歸奇之十三, 不成象數而不用. 其所用以合天道, 占人事者, 皆九也, 故曰'用九'.

'용구'는 여섯 효가 모두 '9'인 건괘䷀의 효사로서 양이 극에 이르러 움직인 것이다. 이전의 설에서는 점을 쳐서 건괘를 얻었는데 그 여섯 효가 모두 동효(動爻)면 바로 이 용구 효사를 가지고 점을 치는 것으로 여겼다. '용(用)'이란 움직여 행하는 일에서 드러났음을 의미한다. 그런데 점치는

---

25) 『논어』, 「태백」 편에 나오는 말로서 증자(曾子)가 한 말이다. 그는, "선비는 의연(毅然)함을 키우지 않아서는 안 되니, 임무는 무겁고 갈 길은 멀기 때문이다. 온 세상에 인(仁)을 펼침을 자신의 임무로 하니 역시 무겁지 않겠는가! 죽은 뒤에나 그만두니 역시 멀지 않겠는가!"(曾子曰, "士不可以不弘毅, 任重而道遠. 仁以爲己任, 不亦重乎!; 死而後已, 不亦遠乎!")라고 선비의 끊임없는 노력을 강조하였다.

법에서 넷씩 나누고 남은 나머지 시책들은 사용하지 않는 여분의 수이고, 과설지책은 사용된 수이다. 여섯 효의 과설지책이 모두 4×9인 경우에 나머지 시책은 13개인데, 이 13개의 시책들은 상수를 이루지 못하여서 사용하지 않는다. 그 사용되어 천도에 합치한 것들로서 사람의 일을 점치는 것들은 모두 '9'다. 그래서 '용구'라고 하는 것이다.[26]

'見'者, 學『易』者明其理, 占『易』者知其道, 因而見天則以盡人能, 則吉. 六爻皆具象數之全, 秉至剛之德, 各乘時以自彊. 二·五雖尊履中位, 而志同德齊, 相與爲羣, 無貴賤之差等. 既爲羣矣, 何首何從之有?

---

26) 여섯 효의 과설지책이 모두 36책인 경우를 의미한다. 시초를 헤아려 괘를 뽑아내는 데서 양효가 되는 경우는 과설지책이 28인 경우와 36인 경우다. 이들을 넷씩 나누면 28은 4×7로서 소양이고, 36은 4×9로서 노양이다. 소양은 불변(不變)을 의미하고 노양은 변함을 의미한다. 그래서 여섯 효들 가운데 양효인 경우는 이 노양 효를 가지고 점을 치게 된다. 그런데 여섯 효가 모두 노양으로서 변효(變爻)인 경우는 건괘의 경우 이 용구(用九) 효사로, 곤괘인 경우 용육(用六) 효사로 점을 친다. 그래서 여기서 '용구'는 여섯 효가 모두 '9'라고 한 것이다. 그러므로 용구와 용육효는 따로 있는 효가 아니라 건괘와 곤괘의 효들이 모두 변효일 경우 보는 제3의 효사(爻辭)일 따름이다. 나머지 괘들의 경우는 6효가 모두 변하여 새로운 괘가 되었으니, 그 새로운 괘의 괘사를 가지고 점을 친다. 이 새로운 괘를 '지괘(之卦)', 또는 '변괘(變卦)'라 한다. 그런데 왕부지는 이러한 견해를 '구설(舊說)'이라 하여 여기에서 배척하고 있다. 즉 여섯효가 모두 변함을 나타내는 '9'여서 이 용구 효사로 점을 치는 것이 아니라, 이것들이 모두 쓰지 않는[不用] 나머지 시책 13개를 제거하고 남은 것들로서 쓰임으로써 천도(天道)에 합치한다는 의미에서 '용구(用九)'라 한다는 것이다.

'无首'者, 無所不用其極之謂也. 爲潛, 爲見, 爲躍, 爲飛, 爲亢, 因其時而乘之耳. 規其大, 尤愼其小, 敦其止, 尤敏其行; 一以貫之, 而非執一以强貫乎萬也. 博學而詳說, 乃以反約; 無適無莫, 而後比於義. 能見此者, 庶幾於自彊不息之天德, 而吉應之矣.

여기에서 '보는(見)'이라고 한 것은 이러하다. 즉 『주역』으로 공부하는 이들은 그 이치를 밝혀내고 『주역』으로 점을 치는 이들은 그 도를 알아내서, 그것을 바탕으로 하여 하늘의 법칙을 보고서 사람의 능력을 다 발휘하기 때문에 길하다는 의미다. 여섯 효에 모두 상수의 온전함이 갖추어져 있으니[27], 지극한 굳셈의 덕을 지닌 채 각기 마땅한 시(時)를 타고서 스스로 굳세게 하고 있다. 2효와 5효가 비록 존귀하게 중(中)의 위(位)를 차지하고 있다고는 하지만, 여섯 효들이 뜻함이 같고 덕도 고르니 서로 함께 무리를 짓게 되어서는 그들 사이에 귀·천의 차등이 없다. 이미 무리를 지었으니 누가 머리가 되고 누가 그것을 좇는단 말인가! '머리가 없다'는 것은 여섯 효들이 너 나 할 것 없이 모두 그 극한[28]을 사용하지 않음이 없다는 의미다. 물속에 잠긴 용이 되기고 하고, 드러난 용이 되기도 하고, 도약하기도 하고, 나는 용이 되기도 하고, 너무 높이 올라간 용이 되기도 하지만 이들은 모두 각기 시(時)에 맞게 그것을 타고 있을 따름이다. 그래서 그 큰 것은 경계하고 그 작은 것은 더욱 신중히 하며, 그 그쳐 있음에서는 돈독히 하고 그 행동함에서는

---

27) 여섯 효가 모두 '구(九)'라는 의미다.

28) 여기서 '극한(極)'이라 한 것은 숫자 '9'를 의미한다. '용구'인 경우는 여섯 효들이 이 상수적 의미를 갖고 있다.

더욱 민첩하게 하니, 이렇게 처음과 끝을 일관하되 어느 한 가지를 고집하며 억지로 온갖 것들에 관철하려 하지 않는다. 널리 배우고 상세하게 설명하면서도 이를 기반으로 하여 돌이켜 요약할 줄 알고, 꼭 어떻게 해야만 된다거나 절대로 어떻게 해서는 안 된다 함이 없이 의로움에 따른다.[29] 이러함을 볼 수 있는 이라야 쉼 없이 스스로 굳세게 하는 하늘의 덕에 가까워질 수 있으니, 길함이 이에 응할 것이다.

邪說詖行, 皆有首而違天則者也. 如近世陸·王之學, 竊釋氏立宗之旨, 單提一義, 秘相授受, 終流爲無忌憚之小人, 而凶隨之, 其炯鑒已. 王弼附老氏'不敢爲天下先'之說, 謂'无首'爲藏頭縮項之術, 則是孤龍而喪其元也. 『本義』因之, 所不敢從.

사설을 주장하고 기이한 행동을 하는 이들은 모두 머리가 있으며 하늘의 법칙을 위반하는 이들이다. 예컨대 근세의 육왕학 같은 것이 그것이다. 이들은 불교에서 세운 종지를 도둑질하여 오로지 하나의 뜻만을 내세우며 비밀리에 서로 주고받은 나머지, 마침내 거리낌이 없는 소인배로 흘러가고 말았으니 흉함이 그들을 따랐다. 이 사실은 역사적으로 분명하여 거울로 삼아야 할 따름이다. 왕필은 노씨(老氏)[30]의 "감히 천하의

---

29) 『논어』, 「이인(里仁)」 편에 나오는 말이다. 여기서 공자는 "군자가 천하를 대함에서는 꼭 어떻게 해야만 한다는 것도 없어야 하고, 절대로 어떻게 해서는 안 된다는 것도 없어야 하니, 오직 의로움만을 좇아야 한다.(子曰 : '君子之於天下也, 無適也, 無莫也, 義之與比.)"고 하였다. 이 말은 의로움만을 핵심으로 하되 그때그때의 상황에 맞게 처리하라는 의미다.

선구자가 되지 않는다."[31]는 설에 붙여 '머리가 없음'에 대해 머리를 감추고 목을 움츠리는 술(術)이라 하니[32], 이는 고독한 용으로서 그 으뜸됨을 잃어버린 것이다. 주희의 『주역본의』에서도 이를 근거로 하고 있는데[33], 나로서는 감히 좇을 수 없다고 본다.

---

30) 노자(老子)를 비하해서 부르는 칭호다.

31) 『노자』 제67장에 나오는 말이다.

32) 이는 왕필이 『주역주(周易注)』에서 이 구절에 대해 "'9'는 하늘의 덕이다. 하늘의 덕을 사용할 수 있음이 바로 '무리 지은 용들을 보다(見羣龍)'는 뜻이다. 대저 굳세고 튼튼한 사람이 공동체의 우두머리가 되어 있으면 다른 이들이 그와 함께하려 하지 않는다. 그렇다고 유약하고 순종적인 사람이 올바르지 않은 짓을 하면 이는 간사함을 이루는 길이다. 이러한 관점에서 건괘䷀의 길함은 머리가 없음에 있다.(九, 天之德也. 能用天德, 乃見羣龍之義焉. 夫以剛健而居人之首, 則物之所不與也; 以柔順而爲不正, 則佞邪之道也. 故乾吉在无首.)"라고 풀이한 말을 두고 한 말처럼 보인다. 여기서 왕필은 굳세고 튼튼함으로써 사람의 우두머리가 됨에 대해 경계하고 있다. 그리고 건괘䷀의 길함을 이러한 우두머리가 없음에 있다고 하고 있다. 왕부지는 바로 이러한 점이 『노자』의 "감히 천하의 선구자가 되지 않는다."를 바탕에 깔고 있는 것이라고 여기는 듯하다.

33) 주희는 그의 『주역본의』에서 이 구절에 대해 "여섯 양효들이 모두 굳셈[剛]을 변화시켜 부드러움[柔]이 될 수 있음이 길함의 이치다. 그러므로 무리지은 용들이 머리가 없는 상이 된다. 그 점(占)이 이와 같아서 길한 것이다.(蓋六陽皆變剛而能柔, 吉之道也. 故爲群龍无首之象. 而其占爲如是, 則吉也.)라 하고 있다. 여기서는 '굳셈[剛]을 변화시켜 부드러움[柔]이 될 수 있음'이 핵심이다. 왕부지는 이러한 풀이가 노자에서 왕필로, 그리고 주희에게로 이어지는 선상에 있다고 보고 이에 대해 찬동하지 않는 것이다.

「彖」曰: 大哉乾元, 萬物資始, 乃統天.

「단전」: 위대하도다, 건의 으뜸됨이여! 만물이 바탕으로 삼아 비롯되니, 이에 하늘을 통할한다.

文王以全卦所具之德, 統爻之變者謂之'彖'. 言'「彖」曰'者, 孔子釋'彖辭'之所言如此也. '「象」曰', 義同.

문왕께서 한 괘 전체가 갖추고 있는 덕으로써 효들의 변함을 통괄한 것을 '단(彖)'[34]이라 한다. 여기서 '단왈(「彖」曰)'이라 한 것은 공자가 괘사에서 말한 것을 이와 같이 풀이한 것이다. 이 뒤에 '상왈(「象」曰)'이라 한 것도 이와 같다.

物皆有本, 事皆有始, 所謂'元'也. 『易』之言'元'者多矣, 唯純'乾'之爲元, 以太和淸剛之氣, 動而不息, 無大不屆, 無小不察, 入乎地中, 出乎地上, 發起生化之理, 肇乎形, 成乎性, 以興起有爲而見乎德, 則凡物之本, 事之始, 皆此以倡先而起用, 故其大莫與倫也. 木·火·水·金, 川融·山結, 靈·蠢·動·植, 皆天至健之氣以爲資而肇始. 乃至人所成能, 信·義·智·勇·禮·樂·刑·政, 以成典物者, 皆純'乾'之

---

34) '단(彖)'은 괘(卦)를 의미하기도 한다. 이곳에서 왕부지가 말하는 '단(彖)'은 괘사(卦辭)를 가리킨다. 왕부지는 전통주역관에 기반한 '사성동규(四聖同揆)'론에 입각하여 64괘사를 문왕이 지은 것으로 여긴다. 그래서 이렇게 말하고 있는 것이다.

德; 命人爲性, 自然不睹不聞之中, 發爲惻悱不容已之幾, 以造羣動而見德, 亦莫非此元爲之資. 在天謂之元, 在人謂之仁. 天無心, 不可謂之仁; 人繼天, 不可謂之元; 其實一也. 故曰元即仁也, 天人之謂也. '乾'之爲用, 其大如此, 豈徒萬物之所資哉! 天之所以爲天, 以運五氣, 以行四時, 以育萬物者, 莫非乾以爲之元也, 故曰'乃統天'. '乃'者, 推其極而贊之之辭.

물(物)마다 모두 근본이 있고 사(事)마다 모두 시초가 있으니 이를 '으뜸(元)'이라 한다. 『주역』에서 '으뜸'을 말하는 곳이 많지만 오로지 순수한 건(乾)☰만이 으뜸이 된다. 이 건(乾)은 거대하게 조화를 이루고 있는 맑고 튼튼하며 굳센 기(氣)로써 쉼 없이 움직이면서 아무리 크다 한들 이르지 못함이 없고 아무리 작다 한들 살피지 못함이 없으니, 땅속으로 들어가기도 하고 땅 위로 솟구치기도 하면서 낳고 지어내는 이치를 펼쳐서 일으킨다. 그리하여 형(形)이 비롯되게 하고 성(性)이 이루어지게 하여 유위(有爲)를 일으켜 세움으로써 덕에서 드러난다. 무릇 물(物)들의 근본, 사(事)들의 시초는 모두 이것이 앞장서서 이끌며 작용을 일으킨 것이다. 그래서 그 크기는 어느 것도 겨룰 자가 없다. 목(木)・화(火)・금(金)・수(水), 물길과 산맥, 영혼을 가진 고등 생물이나 꿈틀거리는 미물 및 동・식물 등은 모두 하늘의 지극히 씩씩한 기(氣)가 바탕이 되고 비롯함이 되며 시초가 된 것이다. 나아가 사람이 능히 할 수 있는 것으로서 믿음, 의로움, 지혜, 용기, 예(禮), 악(樂), 형(刑), 정(政) 등을 통해 이룬 전장(典章)・제도 등은 모두 이 순수한 건(乾)의 덕이다. 그것이 사람에게 존재의 근거로 주어져서는 성(性)이 되어, 보이지도 들리지도 않는 즈음에 그만둘 수 없는 측은한 마음의 싹틈으로 저절로 발현하여 여러 가지 활동을 지어내어 덕으로 드러나는데, 이 또한 바로 이 으뜸됨이 바탕이 되지 않음이 없다. 이를 하늘에 대해서는 '으뜸'이라 일컫고, 사람에 대해서는 '어짊[仁]'이라 일컫는다. 하늘은 마음이 없으니 '어질다'라고 할 수 없고, 사람은 하늘을 계승하였으니 '으뜸'이라 할 수가 없다. 그러나 사실은 똑같은 하나다. 그러므로 "으뜸됨이 바로 어짊[仁]이다."[35]라고 말하니, 이는 하늘과 사람에 대해 일컫는 것이다. 건(乾)이 작용(用)을 이룸이 이렇듯 거대하니, 어찌 단지 만물이 바탕으로 삼는 바에 그치리요! 하늘이 하늘인 까닭은 다름이 아니라 오기(五氣)를 운행하고 사계절을 행하며 만물을 길러내기 때문인데, 이것 역시 건(乾)의 으뜸됨 아님이 없다. 그러므로 "이에 하늘을 통할한다."고 한 것이다. '이에(乃)'라는 말은 그것을 극한까지 밀어 올려 찬미한 말이다.

嘗推論之: 元在人而爲仁, 然而人心之動, 善惡之幾, 皆由乎初念, 豈元之定爲仁哉! 謂人之仁即元者, 謂'乾'之元也. 自然之動, 不雜乎物欲, 至剛也; 足以興四端萬善而不傷於物者, 至和也; 此乃體乾以爲初心者也. 夫人無忌於羞惡, 不辨於是非, 不勤於恭敬, 乃至殘忍刻薄而喪其惻隱, 皆由於惰窳不振起之情, 因仍私利之便, 而與陰柔重濁之物欲相暱而安; 是以隨物意移, 不能自强而施强於物, 故雖躁動煩勞, 無須臾之靜, 而心之偸惰, 聽役於小體以懷安者, 弱莫甚焉. 唯其違乎'乾'之德, 是以一念初起, 即陷於非僻而成乎不仁. 唯以乾爲元而不雜以

35) 이 말은 송(宋)의 호안국(胡安國)이 『춘추좌씨전』 권1, 은공(隱公) 원년(元年) 조에서 '원년(元年)'의 '원(元)'을 풀이하여 한 말인데, 그 뒤로 여러 학자들이 인용하게 되었다.

陰柔, 行乎其所不容已, 惻然一動之心, 强行而不息, 與天通理, 則仁於此顯焉. 故曰元即仁者, 言'乾'之元也, 健行以始之謂也. 故唯'乾'之元爲至大也.

나는 일찍이 다음과 같이 추론해 보았다. 건☰의 으뜸됨이 사람에게서 어짊[仁]이 되기는 하지만, 사람 마음이 움직여 이제 막 선과 악으로 갈리는 기미[幾]들이 모두 초념(初念)으로부터 말미암는 것인데, 어찌 으뜸됨이 꼭 어짊으로만 정해지겠는가! "사람의 어짊은 곧 으뜸됨이다."라고 하는 것은 건☰의 으뜸됨을 말한 것이다. 이것이 저절로 움직여 물욕과 뒤섞이지 않음은 '지극한 굳셈[至剛]'이요, 족히 사단(四端)과 온갖 선(善)들을 일으키면서도 물(物)에 의해 상처를 입지 않음은 '지극한 조화로움(至和)'이다. 이는 바로 건(乾)을 몸으로 하여 초심이 된 것이다. 그런데 사람은 부끄러워해야 할 것과 미워해야 할 것에 대해 거리낌이 없고, 옳고 그름에 대해서도 구별하지 않으며, 공경에도 힘을 쏟지 않는다. 뿐만 아니라 잔인하고 각박하기조차 하여 그 측은지심을 상실해버리기도 한다. 이는 모두 게으르고 태만하여 떨쳐 일어나지 못하는 정(情)과 사사로운 이익 쪽에 익숙해져서 그대로 받아들임으로부터 연유한 것이다. 그래서 은근하고 부드럽거나 무겁고 흐린 물욕과 친해진 나머지 거기에 편안해한다. 그렇기 때문에 물(物)을 좇으며 뜻을 옮기기나 할 뿐[36] 스스로 굳세져서 물에게 강함을 펼쳐 보이는 것을 하지 못한다.

---

36) 이는 맹자의 '대장부'론을 의식하여 하는 말이다. 맹자는 대장부의 한 요건으로 가난하고 천하더라도 마음을 옮기지 않을 수 있어야 대장부라고 하였다.(『孟子』, 「滕文公下」: 居天下之廣居, 立天下之正位, 行天下之大道, 得志, 與民由之, 不得志, 獨行其道. 富貴不能淫, 貧賤不能移, 威武不能屈, 此之謂大丈夫.) 이는 물욕

그러므로 비록 조급하게 행동하고 번잡하게 힘을 쓰며 잠시도 쉴 짬이 없이 하지만, 구차하고 게을러빠진 그의 마음은 몸뚱이의 욕구를 잘 받아들이며 편안하게 껴안으니 나약하기가 이보다 심할 것이 없다. 이는 오직 건의 덕에 위배되니 한 생각이 막 일어나자마자 곧 사악함에 빠져 들어서 어질지 않음을 이루고 만다. 그러나 오직 건(乾)만을 으뜸으로 삼고 음(陰)의 은근하고 부드러움을 전혀 뒤섞지 않은 채 그 그만둘 수가 없음의 차원에서 행하면 측은하게 한 번 피어난 마음이 굳세게 행해지면서 쉬지 않아 하늘과 이치가 통할 것이다. 어짊은 바로 이러함에서 드러난다. 그러므로 "으뜸됨이 곧 어짊이다."라고 하는 것은 건의 으뜸됨을 말한 것이니, 이는 씩씩하게 행하여 시작이 됨을 일컫는 말이다. 그러므로 오로지 건의 으뜸만이 지극히 위대한 것이다.

雲行雨施, 品物流形.

구름이 일고 비가 내려 만물이 낱낱으로 유행하며 형체를 이룬다.

天氣行於太虛之中, 絪緼流動者, 莫著於雲; 其施於地以被萬物者, 莫著於雨. 言其著者, 則其輕微周密, 於視不見, 聽不聞之中, 無時不行, 無物不施者, 可知已. '品物', 物類不一, 而各成其章之謂. '流形', 理氣流行於形中也. 行焉施焉而無所阻, 流於品物成形之中而無不貫, 亨之至盛者矣.

에 흔들려 쉽게 변심하는 것을 지적하는 말이다.

하늘의 기(氣)가 아득하도록 거대하며 텅 빈 속에서 운행하는데, 인(絪)·온(縕) 운동을 하면서 유행하고 움직이는 것 가운데 구름보다 더 현저한 것이 없고, 땅에 베풀어져서 만물에게 영향을 주는 것 가운데 비보다 더 현저한 것은 없다. 여기서 '현저하다'고 말한 것은, 그것이 경미하고 주밀(周密)하여 눈에 보이지 않고 귀에 들리지 않는 속에서도 언제든지 행하지 않는 때가 없고 어느 물(物)에든 베풀지 않음이 없으니, 그것을 알 수 있을 뿐이라는 의미다. 또 '품물(品物)'이라 한 것은 물(物)들의 부류가 똑같지 않고 각기 뚜렷하게 구분되는 자신들의 장(章)을 갖는다는 의미다. 또 '유형(流形)'이라 한 것은 리(理)와 기(氣)가 형체들 속에서 유행한다는 의미다. 행하고 베푸는 데서 막힘이 없고 만물 낱낱이 형체를 이루는 속에서 유행하며 일관하지 않음이 없으니, 이는 형(亨)의 지극히 왕성함이다.

自其資始而統天, 爲神化流通之宰者, 則曰元. 自其一元之用, 充周洋溢, 與地通徹無間, 而於萬物無小不達者, 則謂之亨. 故可分爲二德, 抑可合言之曰'大亨'. 始而不可以施行, 其始不大; 亨非其始之所統, 必有不亨. 『本義』'占者大亨'之說, 本與『文言』四德之旨不相悖. 非'乾'之元, 非雲行雨施之亨, 又何以能大亨? 夫豈小人不仁無禮, 徼一時之遭遇, 快意以逞之爲大亨乎? 舍「彖傳」以說彖辭, 不信聖人, 而信鬻術者之陋說哉!

바탕이 되고 비롯함이 되어서 하늘을 통할함으로써 신묘하게 지어냄[神化]과 유행하면서 통함을 주재하는 것을 '으뜸[元]'이라 한다. 또 이 하나인 으뜸의 작용이 두루두루 충만하고 넘쳐흘러서 땅과 전혀 사이가 없이 환히 통하며 만물 가운데 아무리 작은 것에도 이르지 않음이 없는 것을 '형(亨)'이라 한다. 그러므로 두 개의 덕으로 나눌 수 있지만, 또한 합해서도 말할 수 있으니 '크게 형통하다'고 말한 것이다. 비롯하였더라도 그것이 베풀어지거나 시행될 수 없다면 그 비롯함은 커지지 않는다. 또 형(亨)이 그 비롯함에 의해 통할되지 않는다면 틀림없이 절대로 형통하지 않다. 주희가 『주역본의』에서 "점을 친 사람이 크게 형통하다."[37]고 한 말도 본래 「문언전」의 사덕(四德)의 뜻과 서로 어긋나지 않는다. 건䷀의 으뜸됨이 아니고, 또 구름이 일고 비가 내림의 형통함이 아니라면, 어찌 또한 크게 형통할 수 있겠는가! 어찌 소인이 어질지도 않고 예(禮)도 없으면서 어쩌다 한때의 행운을 만나 제멋대로 맘껏 하는 것이 크게 형통함이 될 수 있겠는가! 이렇게 본다면 「단전」을 무시하고 괘사를 풀이하는 것이며, 성인은 믿지 않은 채 술수를 팔아먹고 사는 이들의 비루한 설을 믿는 것이로다!

大明終始, 六位時成, 時乘六龍以御天. '乾'道變化, 各正性命, 保合太和, 乃利貞.

위대한 밝음이 처음과 끝을 관통하고 여섯 위(位)가 시(時)에 의해 이루어지니 때에 맞게 여섯 마리의 용이 끄는 탈것을 타고서 하늘을 제어한다. 건䷀의 도가 변화하는 가운데 각기 성과 명을 바르게 하고, 서로 보호하며 이 세계의

---

37) 이는 주희(朱熹)가 『주역본의』에서 임괘(臨卦)의 괘사인 "臨. 元・亨・利・貞. 至于八月有凶."을 풀이하는 가운데 한 말이다.

거대한 조화[太和]에 함께한다. 그래서 이롭고 올곧다.

此通釋利貞之義. '大明', 天之明也. '六位', 六爻之位. '時成', 隨時而剛健之德皆成也. '六龍', 六爻之陽. '乘'之者, 純'乾'之德, 合六爲一, 如乘六馬共駕一車也. '御', 驅策而行之於軌道也. 以化言之謂之天, 以德言之謂之'乾'. '乾'以純健不息之德, 御氣化而行乎四時百物, 各循其軌道, 則雖變化無方, 皆以'乾'道爲大正, 而品物之性命, 各成其物則, 不相悖害, 而强弱相保, 求與相合, 以協於太和, 是乃貞之所以利, 利之無非貞也. 以聖人之德擬之, 自誠而明者, 察事物之所宜, 一幾甫動, 終始不爽, 自穉迄老, 隨時各當, 變而不失其正, 益萬物而物不知, 與天之竝育竝行, 成兩間之大用, 而無非太和之天鈞所運者, 同一利貞也.

이는 건괘 괘사의 리(利)・정(貞)의 뜻을 풀이한 것이다. '위대한 밝음'이란 하늘의 밝음이다. '여섯 위(位)'는 육효의 위를 말한다. '시(時)에 의해 이루어지니'란 그때그때에 맞게 굳세고 튼튼한 덕이 모두 이루어진다는 의미다. '여섯 마리의 용'은 육효의 양(陽)이다. '탈것을 타고서'라고 함은 순수한 건☰의 덕 여섯을 합쳐 하나로 한다는 의미다. 예컨대 여섯 마리의 말이 함께 끄는 한 대의 수레를 탄다는 것과 같다. '부린다(御)'는 말은 채찍을 휘둘러 궤도로 가게 한다는 의미다. 지어냄의 측면에서는 '하늘'이라 하고, 덕의 측면에서는 '건'이라 한다. 건☰은 절대로 쉼이 없이 순수하게 씩씩하기만 한 덕이다. 그것이 기(氣)의 조화함을 부리면 네 계절과 만물에서 운행한다. 그래서 이들이 각각 그 궤도를 따른다면 비록 일정하게 정해짐이 없이 다양하게 변화한다 할지라도 모두 건도를 위대한 올바름으로 삼는다. 그리하여 만물 낱낱의 성(性)과 명(命)이 각기 그 물(物)의 법칙을 이루면서 서로 어긋나거나 피해를 주지 않고 강한 것과 약한 것들이 서로 보호하고 서로 합치하기를 추구함으로써 이 세계의 거대한 조화[太和]에 함께한다. 이것이 바로 올곧음이 이로운 까닭이며, 이로움은 올곧음 아님이 없다. 이를 성인의 덕으로써 비겨 설명한다면, 성실함으로부터 명철해진 것에 의해 사물의 마땅한 바를 살피고, 하나의 기미[幾]가 막 움직임으로부터 시종일관 어기지 않으며, 유년에서 노년에 이르기까지 때에 맞추어 각기 마땅하게 행동하고 변하더라도 그 올바름을 잃지 아니함이다. 그리고 만물에게 이익을 주더라도 만물은 알지 못하며, 하늘과 더불어 길러내고 행하면서 하늘과 땅 사이에 위대한 작용을 이루니, 이는 이 세계의 거대한 조화[太和]의 천균(天鈞)[38]이 운행한 바와 전혀 다름이 없이 '이롭고 올곧다'고 함 그대로다.

蓋嘗即物理而察之, 艸木・蟲魚・鳥獸, 以至於人, 靈頑動植之不一; 乃其爲物也, 枝葉華實, 柯幹根荄之微, 鱗介羽毛, 瓜齒官竅, 骨脈筋髓, 府藏榮衛之細, 相函相輔, 相就相避, 相輸相受, 纖悉精匀, 玲瓏通撤, 以居其性, 凝其命, 宣其氣, 藏其精, 導其利, 違其害, 成其能, 效其功, 極至於目不可得而辨, 手不可得而揣者, 經理精微, 各如其分, 而無不利者無不貞焉. 天之聰明, 於斯昭著; 人之聰明, 皆秉此以效法, 而終

---

38) '천균'은 '저절로 균평함을 이루는 이치'를 의미한다. 본래 『장자(莊子)』, 「제물론(齊物論)」 편에 나오는 말이다. 여기서 장자는 "그래서 성인들은 이를 옳다는 것과 그르다는 것으로써 조화롭게 하고 천균에서 쉬노니, 이를 일컬어 '양행(兩行)'이라 한다.(是以聖人和之以是非而休乎天鈞, 是之謂兩行.)"라고 하였다. 이에 대해 성현영(成玄英)은 "천균이란 저절로 균평함을 이루는 이치다.(天均者, 自然均平之理也.)"라고 풀이하였다.

莫能及也. 各如其分, 則皆得其正. 其明者, 無非誠也, 故曰'大明'也. 自有生物以來, 迄於終古, 榮枯生死, 屈伸變化之無常, 而不爽其則. 有物也, 必有則也. 利於物者, 皆貞也. 方生之始, 形有穉壯大小・用有强弱昏明之差, 而當其萌芽, 即函其體於纖細之中, 有所充周, 而非有所增益, 則終在始之中; 而明終以明始, 乃誠始而誠終, 故曰'大明終始'而'六位時成'也. 是唯純'乾'之德, 太和之氣, 洋溢浹洽, 即形氣以保其微弱, 合其經緯, 故因時奠位, 六龍各效其能, 以遵一定之軌, 而品物於斯利焉, 無不貞者無不利, 故曰'時乘六龍'而'利貞'. '乾'之以其性情, 成其功效, 統天始物, 純一淸剛, 善動而不息, 豈徒其氣爲之哉? 理爲之也. 合始終於一貫, 理不息於氣之中也. 法天者, 可知利用崇德之實矣.

일찍이 물(物)들의 이치에 나아가 관찰해보니, 풀, 나무, 곤충, 물고기, 새, 들짐승 등으로부터 사람에 이르기까지, 머리가 좋은 것이 있는가 하면 아둔한 것도 있으며 동물이 있는가 하면 식물도 있어서 한결같지가 않다. 나아가 이들을 이루고 있는 것을 보면, 가지・잎・열매・꽃 및 줄기・뿌리와 같은 미미한 것들과 비늘・갑각(甲殼)・날짐승 털・들짐승 털, 발톱・이빨・기관(器官)・구멍, 뼈・혈맥・근육・골수 및 오장육부・영위(榮衛)[39] 등과 같은 미세한 것들이 서로 감싸고 서로 도우며,

39) 영(榮)・위(衛)에서 '영'은 혈(血)의 순환을 가리키고, '위'는 기(氣)가 두루 흘러다님을 말한다. 구체적으로 말하자면, '영'은 기가 맥 속으로 다니는 것으로서 음에 속하고, '위'는 기가 맥의 밖으로 다니는 것으로서 양에 속한다. 이렇듯 '영'과 '위'는 우리 몸 전체에 퍼져서 안팎으로 서로 연관되어 있으며 쉬지 않고 운행한다. 그래서 우리들 몸에 영양분을 공급하고 몸을 보위하는 작용함을 한다.

서로에게로 나아가기도 하고 서로를 피하기도 한다. 그리고 서로에게 날라다 주기도 하고 서로 받기도 하여, 미세한 것들까지 다 두루미치고 영롱하게 통철(通徹)한다. 그럼으로써 스스로의 성(性) 그대로 살아가고 그 명(命)을 엄정히 한다. 또 그 기(氣)를 펼쳐내고 그 정(精)을 저장하며, 그 이로움에로는 유도하고 그 해로움은 피한다. 그래서 그 능함을 이루고 그 공력을 드러낸다. 궁극적으로는 심지어 눈을 가지고도 구별할 수 없고 손으로도 만질수조차 없는 것들까지 그 정미(精微)함을 작동하며 각각 제 분한대로 하니, 이렇게 하여 이롭지 아니함이 없는 것들이 올곧지 아니함이 없다. 하늘의 총명함이 이러함에서 환하게 드러나며, 사람의 총명함도 모두 이러함을 견지하여 그 본받음의 효과를 드러내기는 한다. 그러나 사람은 끝내 하늘에 미칠 수는 없다. 이처럼 물(物)들은 각기 그 분수대로 하면 모두가 제 올바름을 얻는다. 그 밝음은 성실함이 아닌 것이 없다. 그래서 '위대한 밝음'이라 한 것이다.

이 세상에 만물이 생겨난 이래 아득한 옛날부터 이 세상이 끝나는 날까지, 피었다가는 시들고 생겨났다가는 죽으며, 굽혔다 폈다 하는 식으로 변화가 결코 항상 일정하지는 않지만, 결코 그 법칙을 어기지 않으리니 물(物)이 있으면 반드시 그 법칙이 있는 것이다. 물(物)들에게 이로움은 모두 올곧음이다. 막 생겨나서부터 생김새에는 어림(穉)과 장성함(壯) 및 크고 작음의 다름이 있고, 작용을 드러냄에도 굳셈과 허약함 및 어둠과 밝음의 차이가 있다. 그런데 이러함은 바로 싹틀 때부터 미세한 속에 그 본체를 함유한 것으로서, 두루두루 꽉 채워냄만 있을 뿐 결코 나중에 와서 증익(增益)하는 바가 없다. 그래서 끝마침도 시작 속에 있는 것이다. 그러나 끝남을 밝게 함으로써 시작을 밝게 하니, 이는 곧 시작을 성실하게 하여 끝남을 성실하게 함이다. 그래서 "위대한 밝음이 처음과 끝을 관통하여", "여섯 위(位)가 시(時)에 의해 이루어진다."고 한 것이다.

이는 다름 아니라 오직 순수하기만 한 건(乾)의 덕, 즉 이 세계의 거대한 조화[太和]를 이루고 있는 기가 아득하게 널리 퍼지면서 조화를 이룸이다. 이렇게 하여, 형기에서는 곧 그 미약함을 보완하고 가로세로로 얽고 있는 주변의 세계와 합치한다. 그러므로 때에 맞게 위(位)를 정하고 여섯 마리의 용들이 각기 그 성능을 드러냄으로써 일정한 궤도를 준수하니 만물 낱낱은 이러함에서 이로움을 얻는데, 올곧지 아니함이 없는 것들치고 이롭지 아니함이 없다. 그래서 "때에 맞게 여섯 마리의 용이 끄는 탈것을 타니", "이롭고 올곧다."고 한 것이다.

건(乾)이 그 성(性)과 정(情)으로써 공효를 이루고 하늘을 제어하며 만물을 비롯하게 해주는데, 이렇듯 순일하고 청강(淸剛)하며 쉬지 않고 잘 움직이는 것이 어찌 한갓 기(氣)만이 하는 것이리요! 리(理)도 함께 하는 것이다. 이들이 함께 시작부터 종말까지 일관하니, 리는 기의 속에서 쉼이 없는 것이다. 하늘을 본보기로 하는 이는 저 숭고한 덕의 실질을 어떻게 하면 이롭게 쓸 수 있는지 알 수 있을 것이다.

首出庶物, 萬國咸寧.

만물 가운데 맨 먼저 출현하니 온 나라가 다 평안해진다.

此則言聖人體'乾'之功用也. 積純陽之德, 合一無間, 無私之至, 不息之誠, 則所性之幾發於不容已者, 於人之所當知者而先知之, 於人之所當覺者而先覺之, 通其志, 成其務, 以建元后父母之極, '乾'之元亨也. 因而施之於天下, 知無不明, 處無不當, 教養勸威, 保合於中節之和,而天下皆蒙其利, 不失其正, 萬國之咸寧, '乾'之利貞也.

이 구절은 성인께서 건(乾)의 기능과 작용을 체현하고 있음에 대해 말한 것이다. 성인은 순수한 양(陽)의 덕을 쌓되 빈틈없이 합일하여 전혀 사사로움이 없고 쉼 없이 성실하니, 그만둘 수 없음에서 타고난 성(性) 그대로의 기미(幾)를 피어낸 사람이다. 그리하여 사람으로서 마땅히 알아야 할 것에 대해 누구보다 먼저 알고, 사람으로서 마땅히 깨달아야 할 것에 대해 누구보다 먼저 깨달아서, 그 뜻함을 통하게 하고 그 임무를 성취해낸다. 그렇게 함으로써 성인은 천지와 부모의 표준(極)을 세우니, 이는 건의 '으뜸됨'과 '형통함'에 해당한다. 성인께서 이를 바탕으로 하여 천하에 베푸는 데서 보면, 지혜에는 밝지 아니함이 없고 처리함에는 마땅하지 아니함이 없다. 교화하고 길러내고 권장하고 위엄을 갖춘 채 중절의 어울림에 보합하니, 천하는 모두 그 이로움을 입고 그 올바름을 잃지 않는다. 그래서 온 나라들이 다 평화로워진다. 이는 건의 '이롭고 올곧다'에 해당한다.

凡「彖傳」於釋彖之餘, 皆以人事終之, 大小險易, 各如其象之德, 學『易』者可法, 筮者可戒. 唯'乾'言聖人之上治, 堯舜而下, 莫敢當焉, 學『易』者不可躐等而失下學之素. 若筮者得純'乾'之卦, 必所問之非義, 筮人之不誠, 神不屑告, 而策偶成象; 又或天下將有聖作物覩之徵, 而偶見其兆也.

무릇 「단전」에서는 괘에 대해 풀이하고서 모두 사람의 일로써 끝을 맺는데, 이는 큰 것이든 작은 것이든, 어려운 것이든 쉬운 것이든, 각기 그 상(象)의 덕과 같기 때문이다. 『주역』으로 배움을 삼는 이들은 이를 본보기로 삼을 만하고 점을 치는 사람들은 이를 경계로 삼을 만하다. 그런데 오직 건괘䷀에서만 성인들께서 위에 올라 다스리는 것으로 말하고 있는 까닭은, 요・순 이하는 감히 이에 당할 수 없기 때문이다. 그러니 『주역』으로 배움을 삼는 이들은 건너뛰고 비약함으로써 학문을 하는 바탕을 잃어버려서는 안 된다. 만약에 점을 친 사람이 이 순수한 건괘䷀를 얻었다면 이는 틀림없이 점쳐 물었던 것이 의롭지 않았기 때문이러니, 점치는 이가 정성스럽지 않다면 신(神)께서는 기꺼이 고해 주지 않기 때문이다. 그래서 이는 시책을 통해 우연히 얻은 상일 따름이다. 또 경우에 따라서는 천하에 곧 성인이 일어나고 만물이 그것을 우러러볼[40] 징조가 있는데, 시초점을 친 사람으로서 어쩌다 우연히 그 조짐을 얻은 것일 뿐이다.

「象」曰: 天行健, 君子以自强不息.

「대상전」: 하늘의 운행은 씩씩하다. 군자는 이를 본받아 스스로를 튼튼하게 하며 쉬지 않는다.

---

40) 이는 「문언전(文言傳)」, 건괘의 "성인께서 일어나심에 만물이 모두 우러러본다.(聖人作而萬物覩)"는 구절을 바탕으로 한 말이다. 이는 같은 소리끼리는 서로 감응하고(同聲相應) 같은 기끼리는 서로 끌린다(同氣相求)는 관점을 피력한 것이다. 성인과 만물(萬人)이 같은 것으로서 서로 감응하고 끌린다는 의미다.

此所謂'大象'也. 孔子就伏羲所畫之卦, 因其象以體其德. 蓋爲學『易』者示擇善於陰陽, 而斟酌以求肖, 遠其所不足, 而效法其所優也. 數之積也, 畫已成而見爲象, 則內貞外悔, 分爲二象, 合爲一象, 象於此立, 德於此著焉. 天・地・雷・風・水・火・山・澤, 八卦之垂象於兩間者也. 而合同以化者, 各自爲體, 皆可效法之以利用. 君子觀於天地之間而無非學, 所謂希天也. 故異於『彖』, 而專以天・地・雷・風・水・火・山・澤之相襲者示義焉.

이 구절은 이른바 '대상(大象)'에 대해 말한 것이다. 이는 공자께서 복희씨가 그린 괘획에 나아가 그 상(象) 속에 드러나 있는 덕을 구체적으로 드러낸 것이다. 생각건대 이 「대상전」은 『주역』으로 배움을 삼는 이들에게 천지간 음・양의 작용에서 선함을 가려내서 제시한 것인데, 그렇게 함으로써 그 의미를 잘 헤아려서 그것을 닮도록 하고 거기에서 부족한 것은 멀리하며 그 우수한 것은 본받아서 드러내도록 하기 위한 것이다. 시책을 헤아린 수가 누적되어서는 괘가 이미 이루어져 볼 수 있는 상으로 드러난다. 그러면 내괘는 정괘(貞卦)로 외괘는 회괘(悔卦)로 나뉘어 두 개의 상이 되지만, 합해서는 하나의 상이 된다. 상은 바로 여기서 세워지고 덕도 바로 여기서 드러난다. 그리하여 하늘・땅・우레・바람・물・불・산・연못 등은 팔괘가 하늘과 땅 사이에 있는 것들에 대해 상으로 드러내고 있는 것들이다. 이렇게 합동으로 조화하는 것들이 각기 스스로 체(體)를 이루니, 모두 본받아서 이롭게 이용할 수가 있다. 군자가 하늘과 땅 사이를 보면 배우지 않을 것이 없다. 이것이 이른바 '하늘을 희구함'이다. 그러므로 이 「상전」에서는 「단전」과는 달리, 전적으로 하늘・땅・우레・바람・물・불・산・연못 등이 서로 영향을 주고받음만으로써 의미를 제시하고 있다.

'天行'云者, 朱子謂"重卦皆取重義, 此獨不然(者). 天一而已, 但天之行一日一周, 而明日又一周, 有重復之象", 是也. 變'乾'言'健', 健即乾也. 或先儒傳授, 聲相近而誤爾. '以', 用也. 學『易』者不一其道, 六十四卦各有所用之, 所謂'存乎其人', '存乎德行'也. 理一也, 而修己治人, 進退行藏, 禮樂刑政, 蹈常處變, 情各異用, 事各異趨, 物各異處. 學『易』者斟酌所宜, 以善用其志氣, 則雖天地之大, 而用之也專, 雜卦之駁, 而取之也備, 此精義之學也. 違其所宜用, 則雖'乾'・'坤'之大德, 且成乎大過, 況其餘乎! 因卦之宜 而各專所擬議, 道之所以弘也. 純'乾'之卦, 內健而外復健, 純而不已, 象天之行. 君子以此至剛不柔之道, 自克己私, 盡體天理, 發憤忘食, 樂以忘憂, 不知老之將至, 而造聖德之純也. 彊者之彊, 彊人者也; 君子之彊, 自彊者也. 彊人則競; 自彊則純. '乾'以剛修己, '坤'以柔治人, 君子之配天地, 道一, 而用其志氣者殊也. 修己治人, 道之大綱盡於'乾'・'坤'矣.

여기에서 '하늘의 운행'이라 한 것에 대해 주자(朱子)가 "중괘(重卦)[41]는 모두 중첩된 의미를 취하는데 이 건괘만은 그렇지 아니다. 그 까닭은 하늘은 하나이기 때문이다. 다만 하늘의 운행은 하루에 한 바퀴를 돌고 다음 날 또 한 바퀴를 도니, 거기에는 중복된 상이 있다."[42]라고 풀이하고 있다. 이는 맞는 말이다. 주자는 여기서 건(乾)을 '건(健)'으로 변화시켜 말하는데, 이 씩씩하다는 의미의 '건(健)'이 곧 건(乾)의 의미이기 때문이

---

41) '중괘(重卦)'는 6획괘를 상・하 각기 3획괘로 나누어 보고 한 괘에 이들 3획괘가 중첩되어 있다는 의미에서 부르는 칭호다.

42) 주희가 『주역본의』에서 이 구절을 풀이하면서 하는 말이다.

다. 아니면 선유들이 전수하는 과정에서 음이 서로 비슷하기 때문에 잘못 사용한 것일 수도 있다. '이로써'라고 번역한 '이(以)' 자의 의미는 '쓰다(用)'는 뜻이다. 『주역』으로 배움을 삼는 이들이 그 도를 모두 똑같이 받아들이지 않고, 64괘도 각기 소용되는 바가 있다. 이른바 '그 사람에게 달려 있다', '덕행에 달려 있다'고 함이 이것이다.[43] 이치는 하나다. 그러나 수기(修己)만 하고 있을지 아니면 세상에 나아가 활동을 해야 할지, 더 나아가야 할지 아니면 물러나야 할지, 행세를 해야 할지 아니면 숨어 살아야 할지가 다 다르다. 그리고 예악(禮樂)과 형정(刑政)에서도 늘 하던 그대로 해야 할지 아니면 변한 상황에 맞추어 가야 할지가 다 다르다. 그래서 실정에 따라 각기 쓰임을 달리해야 하고, 일에 따라 각기 처리방식을 달리해야 하며, 물(物)에 따라 각기 처리함을 달리해야 한다. 여기에서 『주역』으로 배움을 삼는 이들은 가장 알맞음을 헤아려서 그 의지와 기개를 잘 사용해야 한다. 그렇게 하면 하늘과 땅이 아무리 크다 할지라도 사용함은 전일(專一)해지며 괘들이 아무리 잡박하게 뒤섞여 있다 하더라도 취해야 할 것은 갖추어져 있다. 이것이 바로 신묘한 의미를 파악하기 위해 온 정성을 다해 깊이 탐구하는 정의(精義)의 학문이다. 이에 비해 그 마땅한 사용과 어긋나게 된다면 비록 건・곤의 위대한 덕이라 할지라도 거대한 잘못을 이루고 만다. 하물며 그 나머지에 게서랴! 괘의 알맞음을 근거로 하여 전일하게 견주어보고(擬) 상세하게

---

43) 『주역』, 「계사상전」 편, 제12장에 나오는 말이다. 거기에서는 "그것을 신명스럽게 밝혀내는 것은 그 사람에게 달려 있다. 묵묵히 그것을 이루어내고 말하지 않으면서 믿음을 주는 것은 덕행에 달려 있다.(神而明之, 存乎其人; 默而成之, 不言而信, 存乎德行.)"고 하였다.

연역하여 따져 본다면(議)[44] 도는 이렇게 하여 넓어진다.[45] 순수한 건(乾) 괘는 속으로도 씩씩하고 겉으로도 거듭 씩씩하여 순수하기를 그침이 없이 하니, 이는 하늘의 운행을 상으로 드러낸 것이다. 군자가 이 지극히 굳세기만(至剛) 할 뿐 결코 부드럽지는 않은(不柔) 도로써 자신의 사사로움을 극복하고 하늘의 이치를 다 체득한다면, 그리고 온 정성을 다해 노력하느라 먹는 것조차 잊고 즐거운 나머지 근심을 잊으며 늙음이 다가오는 것조차 알지 못하는[46] 정도로 하게 되면, 성덕(聖德)의 순수함을 이루어내게 된다. 강자의 강함은 남을 강하게 함에 비해, 군자의 강함은 스스로를 강하게 한다. 남을 강하게 하면 경쟁을 하지만, 스스로를 강하게 하면 순수하다. '건'은 굳셈[剛]으로써 자기 자신을 닦고, '곤'은 부드러움[柔]로써 남을 다스린다. 군자가 하늘·땅과 짝을 짓게 되는 원리는 하나다. 그러나 그 의지와 기개를 사용하는 것은 다 다르다. 자기 자신을 닦음과 남을 다스리는 원리의 대강이 건괘·곤괘에 다 드러나 있다.

---

44) '의의(擬議)'는 「계사상전」 제8장에 나오는 말이다. 이에 대해 왕부지는 "의(擬)라는 것은 자기가 말한 바를 『주역』의 괘·효사에 가져다 견주어 그것이 부합하는지의 여부를 살피는 것이다. 의(議)는 그 변동하게 하고 득실이 되게 하는 소이연(所以然)의 의리를 끌고 가 상세하게 연역하여 따져 본 뒤 자신이 좇아야 할지 말아야 할지를 짐작하는 것이다."라고 풀이하고 있다.

45) 이는 『논어』, 「위령공(衛靈公)」 편에 나오는 "사람이 도를 넓힐 수 있는 것이지 도가 사람을 넓힐 수 있는 것이 아니다.(人能弘道, 非道弘人.)"라고 한 공자의 말을 전제로 한 것이다.

46) 『논어』, 「술이(述而)」 편에 나오는 말이다. 공자는 스스로의 사람 됨됨이에 대해 이렇게 평가하고 있다.

'潛龍勿用', 陽在下也.

'물속에 잠긴 용이니 쓰지 마라.'고 하는 것은 양이 아래에 있기 때문이다.

此以下皆所謂'小象', 釋周公之爻辭也. 取一爻之畫, 剛柔升降, 應違得失之象, 與爻下之辭相擬, 見辭皆因象而立也. 其例有陰有陽, 有中有不中, 有當位有不當位, 有應有不應, 有承有乘, 有進有退, 晝與位合, 而乘乎其時, 取義不一. 所謂'周流六虛, 不可爲典要', 『易』道之所以盡變化也.

이 이하는 모두 「소상전(小象傳)」에 해당하는 것으로서 주공(周公)이 만든 효사를 풀이하고 있다. 그 방식을 보면, 낱낱 효들이 굳셈[剛]인지 부드러움[柔]인지, 올라가는 것[升]인지 내려가는 것[降]인지, 위·아래로 호응하는 것[應]인지 어긋나는 것[違]인지, 득(得)인지 실(失)인지를 살펴 효사들과 서로 맞추어 보고 지은 것이니, 모두 상(象)을 바탕으로 하여 세운 것이다. 그 예에는 음도 있고 양도 있으며, 중(中)도 있고 부중(不中)도 있으며[47], 당위(當位)도 있고 부당위(不當位)도 있으며[48], 응(應)도 있고 불응(不應)도 있으며[49], 승(承)도 있고 승(乘)도 있으며[50], 나아감도

---

47) 中은 2·5효의 위(位)를 가리키며 '부중(不中)'은 육효에서 이들을 제외한 초·삼·사·상효의 위(位)를 지칭한다. 2효는 내괘(貞卦)의 중(中)이고 5효는 외괘(悔卦)의 중이다.

48) 육효 가운데 초·3·5효 등 홀수째의 위(位)는 양(陽)의 위(位)이고, 2·4·상효 등 짝수째의 위는 음(陰)의 위다. 따라서 양의 위에 굳셈(—)이 오거나 음의 위에 부드러움(--)이 오면 그것은 '당위(當位)'가 되고 그 반대의 경우는 부당위(不當位)가 된다.

있고 물러남도 있다. 육효의 획과 위(位)가 합하여 그때그때의 시(時)를 타고 드러나는데, 그 뜻을 취함이 일정하지 않다. 이것이 이른바 '비어 있는 여섯 효의 위(位)에 두루 유행함(周流六虛)'이며, '일정불변한 틀을 만들어 모든 괘들에 일률적으로 적용해서는 안 됨(不可爲典要)'이라 하는 말의 의미다. 『주역』의 도(道)는 이렇게 하여 변화를 다 드러낸다.

初九處地位之下, 五陽積剛於上, 立純陽之定體, 疑無不可用者; 以道在潛伏, 不可以亟見, 故一陽興於地下, 物榮其根, 爲反己退藏, 固本定基, 居易俟命之道, 位使然也.

초구효는 땅을 상징하는 위(位)에서도 아래에 있고 다섯 양(陽)들이 위에서 굳셈[剛]을 여러 켜로 쌓고 있으니, 순전히 양(陽)으로만 이루어진 건괘의 체(體)를 세우는 바탕으로서 아마 쓸 수 없다고는 할 수 없을 것이다. 그러나 그 도(道)가 잠복함에 있으니 성급하게 드러낼 수가 없다. 그러므로 하나의 양이 땅 아래에서 일어나고 물(物)들이 그 뿌리를 왕성하게는 하지만, 자기 자신에게로 돌이키며 물러나 숨어 있음, 근본을

---

49) 내괘(貞卦)와 외괘(悔卦)의 효들이 음・양, 굳셈・부드러움으로 호응하는 것을 말한다. 즉 초효와 4효, 2효와 5효, 3효와 상효가 각각 '강 : 유'로 호응하는 것을 '응(應)'이라 하며, 그렇지 않고 양쪽 모두 강효로 되어 있거나(剛 : 剛) 유효로 되어 있으면(柔 : 柔) '불응(不應)'이라 한다.

50) 승(承)・승(乘)은 이웃하고 있는 두 효들의 관계를 규정한 것이다. 위의 효를 받들고 있다는 의미에서 아래에 있는 효를 '승(承)'이라 하고, 아래에 있는 효를 올라타고 있다는 의미에서 위의 효를 '승(乘)'이라 한다.

굳게 하고 바탕을 정함, 편안하게 거처하며 때가 이르기를 기다림의 도(道)가 된다. 이는 이 효의 위(位)가 그렇게 하도록 하는 것이다.

'見龍在田', 德施普也.

'드러난 용이 밭에 있음'이란 덕이 널리 베풀어짐을 의미한다.

'普'與'溥'通, 周徧也. 陽出地上, 艸木嘉穀皆載天之德, 以發生而利於物, 此造化德施之普也. 大人藏密之功已至, 因而見諸行事, 即人情物理以行仁義象之, 故爲天下所利見. 禮曰, '先王以人情爲田.' 順人情以施德, 德乃周徧. 以時則舜之歷試, 以事則文王之康功田功, 以日用則質直好義, 慮以下人, 而邦家皆達, 皆天德之下施者也.

'널리(普)'라는 말은 '광대하다(溥)'는 말과 통하는 것으로서 두루두루 널리 퍼진다는 의미다. 양(陽)이 땅의 위로 나왔으니 초목과 오곡이 모두 하늘의 덕을 싣고서 피어나고 생겨나 물(物)들에게 이로움을 줌이다. 이는 만물을 만들어내고 길러냄의 덕이 널리 베풀어짐을 의미한다. 대인이 은밀함으로 물러나 닦던 공이 이미 지극하여져서 행하는 일들에서 드러나는 것인데, 이 구이효는 사람의 일반적인 정서와 물들의 이치를 바탕으로 하여 인(仁)·의(義)를 행함을 상(象)으로 드러내고 있다. 그러므로 천하 사람들에게는 그를 만남이 곧 이로움이 된다. 『예기』에서는 "선왕들은 사람들의 실정을 밭으로 삼는다."[51]고 하였다. 즉 사람들의 실정에 따라서 덕을 베푸니 이에 덕이 두루두루 널리 퍼진다는 것이다. 이 효가 가진 의미를 때로 보면 순임금이 요임금에 의해 여러 가지

어려운 일로 시험을 거치던 때에 해당한다. 일로 보면 문왕이 길을 닦아 사통오달하게 하던 것과 농토를 일구어 곡식을 거두어내던 공에 해당한다. 또 일상생활의 쓰임새로 보면 바탕이 소박하고 정직하며 의로움을 좋아한 나머지, 다른 사람의 아래로 내려가는 것을 의미한다. 그리하여 나라나 가문이 모두 활짝 피어남이니, 이는 모두 하늘의 덕이 아래로 베풀어짐이다.

'終日乾乾', 反復道也.

'종일토록 씩씩하고 씩씩하게 일함'이란 도(道)를 되풀이함이다.

三居下卦之上, '乾'象已成, 反而自安其正, 而以剛居剛; 三爲進爻, 健行不已, 行而復行, 欲罷不能; 故爲終日乾乾, 夕復惕若之象. 不言'夕惕'者, 省文.

이 구삼효는 하괘의 맨 위에 자리 잡고 있으니, 건괘의 상(象)이 이미 이루어진 상황에서 돌이켜 스스로 그 올바름에 편안해 하며, 굳셈[剛]으로서 굳셈[剛]의 자리를 차지하고 있다. 그런데 이 구삼효는 나아감의 효로서 씩씩하게 행함을 그치지를 않으며 행하고 또 행하니, 그만두고자

51) 『예기』, 「예운(禮運)」 편에 나오는 말이다. 여기서는 "사람을 천지의 마음이요 오행의 단초라 한 뒤, 사람들의 실정이 밭이 되니, 사람은 주인이 된다.(故人者, 天地之心也, 五行之端也, …… 人情以爲田, 故人以爲奧也.)"고 하고 있다.

하여도 그렇게 할 수가 없다. 그러므로 종일토록 씩씩하고 씩씩하게 행하고 저녁이 되어서는 다시 두려워하듯 하는 상(象)이 되는 것이다. 그런데 여기서 '저녁에 두려워함'을 말하지 아니한 것은 생략된 문장이다.

'或躍在淵', 進无咎也.

'혹은 도약하기도 하고 연못에 있기도 함'이란 나아감에 허물이 없음이다.

四爲陰位, 爲退爻, 而以剛處之, 或躍或在淵, 進退不決. 然體乾而近於五, 可以進矣. 不進本无咎, 而進亦无咎也.

4효는 음의 위(位)로서 물러남의 효(爻)가 된다. 그런데 이 구사효는 굳셈[剛]으로서 이곳에 자리 잡고 있으니, 도약을 할까 연못에 있을까 하며 나아감과 물러남을 결정하지 못하고 있다. 그러나 몸 자체는 건(乾)이며 구오효에 가까우니 나아갈 수가 있다. 그리하여 나아가지 않더라도 본래 허물이 없고, 나아가더라도 역시 허물이 없는 것이다.

'飛龍在天', 大人造也.

'나는 용이 하늘에 있음'이란 대인이 높은 경지에 이름이다.

'造', 至也. 大人積剛健之德, 至五而履乎天位, 天德以凝, 天命以受矣. 董仲舒曰, '天積衆精以自剛.' 積之既盛, 則有不期而自至者, 故曰'飛'.

'높은 경지에 이름(造)'이란 이름(至)을 의미한다. 대인은 굳세고 씩씩한 덕을 누적한 사람인데 5효에 이르러서는 하늘의 위(位)를 차지하고 있으니, 하늘의 덕을 응결하고 있고, 하늘의 명을 받고 있다. 그래서 동중서는 "하늘은 뭇 정(精)들을 누적하여 스스로 굳세진다."[52]고 하였다. 누적함이 융성해지면 벌써 기약하지 않았더라도 저절로 이른다. 그러므로 '날다(飛)'라고 한 것이다.

'亢龍有悔', 盈不可久也.

'너무 높이 올라간 용이니 후회함이 있음'이란 가득 차서 오래갈 수 없다는 의미다.

以位言之, 至上而已盈, 成功者退之候. 天體之運, 出地之極, 至百八十二度半强而復入於地, 行已極而必傾, 不可久之象也. 以數言之, 過揲之策, 至三十六而止, 無可復加. 六爻皆極其盈, 唯有減損, 不能增益, 數之盈不可久也. 象數之自然, 天不能違, 況聖人乎! 然聖人知其不可久, 雖有悔而不息其剛健, 則於龍德無損焉.

'위(位)'로 말하자면 이 상구효는 맨 꼭대기에 이르러 이미 가득 참이니 공을 이룬 이가 물러나야 할 때다. 천체를 이루는 태양의 운행을 보면, 땅의 끝에서 출현하여 182.5°에 이르기까지 성하였다가 다시 땅으로

---

52) 董仲舒, 『春秋繁露』, 「立元神」: 天積衆精以自剛.

들어가는데, 이 때에는 운행함이 이미 극에 이르러 반드시 기울게 되어 있다. 그래서 오래갈 수 없는 상이다. 수로써 말하면 시책을 헤아림이 36에 이르러 더 이상 보탤 수가 없음이다.[53] 여섯 효가 모두 그 가득 참이 극에 이르러 오로지 덜어낼 수만 있을 뿐 보탤 수가 없음이니, 수가 가득 차서 오래갈 수가 없는 것이다. 이렇듯 상수의 저절로 그러함을 하늘조차 어길 수 없는데 하물며 성인께서야! 그러나 성인께서는 그것이 오래갈 수 없음을 알고서 비록 후회함은 있지만 그 굳세고 씩씩함을 꺼트리지는 않는다. 그래서 용의 덕을 손상시킴이 없다.

'用九', 天德不可爲首也.

'용구' 효사는 하늘의 덕이 머리가 될 수 없음을 나타내고 있다.

天無自體, 盡出其用以行四時・生百物, 無體不用, 無用非其體. 六爻皆老陽, 極乎九而用之, 非天德其能如此哉! 天之德, 無大不屆, 無小不察, 周流六虛, 肇造萬有, 皆其神化, 未嘗以一時一物爲首而餘爲從. 以朔旦・冬至爲首者, 人所據以起算也. 以春爲首者, 就艸木之始見端而言也. 生殺互用而無端, 晦明相循而無間, 普物無心, 運動而不息, 何首之有? 天无首, 人不可據一端以爲之首. 見此而知其不可, 則自彊不息, 終始一貫, 故足以承天之吉.

---

53) 과설지책(過揲之策)을 말한다. 노양의 과설지책의 수는 36이고, 노음은 24, 소양은 18, 소음은 32다. 이에 대해서는 『역학계몽』을 참조하라.

하늘은 스스로는 몸뚱이가 없이 그 작용을 다하면서 사계절을 운행하고 만물을 낳는데, 이들 가운데 어느 몸뚱이인들 하늘의 작용을 드러내지 않는 것이 없고 어느 작용인들 하늘의 몸뚱이가 아닌 것이 없다. 여섯 효가 모두 노양이면 9에서 극을 이르며 작용하니, 하늘의 덕이 아니면 그 어느 것이 이와 같을 수 있겠는가! 하늘의 덕은 아무리 커도 이르지 아니함이 없고, 아무리 작아도 다 살핀다. 상·하, 동·서·남·북으로 두루 유행하면서 세상에 존재하는 모든 것들을 비롯하게 하고 만들어내니, 모두가 하늘의 신묘한 지어냄[神化]이다. 그리고 이것은 결코 어느 하나의 때나 어느 하나의 물(物)을 우두머리로 삼고서 나머지는 그를 따르게 하지 않는다. 그래도 정월 초하루나 동지를 한 해의 머리로 삼는 것은 사람이 그것을 기산점으로 삼는 것일 뿐이고, 봄을 사계절의 머리로 삼는 것은 초목이 맨 처음 싹을 틔우는 것을 잡아서 말한 것일 뿐이다. 그러나 하늘은 생함[生]과 죽임[殺]이 끝도 시작도 없이 서로 유기적으로 작용하고 있고, 어둠[晦]과 밝음[明]이 틈이 없이 서로 유기적으로 순환하고 있다. 또 만물 모두에 보편으로 작용하며 사심이 없고, 어느 때라서 한 번도 쉼이 없이 운동하고 있다. 그러니 어찌 머리가 되는 것이 있겠는가? 이렇듯 하늘이 머리가 없으니, 사람은 어느 하나의 단서를 잡아서 머리로 삼을 수가 없다. 여기서 그 불가함을 알고 쉼 없이 스스로 힘써 몸과 마음을 가다듬고 처음과 끝을 일관하니, 충분히 하늘의 길함을 받들 수가 있는 것이다.

「文言」曰, 元者善之長也, 亨者嘉之會也, 利者義之和也, 貞者事之幹也. 君子體仁足以長人, 嘉會足以合禮, 利物足以和義,

貞固足以幹事. 君子行此四德者, 故曰“‘乾’元亨利貞.”

「문언전」에서는 이렇게 말하고 있다. 으뜸됨이란 선(善)의 우두머리고[54], 형통함이란 아름다움의 모임이고, 이로움이란 의로움의 조화이고, 올곧음이란 일의 줄기다. 군자는 어짊을 체득하여 족히 사람들의 머리가 되고, 아름다움을 모이게 하여 족히 예에 합당하게 하고, 만물을 이롭게 하여 족히 의로움에 어울리게 하며, 올곧고 굳게 하여 일을 주간한다. 군자는 이 네 가지 덕을 시행하는 자이니, 그래서 “건괘는 으뜸되고, 형통하고, 이롭고, 올곧다.”라고 말한 것이다.

> ‘文’, 繫傳之所謂‘辭’, 文王周公象・爻所繫之辭也. ‘言’者, 推其立言之意, 引伸之而博言其義也. ‘乾’・‘坤’爲『易』之門, 詳釋其博通之旨. 然以此推之, 餘卦之義類可知矣.

---

54) 우주는 음과 양의 끊임없는 순환의 연속선상에 있다. 이를 1년의 단위로 끊을 때, 가을・겨울 동안 음의 기운이 지배하면서 만물을 추상(秋霜)과 엄동의 혹한으로 숙살(肅殺)한다. 이러함이 지속되면 우주는 파국을 맞는다. 그래서 봄이 되면 양의 기운이 돌며 다시 만물을 소생시킨다. 그래야 우주는 지속이 가능하다. 그렇기 때문에 동양에서는 봄을 ‘선(善)’이라 하며 인・의・예・지의 사덕(四德) 가운데 인(仁)을 봄에 배속시킨다. ‘으뜸됨이란 선(善)의 우두머리고’라는 말 속에는 이러한 의미가 들어있다. 이 봄의 기운을 타고 소생한 만물을 이제 더욱 왕성한 양의 기운인 여름의 기운이 활짝 피어나게 한다. 그러나 활짝 피어난 것이 다시 죽어야 또한 우주의 지속은 가능해진다. 만약에 만물이 계속해서 활짝 피어남의 선상에 있다면 그 역시 파국으로 가게 되기 때문이다. 그래서 가을과 겨울의 기운이 이를 숙살시키는 것이다. 이렇게 음・양의 양대(兩大) 기능만 있으면 우주는 영원히 지속 가능하다고 본 것이 동양의 음양론이다. 이 건괘의 「문언전」에서는 바로 이러한 사상을 드러내고 있다.

'문(文)'은 「계사전」에서 말하는 '사(辭)'다[55]. 문왕의 괘사와 주공의 효사에 매어 있는 사(辭)다. '언(言)'은 문왕과 주공께서 그렇게 말을 만든 뜻을 미루어보고, 그것을 다른 것들에로 끌고 가 적용하여 그 의미를 넓게 말한 것이다. 건괘 · 곤괘는 『주역』의 괘 · 효들이 드나드는 문이니 이것들이 널리 통하는 뜻을 이 「문언전」에서 자세하게 풀이해 놓은 것이다. 그런데 이로써 미루어보면 나머지 괘들의 의미가 왜 그러한지도 알 수 있다.[56]

元 · 亨 · 利 · 貞者, '乾'之德, 天道也. 君子則爲仁 · 義 · 禮 · 信, 人道也. 理通而功用自殊, 通其理則人道合天矣. '善之長'者, 物生而後成性存焉, 則萬物之精英皆其初始純備之氣, 發於不容已也. '嘉之會'者, 四時百物, 互相濟以成其美, 不害不悖, 寒暑相爲酬酢, 靈蠢相爲事使, 無不通也. '義之和'者, 生物各有其義而得其宜, 物情各和順於適然之數, 故利也. '事'謂生物之事. '事之幹'者, 成終成始, 各正性命, 如枝葉附幹之不遷也. 此皆以天道言也.

으뜸됨[元] · 형통함[亨] · 이로움[利] · 올곧음[貞]이란 건(乾)의 덕이며 하늘의 도(道)다. 이에 비해 군자는 인(仁) · 의(義) · 예(禮) · 신(信) 등을

55) 『계사상전』 제2장의 "성인들께서는 괘를 만들고 그 상을 관찰한 뒤, 거기에 '사(辭)'를 붙여 길 · 흉을 드러냈다.(聖人設卦觀象, 繫辭焉而明吉凶.)"고 하는 구절에 나오는 '사(辭)'를 가리킨다. 이는 물론 괘 · 효사를 의미한다.

56) 그래서 건괘 · 곤괘에만 「문언전」이 있고, 나머지 괘들에는 그것이 없다는 의미다.

행하니, 이는 사람의 도다. 이들이 리(理)의 측면에서는 통하지만 이루어 내는 공(功)과 작용은 저절로 다른데, 그 리(理)를 통하게 하면 사람의 도가 하늘에 합치한다. '선(善)의 우두머리'란, 물(物)들이 생겨난 뒤에는 이루어진 성(性)이 그들에게 존재하는데, 만물의 정수는 모두 그 시초의 순수하고 완비한 기(氣)가 그만둘 수 없음의 필연성에서 발현한 것이라는 의미다. '아름다움의 모임'이란, 사계절과 온갖 물(物)들이 서로 유기적 연관을 맺은 속에 그 아름다움을 이루어주고, 해를 입히지도 않고 어그러지게도 하지 않으며, 추위와 더위가 서로 교체하며 오고 가고, 고등한 생물이나 하등한 생물들이 서로를 위해 주며 통하지 않음이 없다는 의미다. '의로움의 조화'란, 생겨난 물(物)들이 각기 그 의로움을 가지고 있고 그 마땅함을 얻었으며, 또 그들의 실정이 각기 그들만의 방식대로 작동하는 원리에 조화를 이루고 따르니, 그래서 이롭다는 의미다. '일'이란 만물을 생하는 일을 말한다. 그리고 '일의 줄기'란 시작을 이루어주고 끝을 이루어주며 각기 성(性)과 명(命)에 올바로 함을 의미하는데, 이는 마치 나무의 가지와 잎사귀가 줄기에 붙어서 옮겨가지 않는 것과 같다. 이들은 모두 하늘의 도를 가지고 말한 것이다.

'體仁'者, 天之始物, 以淸剛至和之氣, 無私而不容已, 人以此爲生之理而不昧於心, 君子克去己私, 擴充其惻隱, 以體此生理於不容已, 故爲萬民之所託命, 而足以爲之君長. '嘉會'者, 君子節喜怒哀樂而得其和, 以與萬物之情相得, 而文以美備合禮, 事皆中節, 無過不及也. '利物'者, 君子去一己之私利, 審事之宜而裁制之以益於物, 故雖剛斷而非損物以自益, 則義行而情自和也. '貞固'者, 體天之正而持之固, 心有主而事無不成, 所謂信以成之也. 此以君子之達天德者言也.

'어짊을 체득함'이란 하늘이 만물을 비롯하게 하는 데서 맑고 굳세며 지극하게 조화를 이루고 있는 기(淸剛至和之氣)로써 전혀 사사로움이 없는 채 그만둘 수 없는 필연으로 함을 의미한다. 사람은 이를 생겨남의 리(理)로 삼는데, 이는 마음에서 어둡지 않다. 군자는 능히 자기의 사사로움을 버리고 그 측은지심을 확충하여 이 생겨나게 한 리(理)를 그만둘 수 없음의 차원에서 체득하고 있다. 그러므로 공동체 속의 모든 사람들이 그들의 명운을 그에게 의탁하니, 족히 우두머리가 될 수 있다. '아름다움의 모임'이란 군자가 자신의 희로애락을 절제하여 화목함을 얻음으로써 만물의 실정과 딱 들어맞는다는 의미다. 아울러 빛나고 아름답게 예에 합치함을 갖추고 있어서 일마다 모두 중절하며 지나침도 모자람도 없다는 것이다.

'물(物)들을 이롭게 함'이란 군자가 자기의 사사로운 이익은 제거한 채 일의 마땅함을 잘 살펴서 마름질하고 제어함으로써 물(物)들에게 이익을 준다는 의미다. 그러므로 비록 굳셈이 재단(裁斷)하는 것이기는 하지만 물(物)들의 이익을 덜어내어 자기에게 보태지 않으니, 의로움이 행해지고 물(物)들의 마음은 저절로 화기애애해진다. '올곧고 굳건함'이란 하늘의 올바름을 체득하여 굳건하게 지킴이니, 이렇게 함에서는 마음에 주인이 있고 일들은 이루어지지 않음이 없다. 이른바 "믿음으로써 이룬다."[57]고 함이 이에 해당한다. 이상은 군자가 하늘의 덕을 실현해냄을

57) 공자의 말로서 『논어』, 「위령공」 편에 나온다. 거기에서 공자는, "군자는 의로움을 바탕으로 삼고, 예로써 행하며, 공손함으로써 말을 한다. 그리고 믿음으로써 이룬다. 이래야 군자로다!"라고 하였다.(子曰 : "君子義以爲質, 禮以行之, 孫以出之, 信以成之. 君子哉!") 그런데 이렇게 '마음에 주인이 있음'과 '믿음'을 연관시키는 것은 오행 사상을 바탕에 깔고 있는 것이다. 오행 사상에서는 중앙의

가지고 말한 것이다.

仁・義・禮・信, 推行於萬事萬物, 無不大亨而利正, 然皆德之散見者, 『中庸』所謂'小德'也. 所以行此四德, 仁無不體, 禮無不合, 義無不和, 信無不固, 則存乎自彊不息之'乾', 以擴私去利, 硏精致密, 統於淸剛太和之心理, 『中庸』所謂'大德'也. 四德盡萬善, 而所以行之者一也, '乾'也. 故曰" '乾'元亨利貞", 唯'乾'而後大亨至正以无不利也.

인・의・예・신을 만사・만물에서 행하면 크게 형통하며 이롭고 올바르지 아니함이 없다. 그러나 이들은 모두 덕이 흩어져 드러난 것일 뿐이니, 『중용』에서 '작은 덕[小德]'이라 한 것에 해당한다. 이 네 덕을 행하여 어짊을 체현하지 않음이 없고, 예(禮)에 합치하지 않음이 없으며, 의로움에 어울림을 이루지 않음이 없고, 믿음에 굳건하지 않음이 없으면, 쉼 없이 스스로 힘써 몸과 맘을 가다듬는[自彊不息] 건(乾)의 덕 속에서 살아가게 된다. 그렇게 함으로써 사사로운 이익 따위는 제거한 채 온 정력을 다해 치밀하게 갈고 닦으며 '맑고 굳세며 지극한 조화를 이루고 있는[淸剛太和]' 마음의 리(理)에 통할되는 것이 『중용』에서 말하는 '큰 덕[大德]'이다. 이 네 덕이 온갖 선(善)들을 포괄하지만 그렇게 행하는 것은 하나니, 이는 다름 아니라 건(乾)이다. 그래서 " '건'은 으뜸되고, 형통하고, 이롭고 올곧다."라고 하는 것이다. 오직 건이라야 크게 형통하고 지극히 올발라서 이롭지 않음이 없다.

덕, 즉 마음의 주인에 해당하는 이의 덕을 '믿음[信]'이라 하기 때문이다.

初九曰, "潛龍勿用", 何謂也? 子曰, "龍德而隱者也. 不易乎世, 不成乎名, 遯世无悶, 不見是而无悶, 樂則行之, 憂則違之, 確乎其不可拔, 潛龍也."

초구효에서 "물속에 잠긴 용이니 쓰지 마라."고 한 것은 무슨 의미이겠는가. 이에 대해 공자님께서 말씀하시기를[58], "용의 덕을 지닌 채 숨어사는 사람이다. 그들은 세상에 따라서 자신의 지조를 바꾸지 않고 명성을 이루지도 않는데, 세상으로부터 은둔한다고 하여 하등 번민이 없고 자신을 옳다고 여기지 않더라도 번민하지 않는다. 즐거우면 행하고 우려되면 하지 않는데, 결코 뽑아버릴 수 없을 만큼 확고하다. 이것이 물속에 잠긴 용의 의미다."라고 하였다.

揲以求畫, 則六位積而卦德乃成; 而觀變玩占, 在成卦之後, 則分全體之一, 而固全載本卦之德. 爻也者, 言其動也, 故一陽動於下而即曰'龍德'. 餘卦準此.

시책을 헤아려 괘의 획을 그려 나아가면 여섯 위(位)가 누적되어 괘의 덕이 이루어진다. 해당 효(爻)의 변함 여부를 살펴 점(占)의 의미를 판단하는 것은[59] 이렇게 한 괘가 이루어진 뒤에야 가능하다. 그래서

58) 이곳의 '자왈(子曰)'에 대해서도 오늘날에 와서는 설들이 분분하다. 전통 주역관을 따라 공자(孔子)를 의미한다고 하는 학자들도 있고, 최근의 연구 성과들을 반영하여 『역경』에 달통한 당대의 경사(經師)를 의미한다고 하는 학자들도 있다. 이곳에서는 전통 주역관 속에 있었던 왕부지의 입장에 따라 '공자'로 번역하였다.

59) 이는 『주역』 점이 변효(變爻)로 점을 친다는 것을 바탕에 깔고 하는 말이다.

해당 효들은 전체의 부분을 구성하고 있다 하더라도 본디 본괘의 덕을 온전히 싣고 있다. 효란 그 움직임을 말하고 있는 것이다. 그러므로 하나의 양(陽)이 밑에서 움직였다고 하더라도 곧 '용의 덕'이라 한 것이다. 나머지 괘들도 이를 기준으로 한다.

'隱'有二義, 以位言之, 則隱居之謂; 以德言之, 則靜所存而未見之動者也. '易', 爲所移也. 世有盛衰, 所秉者正, 世易而道不易也. 事功著而名成, 靜修之事自信諸心而迹不顯, 人所無能名也. '不易乎世', 與世異趨, '遯世'也. '不成乎名', 人不知其潛行之實, '不見是'也. 潛則固不行矣, 而言'樂行' '憂違'者, 立陽剛之質以爲德基, 由此而行乎二・五, 則利見矣; 行乎三・四, 則无咎矣. 二・五者, 樂地也; 三・四者, 憂地也. '違'者, 遠於咎之謂. 其行其違, 皆以剛健之德爲退藏之實, 故曰"確乎其不可拔." 通一卦以贊一爻之德, 故雖潛而龍德已成也.

'숨었다'고 함에는 두 가지 의미가 있다. 하나는 지위의 관점에서 '은거하다'라고 하는 것이고, 또 하나는 덕의 관점에서 '고요히 보존하고 있으면서 움직임으로 드러내지 않는다'고 하는 의미다. '역(易)'은 옮겨짐을 의미한다. 세상은 성・쇠(盛衰)의 흐름을 타지만 그러한 속에서도 꼭 붙잡아야 할 것은 올바름이니, 세상은 바뀌더라도 도는 바뀌지 않는 것이다. 해낸 일의 공적이 현저하면 명성이 이루어지는 법이다. 그런데 이 초구효는

말하자면 시책을 헤아려 어떤 괘를 뽑아냈을 적에 해당되는 점사(占辭)는 그 괘의 변효의 효사다.

조용히 수신에 매진하는 일을 스스로 맘속으로 믿으며 자취를 드러내지 않으니 사람들로서는 이름조차도 알 수가 없다. '세상에 따라서 자신의 지조를 바꾸지 않음'이란 세상 사람들이 추구하는 것과는 다른 곳으로 감이니 곧 '세상으로부터 은둔함'이다. '명성을 이루지 않음'은 사람들이 그가 남몰래 전심을 기울여 수행하는 실질을 알지 못함이니, 바로 '(남들이) 자신을 옳다고 여기지 않음'이다. 남몰래 수행함은 진실로 세상에 나아가서 행하지 않음이다. 그런데도 여기서 '즐거우면 행한다'·'우려되면 하지 않는다'라고 한 것은, 양강(陽剛)한 자질을 덕의 기초로 수립하였기 때문에 2·5효에서 행하면 만남이 이롭고 3·4효에서 행하면 허물이 없다는 의미이다. 2·5효위는 즐거움의 곳이고, 3·4효위는 우려함의 곳이다. '하지 않는다[違]'는 것은 허물로부터 멀리한다는 의미다. 이렇듯 그 행함이나 그 하지 않음은 모두 강건(剛健)의 덕을 퇴장(退藏)의 실질로 삼은 것이다. 그래서 "결코 뽑아버릴 수 없을 만큼 확고하다."고 한 것이다. 이는 건괘 전체에 통하는 덕으로써 이 한 효의 덕을 기린 것이다. 그래서 비록 남몰래 수행함이지만 용의 덕은 벌써 이루어져 있다.

九二曰, "見龍在田, 利見大人", 何謂也? 子曰, "龍德而正中者也. 庸言之信, 庸行之謹, 閑邪存其誠, 善世而不伐, 德博而化. 『易』曰, '見龍在田, 利見大人', 君德也."

구이효에서 "드러난 용이 밭에 있으니 대인을 만남이 이롭다."고 한 것은 무슨 의미이겠는가. 이에 대해 공자님께서 말씀하시기를, "용의 덕을 지녔으면서 올바른 중(中)을 얻은 자이다. 일상생활에서 하는 말이 믿음직스럽고 일상생활에서 하는 행위가 신중하여 사악함에 빠져드는 것을 막고 그 정성스러움을 보존한다. 세상을 좋게 하면서도 그것을 자랑하지 않으며 그 덕이 광범위하게 미치면서 세상을 교화한다. 「역」에서 '드러난 용이 밭에 있으니 대인을 만남이 이롭다.'고 한 것은 바로 임금의 덕이다."라고 하셨다.

'正中', 謂正位乎中也. 以貞・悔言之, 二・五爲上下卦之中; 以三才之位言之, 二出地上, 五在天下, 天地之間, 大化之所流行, 亦中也. '乾'無當位不當位; 天化無所不行, 凡位皆其位也, 中斯正矣, 故曰'正中'. '庸'也者, 用也, 日用之言行也. '在田', 卑邇之事, 因人情, 達物理, 以制言行, 出乎身, 加乎民, 必信必謹, 以通志而成務也. 剛健以'閑邪', 執中以'存誠'. 邪閑則誠可存, 抑存誠於中, 而邪固不得干也. 程子以'克己復禮'爲'乾'道, 此之謂也. 履中而在下, 故曰'不伐'. 以陽爻居陰位, 變民物濁柔之質, 反其天性, 故曰'化'. 凡此皆守約施博之道, 德成於己而達物之情, 君天下之德於此立焉. 及其升乎五位, 亦推此而行之爾. 是以爲天下之所利見, 而高明廣大之至德, 不越乎中庸精微之實學, 亦於此見矣.

여기에서 '올바른 중'이라 한 것은 중앙에 올바르게 자리를 잡았다는 의미다. 정괘(貞卦)와 회괘(悔卦)의 관점에서 말하면 2효・5효는 하괘와 상괘의 중앙에 해당한다. 그리고 삼재(三才)의 위(位)를 가지고 말하면 2효는 땅 위로 나온 것이고 5효는 하늘 아래에 있는 것인데, 하늘과 땅 사이에 위대한 지어냄[大化]이 실현되고 있는 것이 또한 중(中)이다. 건괘에는 당위와 부당위가 없다. 하늘의 조화에는 유행하지 않는 바가 없으니 무릇 위(位)들이 모두 그 위(位)인데 중(中)은 그 자체로 올바른 것이다. 그래서 '올바른 중'이라 한 것이다. 일상생활을 의미하는 '용(庸)'

은 '용(用)'과 의미가 같다. 이는 일상생활에서 쓰는 말과 행위를 의미한다. '밭에 있음'이란 하찮으면서도 우리들에게 익숙한 일로 비유한 것인데, 사람들의 실정에 구체적으로 파고들어 그것을 바탕으로 만물의 이치에 통달하여 스스로의 말과 행동을 통제해야 한다. 이 언행이 내 몸에서 나와 백성들에게 영향을 미치니 반드시 믿음직스럽게 하고 반드시 삼감으로써 나의 뜻함이 통하고 임무를 이루도록 하는 것이다. 즉 굳세고 튼튼히 함으로써 '사악함을 막고', 중용의 도를 지킴으로써 '정성스러움을 보존한다'는 것이다. 이는 사악함이 막아지면 정성스러움이 보존될 수 있거나, 정성을 다해 중용을 지키면 사악함이 본디 끼어들 수 없다는 의미다. 정자(程子)께서 '자기를 이기고 예를 회복함(克己復禮)'을 건(乾)의 도(道)로 여긴 것은 바로 이러한 의미에서다.

구이효는 중앙에 자리 잡고 있지만 아래 소성괘인 정괘(貞卦)의 중으로서 아래에 있으니 '자랑하지 않는다'라고 한 것이다. 또 양효(陽爻)로서 음의 자리를 차지하고서 백성과 동물들의 혼탁하고 유약한 자질을 변화시켜 천부의 성(性)으로 돌이키니 '교화한다'고 한 것이다. 무릇 이러함은 모두 스스로에게 돌이켜 한결같이 수양을 다하여서 자기 밖의 존재들에게 널리 베푸는 원리다. 즉 자기 스스로에게서 덕을 이룬 뒤 그것을 가지고 다시 만물의 실정에 두루 스며들도록 함이다. 천하의 우두머리가 되는 덕은 바로 이러함에서 이루어진다. 그리고 구오효의 위(位)로 올라가서도 바로 이러함을 미루어서 행하는 것일 따름이다. 그러하기 때문에 천하의 모든 사람들이 그를 만나면 이로움을 얻게 하는 존재가 되는 것이다. 높고 환할 뿐만 아니라 넓고 거대한 최고의 덕이, 결국은 중용을 이루고 지키는 것과 온 정성을 다해 미미한 것까지 찬찬히 살피는 실질 학문의 영역을 벗어나지 않는다는 것을 바로 여기서 알 수 있다.

九三曰, "君子終日乾乾, 夕惕若, 厲无咎", 何謂也? 子曰, "君子進德脩業, 忠信, 所以進德也; 脩辭立其誠, 所以居業也. 知至至之, 可與幾也; 知終終之, 可與存義也. 是故居上位而不驕, 在下位而不憂, 故乾乾因其時而惕, 雖危无咎矣."

구삼효사에서 "군자가 종일토록 씩씩하고 씩씩하게 일하고 저녁에는 오늘 혹시라도 잘못이 없었을까 하고 두려움에 젖어 되돌아본다면 위태롭기는 하나 허물이 없다."고 한 것은 무슨 의미일까. 이에 대해 공자님께서 말씀하시기를, "군자는 덕을 증진시키고 사업을 가다듬는데, 충심에서 우러나와 믿음직스럽게 하기 때문에 덕을 증진시키고, 말을 가다듬어 그 정성스러움을 확립하기 때문에 사업을 벌여 나아간다. 이를 것임을 알아서 이르니 막 싹 터 나오는 기미[幾]에 함께 할 수 있고, 끝날 것임을 알아서 끝마치니 더불어 의로움을 간직할 수 있다. 그러므로 윗 자리에 있으면서도 교만하지 않고, 아랫자리에 있으면서도 우려하지 않는다. 그래서 씩씩하고 씩씩하게 그 시기에 맞추어 행하되 혹시라도 잘못이 없을까 두려움에 젖어 자신을 되돌아보니, 비록 위태로운 처지에 있다 하더라도 허물이 없다."고 하였다.

龍德皆聖人之德, 此言'君子'者, 聖不自聖, 乾惕之辭也. 九二君德已成, 九三益加乾惕, 故曰'進德'. 九二敦庸行, 九三益盡人事之當爲以應變, 故曰'修業'. 三爲進爻, 以陽剛處之, 乃大有爲以涉世變之象, 故德以歷變而益進, 業以應變而益修. 乃其所以進・修者, 一唯其固有之忠信以存心, 而即其言行之謹信以立誠, 惕若於退省之餘, 而不恃其健行之識力; 忠信篤敬, 參前倚衡, 而蠻貊之邦無不可行矣. 業統言行, 獨言'修辭'者, 君子之施政教於天下者辭也, 辭誠則無不誠矣. '誠'者,心之所信, 理之所信, 事之有實者也. 變'修'言'居'者, 所修之業非苟難之事, 皆其可居者也. 三居下卦之上, '乾'必至此而成象, 故曰'至'. 至此而'乾'道已成, 人事已盡, 故曰'終'. 知至而必至, 極天下之變, 而吾敬信皆有以孚之, 乃以盡精微而事豫立, 故曰'可與幾', 乾乾之益也. 知終而終, 雖上達不已, 但自盡其德業, 不妄冀達天造命之化, 以反疏其人能, 故曰'可與存義', 夕惕之志也. 健行而一以惕若之心臨之, 應幾速而守義定, 聖功之密也如此, 則心恒有主而不驕不憂矣. '上位', 下卦之上也. '下位', 上卦之下也. 居上下之間, 危地也. 知幾存義, 一因其時, 而不舍其健行惕若之心, 以此履危, 无咎矣.

용의 덕은 모두 성인의 덕이다. 그런데 여기서 '군자'라고 한 것은, 성인께서 스스로를 '성인'이라 칭하시지 않는 것으로서, 이는 씩씩하면서도 두려움에 젖어 스스로를 돌아봄을 드러내는 말이다. 구이효에서 임금의 덕은 이미 이루어졌다. 그런데 이 구삼효에서는 거기에다가 씩씩하면서도 두려움에 젖어 자신을 돌아보는 덕을 더하였다. 그래서 '덕을 증진하다'라고 한 것이다. 또 구이효에서 일상생활의 행위를 돈독히 하고, 이 구삼효에서는 사람이 하는 일의 당위를 더욱 다하여 변화에 응하고 있다. 그래서 '사업을 가다듬는다'고 한 것이다. 원래 3의 효(爻)는 나아감의 효인데, 이 건괘 구삼효에서는 양강(陽剛)으로써 여기에 자리 잡고 있으니, 이는 크게 세상의 변화에 얽혀 들어감이 있는 상(象)이다. 그러므로 덕은 수많은 변화를 겪으면서 더욱 증진되고, 사업은 변화에 응하면서 더욱 가다듬어진다. 이렇게 증진이 되고 닦이는 까닭은 한결같이 오로지 고유한 충실함과 믿음성으로써 마음을 보존하기 때문이다. 즉 그 언행을 삼가고 믿음직스럽게 하여 성실함을 확립하니, 하루 일을 끝마치고 나서는 혹시라도 오늘 잘못이 없었는가를 두려움에 젖어 반성하는데,

이는 그 씩씩하게 행하는 식별 능력에만 전적으로 의지하려 들지 않음이다. 다시 말해서 하는 말이 충심에서 우러나온 것으로서 믿음직스러울 뿐만 아니라 하는 행위도 돈독하고 공경스럽다. 그래서 서 있을 적에는 이들 글자들[60]이 마치 눈앞에 펼쳐져 있는 것을 보는 듯이 하고 수레를 타고 있을 적에는 마치 그 수레의 끌채를 가로지는 나무에 이 글자들이 씌어 있는 것을 보는 듯이 하니, 오랑캐 땅에 가더라도 행하지 못할 것이란 없다는 것이다.[61] 사업은 말과 행동을 통괄한다. 그런데 여기서 유독 '말을 닦음(修辭)'만을 거론한 것은, 군자가 천하에 정교(政教)를 시행하는 수단이 말(辭)이기 때문이다. 그래서 하는 말이 정성스러우면 그의 됨됨이가 정성스럽지 않음이 없다. '정성스러움'이란 마음을 믿음직스럽게 하는 것이고, 이치를 진실하게 하는 것이며, 일을 실질이 있게 하는 것이다. 그리고 '수업(修業)'의 '수(修; 닦음)' 자를 바꾸어 '거(居; 벌여 나아감)' 자로 한 것은, 닦는 바의 사업이 진실로 어려운 일이 아니어서 모두 벌여 나아갈 수 있기 때문이다.

---

60) '하는 말이 충심에서 우러나온 것으로서 믿음직스러워야 할 뿐만 아니라 하는 행위도 돈독하고 공경스러워야 한다!(言忠信, 行篤敬)'는 말.

61) 이것은 『논어』, 「위령공」 편에 나오는 말을 인용한 것이다. 당시 공자의 제자 자장(子張)이 행동 지침을 물은 것에 대해 공자가 이렇게 "하는 말이 충심에서 우러나온 것으로서 믿음직스러워야 할 뿐만 아니라 하는 행위도 돈독하고 공경스러워야 한다.(言忠信, 行篤敬)"고 대답하였는데, 이러하기 위해서는 서 있을 때나 수레를 타고 갈 때나 이 글자들이 바로 눈앞에 씌어 있는 것처럼 여겨야 한다는 것이다. 이것이 '참전의형(參前倚衡)'이라는 숙어로 전해진다. (『論語』, 「衛靈公」: 子張問行. 子曰, "言忠信, 行篤敬, 雖蠻貊之邦, 行矣. 言不忠信, 行不篤敬, 雖州里, 行乎哉? 立則見其參於前也, 在輿則見其倚於衡也, 夫然後行." 子張書諸紳.)

구삼효는 하괘의 윗자리에 자리 잡고 있는데 건괘☰는 반드시 이에 이르러야 상(象)을 완성한다. 그러므로 '이르다(至)'라고 한 것이다. 여기에 이르러서는 건(乾)의 도(道)가 벌써 이루어졌고 사람의 일도 이미 다했다. 그러므로 '종(終)'이라 한 것이다. 이를 것임을 알아서 반드시 이르되 아무리 세상이 변화의 극을 다한다 하더라도 내가 공경스럽고 믿음직스럽게 하면 모두들 그것을 믿어주는 것이니, 은미한 것까지를 찬찬히 살피는 정성을 다함으로써 일이 미리 성립한다. 그러므로 "막 싹 터 나오는 기미[幾]에 함께할 수 있다."고 한 것이다. 이는 씩씩하게 하고 씩씩하게 함을 더욱 더하는 것이다. 또 끝날 것임을 알아서 끝내는데, 비록 최고의 경지에 이르렀더라도 이에 그치지 않는다. 다만 스스로 그 덕과 사업을 다할 뿐 명운을 지어내는 하늘의 지어냄이 자기편이기를 망령되이 바라지 않는다. 이를 바란다면 오히려 사람의 능력을 소홀히 하기 때문이다. 그러므로 "더불어 의로운 일을 보존할 수 있다."고 한 것이다. 이는 곧 '저녁에 오늘 혹시라도 잘못이 없었을까 하고 두려움에 젖어 되돌아봄'의 뜻이다. 씩씩하게 행하면서도 한결같이 이러한 마음으로 임하고 막 싹 터 나오는 기미[幾]에 신속하게 응하면서 의로움을 흔들림 없이 지키는 것, 성인의 공력을 이와 같이 물 샐 틈이 없이 하면 마음이 항상 주인 노릇을 하게 되어 교만하지도 않고 우려에 빠지지도 않는다.

'윗자리'라 한 것은 하괘의 위라는 의미이고, '아랫자리'라 한 것은 위괘의 아래라는 의미다. 이렇듯 구삼효는 위・아래의 사이에 있으니 위태로운 처지에 있다. 그러니 막 싹터 나오는 기미[幾]에서 잘 알아차리고 의로운 일을 보존하며 한결같이 적절한 때에 맞추어 행한다. 그래서 그 씩씩하게 행하면서도 혹시라도 잘못함이 없을까 하고 되돌아보는 마음을 놓지 않은 채 이러한 위험한 상황에 대처해 나아간다면 허물이 없다는 것이다.

九四曰, "或躍在淵, 无咎", 何謂也? 子曰, "上下无常, 非爲邪也; 進退无恒, 非離群也. 君子進德修業, 欲及時也, 故无咎."

구사효에서 "혹은 도약하기도 하고 연못에 있기도 하니, 허물이 없다."고 한 것은 무슨 의미인가? 이에 대해 공자님께서 말씀하시기를, "위 · 아래로 오르내림에 딱 일정함이 없으나 사악하지 않다. 나아감 · 물러남에 딱 일정함이 없으나 무리로부터 떨어지지 않는다. 군자가 덕을 증진시키고 사업을 가다듬는 것은 정작 때가 닥쳤을 때 그에 미치고자 함이다. 그래서 허물이 없는 것이다."라고 하였다.

自初至三, 皆象聖修之功. 九二君道已盡, 九三更加乾惕, 以應物盡變, '乾'德成矣. 自四以上, 以學言之, 則不思不勉而入聖; 以時位言之, 德盛道行, 將出以受天命之候也. 故四以上皆以功效言之.

초효부터 구삼효까지는 모두 성인들께서 수양하는 공부를 상징하고 있다. 구이효에서 임금의 도가 벌써 다 이루어졌다. 그런데 구삼효에서는 여기에서 더 나아가 씩씩하게 할 일을 다하면서 자신의 한 일에 혹시라도 잘못됨이 없을까 하고 스스로를 되돌아본다. 이렇게 함으로써 물(物)들에 응하며 그 변함들에 다 대처해내니, 구삼효에서 건(乾)의 덕이 이루어진 것이다. 구사효 이상을 배움이라는 관점에서 말하면, 생각하지도 않고 힘쓰지 않아도 성인의 경지에 든다고 할 수 있다[62]. 그리고 시위(時位)로써 말하면 그 덕이 성대하고 도가 행해지니 장차 출현하여 하늘의 명을 받을 때에 해당한다. 그러므로 구사효 이상에서는 모두 공덕과 그 효과를 가지고 말한 것이다.

四出下卦之上, 故曰'上'; 於上卦爲下, 故曰'下'. 四, 陰位, 退爻也, 故曰'退'; 剛而不已, 近乎五, 故曰'進'. 上而進, 或躍也; 下而退, 或在淵也. 疑而自試, 雖不遽進, 而無嫌於躍. 要其純健之體, 行志而非從欲, 則貞而不邪; 與上下合德而一於健, 不雜陰柔以與群龍相異, 則得群而不離. '進德'謂德已進, '修業'謂業已修; 前之進修, 固可及時而見功. 由下學而上達, 非有速成之過; 行法而俟命, 非有徼幸之情; 是以无咎.

구사효는 하괘[貞卦]의 위로 초월하여 나와 있기 때문에 '위'라 한 것이다. 그런데 이것이 상괘[悔卦]에서는 맨 아래가 된다. 그래서 '아래'라 한 것이다. 4효는 음의 위(位)로서 물러남의 효다. 그래서 '물러나다'라고 말한 것이다. 그러나 이 구사효가 굳셈[剛]으로서 잠시도 쉼이 없고 구오효에 가까우니 '나아가다'라고 하고 있다. 그리하여 위로 나아가니 도약함이기도 하고, 아래로 물러나니 연못에 있음이기도 하다. 즉 의심하

62) 이는 『중용』의 글을 원용(援用)한 것이다. 『중용』에서는 "그 자체로 성실한 이는 힘쓰지 않더라도 적중하고 생각지 않더라도 얻으며 조용히 도에 알맞게 하니, 이는 성인이다. 이에 비해 인위적인 노력을 통해 성실해지려는 이는 선함을 가려 굳게 그것을 지키고 있는 사람이다."라고 하였다. (『中庸』 제20장: 誠者, 不勉而中, 不思而得, 從容中道, 聖人也. 誠之者 擇善而固執之者也.)

면서 스스로 시험하고 있으니 비록 급작스레 나아가지는 않지만, 그렇다고 도약함에 대해 싫어하지도 않는다. 요컨대 그 순전히 씩씩하기만 한 몸을 가지고서 뜻함을 행하더라도 욕구를 좇지 않으니, 올곧을 뿐 사악하지 않다. 또 위・아래 사람들과 덕을 합치하면서도 한결같이 씩씩할 뿐 음유(陰柔)한 것들과 뒤섞임으로써 무리의 다른 용들과 상이함을 드러내지 않는다. 그래서 무리를 얻고 그들로부터 떨어지지 않는 것이다. '덕을 증진시킴[進德]'은 덕이 벌써 나아갔음을 의미하고, '사업을 가다듬음[修業]'은 사업이 벌써 가다듬어졌음을 의미한다. 앞에서 증진시키고 가다듬었으니, 진실로 때에 맞추어 공덕을 드러낼 수 있는 것이다. 그러나 이는 아래로 일상생활과 관련된 기초적인 것부터 배워 나아가 위로 이 세상의 가장 오묘한 이치까지를 통달함[下學而上達]이니, 여기에는 속히 이룸에서 오는 잘못도 없다. 그리고 법대로 행하면서 다가올 명(命)을 기다릴 뿐, 여기에는 요행을 바라는 마음씀도 없다. 이러하기 때문에 허물이 없는 것이다.

九五曰, "飛龍在天, 利見大人", 何謂也? 子曰, "同聲相應, 同氣相求, 水流濕, 火就燥, 雲從龍, 風從虎, 聖人作而萬物覩, 本乎天者親上, 本乎地者親下, 則各從其類也."

구오효에서 "나는 용이 하늘에 있다. 대인을 만남이 이롭다."라고 한 것은 무엇을 말하는 것일까. 이에 대해 공자님께서는 "같은 소리끼리는 서로 응하고 같은 기(氣)끼리는 서로 구하니, 물은 습기 있는 곳으로 흐르고 불은 바짝 마른 것에로 나아가며, 구름은 용을 좇고 바람은 호랑이를 좇는다. 그리고 성인께서 떨쳐 일어나심에 만물은 모두 우러러본다. 하늘에 근본을 둔 이는 위와 친하고 땅에 근본을 둔 이는 아래와 친하니, 이렇게 각기 자신의 부류를 좇는 것이다."라고 하셨다.

此明唯大人所以爲天下之利見也. '同聲相應', 倡之者必和也; '同氣相求', 感之者必動也. 唯其下濕, 故水流之; 唯其高燥, 故火就之. 誠爲龍, 而雲必從; 誠爲虎, 而風必從. 唯剛健中正之德已造其極, 故見乎四支, 發乎事業者, 民雖未喩其藏, 而無不共覩其光輝. '乾'之"首出庶物, 萬國咸寧"者, 於斯而顯矣. 陽剛之得位以中, 聖人之本也. 而六爻皆純, 無所異趣, 天下皆儀式聖人之德, 即百世之下猶將興起. 上下五陽, 拱於九五, 道一風同, 見之者利, 德之不孤而必有鄰, 如三辰之依氣以運而'親上', 百昌之依形以發而'親下', 類之相從, 理氣之必然者也. 若共・驩・向魋・匡人之見聖如不見, 斯拂人之性而自不利耳, 豈理數之常哉!

여기에서는 오로지 대인이라야 천하 사람들이 그를 만남에 이로운 까닭을 밝히고 있다. '같은 소리끼리는 서로 응하고'라는 것은 앞서 부르짖는 이에게 반드시 화답하는 이가 있음을 의미한다. 그리고 '같은 기(氣)끼리는 서로 구하니'라는 것은 느낌을 받은 이가 반드시 그로 말미암아 움직임을 의미한다. 즉 오로지 아래이고 습하기에 물이 그리로 흘러가며, 오로지 높고 건조하기에 불이 그리로 나아간다. 그리고 진실로 용이라야 구름이 반드시 좇고, 진실로 호랑이라야 바람이 반드시 좇는다. 오직 강건(剛健)・중정(中正)한 덕이 이미 그 극에 이르렀기 때문에 온몸에서 드러나고 하는 일에서 활짝 피어난다. 그래서 백성들은 비록 거기에 숨겨진 의미를 다 깨닫지는 못하지만 다함께 그 광휘로움을 본다. 건괘의 "만물 가운데 맨 먼저 출현하니 온 나라가 다 평안해진다."고 함이 여기서 환하게 드러난다.

양의 굳셈이 중위(中位)를 차지함이 성인의 근본이다. 건괘는 여섯 효가 모두 순수하여 다른 취향을 가진 이가 없고 또 천하 사람들은 모두 성인의 덕을 본보기로 취한다. 그래서 100세대 이후에라도 장차 흥기하게 된다. 위・아래의 다섯 양효들이 함께하여 구오효를 둘러싸고 있으니, 이들은 서로 도(道)도 같고 풍조도 같다. 그래서 그를 만나는 이는 이롭고 그의 덕은 외롭지 않으며 반드시 이웃이 있게 마련이다.[63] 이는 마치 해・달・별 등이 기(氣)에 의거하여 운행하며 '위와 친하고', 생명을 지닌 온갖 것들이 형(形)에 의거하여 활짝 피어나며 '아래와 친한' 것과 같다. 이렇듯 같은 부류끼리 서로 좇는 것은 리(理)・(氣)의 필연에 해당한다. 그런데 공공(共工)・환두(驩兜)[64], 향퇴(向魋)[65], 광(匡)나라

63) 이는 『논어』, 「이인(里仁)」 편에 나오는 공자의 말을 인용한 말이다.

64) 이들은 요순시대에 악명을 떨치던 '4흉(凶)' 가운데 두 사람이다. 4흉에는 이들 이외에도 삼묘(三苗), 곤(鯀)이 있다. 이들은 각 부족을 이끌던 우두머리였다. 순(舜)임금이 이들을 축출함으로써 천하 사람들의 마음을 얻었다고 한다.(『書』, 「舜典」: 流共工於幽州, 放驩兜於崇山, 竄三苗於三危, 殛鯀於羽山, 四罪而天下咸服.) 그런데 『춘추좌씨전』에서는 '4흉'으로 혼돈(渾敦), 궁기(窮奇), 도올(檮杌), 도철(饕餮)을 들고 있다.(『春秋左氏傳』, 「文公」 十八年條 : "舜臣堯, 賓於四門, 流四凶族渾敦・窮奇・檮杌・饕餮, 投諸四裔, 以禦魑魅. 是以堯崩而天下如一, 同心戴舜以爲天子, 以其擧十六相, 去四凶也.) 이에 대해 채침(蔡沈)은 궁기는 공공, 혼돈은 환두, 도철은 삼묘, 도올은 곤일 것이라 하면서도 판단을 유보하고 있다.(蔡沈, 『書集傳』 : 『春秋傳』所記四凶之名與此不同, 說者以窮奇爲共工, 渾敦爲驩兜, 饕餮爲三苗, 檮杌爲鯀, 不知其果然否也.)

65) 향퇴는 공자 당시 송(宋)나라의 사마향퇴(司馬向魋)다. 환공(桓公)의 후손이기 때문에 환씨(桓氏)라고도 한다. 그가 공자를 해치려고 하자, 공자는 "하늘이 나에게 이러한 덕을 주었거늘 환퇴 같은 이가 어찌하리오!"라고 하며 그가

사람들은[66] 성인을 만나기는 하였지만[67] 만나지 않은 것처럼 굴었으니, 그들은 사람됨(性)을 내팽개친 나머지 스스로 이롭지 않음을 초래하였을 따름이다. 그러니 어찌 하늘의 이치가 항상 그러하다고 하리오!

감히 하늘을 어기며 자신을 해치는 짓을 하지 못하리라고 강조하였다.(『논어』, 「술이(述而)」: 子曰, "天生德於予, 桓魋其如予何?)

66) 이는 공자와 관련된 내용이다. 공자가 진(陳)나라로 가면서 광(匡)이라는 고을을 지나게 되었다. 그런데 그 고을 사람들은 공자를 양호(陽虎)로 오인하여 죽이려고 하였다. 양호가 흉악하게 굴었기 때문이다. 그렇지만 공자는 이렇듯 절체절명의 위기에 처했으면서도 스스로를 문왕 이후에 끊긴 '문(文)'을 후세에 계승해줄 사람으로 자부하며, 하늘이 결코 이 사람들로 하여금 자신을 죽이게 내버려두지 않을 것이라 여기며 의연하였다. 이 '문(文)'은 인간 세상을 짐승들의 그것과는 다르게 차원 높은 것으로 해주는 것이다. 예컨대 인의예지(仁義禮智)와 같은 사덕(四德)을 실현하여 살맛나는 세상을 꾸려감이 그것이다. 이것이 실현되는 세상은 짐승들의 세상보다 아름답고 빛난다는 의미에서 '문(文)'이라 하는 것이다. 그런데 공자는 자신이 이렇게 허망하게 죽어버리면 후세 사람들은 이 '문'의 끈을 영원히 놓쳐버릴 것인바, 그러면 후세 사람들의 세상은 곧 짐승들의 세상과 구별되지 않는 것이리니, 하늘이 그러한 상황을 결코 용납하지 않으리라는 자신감에서였다.(『論語』, 「子罕」: 子畏於匡, 曰, "文王旣沒, 文不在玆乎! 天之將喪斯文也, 後死者不得與於斯文也, 天之未喪斯文也, 匡人其如予何?") 과연 나중에 광 고을 사람들은 자신들이 오인했음을 알아차리고 공자를 풀어주었다. 그리고 공자의 가르침은 오늘날까지 전해지며 사람 세상을 살맛나는 것으로 하는 데 기여하고 있다.

67) 공공(共工)과 환두(驩兜)는 요・순을 만났고, 향퇴와 광 고을 사람들은 공자를 만났음을 의미한다.

上九曰, "亢龍有悔", 何謂也? 子曰, 貴而无位, 高而无民, 賢人在下位而无輔, 是以動而有悔也.

상구효에서 "너무 높이 올라간 용이니 후회함이 있다."고 한 것은 무슨 의미일까. 이에 대해 공자님께서는 "신분은 귀하지만 직위가 없고, 지위가 높기는 하지만 따르는 백성이 없으며, 현명한 이들이 아랫자리에 있지만 도움을 주지 않음이니, 그래서 움직임에 후회함이 있는 것이다."라고 하셨다.

陽貴陰賤, 上爻託處最高. '无位'者, 五爲天位之正, 上其餘氣而遠於人也. 陰爲民, 下五爻皆陽, 敵體相競, '無民'也. '賢人', 謂四以下群陽. '無輔'者, 衆皆親九五而從之, 不爲上輔也. '動'謂此爻獨爲老陽發用, 時非其時, 位非其位, 賢人非其人, 而仍以剛動, 有悔道矣. 其亢也, 初不恤悔; 有悔矣, 而龍德不屈, 伯夷所以思虞夏而悲歌, 孔子所以遇獲麟而反袂也.

양은 귀하고 음은 천한데, 상효는 가장 높은 곳에 자기 자리를 붙이고 있다. '직위가 없음'이란 구오효가 천위(天位)의 올바른 자리를 차지하고 있음[68]에 비해, 이 상구효는 남는 부스러기 기(氣)를 타고 위로 올라가 사람들에게서 멀리 있다는 의미다. 음(陰)이 백성이 된다. 그런데 지금 이 상구효의 아래 다섯 효들이 모두 양효로서 상・하, 존・비의 구분

68) 한 괘 여섯 효를 천・지・인 삼재(三才)로 분석하여 초・2효는 땅을, 3・4효는 사람을, 5・상효는 하늘을 상징하는 것으로 본다. 그런데 5효는 양(陽)의 자리이기 때문에, 이 자리를 차지하고 있는 구오효에 대해 천위(天位)의 올바른 자리를 차지하고 있다고 한 것이다.

없이 서로 대등한 입장에서 다투고 있으니, 상구효에게는 '백성이 없다'고 말한 것이다. '현명한 이들'이란 구사효 이하의 뭇 양효들을 말한다. '도움을 주지 않음'이란 다중이 모두 구오효하고만 친하면서 따를 뿐 상효에게는 도움을 주지 않는다는 의미다. '움직임에'란 이 상구효는 유독 노양(老陽)이 발용한 것으로서, 때도 자신의 때가 아니고 위(位)도 자신의 위가 아니며 현명한 이들도 자신의 사람이 아님에도 불구하고 여전히 굳셈[剛]으로써 움직이니 후회하게 될 이치가 있다는 것이다. 너무 높이 올라갔다고 함이란, 이 상구효가 애당초 후회함 따위는 아예 염두에 두지 않고 막상 후회함이 있다 하더라도 용의 덕으로서 굽히지 않음을 의미한다. 이러하기 때문에 백이(伯夷)는 순임금의 우(虞)나라와 우(禹)임금의 하(夏)나라를 생각하며 슬픈 노래를 불렀던 것이고[69], 공자는 기린을 잡은 일을 만나고서도 오히려 옷소매로 흐르는 눈물을 훔쳤던 것이다.[70]

---

69) 사마천의 『사기』, 「백이열전」 편에 나오는 백이·숙제 형제의 가사를 원용한 말이다. 이들은 주나라의 무왕이 자신들의 간언을 듣지 않고 끝내 무력으로 은나라를 정벌하자 이러한 내용의 가사를 지었다. 즉 무왕의 소행은 그저 '폭력을 다른 폭력으로 바꾼 것(以暴易暴)'에 불과한바, 이제는 신농(神農)·순(舜)·우(禹)와 같은 성군은 사라졌으니 수양산에 들어가 고사리나 뜯어먹겠다고 하였다.(사마천, 『사기열전』, 「백이열전」 편 참조) 왕부지는 이들의 고사가 이 '항룡(亢龍)'의 소행에 해당하다고 본 것이다.

70) 노(魯)나라 애공(哀公) 14년 봄에 한 나무꾼이 기린을 잡은 일이 있었다. 이를 '서수획린(西狩獲麟)'이라 부른다. 기린은 인(仁)의 덕을 지닌 신령스럽고 상서로운 짐승으로서 왕의 출현을 예고한다고 알려져 있다. 그런데 공자는 자신의 나이가 이미 71세에 이르렀을 뿐만 아니라 그의 고제(高弟)인 안연과 자로가 먼저 세상을 떠나고 없기에, 자신의 도가 이제는 다했음을 상기하며 이 '서수획린'이 자신에게는 부질없는 것이라 여긴다. 그래서 "도대체 이 짐승이 누구를

'潛龍勿用', 下也.

'물속에 잠긴 용이니 쓰지 마라'는 것은 이 괘의 맨 아래에 있기 때문이다.

位在下, 故以不用自養其德.

위(位)가 아래에 있기 때문에 쓰지 않고 스스로 그 덕을 함양해야 한다.

'見龍在田', 時舍也.

'드러난 용이 밭에 있다'는 것은 때가 이르지 않아서 멈춰 있어야 함이다.

'舍', 止也. 君德已成, 時未居尊, 故止於田以修其庸德; 然德化雖未行, 固宜爲天下之所利見.

'멈춰 있음'이란 머무르다는 의미다. 임금의 덕은 벌써 이루어졌지만 이 구이효가 처한 때가 아직은 존위(尊位)를 차지할 수 없는 것이기 때문에, 밭에 머무르면서 그 일상의 덕을 닦는 것이다. 그러나 그 덕에 의한 교화가 아직 이루어지지 않았다고 할지라도 진실로 천하 사람들이

위해 왔단 말인가! 누구를 위해 왔단 말인가!(孰爲來哉! 孰爲來哉!)"라고 탄식하며 흐르는 눈물을 옷소매로 닦았다고 한다.(『춘추공양전』, 「애공」 편 14년조 참조) 왕부지는 이를 두고서 시(時)·위(位)·현명한 사람 등이 모두 공자를 비껴 간 것으로 여기며 '항룡(亢龍)'에 비유하고 있는 것이다.

그를 만나면 반드시 이로움을 얻게 된다.

'終日乾乾', 行事也.

'종일토록 씩씩하고 씩씩하게 일하다'는 것은 일을 행함이다.

以剛居剛, 而履人位, 事方任己, 不容不乾乾也.

굳셈[剛]으로써 굳셈[剛]의 자리를 차지하고 있으면서 사람의 위(位)를 차지하고 있으니, 일이 자기의 임무로 주어지게 되면 씩씩하고 씩씩하게 일하지 않을 수 없는 것이다.

'或躍在淵', 自試也.

'혹은 도약하기도 하고 연못에 있기도 하다'는 스스로 시험해 본다는 의미다.

或躍或在淵, 出而試其可行與否, 進而受命, 而退不失己. 聖人之行雖決之以義, 而道以適於事者爲極至, 無嫌於姑試進退以自考, 所以異於功名之士勇於行, 隱遯之士果於止也.

혹은 도약하기도 하고 연못에 있기도 함이란 나와서 행해도 되는지의 여부를 시험해 본다는 것이다. 그래서 나아가서는 명(命)을 받들고, 물러나서는 자신의 존엄함을 잃지 않는다. 성인(聖人)의 행위는 비록 의로움을 가지고 결정하지만 그 원칙은 일에 적실하느냐를 최고로 치니, 잠시나마 스스로에게 비추어 나아가야 할지 물러나야 할지를 시험하는 것을 꺼려하지 않는다. 그래서 공명을 다투는 이들이 행동에 용감한 것이나 은둔지사들이 머무르는 데 과감한 것과는 다르다.

'飛龍在天', 上治也.

'나는 용이 하늘에 있다'는 것은 위에서 다스림을 의미한다.

位居尊上, 故治化行於天下, 而天下利見之.

위로 존귀한 지위에 있으니 다스림과 교화가 천하에 행해지며 세상 사람들은 그를 만남에 이롭다.

'亢龍有悔', 窮之災也.

'너무 높이 올라간 용이니 후회함이 있다'는 것은 막다른 곳에 이르러서 재난을 당한다는 의미다.

位已至極 無可復進, 雖尚志高卓, 而災及之. 難自外生, 非所宜得者曰'災'.

지위가 이미 갈 데까지 가서 더 이상 나아갈 수 없으니, 비록 고상한 뜻이 높고 탁월하다 할지라도 재난이 닥치게 된다. 어려움이 밖에서 온 것으로서 당해서 마땅한 것이 아닌 것을 '재난'이라 한다.

'乾元用九', 天下治也.

'건의 으뜸됨은 9를 쓴다'는 것은 천하가 태평해짐을 의미한다.

'乾元'謂'乾'爲諸卦之首, 衆陽齊興, 德無偏盛, 君臣民庶道一風同之象也

'건의 으뜸됨'이란 건괘가 모든 괘들의 머리가 됨을 의미한다. 이 건괘는 뭇 양들이 일제히 흥기하여 덕(德)이 어느 한쪽으로 치우치게 융성하지 않고, 군주와 신하, 백성들의 도가 같고 풍조가 같은 상(象)이다.

篇中五序象, 爻之辭, 反復以推卦德, 示『易』道之廣大悉備, 義味無窮, 使讀『易』者即約以該博, 勿執典要以廢道. 於'乾'詳之, 而凡卦皆可類推矣. 然『易』之蘊, 文・周之辭已括盡無餘, 外此而穿鑿象數, 以謂『易』唯人之意求而別揣吉凶, 則妄矣.

편(篇) 속에서 5번에 걸쳐 상(象)과 효사들을 순서에 따라 반복하며 괘의 덕을 드러냄으로써 『주역』의 도가 광대하게 다 갖추고 있고 의미가 무궁무진하다는 것을 보여주고 있다. 그래서 『주역』을 읽는 이로 하여금 간약한 괘・효사들을 바탕삼아 광범위한 의미를 읽어내게 하고 있는데, 일정불변한 틀에 집착하여 도를 폐기하는 따위의 짓을 하지 못하도록 하고 있다. 건괘에서 이렇게 자세하게 밝히고 있으니 다른 괘들은 모두 같은 부류로서 미루어 짐작할 수 있다.
『주역』의 깊은 이치를 문왕과 주공이 지은 괘·효사들이 벌써 남김없이 다 포괄하고 있다. 따라서 이 괘·효사들을 도외시하고 상과 수를 천착하면서 "『주역』은 오로지 사람의 뜻을 구하는 것이다."라 하고 또 다른 방식으로 길·흉을 헤아리고자 한다면, 이는 망령된 짓이다.

此上七節, 以時位言之.

이상 7절은 시(時)와 위(位)로써 말한 것이다.

'潛龍勿用', 陽氣潛藏.

'물속에 잠긴 용이니 쓰지 마라'는 것은 양기가 잠긴 채 감추어져 있기 때문이다.

體雖純乾, 而動爻則爲動於地中之象, 乃陽所藏密之基也. 凡一爻之義, 皆以其動言之, 餘準此.

이 초구효는, 몸은 비록 순순한 건(乾)이라 할지라도 움직임의 효로서는 땅속에서 움직이는 상이다. 이는 곧 양(陽)이 은밀하게 감추어져 있는 터전이다. 무릇 한 효의 의미는 모두 그 움직임을 가지고 말한다.[71]

71) 점을 치는 관점에서 말한 것이다. 예컨대 건괘의 경우 여섯 효가 모두 양효(陽爻)

이 이하 다른 것들도 모두 이에 준한다.

'見龍在田', 天下文明.

'드러난 용이 밭에 있다'는 것은 온 세상이 밝게 빛남이다.

陽氣出於地上, 百昌向榮, 春光明盛之象. 因此見凡卦之中, 皆可與時序相應. 京房之徒强配卦氣, 爲妄而已.

양기가 땅 위로 올라오니[72] 온갖 생명체들이 왕성하게 피어나고 봄빛이 온 누리에 환하게 가득 차는 상이다. 이를 통해 우리는 무릇 괘들 속에서 모두 때의 순서와 상응할수 있음을 알 수 있다. 그런데도 경방(京房)의 무리는 억지로 괘기설에 갖다 맞추었으니[73], 망령된 것일 뿐이다.

로 되어 있지만 초구효사로 점을 치는 경우는 이 효만 변효(變爻)인 경우다. 이 경우에는 나머지 다섯 효들은 불변이다. 즉 초구효만 과설지책36・괘륵지책13으로서 노양(老陽)인 경우고, 나머지는 양효라 하더라도 과설지책 28・괘륵지책21로서 소양(少陽)으로 이루어져 있는 경우다. 『주역』은 변효로 점을 치니, 이 경우에는 노양인 초구효로 점을 치는 것이다. 이를 동효(動爻)라고 한다.

72) 구이효는 삼재설에 의하면 땅의 위에 해당한다. 이에 대해서는 주68)을 참고하라.

73) 경방(B.C.77~B.C.37)은 서한 시대의 역학자다. 본성은 이씨(李氏)였다. 동군(東郡)의 돈구(頓丘; 지금의 河南省 清豐의 西南 지역) 출신이다. 원제(元帝) 때 박사가 되었고 벼슬은 위군태수(魏郡太守)에 이르렀다. 경방은 금문경학 시대의 역학자로서 '경씨역학(京氏易學)'을 창시한 인물로 꼽힌다. 그는 초연수(焦延壽)에게서 배웠는데, 초연수의 역학은 자연 재해를 가지고 괘상을 풀이하고 그것을 사람의 일에 적용하는 것을 특징으로 한다. 그래서 한대의 역학이

술수로 변한 데서는 초연수가 결정적인 작용을 했다는 평가를 받는다. 경방은 초연수의 이러한 역학을 참 진리로 받아들이고 스스로 연구하여 더욱 심화시켰다. 그래서 『주역』의 상수에 대해 여러 가지 새로운 이론을 만들어냈다. 납갑(納甲)설, 팔궁(八宮)설, 세응(世應)설, 비복(飛伏)설, 5성4기(五星四氣)설 등이 그것이다. 이 설들의 이론적 근거를 제공하는 것이 바로 괘기설(卦氣說)이다. 괘기설은, 우주의 운행이 음기・양기 두 기(氣)가 서로 반비례 관계를 이루는 속에 꺼졌다(消)・자라났다(長), 또는 사라졌다(消)・되살아났다(息)하는 순환의 과정에 있다고 보고(氣論), 그 과정을 60개의 괘에 배당하여 설명하는 설이다. 즉 기론과 『주역』을 융합하여 우주의 변화와 사람의 일에 대해 설명하는 것이 괘기설이다. 이 괘기설은 맹희(孟喜)가 주창했고 경방이 이를 받아들여 더욱 심화 발전시켰다. 경방이 죽은 뒤 그의 역학은 동해(東海)의 단가(段嘉), 하동(河東)의 요평(姚平), 하남(河南)의 승홍(乘弘) 등에게로 전해졌다. 이것이 '경씨역학'을 이루게 되었다. 이 경씨역학은 이처럼 재이와 정치적 변화의 관계를 『주역』의 테두리 속으로 끌어들여서 설명한 것이 특징이다. 한편, 경방은 원제(元帝) 초원(初元) 4년(B.C.45)에 벼슬길에 오른 지 얼마 안 되어 서강(西羌)이 반란을 일으킬 것과 일식, 가뭄 등 자연 재해 현상을 예측하여 다 적중하였다고 한다. 이를 통해 경방은 원제로부터 돈독한 신임을 받게 되었다. 경방은 이를 호기로 활용하여 정치에 간여하고자 하였다. 즉 역리를 이용하여 재이(災異) 현상을 점치고 그것을 정치에 적용하여 정치적 영향력을 발휘하고자 한 것이다. 그런데 이것이 얼마나 위험한 것인지는 그의 스승 초연수가 잘 알고 있었다. 그래서 초연수는 "나의 도를 터득하여 제 몸을 망칠 사람은 경생이다.(『漢書』, 「京房傳」: 得我道以亡身者, 京生也)"라고 예언하였는데 이 또한 적중하였다. 경방이 원제의 자신에 대한 신임을 믿고 '고공과리법(考功課吏法)'을 제안하며 당시 조정의 실권자이던 중서령 석현(石顯)과 상서령 오록충종(五鹿充宗) 등을 몰아내려 하였다가 오히려 이들의 반격을 받아 40세에 죽임을 당했기 때문이다. 석현과 오록충종은 환관이었는데 시악한 됨됨이와 명석한 뒤뇌로써 조정을 장악하여 정권을 농락한 인물들이다. 경방은 생전에 수많은 저술을 남겼다. 『한서(漢書), 예문지(藝文志)』, 『오행지(五行志)』, 『수서(隋書), 경적지(經籍志)』, 『당서(唐書), 경적지(經籍志)』 등에

'終日乾乾', 與時偕行.

'종일토록 씩씩하고 씩씩하게 일하다'는 것은 시(時)에 맞추어 함께 행함이다.

陽動於進爻, 乃四時日進不止之象. 言'與時偕'者, 天道不倚於四時, 而四時皆與天爲體, 時之所至, 天亦至也.

양(陽)이 이 구삼효와 같은 나아감의 효에서 움직이는 것은 곧 사계절에 날마다 그침 없이 나아가는 상이다. 그런데 여기서 '시에 맞추어 함께'라 한 것은 천도가 사계절에 의하는 것이 아니라 사계절이 모두 하늘과 함께 몸을 이룬다는 것으로서, 시(時)가 이르는 곳에 하늘도 이른다는 의미다.

'或躍在淵', '乾'道乃革.

'혹은 도약하기도 하고 연못에 있기도 하다'는 것은 건☰의 도가 여기에서 변혁하였음을 의미한다.

內卦'乾'道已成, 外卦陽剛復起, 革之象也. 天體常一, 而道有變化. 寒暑晦明, 運不息而氣異. 其相承相易之際, 一進一退, 如在淵而躍, 革以

수십 권에 이르는 그의 저술 목록을 기록하고 있다. 그러나 오늘날에는 대부분 전하지 않는다.

漸也.

내괘에서 건도(乾道)가 이미 이루어진 상태인데 외괘에서 양의 군셈이 다시 일어났으니 변혁의 상이다. 천체는 늘 한결같지만 그 도에는 변화함이 있다. 추웠다가 더웠다가, 어두워졌다가 밝아졌다 하는 방식으로 운행은 쉬지 않고 기(氣)는 늘 다르다. 그들이 서로 이어받고 서로 바뀌는 즈음에 하나는 나아가고 하나는 물러간다. 이는 마치 연못에 있다 도약하였다 하는 것과 같으니, 변혁하면서 점진적으로 이루어진다.

'飛龍在天', 乃位乎天德.

'나는 용이 하늘에 있다'는 것은 바로 하늘의 덕을 발휘하는 자리에 있음을 의미한다.

天道周流於六位, 唯五居中而應乎天位, 乃天之大德敦化, 所以行時生物之主宰運乎上, 而雲行雨施皆自此而出也.

하늘의 도는 여섯 효들의 위(位)에 두루 유행한다. 그런데 오직 구오효만이 한가운데에 자리 잡고서 하늘의 위(位)에 응하고 있다. 이는 곧 하늘의 위대한 덕이 두텁게 만물을 지어냄을 상징한다. 그래서 때에 맞게 운행하고 만물을 낳는 주재자가 위에 있으니, 구름이 흘러가고 비가 내리는 것들이 모두 이로부터 나온다.

'亢龍有悔', 與時偕極.

'너무 높이 올라간 용이니 후회함이 있다'는 것은 시(時)와 함께 궁극에 이르렀음을 의미한다.

極, 至也, 窮也, 極其至則窮也. 氣數窮則天道亦變矣.

궁극은 '이르다', '막다른 곳이다'는 의미다. 끝까지 이르러서 궁색해진 것이다. 기(氣)의 도수가 궁극에 이르면 하늘의 도[天道]도 변한다.

'乾元用九', 乃見天則.

'건의 으뜸됨은 9를 쓴다'고 함에서 곧 하늘의 법칙을 본다.

數止於九; 所謂十者, 仍一也. 故「雒書」盡於九, 而「河圖」中宮十五; 裁有餘, 補不足, 虛極於六, 盈極於九, 天地之化止於此矣. 九者, 已極而無可增也. 唯'乾'純陽, 而發用之數, 見乎過揲者皆九. 天陽之數, 無所不用, 於此見天之所以爲天, 大極無外, 小入無間, 生死榮枯, 寒暑晦明, 靈蠢動植, 燥濕堅脆, 一皆陽氣之充周普徧, 爲至極而無能越之則焉. 故人之於道, 唯有不足, 無有有餘; 唯有不及, 無有太過. 盡心乃能知性, 止至善而後德以明, 民以新, 故曰"聖人, 人倫之至." 道二, 仁與不仁而已. 無得半中止之道也. 君子於此, 可以知天, 可以盡性矣.

수는 9에서 그친다. '10'이라 하는 것은 거듭된 또 하나의 1이다. 그러므로 「낙서」에서는 수가 9에서 다하고 「하도」는 중궁(中宮)의 수가 15다.

남는 것은 잘라내고 부족한 것은 보태주는 방식을 통해 수를 비워 나아가면 6에서 극에 이르고 또 채워 나아가면 9에서 극에 이른다. 천지의 지어냄[造化]도 이 9와 6 사이에서 다 드러낼 수 있다. 그래서 9는 이미 극(極)이기 때문에 그것에 더할 수가 없다.

오직 건괘(乾卦)䷀만이 순수한 양(陽)으로 되어 있고, 그 운용되는 수는 '9'다. 이는 건괘를 이루고 있는 여섯 효들의 과설지책이 모두 9라는 사실에 드러나 있다. 이는 하늘의 양을 나타내는 수가 쓰이지 않음이 없음을 반영하는 것이다. 여기서 우리는 하늘이 왜 하늘인지를 알 수가 있다. 즉 크기로는 극(極)이기 때문에 그 어떤 것도 하늘의 밖에 있을 수 없고, 작기로는 틈이 없는 것에까지 들어갈 정도로 하늘은 작다. 그래서 생겨나는 것들과 죽는 것들, 피어나는 것들과 시드는 것들, 더위와 추위, 어둠과 밝음, 고등동물과 하등동물, 동물과 식물, 마른 것과 물기 있는 것, 단단한 것과 무른 것 등을 한결같이 모두 이 하늘의 양기가 보편으로 꽉 채우고 있다. 이처럼 하늘의 양기는 지극한 극을 이루기 때문에 그 어느 것도 이를 뛰어넘을 수 있는 법칙이란 없다. 그러므로 사람은 도(道)에 대해 오직 부족함만 있을 뿐 남음은 없으며, 오직 미치지 못함만 있을 뿐 너무 지나침이란 없다. 오직 내 마음을 다해야만 사람됨으로서의 성(性)을 알 수 있고, 지극한 선(善)에서 그친 뒤에라야 나의 덕이 밝아지고 백성들은 새로워진다.[74] 그래서 "성인은 인륜의 최고 표준이다."[75]라고 하였다. 도는 둘로서 인(仁)과 불인(不仁)일 뿐이니

74) 『대학』의 삼강령을 원용한 말이다. 즉 대인을 가르치는 대학은 '밝은 덕을 밝혀라(明明德)', '백성을 새롭게 하라(新民)', '지극한 선에 이르러서 그쳐라(止於至善)'를 강령으로 삼아야 한다고 한 것이 그것이다.

도중에 그만둘 수 있는 도는 없다. 군자는 여기서 하늘을 알 수 있고, 사람다움으로서의 성(性)을 다할 수 있다.

此上七節, 以天化言之.

이상 7절은 하늘의 지어냄[天化]이라는 측면에서 말한 것이다.

乾元者, 始而亨者也, 利貞者, 性情也.

건의 으뜸됨이란 비롯하게 하고 형통하게 함이며, 이롭고 올곧음은 성(性)과 정(情)이다.

凡物與事皆有所自始, 而倚於形器之感以造端, 則有所滯而不通. 唯'乾'之元, 統萬化而資以始, 則物類雖繁, 人事雖賾, 無非以淸剛不息之動幾貫乎群動, 則其始之者即所以行乎萬變而通者也. 利者, 健行不容已之情, 即以達萬物之情; 貞者, 健行無所倚之性, 即以定萬物之性; 所以變化咸宜而各正性命, 物之性情無非'乾'之性情也. 此以明元亨利貞皆乾固有之德, 故其象占如此. 元亨爲始而亨, 非遭遇大通之福;

75) 맹자가 한 말이다. 맹자는 "규(規)와 구(矩)는 원과 네모를 그리는 표준이고, 성인은 인륜의 표준이다."(『孟子』, 「離婁上」: 孟子曰, "規矩, 方圓之至也, 聖人, 人倫之至也.")라고 하여 성인을 마치 컴퍼스(compass)나 제도기와 같은 표준으로 여기고 있다.

利貞言性情, 則非利於貞而以不貞爲小人戒; 明矣. 舍孔子之言而求文王之旨, 將孔子其爲鑿說乎!

무릇 물(物)과 사(事)에는 모두 저절로 비롯하는 바가 있다. 그런데 이것들이 형기(形器)의 느낌에 의지하여 시작한다면 응체되어 통하지 않음이 있게 된다. 오로지 건(乾)의 으뜸됨이라야 조화하는 온갖 것들을 통할하며 그들이 비롯하도록 바탕이 되어 준다. 그래서 비록 물(物)들의 종류가 번다하고 또 사람의 일이 잡다하다고 하여도, 맑고 굳세며 쉼 없이 움직이는 기미[幾]로서 건(乾)의 으뜸됨은 움직이는 것들 모두에 관통한다. 그러므로 그 비롯하게 해주는 존재가 곧 온갖 변화하는 것들에 행하면서 통하는 것이다. 이롭게 함이란 조금도 그침이 없이 씩씩하게 행하는 건(乾)의 정(情)이니, 곧 만물의 정(情)들을 달성하는 것이다. 그리고 올곧음이란 어느 한곳에 치우침이 없이 씩씩하게 행하는 건의 성(性)이니, 곧 만물의 성들을 정하는 것이다. 이렇게 하여 변화하는 것들이 모두 다 알맞으며 각기 그 성과 명을 올바르게 한다. 그래서 물(物)들의 성과 정이 모두 건(乾)의 성과 정 아닌 것이 없다. 이는 으뜸됨 · 형통함 · 이로움 · 올곧음으로서의 원(元) · 형(亨) · 리(利) · 정(貞)이 모두 건의 고유한 덕임을 밝힌 것이다. 그래서 그 상(象)과 점(占)이 이와 같다. 이렇게 보면, 으뜸됨과 형통함은 비롯하게 하고 형통하게 함일 뿐 크게 통하는 복을 만나는 것이 아니며, 이로움과 올곧음은 성(性)과 정(情)을 말한 것일 뿐이니, 올곧음에 이롭다는 것이 아니라 '올곧지 않음'으로써 소인들을 경계한 것임이 분명할 것이다. 만약에 '공자의 말(『易傳』十翼)'을 버리고서 '문왕의 뜻(爻辭)'을 알려고 한다면, 이는 공자의 풀이를 억지로 이치에 닿지 않은 말을 한 것쯤으로 여기는 것이리라![76]

乾始能以美利利天下, 不言所利, 大矣哉!

건의 비롯함은 아름다운 이로움으로써 능히 천하를 이롭게 함에도 이로움을 입는 대상에 대해서는 말하지 않으니, 위대하도다!

此言四德之統於元也. '美利', 利之正也. '利天下', 無不通也. '不言所利', 無所不利之辭, 異於'坤'之'利在牝馬', 屯之'利在建侯'. 當其始, 倚於一端, 而不能統萬物始終之理, 則利出於偏私, 而利於此者不利於彼, 雖有利焉而小矣. '乾'之始萬物者, 各以其應得之正, 動靜生殺, 咸惻隱初興·達情通志之一幾所函之條理, 隨物而益之, 使物各安其本然之性情以自利; 非待既始之餘, 求通求利, 而唯恐不正, 以有所擇而後利. 此其所以爲大也.

이는 네 덕이 으뜸됨으로 통괄됨을 말한 것이다. '아름다운 이로움'은 이로움의 올바름이다. '천하를 이롭게 함'이란 통하지 않음이 없음을 의미한다. '이로움을 입는 대상에 대해서는 말하지 않으니'란 누구에게나 다 이롭지 않음이 없다는 말이다. 이는 곤괘에서 '암말에게 이롭다'라고

76) 왕부지는 전통 주역관에 서서 『주역』의 작자와 관련하여 '사성동규(四聖同揆)'론을 주장한다. 즉 복희, 문왕, 주공, 공자가 동일한 원리와 법칙을 따르며 괘를 그리고(伏羲), 괘사를 짓고(文王), 효사를 짓고(周公), 풀이 글인 '십익(十翼)'을 지었다(孔子)는 것이다. 따라서 건괘의 괘사인 원·형·이·정(元亨利貞)을 공자의 「문언전」이 정확하게 풀이하고 있으니, 이를 바탕으로 원·형·이·정의 의미를 이해해야 한다는 것이다. 결코 공자의 『역전』 십익은 억지로 이치에 닿지 않은 말을 한 것이 아니라 한다.

하는 것이나 준괘(屯卦)에서 '제후를 세움에 이롭다'고 하는 따위와는 다르다. 비롯할 적에 어느 일단에 치우치면 만물을 비롯하게 하고 마감하게 하는 이치를 통괄할 수가 없다. 이러한 이로움은 치우친 사사로움에서 나온 것이니, 이것에 이로운 것이 저것에는 불리함이 된다. 그래서 비록 이로움이 있다고는 하더라도 작은 것에 불과하다. 이에 비해 건(乾)의 만물을 비롯하게 함은 각기 그들이 응당 얻어야 할 올바름을 가지고서 움직였다 고요했다 하면서 살렸다 죽였다 한다. 그래서 측은지심으로 만물을 처음 일으키고 또 그들의 마음씀과 뜻함을 통달케 해주는데, 하나의 기미[幾]에 포함된 조리가 물(物)마다 이로움을 준다. 그리고는 물(物)들로 하여금 각기 그들 본연의 성과 정에 편안하게 함으로써 스스로 이롭게 하도록 한다. 결코 이미 비롯되고 나서 통함을 구하고 이로움을 구하는 것이 아니다. 또 오로지 올바르지 않을까를 두려워하며 이것저것을 따져 가린 뒤에라야 이로운 것이 아니다. 이것이 바로 건(乾)이 위대한 까닭이다.

大哉乾乎! 剛健中正, 純粹精也;

위대하도다, 건이여! 굳세고 튼튼함이 가운데를 차지하고 그것이 또 올바르니 순수한 정(精)이다.

此言元之所以統四德, 唯其爲'乾'之元也. '中正', 以二・五言. 絲無疵纇曰'純', 米無糠粃曰'粹', 謂皆陽剛一致而不雜陰之濁滯也. 陰凝滯而爲形氣. 五行已結之體, 百物已成之實, 皆造化之粗迹; 其太和淸明之元氣, 推盪鼓舞, 無迹而運以神, 則其精者也. '乾'之爲德, 一以神用,入乎萬有之中, 運行不息, 純粹者皆其精, 是以作大始而美利咸亨, 物無不正. 在人爲性, 在德爲仁, 以一心而周萬理, 無所懈, 則無所滯. 君子體之, 自彊不息, 積精以啓道義之門, 無一念利欲之間, 而天德王道於斯備矣.

이는 으뜸됨이 네 덕을 통괄하는 까닭과 그것이 오직 건의 으뜸됨이라는 것을 밝힌 것이다. '가운데 자리를 차지하고 그것이 또 올바르니'라는 것은 구이효와 구오효로써 말한 것이다. 실타래에 흠결과 어그러짐이 없는 것이 '순(純)'이고, 쌀무더기에 겨와 쭉정이가 없는 것이 '수(粹)'다. 이들이 의미하는 것은, 건괘의 효들이 모두 양의 굳셈으로 일치하며 전혀 음의 흐림과 막힘을 뒤섞지 않았다는 것이다. 이에 비해 음은 응체하여 형기가 된다. 오행의 이미 응결한 몸뚱이들과 만물의 이미 이루어진 실질들은 모두 지어냄[造化]의 투박한 자취다. 이에 비해 거대하게 조화를 이루고 있는 청명한 으뜸 기(氣)는 밀치고 격탕하고 고무하면서 자취가 없이 신묘하게 운행한다. 이것이 '정(精)'이라는 말의 의미다. 건이 덕을 행하는 것을 보면, 한결같이 신묘하게 작용하면서 만유들 속으로 들어가 쉼 없이 운행하는데 순수함은 모두 그 정(精)이다. 그렇기 때문에 위대한 시작을 만들어내고 아름답게 이로움을 주며 다 형통하게 하니, 만물은 모두 올바르지 아니함이 없다. 이것이 사람에게서 성(性)이 되고 덕으로서는 인(仁)이 되어서 한마음으로 온갖 이치를 두루 아우르며 게으름이 없다. 이것이 바로 막힘이 없는 것이다. 군자는 이를 자신의 몸으로 삼아 스스로를 단련하는 데서 잠시도 쉼이 없으니, 이렇게 하며 정(精)을 쌓아 나아가 도의(道義)의 문을 열어 제치고 한 생각도 이욕(利慾)이 끼어듦이 없게 한다면, 하늘이 준 덕과 왕도가 여기서 갖추어질 것이다.

六爻發揮, 旁通情也; 時乘六龍, 以御天也; 雲行雨施, 天下平也. 君子以成德爲行, 日可見之行也.

여섯 효들이 발휘하고 있는 것이 만물의 구체적인 실정들에 두루 적용되어 통하고, 여섯 용들을 때에 맞게 태우고서 하늘을 제어한다. 구름이 흘러가고 비가 내려 온 세상이 평안해진다. 군자는 덕을 이루어 행하니, 그 행위를 날마다 볼 수가 있다.

承上文而言'乾'之爲德, 既大始而美利天下, 而六爻之動, 自潛而亢, 有所利, 有所悔, 或僅得无咎, 發揮不一者何也? 自卦而言, 一於大正; 自爻而言, 居其時, 履其位, 動非全體, 而各有其情, 故旁通之. 要其隨變化而異用者, 皆以陽剛純粹之德, 歷常變之必有, 而以時進其德業, 則乘龍御天, 初無定理, 唯不失其爲龍, 而道皆得矣. 聖人用之, 則雲行雨施, 而以'易知'知天下之至險, 險者無不可使平. 君子學之, 則務成乎剛健之德, 以下學以上達, 以出以處, 以動以靜, 以言以行, 無日無事不可見之於行, 則六爻旁通, 雖歷咎悔而龍德不爽, 唯自彊之道, 萬行之統宗, 而功能之所自集也.

윗글을 이어서 건䷀의 덕에 대해 말하고 있다. 즉 건의 덕이 위대한 시작이 되어 온 세상을 아름답고 이롭게 하는데, 여섯 효들의 움직임은 잠룡에서부터 항룡에 이르기까지 이로운 바도 있고 후회하는 바도 있으며 또 어떤 것은 겨우 허물이 없는 정도만을 얻기도 하여 발휘하는 것이 똑같지 않은 까닭은 무엇일까? 그것은 다름 아니라 괘의 관점에서 말하면 한결같이 위대한 올바름 속에 있지만, 효의 관점에서 말하면 각기 자신의 시(時)에 처하여 자신의 위(位)에 맞게 행동할 뿐 그들의 움직임이 전체가 아니라 각각에 그 실정이 있기 때문이다. 그래서 전체적으로는 여러 가지 실정들에 두루 통하는 것이다. 그 변화에 따라 다르게 작용하려면, 모두 양의 강하고 순수한 덕으로써 꼭 있게 마련인 상(常)과 변(變)을 거치면서 때에 맞게 그 덕성과 사업을 증진시켜야 한다. 그래서 용을 타고서 하늘을 제어함에 처음부터 정해진 이치 따위는 없지만, 오직 그 용(龍)됨을 잃어버리지 않아야 도가 모두 올바르게 실현된다. 성인이 이러함을 사용한다. 그래서 구름이 흘러가고 비가 내리듯 하는 속에서 '쉽게 앎[易知]'의 덕으로써 온 세상의 지극히 험난한 것들도 알아차린다. 성인은 이렇게 하여 아무리 험난한 것이라 할지라도 어느 것 하나 평탄하게 하지 못할 것이 없다. 군자가 이를 배워서는 굳세고 튼튼함의 덕을 성취하는 데 힘쓰니, 일상생활과 관련된 기초 단계의 배움(下學)이나 궁극에 경지에 통달함(上達), 세상의 경륜에 나아감이나 조용히 은거하며 머묾, 움직임이나 고요함, 말함이나 행동함 등을 통하여 어느 날・어느 일에서든 행위 속에서 드러나지 않음이 없다. 그래서 여섯 효들이 결과적으로 여러 가지 실정들에 두루 통한다. 그리고 비록 허물과 후회함 등을 겪는다 할지라도 용의 덕은 어그러지지 않는다. 그래서 오직 스스로 단련하는 도(道)만이 온갖 행위를 통괄하는 근본이 되며, 공력과 능력도 저절로 이곳으로 모인다.

潛之爲言也, 隱而未見, 行而未成, 是以君子弗用也.

'잠(潛)'이라는 말은 숨어서 드러나지 않는다는 의미고, 행하지만 완성되지 않았다는 의미다. 그래서 군자는 쓰지 않는다.

'隱而未見', 以位言; '行而未成', 以道言. '未成', 謂方在篤志近思之時, 不即見之成能也. '弗用'者, 君子自修之序, 自不急於見功. 爻言'勿用', 以君子之道戒占者也.

'숨어서 드러나지 않는다'는 지위의 관점에서 하는 말이고, '행함이 완성되지 않았다'는 도의 측면에서 하는 말이다. '완성되지 않음'이란 바야흐로 뜻을 돈독하게 하고 어떤 일에서 그것을 실천해 옮길 수 있는지를 늘 생각하는 때라서[77] 곧장 완성된 능력으로 보여주지 않는다는 의미다. '쓰지 않는다'는 군자가 스스로 수양해야 할 순서에 있다고 보고 공적을 드러내는 데 급급해 하지 않는다는 의미다. 효에서 '쓰지 마라!'라고 말한 것은 군자의 도를 가지고 점을 친 이들을 경계하는 것이다.

君子學以聚之, 問以辯之, 寬以居之, 仁以行之.『易』曰"見龍在田, 利見大人", 君德也.

군자는 배움을 통해 모아들이고, 따져 물음을 통해 분별하며, 관용으로써 살아가고, 어짊으로써 행한다.『주역』에서 "드러난 용이 밭에 있으니 대인을 만남이 이롭다."라고 한 것은 임금의 덕이다.

---

77) '篤志(독지)'와 '近思(근사)'를 이렇게 번역하여 보았다. 이는 원래『논어』,「자장(子張)」편에서 자하(子夏)가 한 말이다. 그는 "널리 배워 뜻함을 돈독하게 하고, 절실하게 물어 어떤 일에서 그것을 실천해 옮길 수 있는지를 늘 생각해야 하니, 어짊은 바로 그러한 속에 있다.(子夏曰 : '博學而篤志, 切問而近思, 仁在其中矣.)"라고 하였다.

學博, 則聚古今之理於心. 問審, 則擇善而辨所宜從. 寬謂容物而不自矜. 仁則推愛之理而順乎人情. 四者下學之事, 宜民之道, 故爲'在田'之象. 而學問至則百王之法唯所損益, 寬仁施則百姓之情皆可上達, 宜爲天下所利見, 雖未履天位, 而君德備矣. 古者世子入大學以親師考道, 天子卑服而親康功田功, 皆以養成君德也.

배움이 넓으면 고금의 이치를 마음속에 모은다. 따져 물음이 자세하면 선함을 택하며 마땅히 좇아야 할 것을 가려낸다. 관용이란 물(物)들을 받아들이며 스스로 젠 체하지 않음을 말한다. 어질면 사랑의 이치를 미루어 사람들의 일반적인 정서에 순응한다. 이 넷은 일상생활과 관련된 기초 단계의 배움에 해당하는 일이고, 백성들을 올바르게 하는 방법이다. 그러므로 '드러난 용이 밭에 있음'의 상이 된다. 그런데 배움과 따져 물음이 지극해지면 모든 왕들의 법에 대해 오직 덜거나 더할 뿐이고, 관용과 어짊이 베풀어지면 백성들의 실정을 모두 궁극의 단계에서 통달할 수 있으니, 온 세상 사람들이 그를 만나면 이로움을 얻는 존재가 됨이 당연하다. 그래서 비록 구오효와 같은 하늘의 지위에는 있지 않지만 임금의 덕은 완비하고 있다. 옛날에 세자가 대학에 들어가서 스승을 가까이하고 도를 고찰한 것이나 천자가 허름한 옷을 입고서 친히 도로를 평평하게 고르고 논밭갈이에 나섰던 것은 모두 임금의 덕을 양성하기 위한 것이었다.

九三重剛而不中, 上不在天, 下不在田, 故乾乾因其時而惕, 雖危无咎矣.

구삼효는 굳셈[剛]이 중첩하였지만 중위(中位)는 아니며, 위로 하늘에 있지도 않고 아래로 밭에 있지도 않다. 그러므로 때에 알맞게 씩씩하고 씩씩하게 하면서도 혹시나 잘못됨이나 없을까 하며 두려워함이 있다면, 비록 위태롭기는 하지만 허물은 없다.

不在天, 不在田, 唯其位非中也, 時之危也. '重剛', 行之乾乾也. 剛者, 非但勇於任事, 實則嚴以持心; 不恃其健行, 而知時之不中, 防其所行之過, 操心危則行不危矣. 以位則建大猷以乘時而未就, 以學則望聖道一間之未達, 成湯之'唯恐勝予', 顏子之'欲罷不能', 皆此爻之象, 盡人事之極也.

하늘에 있지도 않고 밭에 있지도 않다는 것은 오직 이 구삼효의 위(位)가 중위(中位)가 아니기 때문이다. 그래서 시(時)로서는 위태롭다. '굳셈이 중첩함'은 행함이 씩씩하고 씩씩함이다. 굳셈[剛]은 맡은 일에 용감할 뿐만 아니라 실제로 엄격하게 마음을 보존한다. 그래서 그 씩씩한 행동만을 믿지 않은 채 때가 중(中)이 아님을 알고 자신이 한 행위의 과오를 방비하며 위태로움을 조심하니 하는 행위가 위태롭지 않다. 이 효는 위(位)의 측면에서는 시(時)를 타고서 나라를 다스리는 위대한 도(道)를 세우기는 하였으나 아직 취임하지는 않은 것에 해당하고, 학문의 측면에서는 성인의 도에 바짝 접근하였으나 아직 1칸 정도가 미달함이다. 탕임금이 "오직 두려움만이 나를 이기는도다!"라고 한 것이나 안자(顏子)가 "그만두고자 하여도 그럴 수가 없구나!"[78]라고 한 것이 모두 이 효의

---

78) 이는 안연(顏淵)이 공자의 덕을 찬양하면서 하는 말 가운데 일부다. 그는 "우러러

상이다. 사람의 일을 다한 최고의 경지다.

九四重剛而不中, 上不在天, 下不在田, 中不在人, 故或之. 或之者, 疑之也, 故无咎.

구사효는 굳셈[剛]이 중첩하였지만 중위(中位)는 아닌데, 위로 하늘에 있지도 않고 아래로 밭에 있지도 않으며 중간으로도 사람에게 있지 않다. 그러므로 혹시나 하고 결정하지 못한다. 이렇듯 혹시나 하고 결정하지 못하는 것은 의심을 내기 때문이다. 그래서 허물은 없다.

'重剛', 下卦已剛而此復剛; 又三·四爲人位, 重三爲四而皆剛也. '不在人'者, 三爲人之正位, 四其餘位, 人道已盡, 而俟天之時也. 德之將熟, 命之將受, 決於止則自畫而貳爾心, 決於進則躐等而有慚德; 疑而自試, 必得其所安, 君子體道之深心也.

볼수록 더욱 높으시고, 뚫으려 하면 할수록 더욱 두꺼우시며, 앞에 계시는듯 하더니만 홀연히 뒤에 계시는구나. 선생님께서는 차근차근 사람을 잘 이끌어주시는데, 문(文)으로써 나의 학문 범위를 넓혀주시고 예(禮)로써 귀결 지어 주시니, 그만두고자 하여도 그럴 수가 없구나! 이미 나의 모든 재주를 다했거늘 저 높이 우뚝 서 계시는도다. 내 비록 스승을 따르고자 하나 도대체 어떻게 해볼 방도가 없구나."(『논어』, 「자한(子罕)」: 顔淵喟然歎曰, "仰之彌高, 鑽之彌堅. 瞻之在前, 忽焉在後. 夫子循循然善誘人, 博我以文, 約我以禮, 欲罷不能. 既竭吾才, 如有所立卓爾. 雖欲從之, 末由也已.")라고 공자에 대해 찬미해 마지 않았다.

여기에서 '굳셈이 중첩함'이라 한 것은 하괘의 세 효들이 이미 굳셈[剛]이었는데 이 효가 다시 굳셈이라는 의미다. 또 3효와 4효는 사람의 위(位)를 상징하는데 3효를 거듭하여 4효가 되어서도 모두 굳셈이기에 '굳셈이 중첩함'이라 한 것이다. '사람에게 있지 않다'는 것은 3효가 사람의 바른 위(位)이고 4효는 그 여분의 위(位)라서 사람의 도는 이미 다한 채 하늘의 때를 기다림을 의미한다. 덕이 장차 완숙해지고 하늘의 명(命)을 장차 받을 테지만, 그만두기로 결정한다면 스스로 획을 그어버려서 두 마음을 품게 될 것이고 나아가기로 결정한다면 등급을 건너 뛰어 올라간 꼴이어서 자신의 행위에 대해 속으로 부끄러워함의 덕[79]이 있게 된다. 그래서 의심을 내면서 스스로 시험해 보는 것이니, 이렇게 함으로써 반드시 편안함을 얻고 군자가 도를 체득하는 깊은 마음을 얻는다.

夫大人者, 與天地合其德, 與日月合其明, 與四時合其序, 與鬼神合其吉凶, 先天而天弗違, 後天而奉天時. 天且弗違, 而況於人乎! 況於鬼神乎!

---

79) 여기서 '부끄러워함의 덕이 있게 된다[有慙德]'고 한 것은 탕(湯) 임금이 스스로의 소행에 대해서 한 말을 인용한 것이라 할 수 있다. 탕임금은 방탕하며 갖은 악행을 저지르던 하(夏)나라의 마지막 왕 걸(桀)을 핍박하여 남소(南巢; 지명인지 아닌지에 대해서는 설이 분분함)라는 곳으로 도망가게 하였다. 그리고는 후세에 그 임금을 시해한 이들이 나와 자신을 구실로 삼을까 부끄러워하였다고 한다. 이에 대해 '부끄러워함의 덕'이라 하는 것이다.(『書經』, 「仲虺之誥」: 成湯放桀於南巢, 惟有慙德, 曰, "予恐來世以台爲口實.")

대인이란 그 덕으로서는 하늘 · 땅과 합치하고, 그 밝음으로서는 해 · 달과 합치하며, 그 순서대로 함에서는 사계절과 합치하고, 길함과 흉함에서는 귀신과 합치한다. 하늘보다 앞서더라도 하늘이 그와 어긋나지 않고, 하늘에 뒤서더라도 하늘의 때를 받든다. 이렇듯 하늘도 그와 어긋나지 않는데 하물며 사람에게서랴! 하물며 귀신에게서랴!

九五履天位, 而剛健中正以應天行, 故其德之盛如此. 天地以主宰言. 日月・四時・鬼神, 皆天地之德, 以純粹之精, 而健行得中. 明不息, 序不紊, 刑賞不妄, 人而天矣. '先天', 謂天所未有, 大人開物而成務; '弗違', 氣應物化而功就也. '後天', 天已垂象, 因而行之; '奉天時', 時至功興, 不爽其則也. 天且弗違, 則人不可不見, 而見之者, 鬼神自應以吉. 當大人之世而弗見焉, 鬼神弗祐, 四裔之誅自取之矣. 違大人, 即以違天也. 『書』曰, "未見聖, 若不克見; 既見聖, 罔克由聖." 大人不世作, 而聖言孔彰, 樂其道者見之. 非聖無法, 允爲自棄. 勿曰生不逢堯舜之世, 遂可隨末俗以遷流也.

구오효는 하늘의 위(位)를 차지하고 있는데, 굳세고 튼튼하며 가운데 자리를 올바르게 차지한 채 하늘의 운행에 응하고 있다. 그래서 그 덕이 이처럼 왕성한 것이다. 여기서 하늘・땅이란 '주재'의 관점에서 말한 것이다. 그리고 해・달, 사계절, 귀신 등은 모두 하늘・땅의 덕을 발휘하며, 순수한 정(精)으로써 씩씩하게 행하면서도 중(中)을 얻고 있다. 밝음이 꺼지지 않고 순서대로 하여 결코 뒤죽박죽되지 않으며 형벌이나 상을 내림이 망령되지 않으니, 사람이되 하늘이기도 하다. '하늘보다 앞서더라도(先天)'라고 한 것은 하늘이 아직 있기 전에 대인이 물(物)들에게 장을 열어주고 임무를 이룬다는 의미이고, '그와 어긋나지 않고'라는 것은 기(氣)가 응하고 물(物)들이 화하여 공덕이 이루어짐을 의미한다. '하늘에 뒤서더라도(後天)'라는 것은 하늘이 이미 상(象)을 드리우고 있음에 그로 말미암아 행한다는 의미며, '하늘의 때를 받든다'는 것은 때가 이르고 공덕이 일어나 그 법칙을 어기지 않는다는 의미다. 그래서 하늘도 그와 어긋나지 않으니 사람들로서는 그를 만나지 않을 수가 없고, 그를 만나본 사람에게는 귀신도 저절로 길함으로써 응한다. 대인이 다스리는 세상을 당해서도 그를 만나지 않는다면, 귀신이 돕지 않고 사방의 변방에 살아가는 족속들이 그를 주살할 것이니, 그러하더라도 이는 스스로가 취한 결과일 뿐이다. 그러니 대인을 어긴다는 것은 곧 하늘을 어기는 것이 된다. 그런데 『서경』에서는 "성인을 만나지 않았을 적에는 만나지 못할 사람처럼 행동하고, 만나보고서도 성인을 본받지 못한다."[80]라 하였다. 대인은 매 세대마다 출현하지 않지만 성인들의 웅대한 꾀하심과 훌륭한 말씀은 너무나 밝고 뚜렷한데[81], 그 도를 즐겨 받아들이는 이라야 만나게 된다. 성인이 아니면 본보기가 될 수 없으니, 만나보지 못할 것처럼 행동하거나 성인을 본받지 않는다면 이는 진실로 스스로 내팽개치는 것일 뿐이다. 결코 "나는 요순의 세상을 만나지 못할 세대를 살아가고 있다."고 하며 마침내 더러운 세속에 따라 제멋대로 살아갈 수밖에 없다고 여겨서는 안된다.

80) 『서경(書經)』, 「군진(君陳)」 편에 나오는 말인데, 여기서는 보통 사람들이 그러하다는 것으로 묘사하고 있다.(凡人未見聖, 若不克見; 既見聖, 亦不克由聖.)

81) 『서경』, 「이훈(伊訓)」 편에 나오는 말이다. 거기에서는 "성인들의 웅대한 꾀하심은 바다처럼 넓게 펼쳐져 있고, 훌륭하신 말씀은 너무나 밝고 뚜렷하다(聖謨洋洋, 嘉言孔彰.)"라고 하였다.

亢之爲言也, 知進而不知退, 知存而不知亡, 知得而不知喪. 其唯聖人乎! 知進退存亡而不失其正者, 其唯聖人乎!

너무 높이 올라갔다는 의미에서의 '항(亢)'은, 나아갈 줄만 알지 물러날 줄은 모르고 존속하리라는 것만 알지 망하리라는 것은 모르며 얻을 줄만 알지 상실할 줄은 모름을 말한 것이다. 그 오직 성인뿐인지고! 나아감과 물러남, 존속함과 멸망함을 알고서 그 올바름을 잃어버리지 않는 이는 오직 성인뿐인지고!

進退以行言, 存亡・得喪以遇言. 保其固有曰存, 本所無有曰亡, 得所未有曰得, 失其所有曰喪. 剛而不止, 居高而不肯下, 亢也. 亢之爲道, 率由於不知; 而龍之亢, 非不知也, 秉剛正之德, 雖知而不失也. 唯若孔子, 知不可爲而爲之, 而不磷不緇者不失, 乃能與於斯. 忠臣孝子, 一往自靖, 不恤死亡之極, 亦有聖人之一體, 雖有悔而固爲龍德; 時乘之, 亦所以御亂世之天也.

여기에서 나아감과 물러남은 행동의 관점에서 한 말이고, 존속함과 멸망함, 득・실은 우리가 만나는 운명의 관점에서 한 말이다. 즉 그 본래 있던 것을 보존함을 '존속함'이라 하고, 근본이 없어져버린 것을 '멸망함'이라 한다. 또 있지 아니 하던 것을 얻는 것을 '얻음'이라 하고, 그 있던 것을 잃어버림을 '상실'이라 한다. 굳센 채 멈추지 않고, 높은 자리에 앉은 채 내려오려 하지 않음이 '항(亢)'이다. 이러한 '항'을 행하는 까닭은 일반적으로 알지 못하는 데서 연유한다. 그렇지만 여기에서 말하고 있는 용의 항(亢)은 이와 달라서 알지 못해서 그러한 것이 아니다. 그보다는 굳세고 올바름의 덕을 지니고 있기 때문에, 비록 나아감과 물러남, 존속함과 멸망함에 대해 알지만 그러한 상황에서 해야 할 올바름을 잃어버리지 않는다는 의미다. 오로지 공자 같은 분이 이에 해당하는데, 그는 안 될 줄을 알면서도 행하였던 것이다. 그래서 갈더라도 얇아지지 않고 물들이더라도 검어지지 않은 이로서[82] 올바름을 잃어버리지 않았던 것이니, 그래서 이 용(龍)의 '항(亢)'의 경지에 함께할 수 있는 것이다. 또 충신과 효자는 한결같이 각자가 스스로의 뜻함을 실행하는 이들인데, 극단적으로 죽음조차 염두에 두지 않음에서는 역시 성인과 하나가 됨이 있다. 그래서 비록 후회함이 있다 하더라도 진실로 용의 덕을 행한다. 그리하여 때가 그러하면 그것을 타고서 또한 난세의 세상을 다스리게 된다.

此上十節申釋彖・爻之辭, 言君子體『易』之道.

이상 10개의 절은 괘・효사를 풀이한 것들로서, 군자가 『주역』의 도를 체득함에 대해 말하고 있다.

82) 『논어』, 「양화(陽貨)」 편에 나오는 "단단하다고 아니할 쏜가, 갈더라도 얇아지지 않으니! 희다고 아니할 쏜가, 물들이더라도 검어지지 않으니!(不曰堅乎, 磨而不磷. 不曰白乎, 涅而不緇.)"라는 말을 원용한 것이다.

●●●

坤卦坤下坤上

곤괘䷁

坤. 元亨, 利牝馬之貞. 君子有攸往, 先迷後得主, 利. 西南得朋, 東北喪朋. 安貞吉.

곤괘: 으뜸되고 형통하며, 암말의 올곧음에 이롭다. 군자에게 갈 일이 있는데 먼저는 미혹되었다가 뒤에 주인을 얻는다. 이롭다. 서남쪽에서는 벗을 얻을 것이요 동북쪽에서는 벗을 잃을 것이다. 편안히 올곧게 함이 길하다.

隤然委順之謂坤, 陰柔之象也. 此卦六爻皆陰, 柔靜之至, 故其德爲'坤'. 凡卦有取象於物理人事者, 而'乾'・'坤'獨以德立名; 盡天下之事物, 無有象此純陽純陰者也. 陰陽二氣絪緼於宇宙, 融結於萬彙, 不相離, 不相勝, 無有陽而無陰, 有陰而無陽, 無有地而無天, 有天而無地. 故『周易』竝建'乾'・'坤'爲諸卦之統宗, 不孤立也. 然陽有獨運之神, 陰有自立之體, 天入地中, 地函天化, 而抑各效其功能. 故伏羲氏於二儀交合以成能之中, 摘出其陽之成象者, 以爲六畫之乾, 而文王因繫之辭, 謂道之'元亨利貞'者, 皆此純陽之撰也; 摘出其陰之成形者, 以爲六畫之坤, 而文王因繫之辭, 謂道有'元亨利牝馬之貞'者, 唯此純陰之撰也; 爲各著其性情功效焉. 然陰陽非有偏至之時, 剛柔非有偏成之物. 故『周易』之序, 錯綜相比, 合二卦以著幽明屈伸之一致. '乾'・'坤'竝立, 屯蒙交運, 合異於同, 而經緯備; 大小險易得失之幾, 互觀而益顯.

'乾'·'坤'者, 錯以相應也. '屯'·'蒙'者, 綜以相報也. 此『周易』之大綱, 以盡陰陽之用者也. 餘卦放此.

부드럽고 화합하며 따름을 곤(坤)이라 하는데, 이는 음의 부드러움의 상이다. 이 괘는 육효가 모두 음으로서 부드러움과 고요함이 지극하다. 그러므로 그 덕이 곤(坤)이 된다. 무릇 괘들에는 물(物)들의 이치나 사람의 일에서 상(象)을 취한 것들이 있지만, 건·곤 두 괘만은 유독 '덕'으로써 명명하였다. 그 까닭은 천하의 사(事)와 물(物)을 통틀어도 이러한 순양(純陽)·순음(純陰)의 상이 없기 때문이다. 음기·양기 두 기는 우주에서 인·온 운동을 하며 온갖 구체적 개별자들로 응결하는데, 이러는 데서 서로 떨어지지도 않고 상대방을 누르지도 않는다. 그래서 양은 있는데 음은 없는 것이라든가 음은 있는데 양은 없는 것, 또 땅은 있는데 하늘은 없는 것이라든가 하늘은 있는데 땅이 없는 것은 존재하지 않는다. 그러므로 『주역』에서는 건괘·곤괘 두 괘를 아울러 세워서['乾''坤'竝建] 다른 괘들을 통할하는 마루로 삼고 있으니, 이들은 고립된 것이 아니다.
그러나 양에는 홀로 운행하는 신묘함이 있고 음에는 스스로 세우는 형체가 있으니, 하늘은 땅속으로 들어가고 땅은 하늘의 지어냄[天化]을 받아들여 품고 있지만 각각 자신만의 기능을 드러낸다. 그러므로 복희씨는 양의(兩儀)가 교합하여 기능을 이루는 속에서 양의 '상 이룸[成象]'만을 적출(摘出)하고서는 6획으로 그려 건(乾)이라 하였다. 그리고 문왕은 그것에 사(辭)를 붙여서는 '으뜸됨[元]·형통함[亨]·이로움[利]·올곧음[貞]'이라 일컬었다. 이것들은 모두 순양(純陽)의 기능이다. 복희씨는 또 음의 '형 이룸[成形]'만을 적출해서는 6획으로 그려 곤(坤)이라 하였다. 문왕이 또한 그것에 사(辭)를 붙여 이렇게 "으뜸되고 형통하며, 암말의 올곧음에 이롭다."고 한 것이다. 이는 오직 순음(純陰)의 기능이다. 이렇게 하여 각각 그 성정과 공효를 드러내게 되었다.

그런데 음・양에는 완전히 한쪽으로만 치우치는 때가 없고, 굳셈・부드러움에는 한쪽만으로 치우친 채 물(物)을 이룸이 없다. 그러므로 『주역』의 순서는 착(錯)으로 종(綜)으로 서로 얽히고 이들 두 괘를 합하여서 유(幽)와 명(明), 굴(屈)과 신(伸)이 하나로 귀결됨을 드러내고 있다. 건괘・곤괘는 나란히 서 있고 준괘・몽괘는 번갈아가며 운행하면서 다름을 같음으로 합치시키니, 경(經)과 위(緯)가 이렇게 해서 갖추어진다. 대・소, 험・이, 득・실의 갈리는 기미(幾)가 서로 함께 대조해 봄으로써 더욱 환하게 드러난다. 건괘・곤괘는 착(錯)의 관계로써 서로 응하고, 준괘・몽괘는 종(綜)의 관계로써 서로 갈마든다. 이것이 『주역』의 크나큰 법칙이며 이를 통해 음・양의 작용을 다 반영한다. 나머지 괘들도 이를 본보기로 하고 있다.

'坤'之德, '元亨'同於'乾'者, 陽之始命以成性, 陰之始性以成形, 時無先後, 爲變化生成自無而有之初幾, 而通乎萬類, 會嘉美以無害悖, 其德均也. 陰, 所以滋物而利之者也. 然因此而滯於形質, 則攻取相役, 而或成乎慘害, 於是而有不正者焉. 故其所利者'牝馬之貞', 不如'乾'之以神用而不息, 无不利而利者皆貞也. 凡言'利'者, 皆益物而和義之謂, 非小人以利爲利之謂, 後倣此.

곤괘의 덕 가운데 '으뜸됨・형통함'은 건괘와 동일하다. 그 까닭은 다음과 같다. 다름아니라 양이 명(命)을 수행하기 시작하여 성(性)을 이루고 음이 그 성의 처음 그대로 형(形)을 이루는데[83], 이들 사이에는 시간적인 선후가 없이 변화에 의해 없음으로부터 있음으로 되는 최초의 기미[幾]를 생성한다. 그리고 이것이 온갖 부류에 다 통하고 아름답게 모여 전혀 폐해를 주지 않는다. 그래서 이 점에서는 그 덕이 건괘와 균등한 것이다. 음은 만물을 번성하게 하며 이익을 준다. 그러나 바로 이러한 이유 때문에 형과 질에 구애받아서 서로 간에 공격하기도 하고 빼앗기도 하는데 이러한 속에서 어떤 것들은 참담한 피해를 입는다. 여기서 올바르지 아니함이 있게 된다. 그러므로 이익을 얻는 이가 '암말의 올곧음'이라고 하니, 이는 건괘(乾卦)의 이로움만 못하다. 건괘의 덕은 잠시도 쉬지 않은 채 신묘하게 작용하며 이롭지 않음이 없게 한다. 그래서 이로운 이들은 모두 올곧다. 무릇 이 『주역』에서 '이로움'이라 한 것은 모두 물(物)들에게 보탬을 주면서도 의로움과 어울림을 이룸[和義]을 일컫는다. 이는 소인들이 이로움을 이로움으로만 일컫는 것과는 다르다. 이후의 괘들은 모두 이를 본보기로 한다.

馬之健行, 秉'乾'之氣而行乎地, 陽之麗乎陰者也. '牝馬之貞', 與'乾'合德以爲正也. '君子有攸往'以下, 爲占者告也. '乾'之龍德, 聖人之德;

---

83) 『중용』의 "하늘이 명한 것을 '성'이라 한다.(天命之謂性)"는 구절과 『주역』, 「계사상전」 편, 제5장의 "한번은 음이었다 한번은 양이었다 함을 '도'라 한다. 이를 계승한 것은 선이고, 이를 이룬 것은 성이다.(一陰一陽之謂道, 繼之者善也, 成之者性也.)"라는 구절 등을 전제로 하는 말이다. 이 구절들의 의미를 종합하면, 사람과 만물의 존재 근거는 하늘의 명(命)에 의해 주어지고, 양기와 음기가 이를 실현하여 성(性)으로 이루어진다는 것이다. 그런데 왕부지는 여기에서 건괘·곤괘의 덕이 이를 수행하는 것으로 논리를 펴 나아가고 있다.

'坤'之利貞, 君子希聖之行也. 剛以自彊; 順以應物. '坤'者, 攸行之道也. 君子之有所往, 以陰柔爲先, 則欲勝理, 物喪志而'迷'; 以陰柔爲後, 得陽剛爲主而從之, 則合義而利. 此因'坤'之利而申言之, 謂君子之所利於'坤'者, '得主'而後利也.

말의 씩씩하게 행함은 건(乾)의 기(氣)를 유지하면서 땅 위로 감이니, 이는 양이 음에 붙어 있는 꼴이다. '암말의 올곧음'은 그 덕을 건(乾)과 합치시켜 올바르게 되었음을 의미한다. '군자에게 갈 바가 있는데' 이하는 점을 친 사람에게 고하는 것이다. 건의 용덕(龍德)은 성인이 체현하고 있는 덕이고, 곤의 올곧음에 이로움은 군자가 성인을 희구하며 하는 행위다. 굳셈으로써 스스로를 튼튼히 하고 순종함으로써 물(物)들에 응하는 것이다. 곤(坤)이란 어디를 가는 데서 따라야 할 원리다. 즉 군자에게 갈 일이 있을 경우 음과 부드러움[柔]을 앞세우면 욕구가 이치를 이기고 물(物)들이 뜻함을 잃어버려 '미혹'된 채 헤매게 된다. 이에 비해 음과 부드러움을 뒤로 돌린 채 양의 굳셈[剛]을 얻어 주인으로 삼고 그를 따르면 의로움에 합치하여 이롭다. 이는 곤의 이로움을 바탕으로 부연하여 말한 것으로서, 군자가 곤에서 이로운 바는 '주인을 얻은' 뒤에 이롭다는 의미로써 한 말이다.

同類相比曰'朋'. '西南'·'東北', 以中國地勢言之. 西南爲梁州, 崇山複嶺, 冰雪夏積, 陰所聚也. 東北, 冀·營·兗·青之域, 平衍而迤於海, 地氣之不足也. '得朋'則積陰相怙, '喪朋'則羣散私黨, 而順受陽施. 蓋陽九陰六, 有餘不足, 自然之數; 而地以外皆天, 地所不足, 天氣充之. 以其本不足者承天, 而不恃其盈以躁動, 則其貞也, 以從一而安爲貞,非以堅持不屈爲貞. 此因'坤'之貞而申言之, 謂君子體'坤'之貞者, 唯安斯吉也.

유(類)가 같아서 서로 어울림을 '벗'이라 한다. '서남'이니 '동북'이니 하는 것은 중국의 지세를 가지고 말한 것이다. 중국의 서남쪽은 양주(梁州)인데 산들이 높고 산마루가 겹겹이 연이어 있다. 그래서 여름에도 얼음과 눈이 쌓여 있으니 음이 모여 있는 곳이다. 이에 비해 동북쪽은 기주(冀州)[84], 영주(營州)[85], 곤주(袞州)[86], 청주(青州)[87] 등의 지역이다. 이곳은 평원 지대로 이루어져 있으며 그대로 바다에까지 이른다. 이는 땅의 기(氣)가 부족한 모습이다. '벗을 얻음'은 음들을 누적하여 서로 믿고 의지함이며, '벗을 잃음'은 무리가 사사로운 붕당을 해체하고 양의 베풂에 순종하고 받아들임이다. 생각건대 양구(陽九)와 음륙(陰六)에 남음과 부족함이 있음은 자연의 수다. 즉 땅의 밖은 모두 하늘이니 땅이 부족한 바를 하늘의 기(氣)가 채워주는 것이다. 그래서 그 본래 부족한 땅이 하늘을 받들고 하늘은 그 가득 참을 으스대며 부산하게 움직이지 아니하면,

84) 기주(冀州)는 옛 구주(九州)의 하나로서 오늘날의 섬서(陝西)성과 산서(山西)성 사이의 황하 동쪽, 산서성과 하남성 사이의 황하 북쪽, 산동성 서북쪽과 하북성의 동남쪽 지역을 합한 부분을 가리킨다. 한대(漢代)에서 청대(淸代)에까지 두었던 행정구역의 명칭이기도 하다. 고대에 '중원(中原)'이라 부르던 지역이다.

85) 역시 옛 구주의 하나로서 오늘날의 산동(山東) 반도를 가리킨다.

86) 곤주(袞州) 역시 구주의 하나로서 지금의 산동성 금향현(金鄕縣) 서북쪽 일대에 해당한다.

87) 청주(青州) 역시 구주의 하나로서 지금의 산동성 청주(青州)시 일대에 해당한다. 한대(漢代)에 청주를 설치하였는데 위진 남북조 시기에도 그대로 이어졌다. 수나라 때 잠시 폐지하였다가 당나라 때 다시 주(州)를 회복하여 청대에까지 이어졌다.

그 올곧음도 한결같음을 좇아 편안히 올곧음을 행한다. 이는 결코 꺾이지 않음(不屈)을 견지하거나 하여 올곧은 것이 아니다. 즉 곤(坤)의 올곧음을 근본으로 하여 거듭 부연하여 말한 것으로서, 군자가 곤의 올곧음을 체현한 경우라면 오직 편안해야만 길하다는 의미로 말한 것이다.

「彖」曰: 至哉坤元! 萬物資生, 乃順承天.

「단전」: 지극하도다, 곤의 으뜸됨이여! 만물이 바탕으로 삼아 생겨나니, 이에 하늘을 순종하며 받든다.

陰非陽無以始, 而陽藉陰之材以生萬物, 形質成而性即麗焉. 相配而合, 方始而即方生, '坤'之'元'所以與'乾'同也. '至'者, 德極厚而盡其理之謂. 乃其所以成'至哉'之美者, 唯純乎柔, 順天所始而即生之無違也.

음은 양이 아니면 시작함이 없고 양도 음의 재질에 의지하여 만물을 생하니, 만물의 형질이 이루어지는 곳에 성(性)도 곧 깃들이고 있다. 이렇듯 음·양이 서로 짝으로 이루며 합치하니, 바야흐로 시작함은 곧 바야흐로 생겨남이요, 곤의 '으뜸됨'은 건과 동일하다. '지극함'이란 곤괘의 덕이 극히 두텁고 그 이치를 다함에 대해 일컬은 것이다. 이에 '지극하도다!'라고 할 만큼 아름다움을 이루어내는데, 그 까닭은 오직 부드러움 그 자체로 순수하기 때문이다. 그래서 하늘에 순종하여 시작되면서 하늘의 생함에 대해서 결코 어김이 없다.

坤厚載物, 德合无疆.

곤은 두터이 만물에게 발붙이고 살아가게 해주니, 덕이 하늘의 무궁함과 합치한다.

'厚'謂重'坤'象地之厚. '无疆', 天之无窮也. 其始也生之, 旣生矣載之. 天所始之萬物, 普載無遺, 則德與天合, 故與'乾'均爲元, 而'至'者即大也.

'두터이'는 중첩된 곤괘가 땅의 두터움을 상징함에 대해 한 말이다. 여기에서 '無疆(무강)'이라 한 것은 하늘의 무궁함을 가리킨다. 하늘이 만물을 비롯하게 하며 낳는데, 이렇게 이미 생겨난 것들에게 땅은 발붙이고 살아가게 해준다. 이렇듯 하늘에 의해 비롯된 만물을 땅은 어느 것 하나 빠뜨림 없이 다 발붙이고 살게 해주므로, 그 덕이 하늘과 합치하는 것이다. 그래서 곤䷁은 건䷀과 균등하게 으뜸이 된다. 앞에서 '지극하도다!'라 한 것은 바로 이러한 위대함을 의미한다.

含弘光大, 品物咸亨.

함유함이 넓고 그 빛남이 거대하니 모든 물(物)들이 다 형통한다.

唯其至順也, 故能虛以受天之施, 而所含者弘. 其發生萬物, 盡天氣之精英, 以備動植飛潛, 文章之富, 其光也大矣. 品物資之以昌榮, 而遂其生理, 無有不通, '坤'之'亨'所以與'乾'合德也.

곤(坤)은 오직 그 지극히 순종함이기 때문에 능히 자신을 비워 하늘의 베풂을 받아들인다. 그래서 함유하는 바가 넓고도 넓다. 또 곤은 만물을 피어나게 하고 생하는 데서 천기의 정화(精華)를 다함으로써 동물, 식물, 날짐승, 물고기 등을 완비한다. 그래서 문채가 풍부하고 그 빛남도 거대하다. 만물은 이를 바탕으로 하여 자신을 한껏 피워내고 그 생하는 이치를 완수하며 통하지 않음이 없다. 그래서 곤의 '형통함'은 건(乾)의 덕과 합치한다.

牝馬地類, 行地无疆, 柔順利貞.

암말은 땅의 부류이니 땅을 무궁하게 주행하며, 부드럽고 순종하여 올곧음에 이롭다.

馬之行健, 本'乾'之象. 牝秉陰柔之性, 則與地爲類. 地順承天, 則天氣施於地之中, 如牝馬雖陰, 而健行周乎四方, 此地之利貞, 以守一從陽爲貞也.

말의 주행이 씩씩함은 본래 건(乾)의 상이다. 그러나 암컷은 음유(陰柔)한 본성을 지니고 있으니 땅과 같은 부류다. 땅이 하늘에 순종하고 받들면 하늘의 기(氣)가 땅속에서 펼쳐진다. 이는 암말이 비록 음이기는 하지만 씩씩하게 사방을 주행하는 것과 같다. 이것이 바로 땅의 '올곧음에 이로움'이다. 이는 한결같음을 지키며 양(陽)을 좇음을 올곧음으로 여기는 것이다.

君子攸行, 先迷失道, 後順得常.

군자가 길을 가는데 먼저는 미혹되어 길을 잃었다가 나중에는 순종하여 항상

다니던 길을 찾는다.

六陰聚立, 有'先迷'之象. 然純而不雜, 虛静以聽天之施, 則固先陽後己, 順事物而得唱和生成之常道. 君子體之以行, 能知先之爲失道, 而後之爲得主, 則順道而行, 無不利矣. 以性主情, 以小體從大體, 以臣順君, 以刑濟賞, 陰亦何不利之有哉!

여섯 음이 모여 서 있으니 여기에는 '먼저는 미혹됨'의 상(象)이 있다. 그러나 이 곤䷁은 순수할 뿐 전혀 잡됨이 없이 고요히 자신을 비운 채로 하늘의 베풂을 받아들인다. 그래서 본디 양(陽)을 앞세우고 자신은 뒤선다. 이러한 자세로 사(事)와 물(物)에 순종하여, 주창하는 것에 조화를 이루고 낳는 것을 이루어주는 항상된 도(道)를 얻는다. 군자는 이를 체득하여 행동을 하니, 먼저는 길을 잃고 헤메다가 나중에는 주인을 얻으리라는 것을 능히 안다. 그래서 도를 좇아 행동을 하기에 이롭지 아니함이 없다. 사람됨의 성(性)으로써 정(情)을 주재하고, 소체(小體;몸)로써 대체(大體;마음)를 따르고, 신하로서 임금에게 순종하고, 형(刑)으로써 상(賞)을 도와주니, 음이라 하여 어찌 이롭지 아니함이 있겠는가!

西南得朋, 乃與類行, 東北喪朋, 乃終有慶. 安貞之吉, 應地无疆.

서남쪽에서는 벗을 얻으니 동류(同類)와 함께 갈 것이요, 동북쪽에서는 벗을 잃으니 끝내는 경사가 있을 것이다. 편안히 올곧게 하여 길함은 무궁하게 땅에 응하기 때문이다.

重'坤'積陰, 有西南地形崇複之象. 然順而又順, 趨以就下, 則又有東北迤海之象. 兩者皆地勢也, 在知擇而已. 君子之行, 不法其積陰怙黨之咎, 而法其委順以承天, 不自私同類之貞, 則終必受天之慶矣. 吉自外來曰'慶'. 喪朋以從'乾', 安貞之吉也, 君子所以應地道而德合无疆也.

중첩된 곤䷁이 음을 누적하고 있으니, 여기에는 산들이 높고 산마루가 겹겹이 연이어 있는 중국 서남쪽 지형의 상(象)이 있다. 그러나 순종하고 또 순종하며 아래로만 내려가니, 또한 평원을 달리다 바다로 이어지는 동북쪽의 상도 있다. 이들 둘이 모두 중국의 지세(地勢)다. 다만 이 둘 가운데 어느 하나를 선택할 줄을 아는 데 달려 있을 따름이다. 군자의 행위는 음(陰)들을 누적하여 당파를 믿고 으스대다 허물을 초래함을 본받지 않고, 순응함으로써 하늘을 받듦을 본받는다. 그래서 같은 부류들끼리만 어울려 이익을 추구하지 않음을 올곧게 유지하니 끝내는 하늘로부터 경사를 받는 것이다. 길함이 밖에서 온 것을 '경사'라고 한다. 이 곤䷁은 붕당을 버리고서 건(乾)을 좇으니, 편안히 올곧음을 지키고 있음에서 오는 길함을 얻는다. 그래서 군자는 땅의 도에 응함으로써 덕이 무궁함에 합치한다.

「象」曰: 地勢坤, 君子以厚德載物.

「대상전」: 땅의 형세가 곤이니 군자는 이를 본받아 덕을 더욱 두텁게 하고 물(物)들을 실어주어 발 붙이고 살아가게 해준다.

'勢', 形之勢也. 地形高下相積, 而必漸迤於下; 所處卑, 而物胥託於其上; 皆大順之象也. 重'坤'者, 順德之厚也. 君子體'坤'之德, 順以受物, 合天下之智愚貴賤, 皆順其性而成之, 不以己之所能責人之不逮, 仁禮存心, 而不憂橫逆之至, 物無不載也.

'勢(세)'는 형체가 드러내고 있는 추세를 의미한다. 땅의 형세는 높은 것과 낮은 것이 서로 쌓고 있으니, 반드시 점차 낮은 데로 이어져 내려간다. 처한 것이 낮기에 만물은 모두 다 그 위에 의탁하고 있다. 이는 모두가 크게 순종하는 상(象)이다. 곤괘가 중첩되어 있음은 순종하는 덕이 두터움을 드러낸다. 군자는 이러한 곤괘의 덕을 체득하여 순종하며 만물을 받아들인다. 그래서 천하의 지혜로운 이나 어리석은 이, 귀한 이나 천한 이들 모두를 그 본성에 순종하여 이루게 할 뿐, 결코 자기가 능력이 있다고 하여 자기에게 못 미치는 이들을 질책하지 않는다. 또 어짊과 예를 마음속에 보존하고 있으며, 횡역(橫逆)한 사람과 맞닥뜨릴 수 있다는 것조차 전혀 괘념치 않고 그 어떤 것이든 모두 실어주지 않는 것이 없다.

六十四卦之[變]動, 皆人生所必有之事, 抑人心所必有之幾; 特用之不得其宜, 則爲惡. 故雖'乾'·'坤'之大德, 而以剛健治物, 則物之性違; 柔順處己, 則己之道廢. 唯以'乾'自彊, 以'坤'治人, 而內聖外王之道備矣. 餘卦之德, 皆以此爲統宗, 所謂"易簡而天下之理得"矣.

육십사괘에서 드러내고 있는 변함[變]·움직임[動]은 모두 사람이 살아가는 데서 반드시 있게 마련인 일이거나 사람의 마음에 반드시 있게 마련인 기미[幾]다. 다만 이것들을 사용하는 데서 그 마땅함을 얻지 못하기에

악(惡)이 된다. 그러므로 비록 건(乾)・곤(坤)의 위대한 덕이라 하더라도 굳세고 씩씩함만으로써 물(物)들을 다스리면 그들의 본성이 어기게 되고, 부드러움과 순종함만으로써 처신을 하게 되면 자기의 도(道)가 폐기되고 만다. 그보다는 오직 건(乾)의 덕으로써 스스로를 튼튼히 하고 곤(坤)의 덕으로써 남들을 대해야 내성외왕(內聖外王)[88]의 도가 갖추어진다. 『주역』의 나머지 괘들의 덕은 모두 이들을 근본으로 여기니, 이른바 "쉽고 간단하게 천하의 이치대로 한다."[89]라고 함이다.

初六, 履霜堅冰至.

초육: 서리를 밟았으니 두꺼운 얼음이 닥치리라.

---

88) 『장자(莊子)』, 「천하(天下)」 편에 나오는 말이다. 인격적으로 성인의 덕을 갖춘 채 대외적으로 왕도의 정치를 베푸는 것을 의미한다. 안팎으로 완전무결함이다. 예부터 동아시아의 사회에서 수신(修身)과 위정(爲政)의 가장 이상적인 경지를 지칭하는 말이다. 『장자』의 이곳에서는, 한쪽에만 통달한 일곡지사(一曲之士)들이 나대는 바람에 이러한 덕을 지닌 이들이 드러나지 못한 나머지, 조각지식을 가진 이들이 행세하게 되어 참다운 진리가 사라지게 되었다고 비판하고 있다.(天下大亂, 賢聖不明, 道德不一, 天下多得一察焉以自好. 譬如耳目口鼻, 皆有所明, 不能相通. 猶百家衆技也, 皆有所長, 時有所用. 雖然, 不該不徧, 一曲之士也. 判天地之美, 析萬物之理, 察古人之全, 寡能備於天地之美, 稱神明之容. 是故內聖外王之道, 闇而不明, 鬱而不發, 天下之人各爲其所欲焉以自爲方. 悲夫, 百家往而不反, 必不合矣! 後世之學者, 不幸不見天地之純, 古人之大體, 道術將爲天下裂.)

89) 「계사상전(繫辭上傳)」 제1장에 나오는 말.

當純陰之下, 非偶然一陰發動之象也. 堅冰之至, 霜所必致. 履者, 人履之. 陰興必盛, 自然之數也. 故一生, 一殺, 不以損天地之仁; 一治, 一亂, 不以傷天地之義. 特當其時, 履其境, 不容不戒, 故爲占者告之.

순수한 음(陰)의 아래에 있게 됨은 우연히 하나의 음이 발동한 상이 아니다. 두꺼운 얼음이 닥침은 서리를 밟을 적에 반드시 초래하게 되어 있다. '밟는다'는 것은 사람이 밟는 것이다. 음들이 흥기하여 반드시 융성하게 되어 있음은 자연의 수(數)다. 그러므로 한 번 낳았다 한 번 죽였다 함이 하늘과 땅의 인(仁)을 손상하는 것이 아니며, 한 번은 태평한 세상이 되었다 한 번은 어지러운 세상이 되었다 함이 천지의 의(義)를 손상하는 것도 아니다. 다만 그러한 때를 당하고 그러한 경우를 겪게 되어서는 경계하지 않을 수 없다. 그러므로 점을 친 이들에게 경고하고 있는 것이다.

「象」曰: '履霜堅冰', 陰始凝也; 馴致其道, 至堅冰也.

「상전」: "서리를 밟았으니 두꺼운 얼음이 얼 것이다."는 음이 비로소 응취하였다는 의미다. 점점 그 원리대로 가다가 마침내 두꺼운 얼음이 어는 시기에 이른다는 의미다.

上'堅冰'二字蓋衍文. 『本義』按「魏志」作'初六履霜', 義亦通. 凝, 聚也. 霜・冰皆陰之凝聚而成, 在初爲始爾. 堅冰之至, 初無異理, 即此陰之凝者然也. '其道', 凝而不釋之道. '履霜', 象辭所謂'先迷'; '馴致', 則所謂'得朋'也.

위의 두꺼운 얼음을 의미하는 '堅氷' 두 글자는 아마도 쓸데없이 잘못 들어간 글자[衍文]인 것 같다. 『주역본의(周易本義)』에서는 『삼국지』, 「위지(魏志)」 편을 근거로 '초육의 서리를 밟음(初六履霜)'이라 하고 있는데[90] 뜻은 역시 통한다. '응(凝)' 자는 '모이다'는 뜻이다. 서리와 얼음은 모두 음이 응취하여 이루어진 것인데, 지금 이 음이 초효에 있으니 비롯함이 된다. 두꺼운 얼음이 이름은 애당초 다른 이치가 없이 바로 이 음이 응취하여 그렇게 된다는 것이다. '그 도'란 응취하여 녹지 않음의 도(道)다. '서리를 밟음'은 괘사의 '먼저는 미혹되었다가(先迷)'를 의미하고, '이루어냄'은 괘사의 '벗을 얻음(得朋)'을 의미한다.

六二, 直方大, 不習无不利.

육이: 곧고 방정하고 거대하니, 익히지 않더라도 이롭지 않음이 없다.

---

90) 진수(陳壽)가 지은 『삼국지』, 「위지」 편에서는 제왕들이 하늘로부터 명(命)을 받는 조짐의 출현으로 이 구절을 인용하고 있다.(此帝王受命之符瑞最著明者也. 又曰'初六履霜', 陰始凝也. 又有積蟲大穴, 天子之宮厥咎, 然今蝗蟲見應之也.). 그런데 주희는 이곳에서 왕부지가 주장하는 것과 마찬가지로 '서리를 밟았으니 이제 곧 두꺼운 얼음'이라 한 구절이 뒤의 '음이 비로소 응취하였다'는 풀이와 부드럽게 연결되지 않음을 고심하였던 것으로 보인다. 그러나 경(經)의 글귀에 대해 함부로 재단할 수 없었던 것이 당시의 풍조였다. 그래서 주희는 「위지」의 이 구절을 인용하여 자신의 의구심을 해소하고 있다. 그는 "「위지」를 보면 '초육의 서리를 밟음'이라 하고 있으니, 이제 이를 따른다.(按「魏志」作初六履霜', 今當從之.)"라 하였다. 그런데 왕부지는 '쓸데없이 잘못 들어간 글자(衍文)'일지 모른다 하여 곧장 자신의 견해를 피력하고 있다.

陰之爲德, 端凝靜處而不妄, 故爲'直'; 奠位不移而各得其宜, 故爲'方'; 純乎陰, 則'大'矣. 直・方, 其德也; 大, 其體也. 唯直・方故能大, 其大者皆直・方也. 秉性自然而於物皆利, 物無不載, 而行無疆矣. 九五, '乾'之盛也. 六二, '坤'之盛也. 位皆中, 而乾五得天之正位而不過, '坤'二出於地上而陰不匱. 故飛龍者, 大人合天之極致; 直方者, 君子行地之至善也.

음의 덕은 단정하고 정중하면서도 고요히 제자리에 있으면서 망동하지 않는 것이다. 그래서 '곧다'고 한 것이다. 그리고 위(位)를 정한 채 옮기지 않는데 각기 그 알맞음을 얻고 있다. 그래서 '방정하다'고 한 것이다. 또 음에 순수하니 '거대하다'는 것이다. 곧음과 방정함은 그 덕이 그러하다는 것이고, 거대함은 그 체(體)가 그러하다는 것이다. 오직 곧고 방정하기에 거대할 수 있으니, 그 거대한 것들은 모두 곧고 방정하다. 타고난 본성 그대로를 자연스럽게 지키며 만물에 모두 이로움을 주고 물(物)들을 어느 것이든 실어주지 않은 것이 없다. 그리고 행함에도 끝이 없다. 구오효는 건(乾)의 성대함이고, 이 육이효는 곤(坤)의 성대함이다. 이들은 위(位)가 모두 중(中)을 차지하고 있는데, 건(乾)의 구오효는 하늘의 올바른 자리를 얻었으되 지나치지 않고 곤(坤)의 육이효는 땅 위로 나왔으되 음이 부족하지 않다. 그러므로 '나는 용[飛龍]'이란 대인이 하늘과 합치함의 극치요, '곧고 방정함'이란 군자가 땅 위에서 행함의 가장 훌륭함이다.

「象」曰: 六二之動, 直以方也. '不習无不利', 地道光也.

「상전」: 육이의 움직임은 곧고 그래서 방정하다. '익히지 않더라도 이롭지 않음이 없다'는 땅의 도가 광휘로움을 의미한다.

'動'謂此爻發動而見功也. 有其德, 則施之咸宜, 配地道之乘時, 發生品物, 光輝普見.

'움직임'이란 이 효가 발동하여 공덕을 드러냄을 의미한다. 이 덕이 있기 때문에 베풂이 모두 적절하다. 그리고 이 움직임은 땅의 도가 때를 타고 발현함과 짝하여 형체를 지닌 물(物)들이 피어나고 생기게 하며 광휘로움이 널리 드러나게 한다.

六三, 含章可貞, 或從王事, 无成有終.

육삼: 아름다운 자질을 함유하고서 올곧을 수 있다. 어쩌다 왕의 일에 종사하면 성취함은 없더라도 끝마침은 있다.

六二柔順中正, 內德固, 而所以發生品物者備其美. 六三居其上, 成乎'坤'體, 所含者六二之章光, 故雖以陰居陽, 而可不失其正. 三爲進爻, 出而圖功之象. 履乎陽位, 故曰'從王', 彖所謂'喪朋'而承天時行也. '或'者, 不必然而然之辭. '含章'無必於從事之志; 乃因時而出, 行乎其所不得不行, 雖有成功而不自居. '終', 與'知終終之'之'終', 皆以內卦小成言之也. 事雖從王, 志在自盡其道. 內卦象德, 外卦象位. 三者, 德之終也.

육이효는 부드럽고 순종적이며 올바르게 가운데 자리를 차지하고 있어서 속으로 꽉 찬 덕이 굳다. 그래서 갖가지 물(物)들을 발생시키는 아름다움이 갖추어져 있다. 육삼효는 그 위에 자리 잡아서 곤괘☷의 체(體)를 완성한다. 그리하여 함유하고 있는 것이 육이효의 환히 빛남이니 비록 음으로서 양의 위(位)에 자리 잡고 있다 하더라도 그 올바름을 잃어버리지 않을 수 있다. 그리고 3효는 나아감의 효니, 출정하여 공을 도모하는 상을 지니고 있다. 또 양의 위(位)를 차지하고 있기 때문에 '왕을 좇는다'고 하였다. 이는 괘사에서 말하는 '벗을 잃음'에 해당하는데 하늘을 받들어 때에 맞게 행하는 것이다.[91] '혹(或)'이라는 말은 꼭 그렇지는 않지만 그러하다는 말이다. 즉 '아름다운 자질을 함유하고서' 꼭 종사하겠다는 뜻은 없는 것이다. 그래서 때에 따라 출정하여 그 행하지 않을 수 없는 바를 행하는데, 비록 성공을 거두었더라도 스스로 차지하지는 않는다. '끝마침'은 '끝날 것임을 알아서 끝마치니'[92]에서의 '끝마침'과 같다. 모두 내괘의 소성(小成)으로써 말한 것이다. 일삼음은 비록 왕을 좇는 것이지만 뜻함은 스스로 그 도를 다함이다. 이 곤괘에서 내괘는 덕을 상징하고 외괘는 위(位)를 상징한다. 육삼효의 3은 덕의 끝마침을 의미한다.

「象」曰: '含章可貞', 以時發也. '或從王事', 知光大也.

「상전」: '아름다운 자질을 함유하고서 올곧을 수 있으니'는 때에 맞게 발휘함이다. '어쩌다 왕의 일에 종사하면'이란 지혜가 밝고 큼이다.

---

91) 왕부지는 앞에서 본 것처럼 '벗을 잃음(喪朋)'에 대해 곤(坤)으로부터 벗어나 건괘와 함께하는 의미로 보고 있다. 그래서 여기서 '하늘을 받들어 때에 맞게 행함(承天時行)'을 '벗을 잃음'으로 풀이한 것이다.

92) 「문언전」, 건괘에 나오는 말.

唯所含者內有直方之美, 故以時發見而'可貞'. 德之已成, 時在可見, 故從王事, 自知其志行之光大而不失時, 要以自盡其含弘之用, 而非急於見功也. 陰以進爲美, 不倦於行, 所以配'乾'之无疆.

이 육삼효가 오직 함유하고 있는 것은 속에 곧고 방정함의 아름다움을 지니고 있는 것(육이효)이다. 그러므로 때에 맞게 발현하여 '올곧을 수 있는' 것이다. 육삼효는 덕이 이미 이루어져 있고 때도 드러내도 된다. 그래서 왕의 일을 좇는다. 그리고 자신의 뜻함과 행위가 환히 빛나고 거대해질 것이니 잃어버려서는 안 됨을 스스로 안다. 그래서 그 속에 품고 있는 아름다운 덕을 다 사용하려 하지만 공을 세우는 데 급급해 하지는 않는다. 이처럼 음이 나아감을 아름다움으로 여기고 행함에 게으르지 않기에 건(乾)의 무궁함과 짝을 이룬다.

六四, 括囊, 无咎无譽.

육사: 주머니를 여밈이니 허물도 없고 명예로움도 없다.

'括囊', 藏之固也. 柔居陰位, 四爲退爻, 不求譽而避咎之道也. 四與初同道, 而初居地位之下, 伏陰自怙; 四處重陰之中而爲人位, 乃有意沈晦, 退而自守之象, 故不同於初之陰狠.

'주머니를 여밈'은 굳게 감춤을 의미한다. 이 육사효는 부드러움[柔]이 음의 위(位)를 차지하고 있는데, 4효는 물러남의 효로서 명예를 구하지 않고 허물을 피하는 도(道)다. 4효와 초효는 같은 도를 지니고 있다.

그런데 초구효는 땅의 위(位)에서도 아래를 차지하여 잠복한 음이 자신만을 믿고 있다. 이에 비해 육사효는 겹겹이 음들이 쌓인 속에서 사람의 위(位)에 처해 있으니 자기의 의사를 가라앉히고 드러내지 않으며 물러나 스스로를 지키는 상이다. 그래서 초효의 음이 매서운 것과는 같지 않다.

「象」曰: '括囊无咎', 愼不害也.

「상전」: '주머니를 여밈이니 허물이 없다'는 것은 삼가서 해롭지 않음이다.

欲退藏以免於咎, 則無如避譽而不居. 危言則召禍, 詭言則悖道, 括囊不發, 人莫得窺其際, 愼之至也.

물러나 숨어서 허물을 면하고자 할진대 명예를 피하고 요직을 차지하지 않는 것 만한 것이 없다. 위태로운 말은 화를 불러들이고 허황된 말은 도를 해치니, 주머니를 여미고서 펼치지 않으면 사람들로서는 도대체 그것이 어떠한지를 알 수가 없다. 이것이 가장 잘 삼가는 것이다.

六五, 黃裳元吉.

육오: 노란 치마니 원래 길하다.

'黃'者, 地之正色, 既異黑白之黝素, 尤非青赤之炫著, 於五色爲得其中. 衣在上而著見. 裳在下, 而又有芾佩以掩之; 飾在中, 而與衣以文質相配者也. 六五居中以處上體, 而柔順安貞之德, 自六二而已成. 大順之積, 體天時行, 若裳以配衣, 深厚而美自見, 宜乎其吉矣. 凡言吉者, 與凶相對之辭, 自然而享其安之謂. '黃裳'非以求吉而固吉, 故曰'元吉'. 凡言'元吉'者準此.

'노란색'은 땅의 정색(正色)이다. 그래서 검은색의 검푸름이나 흰색의 맨 바탕 그대로와는 다르며, 더욱이 푸른색이나 붉은색처럼 사람의 눈을 끌어당길 만큼 뚜렷하게 드러나는 것도 아니다. 노란색은 오색 가운데서 그 중(中)을 얻은 것이다.[93] 옷은 위에서 환히 드러난다. 그리고 치마는 아래에 걸치는 것인데 거기에 슬갑과 차고 있는 것들이 가리고 있다. 그래서 가운데(안)에 있는 것(치마)을 꾸며주고 있어서 옷과는 '문(文; 겉으로 나타난 문채의 아름다움)'과 '질(質; 실상의 바탕)'로써 서로 짝을 이룬다.[94] 육오효는 중앙에 자리 잡고서 이 곤괘䷁의 상체에 처해 있는데, 그의 부드러움과 순종함, 편안히 올곧음을 지키는 덕이 육이효에서부터 이미 이루어졌다. 그리고 곤괘의 덕인 크게 순종함이

---

93) 오행사상에서는 오색(五色)을 오방(五方)에 배열할 적에 중앙에 황색을 배당한다. 동쪽은 청색, 남쪽은 적색, 서쪽은 흰색, 북쪽은 흑색이다. 중앙의 황색은 색깔 중에서 가장 귀중한 것으로 간주되며, 따라서 옛날에는 중국의 천자(天子)만이 황색의 옷을 입을 수 있었다. 곤괘의 육오효에 이러한 의미가 있다고 보는 것이 역시 왕부지의 사상 속에도 담겨 있다. 그러나 최근의 연구 성과를 받아들이는 역학철학자들은 육오효사에 이러한 오행사상이 반영되어 있다는 것에 대해 회의적이다.

94) '문(文)'과 '질(質)'을 짝지워 설명하는 이는 공자다. 공자는 군자의 요건으로 이 두 가지를 모두 훌륭하게 갖추어야 한다고 하였다.(『論語』, 「雍也」: 子曰, "質勝文則野, 文勝質則史. 文質彬彬, 然後君子.")

누적된 나머지 이 육오효에서는 하늘과 한 몸을 이루어 때에 맞게 행하니, 마치 치마가 옷과 짝을 이루는 것처럼 깊고 두터우면서도 아름다움이 저절로 드러난다. 그리하여 길함이 마땅하다. 무릇 '길함'이란 흉함과 상대를 이루는 말로서 저절로 그러하여 그 편안함을 누림에 대해 일컫는 말이다. '노란 치마'는 의도적으로 길함을 구한 것이 아니라 본디 길하다. 그러므로 '원래 길하다'고 한 것이다. 무릇 『주역』에서 '원래 길하다'고 하는 것들은 이에 준한다.

「象」曰: '黃裳元吉', 文在中也.

「상전」: '노란 치마니 원래 길하다'는 것은 문채 나는 것이 가운데에 있기 때문이다.

'黃', 其文也; '裳'者, 在中之象.

'노란색'은 그 문채요 '치마'는 가운데에 있음의 상이다.

上六, 龍戰于野, 其血玄黃.

상육: 용들이 들에서 싸우니 그 피가 터져 거무튀튀하고 누렇게 질펀하다.

陰六已極, 則陽必奮起. 龍, 陽物也. '于野', 卦外之象. 陰陽各有六位. '坤'六陰畢見, 則六陽皆隱而固在; 此盛而已竭, 彼伏而方興, 戰而交傷, 所必然矣. 陽之戰陰, 道之將治也, 而欲奮起於涸陰之世, 則首發大難, 必罹於害. 陳勝·項梁與秦俱亡; 徐壽輝·張士誠與胡俱殞. 民物之大難, 身任之, 則不得辭其傷. 『易』爲龍惜, 而不恤陰之將衰, 聖人之情見矣.

이 상육효는 음이 목에 뻣뻣이 힘을 준 채 양에게 맞섬이 이미 극에 이르렀으니, 양들이 반드시 떨쳐 일어나게 되어 있다. 용은 양의 성질을 지닌 물(物)이다. '들에서'는 괘의 밖을 상징하는 말이다. 음·양에는 각기 여섯 위(位)가 있다. 그래서 곤䷁의 여섯 음(陰)이 다 드러나면 그 이면의 여섯 양(陽)들은 모두 숨어 있으나 본디 존재하고 있다. 이 음들의 융성함이 다하여 쇠잔하게 되면, 그 양들이 잠복함에서 바야흐로 일어나 음들과 싸움을 벌여 서로 상처를 입게 된다. 이는 필연이다. 양이 음과 싸움을 벌임은 장차 세상이 도(道)대로 다스려지려 함이다. 그래서 음이 극성한 세상에서 떨쳐 일어나고자 하면 처음에는 큰 어려움이 펼쳐져서 반드시 해를 입게 되어 있다. 진승(陳勝)[95]과 항량(項梁)[96]

---

95) 진승(陳勝, ?~B.C.209)은 진(秦)나라 말기의 농민 반란군의 지도자다. 자는 섭(涉)이었다. 양성(陽城, 지금의 河南省 登封) 출신이다. 진시황이 죽고 그의 막내아들 호해(胡亥)가 2세 황제로 등극하자 환관 조고(趙高)가 전횡을 하여 백성들을 더욱 도탄에 빠졌다. 당시 농노(農奴)의 신분이었던 진승은 원래 부역이 면제되어 있었는데 호해의 대(代)에 와서는 이조차 무너져 만리장성을 쌓는 일에 노예인 그도 징발되었다. 가는 도중에 진승(陳勝)은 오광(吳廣)과 함께 대택향(大澤鄕, 지금의 安徽省 宿縣)에서 반란을 일으켰다. 이때 그는 "왕과 제후, 장수와 재상의 씨가 따로 있겠느냐!(王侯將相寧有種乎!)"라는 유명한 말을 남겼다. 당시에는 진(秦)의 폭정을 견디지 못한 백성들의 불만이 팽배했던 터라 농민군의 세력이 급속히 확대되었다. 그리하여 승승장구하던 진승(陳

은 진(秦)나라와 함께 멸망하였고, 서수휘(徐壽輝[97])와 장사성(張士誠)[98])은 오랑캐가 세운 원나라와 함께 멸망하였다. 백성들의 사정이

勝)은 '대초(大楚)'의 장군임을 자처하며 과거 초(楚)나라 말기의 도읍 진성(陳城, 지금의 河南省 淮陽)을 점령한 뒤 왕위에 올라 국호를 '장초(張楚)'라 하였다. 그러나 그는 지도력을 발휘하는 데서 한계를 보였다. 그래서 각지에 파견된 장수들이 과거 6국의 귀족 세력과 연합하여 각기 나라를 세우는 바람에 그 세력이 급격히 약해졌다. 그러다 장한(章邯)이 이끄는 진나라 토벌군의 공격을 받아 수하의 장수들이 차례로 패하였고, 결국 그 자신도 진성이 함락되자 수레를 타고 도망치는 신세가 되었는데 그 마부에 의해 살해됨으로써 6개월에 걸친 그의 반란은 막을 내렸다. 이를 계기로 유방(劉邦)과 항우(項羽)가 연이어 반란을 일으켰다. 그리고 그 반란이 성공하여 결국 한나라를 세우게 된 유방은 진승에게 '은왕(隱王)'이라는 시호를 내려주었다.

96) 항량(項梁, ?~B.C.208)은 하상(下相, 지금의 江蘇省 宿遷市 宿城區) 출신이다. 대대로 초(楚)의 무장을 지냈던 귀족 가문 출신으로서 초패왕(楚霸王) 항우(項羽)의 숙부이기도 하다. B.C.209년, 진승과 오광의 농민반란군이 장초(張楚) 정권을 세우자, 6국의 귀족들이 전국 각지에서 봉기하던 틈에 항량도 군사를 일으켰다. 그리고 항우(項羽)를 부장(部將)으로 삼았다. 한때는 승승장구하였으나 그것에 도취된 나머지 진군(秦軍)을 경시하였는데, 그것이 화근이 되어 정도(定陶)에서 장한(章邯)이 이끄는 진군(秦軍)의 기습을 받아 크게 패하였고, 자신도 전사하였다.

97) 서수휘(徐壽輝; ?~1360)는 원나라 말기에 반란을 일으킨 인물이다. 별명이 정일(貞一)이었고, 호는 홍건(紅巾)이었다. 원래는 면포 판매를 업으로 하였으나, 요승(妖僧)인 팽형옥(彭瑩玉)의 꾐에 넘어가 반란을 일으켰다. 1351년에 호북성(湖北省)을 함락시켜 황제라 칭하고 국호를 '천완(天完)'이라 하였으며, 원년을 '치평(治平)'이라 하였다. 호남성과 호북성, 강서성(江西省) 등을 함락시켜 한때는 그 세력을 크게 떨쳤으나 후에 부장(部將)인 진우량(陳友諒)에게 피살되고 말았다.

98) 장사성(張士誠, 1321~1367)은 원나라 말기의 군벌이며 홍건적 무리에 속하는 인물이다. 본래는 태주(泰州, 지금의 江蘇省 泰縣)의 염전인 백구장(白駒場)에

커다란 어려움에 처했을 때 자신이 그것을 떠맡게 되면 상처입음을 사양할 수가 없다.[99] 그런데 『역(易)』은 용을 위해서는 애석해 해도 음이 장차 쇠망함에 대해서는 전혀 괘념치 않으니, 여기서 성인들의 마음씀이 드러난다.

'坤'卦純陰, 其道均也, 而中四爻皆君子之辭, 唯初・上以世運之陰幽爭亂言之. 蓋'乾'・'坤'者, 本太極固有之實, 各有其德, 而不可相無. 體道以學『易』者, 法其所可用而不能極其數. 二・五得中而不過; 三・四人位, 乃君子調燮之大用所自施, 故以其德言之, 美者極其盛, 而次亦可以寡過. 初則沈處地下, 上則高翔天際, 而無所施其調燮. 故以氣運言之, 而爲潛・爲亢・爲凝・爲戰. 乃陽雖無功而過淺, 君子猶

적을 둔 소금 중개인이었다. 1353년 염장(鹽場) 관리와 일꾼들 사이에 분쟁이 일어난 틈을 타 그 일꾼들을 모아 난을 일으켰다. 태주와 고우(高郵)를 점령하고 그곳을 근거지로 하여 '성왕(誠王)'이라 칭하고 국호를 '대주(大周)'로 정하였다. 한때 원나라 군사에게 패하기도 하였으나, 1356년 강소성(江蘇省)의 소주(蘇州)를 함락시키고 '오국(吳國)'이라 칭하였다. 1363년 주원장과의 파양호 전투에서 대패한 뒤 도주하여 원나라에 투항했다. 이후 절강성 지역에서 활거하며 '오왕'이라 칭했으나, 1367년 서달(徐達) 등이 이끄는 명나라 군의 총공격에 대패, 포로가 되자 자살하였다.

99) 왕부지는 진(秦)나라 말기와 원(元)나라 말기가 백성들이 극도로 도탄에 허덕이던 시기로서 여섯 효가 모두 음인 상육(上六)의 시대로 보고 있다. 음들의 발호가 최고조에 이른 경우라는 것이다. 그리고 진승과 항량, 서수휘와 장사성 같은 반란군 영수들은 그러한 상황에 맞서 싸우다 최후를 맞이한 인물들로서, 잠복해 있는 양들이 음들에 대적해 일어난 것으로 그리고 있다.

可因時以守約, 聖人固且逢悔而不憂; 陰則初慘而不舒, 上淫而不忌, 是以冰之堅・玄黃之血, 成乎世運之傷, 此'坤'之初・上所以獨危也. 然卦體純而不雜, 則抑天數自然之致, 非人事之有愆. 故'堅冰'・'龍戰', 皆屬乎氣運, 而占者知命以謹微, 非他卦凌雜致咎, 爲人事所致之孽也. 是以'坤'之初・上, 皆不言凶.

곤괘䷁는 순음의 괘로서 여섯 효들의 도(道)가 균일하다. 그런데 가운데 네 효의 효사는 모두 군자와 관련된 말이고, 오직 초육・상육효만 세운(世運)의 어두움・다툼의 어지러움으로써 말하고 있다. 건・곤은 모두 본래 태극에 고유한 실질로서 각기 그들만의 덕이 있지만 서로에게 서로가 없을 수가 없다. 도를 체득하여 『주역』을 공부하는 이들은 이 두 괘에서 그 사용할 수 있는 바를 본받아야 할 뿐, 그 수를 극으로 삼아서는 안 된다.

이들 괘에서 2・5효는 중(中)을 얻어서 지나치지 않다. 이에 비해 3・4효는 사람의 위(位)다. 그래서 군자가 음・양의 변화를 조화롭게 하여 나라를 잘 다스리는 위대한 작용이 이들 효에서는 저절로 잘 베풀어지고 있다.[100] 그래서 그 덕으로써 말한 것인데, 이를 아름다울 정도로 잘 체현해내는 이는 이 덕을 지극히 융성하게 이루어내고, 그에 못 미치는 이들도 허물을 적게 할 수 있다.

100) 옛날에는 재상(宰相)이 음・양의 변화를 조화롭게 하여 나랏일을 잘 다스릴 수 있다고 보았다. 그래서 여기에서 말하는 '調燮(조섭)'은 재상을 의미하기도 한다.(『漢語大詞典』, '調燮' 조 참조) 특히 4효의 위(位)가 임금의 자리인 5효의 자리에 가깝기 때문에, 왕부지는 이 점을 이 효사의 풀이에서 활용하고 있는 것으로 보인다.

건괘와 곤괘에서 초효들은 땅 밑에 깊이 잠겨 있고 상효들은 하늘로 높이 비상하기에 그 음·양에 조화를 이룸을 베풀지 못한다. 그러므로 이들 효에서는 기의 운행으로써 말한 것이니, '물속에 잠김'이 되고(건괘 초효), '너무나 높이 올라감'이 되며(건괘 상효), '추위로 엉김'이 되고(곤괘 초효), '싸움을 함'(곤괘 상효)이 된다.
그런데 양은 비록 공(功)이 없다고 하더라도 과오가 적다. 그래서 군자는 오히려 때가 그러함으로 말미암아 물러나 자신의 인격고양에만 힘쓸 수가 있고, 성인도 본디 후회할 일을 맞닥뜨리더라도 근심하지는 않는다. 그러나 음의 경우는 이와 달라서, 초효는 혹독하여서 펼칠 수조차 없고, 상효는 지나칠 정도로 제멋대로여서 거리낌이 없다. 그래서 두꺼운 얼음과 거무튀튀하고 누렇게 질펀한 피가 되어 세운(世運)의 손상을 입게 된다. 이것이 바로 곤괘의 초·상효가 유독 위태로운 까닭이다. 그러나 이 곤괘를 이루고 있는 체(體)는 순수하고 잡됨이 없으니, 이는 어쩌면 하늘의 법칙이 저절로 그렇게 이루어낸 소치라 할 것이요 사람이 하는 일이 빚어낸 허물은 아니다. 그래서 '두꺼운 얼음'·'용들의 싸움'은 모두 기(氣)의 운행에 속한다. 점을 친 이들은 이러한 명(命)을 알아서 은미한 조짐이 있을 적에 벌써 삼가야 한다. 이는 다른 62괘와 다르다. 62괘에서는 잡다하게 뒤얽혀서 허물을 불러오는 것들이 곧 사람 일이 초래하는 재앙이다. 이러한 까닭에 곤괘의 초·상효에서는 흉함을 말하지 않고 있다.

「象」曰: '龍戰于野', 其道窮也.

「상전」: '용들이 들에서 싸우니'라 한 것은 그 도가 궁극에 이르렀기 때문이다.

六陰皆見於象, 窮極而無餘, 陽必起而乘之.

여섯 음들이 모두 상에서 드러나서 남김없이 궁극에 이르렀기 때문에, 양이 반드시 일어나서 이들을 올라탄다.

用六, 利永貞.

용육: 올곧음을 영원히 함에 이롭다.

六者, 數之不足者也. 惟安於不足, 則質雖凝滯, 而虛中以聽陽之施, 以順爲正, 陰之貞也. 十八變而皆得六, 處於至不足之數, 不如七之與八, 求益以與陽爭多寡. 喪朋而安貞, 始終如一, 以資萬物之生, 故無不利而永得其正.

'6'은 수가 부족한 것이다.[101] 그런데 오직 이 부족함에 편안해 하면, 질(質)은 비록 응체하였더라도 속을 비워 양의 베풂을 받아들이고 순종함을 올바름으로 삼는다. 음의 올곧음이 바로 이러하다. 이 곤괘는 18변을 통하여 모두 6을 얻어 지극히 부족한 수에 처했으나, 이는 7·8이 이익을 얻기 위해 양과 많고 적음을 다투는 것과는 다르다. 벗을 잃고서도 편안히 올곧음을 유지하며 처음부터 끝까지 한결같다. 이렇게 함으로써 만물의 생겨남에 바탕이 되어준다. 그러므로 이롭지 않음이 없으며

101) 괘효를 표시하는 숫자는 6과 9다. 6은 음효를, 9는 양효를 의미한다. 따라서 6은 9에 비해 수가 부족하다고 할 수 있다.

그 올바름을 영원케 한다.

「象」曰: '用六永貞', 以大終也.

「상전」: '용육의 올곧음을 영원히 함'은 끝맺음을 위대하게 한다.

陽始之, 陰終之, 乃成生物之利. '永貞'以順陽, 而資生萬物, 質無不成, 性無不麗, 則與'乾'之元合其大矣.

양은 시작하고 음은 끝맺음을 하여 물(物)을 생하는 이로움을 이룬다. '올곧음을 영원히 함'은 양에 순종함이니, 만물을 생하는 데서 바탕이 되어주어 질(質)이 이루어지지 않음이 없고 됨됨이를 결정하는 성(性)이 깃들이지 않음이 없게 된다. 그래서 이 곤괘는 그 위대함의 측면에서 건괘의 으뜸됨과 합치한다.

文言曰, '坤'至柔而動也剛, 至靜而德方.

「문언전」: '곤'은 지극히 부드럽지만 움직임은 굳세고, 지극히 고요하지만 덕은 방정하다.

'至', 謂六爻皆陰, 柔靜之極也. 柔者, 無銳往之氣, 委順而聽陽之施也. 乃其爲體, 有形有質, 則其與陽俱動也, 異於陽之舒緩; 而堅緻以果於所爲, 生殺秉權, 剛亦至焉. 陰體凝定, 非陽感不動, 靜也; 而唯其至靜,高下柔剛各有一定之宜而不遷, 故隨陽所施, 各肖其成形, 以爲靈・蠢・動・植, 終古不忒, 是其德之方也. 柔静者, 牝道也. 動而剛, 雖牝而固馬. 方者, 牝馬之貞也.

'지극하다'는 것은 여섯 효가 모두 음이어서 부드러움과 고요함의 극치라는 의미다. 부드러움은 날카롭게 나아가는 기(氣)가 없이 순종하면서 양의 베풂을 받아들인다. 그래서 그것이 몸을 이루어 형(形)도 있고 질(質)도 있게 되면, 양과 함께 움직인다. 그러나 이는 양의 펼침이 완만한 것과는 다르다. 그래서 견고하고 치밀하여 하는 바에 과감하며, 권세를 타고서 살리고 죽이는 데는 굳셈[剛]도 이른다. 음의 체(體)는 엉긴 채 결정되어 있어서 양이 느낌을 주지 않으면 움직이지 않고 고요하다. 그런데 오직 그것이 지극히 고요하기에 위・아래의 부드러움[柔]과 굳셈[剛]이 각기 알맞게 하나로 정해져서는 더 이상 바뀌지 않는다. 그러므로 양이 베풂에 맞추어서 각기 독특하게 그 형체를 이루게 하는데, 고등 생물과 하등 생물, 동물과 식물 등이 예나 지금이나 변함없이 그대로 이어진다. 이것이 바로 그 덕의 방정함이다. 원래 부드럽고 고요함은 암컷의 원리다. 그런데 이것이 움직이며 굳센 것은 비록 암컷이라 하더라도 본디 말이기 때문이다. 방정함이란 암말의 올곧음을 의미한다.

按此統剛柔動静以言陰. 『繫傳』亦曰, "立地之道曰柔與剛." 又曰, "夫'坤', 其静也翕, 其動也闢." 動静剛柔, 初非陰陽判然・各據一端而不相函之滯理, 審矣. 天地・水火・男女・血氣, 可分陰陽, 而不可執道之自然者, 類如此. 泥於象迹名言者, 將使天地相爲冰炭, 官骸相爲讎敵, 溝畫而券分之, 亦惡足以知道哉!

살피건대 이는 굳셈[剛]・부드러움[柔]과 움직임[動]・고요함[靜]을 통괄하여 음에 대해 말한 것이다. 「계사전」에서도 "땅을 세우는 도를 '부드러움과 굳셈'이라 일컫는다."[102]고 하였고, 또 "대저 '곤'은 고요함에서는 닫고 움직임에서는 연다."라고도 하였다. 움직임・고요함과 굳셈・부드러움은 애초부터 아예 음・양으로 쫙 갈라진 채 각기 한쪽에만 의거한다거나 서로를 함유하지 않는 꽉 막힌 이치가 아님이 분명하다. 하늘과 땅, 물과 불, 남자와 여자, 혈과 기 등을 음과 양으로 나눌 수는 있지만, 도의 저절로 그러함이 꼭 이렇게만 분류된다고 고집해서는 안 된다. 그런데 상(象)과 자취, 명칭과 언어에 빠져 허우적대는 이들은 하늘과 땅을 얼음과 숯의 관계로 보고, 기관(器官)과 뼈를 원수의 적대적 관계로 딱 구획을 지어 경계를 갈라버리니, 어찌 도를 안다 할 수 있겠는가!

後得主而有常,

뒤에 주인을 얻어 상도(常道)가 있으며

不唱而和, 以聽陽施, 則不失柔順之常理也. 卦無陽爻, 而言'得主'者, 陰陽有隱見, 而無有無; 陰見, 而陽固隱於所未見; 至柔至靜, 則不拒陽, 而陽隱爲之主.

곤(坤)은 양(陽)이 주창하지 않더라도 화합하며 양의 베풂을 받아들이니,

102) 사실 이 말은 「설괘전」 제2장에 나오는 말이다.

부드럽고 순종하는 항상된 도리[常理]를 잃어버리지 않는다. 이 곤괘에는 양효가 없다. 그런데도 '주인을 얻었다'고 말하는 것은 음・양에 숨음과 드러남은 있지만 있음과 없음은 없기 때문이다. 이 곤괘에서는 음(陰)들만 드러나고 있기에 양은 본디 숨어서 드러나지 않는데, 그 음들은 지극히 부드럽고 지극히 고요하여 양에게 항거하지 않으니 양들이 숨어서 주인이 되는 것이다.

含萬物而化光.

만물을 함유하여 지어냄이 빛난다.

此釋彖傳'含弘光大'之義, 見其得主而利也. 地雖塊然靜處, 而萬物之形質文章皆其所由發; 感陽以化, 則天下之美利備焉. '化光', 則亨利同乎天矣. 「太極」第三圖, 土居中宮, 全具太極之體, 金・木・水・火皆依以生, 殆此意與? 而術家言天一生水, 至五而始生土, 其未察於天化物理, 明矣.

이는 「단전」의 '함유함이 넓고도 넓으며 그 빛남이 거대하니(含弘光大)'라는 뜻을 풀이한 말로서, 그 '주인을 얻어서 이롭다'는 것의 의미를 드러내고 있다. 땅은 비록 홀로 고요히 있지만 만물의 형질과 문채는 모두 그로 말미암아 피어난다. 그리고 양(陽)에게 감응하여 만물을 지어내면 천하의 아름다움과 이로움이 완비된다. '지어냄이 빛난다'면, 형통함과 이로움이 하늘과 같다. 「태극도」의 제3도는 토(土)가 중궁(中宮)에 자리 잡고 태극의 체(體)를 온전히 갖추고 있으며 금(金)・목(木)・수(水)・화(火)는 모두 그것에 의해 생겨남을 그리고 있는데, 아마 이러한 의미가 아닐까?

그런데 술수가들은 하늘1에서 수(水)를 낳고 5에 이르러서야 비로소 토(土)를 낳는다고 하니, 그들은 하늘의 지어냄[天化]과 만물의 이치[物理]에 대해 살피지 못함이 분명하도다.

'坤'道其順乎, 承天而時行!

곤(坤)의 도는 그 순종함이구나, 하늘을 받들어 때에 맞게 행하도다!

動而剛方, 天動之也. 得主, 得天也. 化光者, 天化也. 唯其至順, 故承天而不滯於行, 是以元亨而安貞得吉也.

움직여서 굳세고 방정함은 하늘이 움직인 것이다. 주인을 얻음이란 하늘을 얻음이다. 지어냄이 빛난다는 것은 하늘이 지어냄이다. 오직 지극히 순종하기에 하늘을 받들며 행함에 막힘이 없다. 그래서 크게 형통하고 올곧음에 편안하여 길함을 얻는 것이다.

積善之家, 必有餘慶; 積不善之家, 必有餘殃. 臣弑其君, 子弑其父, 非一朝一夕之故, 其所由來者漸矣, 由辨之不早辨也. 『易』曰, "履霜堅冰至." 蓋言順也.

선을 쌓는 가문에는 반드시 넘치고도 남는 경사가 있고, 불선(不善)을 쌓는 가문에는 반드시 넘치고도 남는 재앙이 있다. 신하가 임금을 시해하고 자식이 부모를 시해하는 것은, 결코 하루아침 · 하룻저녁에 비롯된 것이 아니라 점점 그렇게 진행되어 왔는데도 일찍 알아차리지 못했기 때문이다. 그래서 『주역』에서는 "서리를 밟았으니 이제 곧 두꺼운 얼음이 닥치리라."고 하니, 이는 '순차적으로 점점 그렇게 됨'을 말한 것이다.

一陰初動, 未必即爲凶慘, 故卦之初筮, 得六者三十二; 亨利而吉者九, 无咎者六. 陰雖起, 而即有陽以節宣之, 則喪朋而慶矣. '坤'體純陰, 自一陰而上, 順其情而馴致之, 遂積而不可揜. 亂臣賊子, 始於一念之伏, 欲動利興, 不早自知其非, 得朋而迷, 惡日以滋, 至於'龍戰', 雖其始念不正, 抑以積而深也. '辨之', 斯悔其非道之常, 而安其貞矣. '順'如'順過遂非'之順, 即所謂'馴致'也. 不道之念一萌, 不能降心抑志, 矯反於正, 爲君父者又不逆而折之, 唯其欲而弗違, 順陰之志, 無所不至, 所必然矣.

하나의 음이 막 움직여 나왔다고 하여 그것이 꼭 곧바로 흉악하고 잔혹함이 되지는 않는다. 그러므로 괘를 뽑아내는 데서 최초의 효가 짝수효인 6(--)이 되는 것이 32개인데, 그중에 형통하고 이로워서 길한 것이 9개, 허물이 없는 것이 6개나 된다.[103] 음이 비록 흥기하기는 하였지만 양이 그것을 제어하기도 하고 피어나게도 하여 알맞게 조절하기 때문이다. 그래서 벗을 잃었으나 경사롭기도 한 것이다. 곤괘의 몸은 순음이어서

103) 『주역』의 64괘에서 초효가 6(--)인 경우는 전체 64괘 가운데 그 절반인 32괘에 해당한다. 나머지 절반인 32괘는 물론 9(—)인 경우다. 그런데 그 32괘의 초육효사를 보면 형통하고 이로워서 길한 것이 9개, 허물이 없는 것이 6개나 된다는 것이다. 왕부지는 여기서 바로 이 사실이 "하나의 음이 막 움직여 나왔다고 하여 그것이 꼭 곧바로 흉악하고 잔혹함이 되지는 않는다."고 함을 방증한다고 하고 있다.

초효의 음부터 상효의 음에 이르기까지 모두 그 정(情)에 순종하며 점점 그 잘못됨을 이루어 나아가니, 마침내 누적하여서는 이를 감출 수가 없게 된다. 난신적자(亂臣賊子)도 한 생각이 잠복해 있음에서 비롯하는데, 욕구가 꿈틀거리고 이로움에 대한 집착이 일어남에도 일찌감치 스스로 그 잘못을 알아차리지 못하고 벗을 얻어서는 미혹되어 악(惡)이 날로 불어나게 된 결과다. 그래서 '용들의 싸움'[104]에까지 이르렀는데, 이는 비록 그 시초의 생각이 바르지 않기는 하였지만 억누름이 누적되어 심해진 때문이다. '알아차리다'는 것은 그것이 도의 항상됨이 아님을 뉘우치고서 편안히 올곧게 지킴을 의미한다. '순차적으로 점점 그렇게 됨'이라 한 것은 '과오에 순종하다가 마침내 잘못되고 맒'의 순종함을 의미하니, 다름 아니라 '그대로 따라 나아가다 점차 어떠한 상태에 이름'을 의미한다. 도가 아닌 생각이 한 번 싹틈에 마음을 가라앉히고 뜻함을 억눌러서 그 잘못을 올바름으로 바로잡지 못하거나 임금과 부모가 또한 그것을 거슬러서 꺾어놓지 못한다면, 오직 그 욕구 그대로를 어기지 못하고 음의 뜻함에 순종하여 이르지 못할 바가 없게 된다. 이는 필연이다.

直其正也, 方其義也. 君子敬以直內, 義以方外, 敬義立而德不孤. '直方大, 不習无不利', 則不疑其所行也.

곧음은 올바름이고 방정함은 의로움이다. 군자는 경건함으로써 안으로 자기

---

104) 곤괘(坤卦) 상육효사인 "용들이 들에서 싸우니 그 피가 터져 거무튀튀하고 누렇게 질펀하다.(龍戰于野, 其血玄黃.)"를 가리킨다.

자신을 곧추세우고 의로움으로써 밖으로 다른 사람들과의 관계를 방정히 하니, 경건함과 의로움이 확립되며 그 덕이 외롭지 않다. 그래서 '곧고 방정하고 거대하니, 익히지 않더라도 이롭지 않음이 없다'고 하니, 이러한 경우에는 그 행위를 의심받지 않는다.

存之於體者曰'正', 制之於事者曰'義'. '內'以持己言, '外'以應物言. 主敬則心不妄動而自無曲撓, 行義則守正不遷而事各有制; 天下皆敬而服之, 德不孤而行之無疑矣, 所以不習而无不利也. 六二居中得正, 敬德也; 順而不違於天則, 義行也; 故爲'坤'道之盛, 而君子立德之本也. '坤'中四爻皆以君子修德業者言之. '坤'無尊位, 異於'乾'之四爻以上爲乘時履位之象. 『易』之道不可爲典要, 類如此. 其以君臣隱見定爻位者, 失之矣.

자신의 인격 속에 보존하는 것을 '올바름'이라 하고, 일에서 제어하는 것을 '의로움'이라 한다. '속으로'라는 것은 자기 자신을 지탱함을 가리키고 '밖으로'라는 것은 외물에 응함을 가리킨다. 경건함이 주가 되게 하면 마음이 함부로 움직이지 않고 스스로 구부러뜨림이 없으며, 의로움을 행하면 올바름을 지킬 뿐 다른 것에로 쏠림이 없어서 일마다 각기 제어함이 있게 된다. 그래서 온 세상 사람들이 모두 공경하며 감복하니, 그의 덕이 외롭지 않고 행함에서도 의심을 불러일으키지 않는다. 때문에 습관으로 익히지 않더라도 이롭지 않음이 없는 것이다.
곤괘의 육이효가 한가운데에 자리를 잡고 있고 올바름을 얻었으니, 이는 경건함을 덕으로 지니고 있음이다. 또 하늘의 법칙에 순종하며 어기지 않음은 행위를 의롭게 함이다. 그러므로 이것이 곤도('坤'道)의 융성함이 되고 군자가 덕을 확립하는 기본이 된다. 곤괘의 가운데 네 효들은 모두 군자가 덕을 닦고 훌륭하게 사업함을 가지고 말하고 있다. 곤괘에는 존귀한 위(位)가 없기 때문이다. 이는 건괘의 4효 이상의 효들이 때를 타고서 자신들의 걸맞은 위(位)에 앉아 있는 상과는 다르다. 『주역』의 원리는 '일정불변한 틀을 만들어 모든 괘들에 일률적으로 적용해서는 안 된다'고 하는 부류가 바로 이와 같다. 그러므로 군주와 신하, 숨음과 드러남으로써 곤괘의 효위를 정하는 것들은 모두 잘못 본 것들이다.

陰雖有美含之, 以從王事, 弗敢成也, 地道也, 妻道也, 臣道也. 地道無成而代有終也.

음(陰)은 비록 아름다움을 함유하고서 왕의 일을 좇기는 하지만 감히 자신의 이름으로 완성하지는 않는다. 이것이 땅의 도요, 아내의 도이며, 신하의 도이다. 땅의 도는 자신의 이름으로 성취함은 없지만 대신하여 끝마친다.

六三含六二之美於中, 而爲進爻, 以應外卦於上, 故雖'坤'道小成, 而不自居其成, 積學以待問, 補過以盡忠, 敬戒而無違, 純乎順也. '代有終'者, 天之所生, 皆地效其材, 以終天之化也.

곤괘의 육삼효는 육이효의 아름다움을 속에 함유하고 있으면서 나아가는 효가 되어 위로 외괘[105]에 응하고 있다. 그러므로 비록 곤(坤)의 도가 이 효에서 작게 이루어지기는 하였지만 스스로 그 성취를 차지하지

105) 육사·육오·상육효로 이루어진 삼획 소성괘(小成卦)☷를 가리킨다.

않는다. 그리고 배움을 쌓아 윗사람의 자문에 대비하고 윗사람의 과오를 보완하여 충심을 다하며 경건함을 다해 경계하고 어김이 없다. 이는 순종함에 순수함이다. '대신하여 끝마친다'는 것은 하늘에 의해 생겨난 것들에 대해 모두 땅이 그 재질을 바쳐 하늘의 지어냄[造化]을 마무리한다는 것이다.

天地變化, 草木蕃; 天地閉, 賢人隱. 『易』曰, "括囊无咎无譽." 蓋言謹也.

하늘과 땅이 변화함에 초목이 번성하고, 하늘과 땅이 닫힘에 어진 사람들이 숨어버린다. 『주역』에서 "주머니를 여밈이니 허물도 없고 명예로움도 없다."고 한 것은 '삼감'에 대해 말한 것이다.

純陰之世, 陽隱而不見, 天閉而不出, 地閉而不納, 於時爲堅冰, 於世爲夷狄・女主・宦寺. 能隱者斯賢也, 雖有嘉言善行, 不當表見以取譽. 姚樞・許衡以道學鳴, 如李・梅冬實, 亦可醜矣. 六四柔得位而不敢履中, 故能謹之德歸之.

순음의 세상에서는 양이 숨어서 나타나지 않는다. 그리고 하늘도 꽉 닫은 채 아무것도 내놓지 않고 땅도 꽉 닫은 채 아무것도 받아들이지 않는다. 시기로는 단단한 얼음이 어는 시기이고, 세상으로는 오랑캐・여성군주・환관들이 지배하는 세상이다. 이러한 때에는 숨을 줄 아는 이가 현명하니, 비록 하는 말과 행동이 훌륭하다 하더라도 그것을 드러내어 명예를 얻으려 해서는 안 된다. 요추(姚樞)[106]와 허형(許衡)[107] 등은 도학으로 이름을 날렸는데, 이들의 소행은 마치 자두와 매실이 겨울에도 열매를 맺고 있는 것처럼 역시 추하다고 할 수 있다. 곤괘의 육사효는 부드러움[柔]의 효로서 제 위(位)를 얻고는 있지만 감히 중앙을 차지하지는 않고 있다. 그러므로 그는 능히 삼가는 덕을 지녔다는 것으로 인정받는다.

---

106) 요추(1201~1278)는 자가 공무(公茂), 호는 설재(雪齋) 또는 경재(敬齋)였다. 시호는 문헌(文獻)이다. 그는 원나라 조정에 참여한 정치가, 성리학자로서 태자의 태사(太師), 대사농(大司農), 중서성 좌승상, 한림학사 등의 직책을 지냈다. 1232년에 당시의 몽골군이 그의 고향 허주성(許州城)을 격파하자 요추는 연경(燕京, 지금의 北京)으로 가서 양유중(楊惟中)에게 의탁하였는데 그를 통해 오고타이를 알현하였다. 그리고는 원나라가 남송을 공격하는 것을 도왔고, 이후 승승가도를 달리게 되었다. 1241년 이후 벼슬을 버리고 휘주(輝州)의 소문(蘇門, 지금의 河南省 輝縣의 북쪽에 해당)에 은거하기도 하였다. 그러다가 1260년에 동평선무사(東平宣撫使)를 역임하였고, 쿠빌라이(世祖)가 즉위하자 태자인 친킴(眞金)의 태사를 맡기도 하였다. 또 나중에는 『지원조격(至元條格)』을 편찬하는 데 참여하기도 하였다.

107) 허형(1209~1281)은 요추(姚樞)와 비슷한 시기에 원나라에 참여하여 활약한 학자다. 그의 자는 중평(仲平)이었고 호는 노재(魯齋)였다. 1232년에 당시의 몽골군이 금(金)나라를 침공할 적에 그는 포로가 되었다 풀려나기도 하였다. 그 6년 뒤에 과거에 급제하였고 이후로는 교학(教學)을 업으로 삼게 되었다. 1242년에 그는 정이(程頤)의 『역전(易傳)』과 주희의 『사서장구집주(四書章句集注)』 및 『소학』 등의 서적을 입수하여 이들을 그의 학문 종지로 삼고 후학들에게 가르쳤다. 쿠빌라이(세조)가 즉위하여 그를 국자감 좨주(國子祭酒)에 임명하였는데 얼마 지나지 않아 허형은 이를 사직하고 고향으로 돌아갔다. 이후로도 여러 차례에 걸쳐 쿠빌라이의 부름을 받아 연경(燕京)에 가서 중서성 좌승상, 집현대학사 겸 국자좨주(集賢大學士兼國子祭酒) 등의 직책을 맡았는데 사직과 재차 임명을 반복하였다. 그러는 동안 유병충(劉秉忠) 등과 원나라 조정의 통치 기틀을 다져 주기도 하였다. 그는 유인(劉因)・오징(吳澄)과 함께 원대의 3대 성리학자로 불린다.

君子黃中通理, 正位居體, 美在其中, 而暢於四支, 發於事業, 美之至也.

군자는 황중(黃中)의 덕을 안에 갖추고서 이치에 통달하며, 올바르게 자리를 잡은 채 덕스런 인격을 체현하고 있다. 그래서 그 속에 있는 아름다움이 몸을 통해 밖으로 환히 드러나, 하는 일에서 활짝 피어난다. 이는 아름다움의 극치다.

六五黃中之美, 與二合德; 敬・義誠於中, 形於外, 無異致也, 故曰'通理'. 端己以居位, 而盛德表見, 以充實其安貞之體, 則美既在中, 而威儀之赫喧, 文章之有斐, 美無以尙矣. '坤'无君道, 以二爲內美, 五爲外著, 君子闇然日章之德也.

이 곤괘 육오효가 지닌 황중(黃中)의 아름다움은 육이효가 지닌 덕과 딱 들어맞는다. 즉 경건함과 의로움이 속에서 정성스럽고 밖으로 드러나는데 이들은 똑같은 결과를 낳는다. 그래서 '이치에 통달하며'라고 한 것이다. 자기 자신을 단정히 하고서 제 위(位)에 자리 잡고 있으니, 융성한 덕이 환히 드러나서 편안히 올곧음을 유지하는 인격을 충실히 한다. 말하자면 아름다움이 벌써 속에 있을 뿐만 아니라 장중한 몸가짐과 태도로써 환하게 빛나고 자신의 주변과 공동체를 문명의 차원으로 승화하니, 아름다움을 더 이상 보탤 것이 없는 것이다. 곤괘에는 임금의 도(道)는 없다. 그런데 육이효로써 내실을 아름답게 하고 육오효로써 밖으로 드러나니, 이는 군자가 은연중에 닦아서 백일하에 드러내는 덕이다.

若此類, 唯君子占此爲吉. 無其德而占遇之, 如『春秋傳』南蒯所筮, 神所弗告, 蓍策之偶然尒. 故曰, "『易』爲君子謀, 不爲小人謀." 如蒯比者, 卦之吉, 於己爲凶. 不可謂象・爻不足以盡吉凶之理, 而別求之術家之象數也.

이와 같은 부류는 오직 군자가 점(占)을 쳐야만 길(吉)하게 된다. 그러지 않고 그에 어울리는 덕이 없으면서 점(占)을 쳐서 얻은 것이라면, 『춘추좌씨전』에 나오는 남괴(南蒯)[108]의 점친 예처럼, 이는 신령이 고해준 것이 아니라 단지 시초점을 쳐서 얻은 우연의 소치일 따름이다. 그러므로 "『주역』은 군자의 도모함을 위한 것이지 소인의 도모함을 위한 것이 아니다."[109]라 하는 것이다. 이러한 이유에서 남괴와 같은 이들에게는

108) 남괴(南蒯)는 춘추시대 노(魯)나라 사람으로서 계손씨(季孫氏)가 관할하던 비읍(費邑)의 재상이었다. 그런데 계평자(季平子)가 즉위하여 자신에 대한 대우를 소홀히 하자 비(費) 땅을 근거지로 삼아 반란을 일으켰다. 계평자는 숙궁(叔弓)으로 하여금 이 비 땅을 공격하게 하였으나 성공하지 못했다. 계평자는 나중에 비인(費人)들을 후대(厚待)하여 그들이 남괴에게 반기를 들게 하였다. 그러자 남괴는 제(齊)나라로 도망하였다. 그런데 남괴(南蒯)가 반란을 앞두고 시초점을 쳐서 곤괘 육오효를 얻은 것에 대서는 『춘추좌씨전』 소공(昭公) 12년 조에 나온다. 남괴는 이 효사가 '노란 치마니 원래 길하다(黃裳元吉)'여서 매우 기뻐하였다. 반란의 성공을 예언한 것으로 여겼기 때문이다. 그래서 기쁨에 겨운 나머지 이를 자복혜백(子服惠伯)에게 보여주었는데, 좌복혜복은 남괴에게 이러한 점사를 받을 만한 덕이 없기 때문에 이 점괘가 남괴에게는 해당되지 않으며 이를 믿고 거사를 행했다가는 필패할 것이라고 풀이해주고 있다.(南蒯枚筮之, 遇坤䷁之比䷇曰, "黃裳元吉", 以爲大吉也. 示子服惠伯, 曰, "卽欲有事, 何如?" 惠伯曰, "吾嘗學此矣, 忠信之事則可, 不然, 必敗.") 그러나 남괴는 이를 귀담아 듣지 않고 반란을 일으켰다가 결국은 도망하는 신세가 되고 만 것이다.

괘가 길하더라도 그것이 흉함이 된다. 그러나 그렇다고 하여 “괘와 효는 길・흉의 이치를 다 드러내지 못한다.”라고 말하며 따로 술수가들의 상수학을 추구해서는 안 된다.

陰疑於陽必戰, 爲其嫌於无陽也, 故稱龍焉; 猶未離其類也, 故稱血焉. 夫玄黃者, 天地之雜也, 天玄而地黃.

음이 양에 대해 의심하면 반드시 싸우게 되는데, 이는 양이 없다고 혐의를 두기 때문이다. 그래서 '용'이라 칭하고 있다. 그러나 아직 자신의 부류를 벗어나지 못한다. 그래서 '피'라 칭하고 있다. '거무튀튀하고 누렇게 질펀하다'는 것은 하늘과 땅이 뒤섞인 것이다. 즉 하늘은 검고 땅은 누르다.

陰陽各六, 十二位而嚮背分. 陽動而見, 陰靜而隱, 其恒也. 六陰發動, 乘權而行陽之道. 陰嚮而陽背, 疑於陰之且代陽而興矣. 六陽秉剛健之性, 豈其終隱? 陰盛極而衰, 陽且出而有功; 必戰者, 理勢之自然矣. 陽欲出而險[陰]怙其勢, 非能不戰而靜退者也, 乃言陰戰, 則陰爲主; 而

109) 이는 장재(張載)가 그의 주저 『정몽(正蒙)』의 「대역(大易)」 편에서 한 말이다. 장재는 『주역』의 종지(宗旨)가 군자의 덕성을 함양하도록 하기 위한 것이라 보고 이렇게 말하였던 것이다.(易為君子謀, 不為小人謀. 故撰德於卦, 雖爻有小大, 及繫辭其爻, 必諭之以君子之義) 이 말이 이후로는 역대 『주역』 학자들에게 크게 어필하여, 사고전서(四庫全書)의 수록 문헌을 기준으로 볼 때, 무려 130회가 넘는 인용 지수를 보이며 중시되었다. 그리고 이를 가장 주목하며 자신의 주역철학 종지로 삼은 사람이 바로 그 전인(傳人)이라 할 왕부지다.

不見陽之方興, 故卦無龍體著見, 而稱龍以歸功於陽. 『春秋』以尊及卑, 以內及外, 王師敗績於茅戎, 不言敗之者, 此義也. '未離其類'者, 陽雖傷, 而所傷者陽中之陰也, 剛健之氣不能折也. 故秦漢・隋唐之際, 死者陳勝・楊玄感而已, 皆龍之血也. 陽以氣爲用, 陰以血爲體. 傷在血, 陰終不能傷陽, 而陰衄矣. '雜'謂交傷. '玄'者, 淸氣虛寥之色; '黃'者, 濁氣緼結之色.

『주역』의 낱낱 괘들은 음・양효가 각각 여섯 개씩 12위(位)를 이루고 있는데, 이들이 앞쪽[嚮]・뒤쪽[背]로 나뉜다.110) 그리고 양은 움직여 드러나고 음은 고요하여 숨는 것이 일반적이다. 그런데 이 곤괘의 경우는 여섯 음이 발동하여 권세를 타고서 양의 도를 행하고 있다. 그래서 음들이 모두 '보이는 쪽[嚮]'에 있고 양들은 모두 '보이지 않는 쪽[背]'에 있으니, 음들이 또한 "양을 대체하여 흥기하였구나!" 하고 의심하기 십상이다. 그러나 여섯 양들은 굳세고 씩씩한 본성을 지니고 있다.

---

110) 이는 왕부지 역학의 핵심을 이루는 건곤병건설('乾''坤'竝建說)을 바탕에 깔고 있는 말이다. 왕부지는 64괘의 6획은 '보이는 쪽[嚮]'의 효(爻)만을 표시하고 있고(見), 그 이면의 '보이지 않는 쪽[背]'에 해당 효와 대대(對待)의 관계에 있는 효가 숨어 있다[隱]고 여긴다. 즉 보이는 쪽에 양효(⚊)가 있으면 그 이면의 보이지 않는 쪽에 음효(⚋)가 숨어 있고, 보이는 쪽에 음효(⚋)가 있으면 그 이면의 보이지 않는 쪽에 양효(⚊)가 숨어 있다고 보는 것이다. 그래서 건괘(䷀)의 이면에는 곤괘(䷁)가 숨어 있고, 곤괘의 이면에는 건괘가 숨어 있다는 것이다. 이괘(䷝)의 이면에는 감괘(䷜)가 숨어 있다. 그리고 이들 각각의 역도 마찬가지다. 또 준괘(䷂)의 이면에는 정괘(䷱)가 숨어 있고 몽괘(䷃)의 이면에는 혁괘(䷰)가 숨어 있으며, 이들 각각의 역도 마찬가지다. 이렇게 보면 『주역』 64괘는 앞쪽[嚮]・뒤쪽[背]의 12위를 감안할 적에 모두 건괘・곤괘로 환원된다. 이것이 건곤병건설의 골자다.

어찌 그들이 끝내 숨기만 하리오! 음의 왕성함이 극에 이르렀다 쇠하면 양이 또한 나와서 공을 세우게 된다. 그런데 반드시 싸우게 됨은 이치의 추세상 자연스러운 귀결이다. 즉 양이 나오고자 하나 음들이 그 세를 믿고 발호하기 때문에[111] 싸우지 않고서는 고요히 물러나게 할 수가 없다. 그런데 여기서 음들이 싸운다고 말한 것은 그 싸움을 벌이는 데서 음들이 주가 되기 때문이다. 그리고 양들이 곧 흥기함은 아직 보이지 않기 때문에 괘에는 용의 체(體)가 드러나지는 않고 있다. 그런데도 '용'이라 칭하여 이러한 상황을 극복해내는 공을 양에게로 돌리고 있다. 『춘추』에서는 '존귀함'에서 '비천함'에로 미쳐가고, '안'에서 '밖'으로 미쳐가기 때문에 왕의 군대가 모융[112]에서 거의 괴멸할 정도로 패배를 당하였지만 패했다고 말하지는 않는다. 바로 이러한 까닭에서다. '아직 자신의 부류를 벗어나지 못한다'는 것은 양이 비록 상처를 입었다지만 정작 상처를 당한 곳은 양 속의 음일 뿐 양의 굳세고 씩씩한 기는 결코

111) 이곳이 원문에는 '險怙其勢(험호기세)'라고 되어 있으나 글자 그대로 해서는 뜻이 자연스럽지 못하다. 그래서 역자는 이곳의 '險(험)'자를 '陰(음)'자의 오자(誤字)로 보고 이렇게 번역하였다. 두 글자가 비슷하여 출판 과정에서 잘못 인쇄된 것으로 본 것이다. 의미상으로는 이렇게 볼 때 더욱 순조롭게 문맥이 통한다.

112) 모융(茅戎)은 지금의 산서(山西)성 평륙(平陸) 지역에 해당하는 곳인데, 융적(戎狄) 부족의 일족이 살던 곳이다. 『춘추』에서는 성공(成公) 원년에 이들을 정벌하러 갔다가 거의 괴멸할 정도로 패배를 당한 것으로 기록하고 있다. 동맹을 어기고 대국을 속였기 때문에 신(神)도 사람도 도와주지 않으니 필패할 수밖에 없다는 것이다.(元年春. 晉侯使瑕嘉平戎於王, 單襄公如晉拜成. 劉康公徼戎, 將遂伐之. 叔服曰, "背盟而欺大國, 此必敗. 背盟, 不祥; 欺大國, 不義; 神・人弗助, 將何以勝?" 不聽, 遂伐茅戎. 三月癸未, 敗績於徐吾氏.)

꺾을 수 없다는 의미다. 그러므로 진・한과 수・당의 교체기에 죽은 이는 진승(陳勝)과 양현감(楊玄感)[113]일 따름이니 이들은 모두 용의 피다. 양은 기로써 작용하고 음은 피를 몸으로 삼는다. 그래서 상처입음이 피에 있다는 것은, 음이 끝내 양에게 상처를 입힐 수가 없고 음이 결국 피를 쏟고 만다는 것이다. '뒤섞이다'는 것은 서로 상처를 주고받는다는 것이다. '검음(玄)'은 맑은 기의 텅 비고 휑한 색이고, '누름(黃)'은 흐린 기의 응결한 색이다.

113) 양현감(?~613)은 중국 수(隋)나라의 반신(叛臣)이다. 당시 조정에 막강한 영향력을 행사하고 있던 양소(楊素; ?~606)의 아들이다. 그리고 아버지의 공로로 영전하여 예부상서에 올랐다. 그 자신은 독서를 즐기고 기사(騎射)에 뛰어났으며, 문학을 사랑하여 많은 저명인사와 교류하였다. 양제(煬帝) 때에 이르러 정치가 혼란스럽고 그의 부자가 양제로부터 소외되자, 그는 반의를 품게 되었다. 613년 양제가 제2차 고구려 침공에 나서자 양현감은 마침내 여양(黎陽)에서 이밀(李密) 등과 반란을 일으켰다. 그러나 낙양(洛陽)을 곧바로 함락시키지 못하고 한 달여를 지지부진 끌다 다시 공격의 목표를 관중(關中)으로 돌리고 선회하였으나, 장안(長安)에서 온 관군과 고구려 원정을 중지하고 돌아온 원정군의 협공을 받아 실패하였다. 양제에게 죽임을 당할 것이 뻔하여 그는 동생에게 자신을 죽이라고 명하였고, 그의 동생은 이를 시행하였다. 그의 시체는 낙양에서 3일간 효수되었다.

屯卦震下坎上

준괘䷂

屯. 元亨利貞, 勿用有攸往, 利建侯.

준괘: 으뜸되고, 형통하고, 이롭고, 올곧다. 갈 일이 있다 하더라도 쓰지 마라! 제후를 세움에 이롭다.

'屯'者, 艸芽穿土初出之名; 陽氣動物, 發生而未遂之象也. 此卦初九一陽, 生於三陰之下, 爲震動之主. 三陰亦'坤'體也, 九五出於其上, 有出地之勢, 上六一陰復冒其上, 而不得遂, 故爲'屯'. 冬春之交, 氣動地中, 而生達地上, 於時復有風雨凝寒未盡之雪霜, 遏之而不得暢; 天地始交, 理數之自然者也. 元亨利貞, '乾'之四德, 此卦'震'首得陽施, 爲物資始, 陽氣震動, 於物可通; 九五剛健中正, 雖陷陰中而不自失, 足以利物而自得其正; 故'乾'之四德, 皆能有之; 此天地之始化, 得天最夙者也. 然雖具此四德, 而於時方爲屯難, 初陽潛於地下, 五陽陷於陰中, 陽爲陰覆, 道不得伸, 則與'乾'初'勿用'之時義同, 而無同聲同氣之輔, 雖在天位而不足以飛, 是以'勿用有攸往'也. '利建侯'者, 九五居尊, 陽剛得位, 而道孤逢難, 必資初九之陽鼓盪迷留之群陰, 乃可在險而不憂. 此爲大有爲者王業初開, 艱難未就, 必建親賢英毅者遙爲羽翼, 以動民心而歸己, 然後可出險而有功. 故其合宜而利物者, 在建初九以爲輔也. 陽, 君也, 而在下; 又'震'爲長子, 皆元侯之象也. 凡此類, 取義甚大,非小事所可用. 然以義推之, 則凡事在艱難, 資剛克之才, 以濟己於險, 亦可通占; 而困勉之學, 宜資師友以輔仁, 亦此理也. 『易』之義類旁通, 玩象占者所宜推廣, 然必依立辭之理, 非術士附會「象辭」之迹以射覆, 可云"『易』者意也.", 而以飾其妖妄也.

'준(屯)'이란 풀의 새싹이 땅을 뚫고 갓 올라온 것에 대한 이름이다. 양기가 물(物)들을 움직이며 생겨나왔으나 아직 완전히 이루어지지 않은 상(象)이다. 이 괘는 초구효 하나의 양이 세 음의 아래에서 생겨나 진동함의 주체가 되어 있다. 세 음은 또한 곤괘☷의 몸을 지니고 있고, 구오효가 그 위로 나와 땅을 뚫고 올라온 형세를 드러내고 있으며, 상육효 하나의 음이 다시 그 위에 덮고 있어서 양들은 제 할 일을 완전히 이룰 수 없게 되어 있다. 그래서 준괘䷂가 된 것이다. 겨울에서 봄으로 넘어가는 환절기에 기(氣)가 땅속에서 발동하여 땅 위로는 생겨나왔지만, 시기적으로 다시 비바람이 몰아치고 아직 혹한이 다 가시지 않은 채 눈과 서리가 내려서 양기의 움직임을 틀어막고 활짝 피어나지 못하게 한다. 이는 하늘과 땅이 막 교접하는 데서 나타나는 이치의 자연스러움이다. 으뜸됨・형통함・이로움・올곧음은 건괘(乾卦)의 사덕(四德)이다. 그런데 이 괘는 정괘(貞卦)인 진괘(震卦)☳가 먼저 양의 베풂을 얻어 만물의 바탕이자 비롯함이 되어 있다. 양기가 진동(震動)하며 물(物)들에서 통할 수 있는 것이다. 그리고 이 괘의 구오효는 굳세고 튼튼하면서도 가운데 자리를 올바르게 차지하고 있으니, 비록 음들 속에 빠져 있기는 하지만 자신다움을 잃지 않아 충분히 물(物)들을 이롭게 하면서 스스로도 그 올바름을 유지할 수 있다. 그러므로 이 준괘는 건(乾)의 사덕을 모두 지닐 수가 있다. 이는 하늘과 땅이 갓 지어냄[造化]을 시작하는 즈음에 가장 먼저 하늘을 얻은 자이다. 그러나 비록 이 사덕을 얻었다고는 하지만 시기적으로 막 어려움으로 접어들은 상(象)이다. 즉 초구효의 양은 지하에 잠복해 있고 구오효의 양은 음들 속에 빠져 있는 모습으로서, 양들이 음에 의해 덮여 있기 때문에 그 도(道)를 펼칠 수가 없다. 이는 건괘 초구효의 '쓰지 마라(勿用)!'와 시기적인 의미가 같다. 그리고 소리가 같은 것들과 기(氣)가 같은 것들로부터의 도움도 없으니 비록 하늘의 위(位)에 있다고는 하여도 날 수가 없다. 그래서 "갈 일이 있다 하더라도 쓰지 마라!"고 한 것이다. "제후를 세움이 이롭다"는 것은, 구오효가 존귀함을 차지하고 있고 양의 굳셈으로서 제자리를 얻고 있기는 하지만 도를 펼치기에는 외롭고 어려움에 봉착해 있으니, 반드시 초구의 양이 미로 속에 가두어 놓고 있는 뭇 음들을 흔들어 대서 싹 가시게 해야 험난함 속에 있다 하더라도 우려하지 않을 수 있다는 의미다.

이는 큰일을 벌인 사람이 왕업을 여는 초창기에 해당한다. 이때는 어려운 일이 아직 다 가시지 않은 상황일 터이니 반드시 친척과 현인, 뛰어나게 지혜롭고 과단성이 있는 인물을 제후로 세워 자신의 도우미로 삼아서 백성들의 마음을 움직여 자신에게 돌아오게 해야 한다. 그러한 뒤에라야 험난함을 벗어나 대업을 이룰 수 있다는 의미다. 그러므로 의로움에 합치하면서 물(物)들을 이롭게 할 수 있느냐는 바로 초구를 제후로 세워서 자신의 도우미로 삼느냐에 달려 있다. 양이 임금을 상징하는데 지금 이 괘에서는 아래에 있고 또 진(震)☳은 장남을 상징하니, 이 모두는 초구효가 으뜸이 되는 제후의 상임을 드러내고 있다.

무릇 이러한 부류는 취한 뜻이 너무나 크니 자질구레한 일들에는 쓸 수가 없다. 그러나 의미로 미루어보면, 일이 어려움에 봉착해 있을 적에 굳센 자질로 능히 이겨낼 수 있는 이의 도움을 받아 자신을 험난함으로부터 구제해낸다 하는 것도 점(占)으로서는 통할 수 있다. 어쨌든 각고의 노력을 통해 배움을 성취해가는 이로서는 마땅히 스승과 벗들의 도움을 받아 어진 덕을 배양해내야 한다는 것도 이러한 이치다. 그런데 『주역』의 의미는 이 세상 만사·만물의 구체적 실정에 두루 적용되어 통하니, 이는 상(象)에 의한 점(占)을 즐겨 다루는 이들이 마땅히 끌어다가 확대 적용해야 한다. 그러나 반드시 괘·효사 속에 담긴 이치에 의거해야지 술수가들이 상(象)·사(辭)를 억지로 끌어다가 이런저런 설들을 만든 변죽을 가지고 복·불복을 점쳐서는 안 된다. "『주역』은 우리들 머릿속에 있는 뜻이다."라고 말할 수 있는데, 이들은 이 말을 가지고 그 요망함을 꾸며대는 것이다.

「彖」曰: 屯, 剛柔始交而難生.

「단전」: '준'은 굳셈[剛]·부드러움[柔]이 막 교접하며 어려움이 생김이다.

'始交', 謂繼'乾'·'坤'而爲陰陽相雜之始也. 『周易』幷建'乾'·'坤'以爲首, 立天地陰陽之全體也. 全體立則大用行, 六十二卦備天道人事, 陰陽變化之大用. 物之始生, 天道人事變化之始也. 陰以爲質, 陽以爲神, 質立而神發焉. 陽氣先動, 以交乎固有之陰, 物乃以生. '屯'之爲卦, 陽一交而處乎下, 以震動乎陰之藏; 再交而函乎中, 以主陰而施其潤. 其在艸木, 則陽方興而欲出之象. 故'屯'繼'乾'·'坤'而爲陰陽之始交. 以象言之, 則雷動雲興, 爲天地蒸變·將施澤於物而未行之象.

'막 교접하며'라는 말은 건괘·곤괘를 이어받아 음·양이 서로 뒤섞이기 시작하였다는 의미다. 『주역』은 건괘·곤괘를 아울러 세워 머리로 삼고 있으니, 이들은 하늘과 땅, 음과 양을 세우는 전체다. 전체가 서면 위대한 작용이 행해지니, 62괘는 천도(天道)와 인사(人事), 음·양이 변화하는 위대한 작용을 갖추고 있다. 만물이 막 생기기 시작함은 천도와 인사가 변화하는 시작에 해당한다. 그리하여 음은 질(質)이 되고 양은 신(神)이 되니, 질이 성립하면 거기에서 신이 발동한다. 그리고 양기가 먼저 움직여 본디 있는 음과 교접하면 이에 물(物)이 생겨난다. 이 준괘에서는 양(陽)이 한 번 교접하여 아래에 자리 잡고 있으면서 음(陰)들이 감추고 있음을 흔들어대며 격동하고, 재차 교접하여서는 음들의 속에 휩싸여 있으면서 음들을 주재하는 이가 되어 그 윤택함을 베푼다. 초목에서 보자면 준괘는 양이 막 흥기하여 나오려고 하는 상이다. 그러므로 준괘는 건괘·곤괘를 이어받아 음·양이 막 교접하기 시작함이 된다. 준괘의 상은, 우레가 치고 구름이 이는 모습으로서, 하늘과 땅이 시루 속과도 같은 변화를 일으키며 곧 물(物)들에게 윤택함을 베풀 것이지만 아직은 행하지 않는 상이다.

'坤'立而陽交, 宜以'復'爲始, 而始'屯'者, 天包地外而入地中, 天道不息之自然, 陰雖繁盛, 陽氣自不絶於地上, 有動則必有應, 地中之陽興於下, 地上之陽即感而爲主於中, '屯'以成焉. 若孤陽起於群陰之下而爲'復'者, 人事之變爾. '乾'·'坤'初立, 天道方興, 非陰極陽生之謂, 是故不以'復'爲始交而以'屯'也.

곤괘가 세워지고 이에 양이 교접하니 마땅히 복괘(復卦)䷗를 시작으로 삼아야할 것이지만[114] 준괘를 시작으로 삼는 까닭은 이러하다. 즉 하늘은 땅을 밖에서 휩싸면서도 땅속으로 들어가는데, 천도는 결코 쉬지 않는 자연스러움을 지니고 있어서 음이 비록 번성하더라도 양기는 저절로 땅 위에서 끊어지지 않으니 움직임이 있으면 반드시 이에 응한다. 그래서 땅속의 양이 아래에서 일어나면 땅 위의 양은 곧바로 그에 감응하여 음들 속에서 주체가 된다. 준괘는 이렇게 하여 이루어지는 것이다. 이에 비해 외로운 양(陽)이 뭇 음들의 밑에서 막 일어난 것을 표상하는 복괘는 하늘이 아닌 사람 일의 변함을 드러내는 것일 따름이다. 건괘·곤괘가 처음으로 세워지고 하늘의 도[天道]가 막 흥기한다는 것은 음이 극에 이르러 양이 생긴다는 의미가 아니다. 그러므로 복괘를 교접의 시작함으로 삼지 않고 준괘로 시작함을 삼는 것이다.

'難生', 謂九五陷於二陰之中, 爲上六所覆蔽, 有相争不寧之道焉. 陽之交陰, 本以和陰而普成其用, 然陰質凝滯而吝於施, 陽入其中, 欲散其滯以流形於品物, 情且疑沮而不相信任, 則難之生不能免也. 故六二'疑寇', 九五'屯膏', 上六'泣血', 皆難也. 戡亂以定治, 而民未遽服, 正性以治情, 而心猶交戰, 皆物始出土·餘寒相困之象也.

'어려움이 생김'이란 구오효가 두 음들 속에 빠져 있고 상육효에 의해 가려져 있으니, 여기에는 서로 다투며 평안하지 않은 원리가 있다는 의미다. 양이 음과 교접함에서는 본래 음과 어울리며 그 작용을 널리 이룬다. 그러나 준괘에서는 음의 질(質)이 엉기고 굳어 있어서 양의

114) 6획 모두가 음효인 곤괘☷와 양(陽)이 교접하는 것이므로 다섯 음효들 밑에 하나의 양효가 막 생겨난 것을 표상하는 복괘☷가 이어받아야 논리적으로 맞지 않겠느냐 하는 의미다.

베풂에 대해 인색하고, 양은 또 그 속에 들어가 엉기고 굳어 있음을 풀어헤쳐서 낱낱 물(物)들로 유행하고 변화하도록 하려 하지만, 그 정(情) 또한 의심받고 저지 받으며 서로를 믿지 못하니 어려움이 생기는 것을 면할 수 없다. 그러므로 육이효에서는 '도적일까 의심함(疑寇)'이라 하고 있고, 구오효에서는 '베풂을 어렵게 함(屯膏)'이라 하고 있으며, 상육효에서는 '피눈물을 흘림(泣血)'이라 하고 있다. 이들은 모두 어려움이다. 혼란을 평정하여 안정된 세상을 이루었으나 백성들이 아직은 곧바로 복종하지 않고, 성(性)을 올바로 하여 정(情)을 다스리지만 마음이 오히려 교전을 벌이고 있음이니[115], 이들은 모두 만물이 땅 위로 나왔으나 추위가 아직 가시지 않아 서로 곤고에 처한 상이다.

---

115) 여기에는 성리학의 성정(性情)론이 반영되어 있다. 장재(張載)가 주창하고 주희(朱熹)와 조선의 성리학자들이 받아들인 이론이다. 즉 '마음은 성과 정을 통괄한다(心統性情)', '성이 발하여 정이 된다(性發爲情)'는 것이 그것이다. 성(性)은 태어날 때 하늘로부터 부여받은 것이라 그 자체로는 순선무악(純善無惡)하다. 그런데 그것은 그 자체로 존립할 수가 없고 기(氣) 속에 내재하고 있다. 그리고 그것이 발함에서는 기(氣)의 발동(發動)을 거쳐야 하는데, 기는 선악이 혼재한 것이니, 그 발함의 결과인 정(情)에는 선과 악의 두 측면이 함께 있다는 것이다. 여기서 선한 것은 '사단(四端)'이라 하고, 선과 악이 함께 있는 것은 '칠정(七情)'이라 한다. 이 사단과 칠정에 대해 퇴계와 그 후학들은 사단은 리가 발한 것(理發)이라 하였고 칠정은 기가 발한 것(氣發)이라 하였다. 이에 비해 고봉(高峰) 및 율곡과 그 후학들은 사단이든 칠정이든 모두 기가 발하고 리는 거기에 타고 있다(氣發而理乘之)고 하며 사단은 칠정 가운데 선한 쪽만을 가리키는 것이라 하였다. 그러나 어느 쪽의 학설을 따르더라도 성(性)은 순선으로서 문제가 없지만 정(情)은 선과 악이 함께 있는 것이니 다스려서 극복하지 않으면 안 될 문제 상황을 안고 있다고 하였다.

動乎險中, 大亨貞, 雷雨之動滿盈.

험함 속에서 떨치며 움직이니 올곧음에 크게 형통하고 우레와 비의 움직임이 가득차도다.

‘震’動於下, ‘坎’險於上, 方險而動, 陽剛不爲難阻, 體天之健行以出而有功, 所以具四德而首出咸通, 得性命之正. ‘震’雷發乎地中, ‘坎’雨行乎天位, 鼓動積陰而爲之主, 雖一陰覆上, 不爲衰撓, 得其正則於物无不利也. 此釋‘元亨利貞’之義.

준괘를 두 소성괘로 분석해보면, 정괘(貞卦)인 진괘(震卦)☳는 아래에서 움직이고 회괘(悔卦)인 감괘(坎卦)☵는 위에서 험함을 이루고 있다. 그래서 이제 막 험하지만 움직이는데, 양의 굳셈은 어려움에 의해 저지되지 않는다. 이는 하늘의 씩씩한 운행이 나와서 공을 이룸을 체현하고 있다. 그래서 사덕을 갖추었으며 맨 먼저 나와서 다 통하고 성・명의 올바름을 얻었다. 진괘☳가 표상하는 우레는 땅속에서 발동하고 감괘☵가 표상하는 비는 하늘의 위(位)에서 내리니, 여러 켜를 이루어 쌓인 음들을 고무하고 격동하며 그들을 주재하는 이가 된다. 비록 하나의 음이 위에서 덮고는 있더라도 그것에 의해 쇠하거나 굽히지 않는다. 그래서 그 올바름을 얻었으니 물(物)들에게 이롭지 않음이 없다. 이는 괘사의 ‘원・형・이・정’을 풀이한 것이다.

天造草昧, 宜建侯而不寧.

하늘이 이제 막 세상을 열어 혼돈의 상태니 마땅히 제후를 세워야 하고 평안하지가 않다.

此以人事釋'勿用有攸往, 利建侯'之義. '天造'猶言天運, 謂天欲開治之時也. '草', 草昧也. '昧', 蒙昧也. '寧'謂安意坦行也. 一陽起於陰中, 王業草昧之象. 九五雖居尊位, 而在群陰之中, 萬物未覩, 昧於所從; 於斯時也, 所恃者初九動而有爲, 宜建之爲侯, 以感人心而濟險, 未得快意決往, 遽求定以自爲功也.

이는 사람의 일로써 괘사의 '갈 일이 있다 하더라도 쓰지 마라! 제후를 세움이 이롭다.'의 뜻을 풀이한 것이다. '하늘이 열었다'는 것은 '하늘이 운행한다'는 말과도 같은데, 하늘이 세상을 열어서 소통시키려 하는 때를 가리킨다. 여기서 '이제 막'이라 번역한 '草(초)'는 어떤 일을 막 시작하는 '초창(草創)'을 의미한다. 그리고 '혼돈의 상태'라 번역한 '昧(매)' 자는 '몽매하다'는 의미다. '평안하다'는 의미로 번역한 '寧(녕)'은 '편안한 마음으로 평탄한 길을 가다'는 의미다. 하나의 양이 음들 속에서 흥기함은 왕업의 초창을 나타내는 상이다. 구오효가 비록 존귀한 위(位)를 차지하고는 있지만 음의 무리들 속에 있으니 만물이 그를 보지 못하여 좇는 데 어둡다. 이때에 믿을 것은 초구효가 움직여 일을 벌임이니, 마땅히 그를 제후로 세워 사람들의 마음을 감화시킴으로써 험난함을 돌파해야 한다. 결코 거리낌 없는 마음으로 가기를 결정해서도 안되고, 또 급작스레 안정시켜 스스로 공을 세움을 추구해서도 안 된다.

「象」曰: 雲雷, '屯', 君子以經綸.

「대상전」: 구름과 우레로 이루어진 괘가 준괘니 군자는 이를 본받아 세상을 경륜한다.

'坎'不言水而言雲者, 當'屯'之世, 陰陽初交, 雨未即降, 所謂'屯其膏'也. '經'者, 理其緒而分之. '綸'者, 比其緒而合之. 雷以開導晦蒙, 分陰陽之紀; 雲以翕合陰陽, 聯離異之情. 經綸運於一心, 不恤艱難, 以濟險阻, 君子用'屯'道之'不寧'者以撥亂反治. 若時際平康, 可以端拱而治, 則坦然與天下利見, 無事圖難行險, 自屯以屯天下矣.

여기에서 감괘(坎卦)를 '물'이라 하지 않고 '구름'이라 한 까닭은 준괘의 세상을 만나 음・양이 처음으로 교접하는데 비가 아직은 곧장 내리지 않기 때문이다. 이른바 '그 베풂을 어렵게 함(屯其膏)'이다. '경(經)'이라는 것은 실마리를 다듬어서 실타래를 나누는 것이고, '륜(綸)'이라는 것은 그 실마리를 딱 맞추어서 실타래를 합치는 것이다. 우레는 혼돈의 상태를 열고 인도하는 것이니 음・양의 벼리(紀)를 나누는 것이고, 구름은 음・양이 사무쳐 합치게 하니 나뉜 정황을 연결하는 것이다. 그러나 경륜은 한마음에서 작동한다. 그래서 아무리 힘들고 어렵더라도 거리끼지 않고 험난함과 꽉 막혀 있음을 구제해낸다. 군자는 준괘를 이루는 도(道)의 '평안하지 않음'을 써서 혼란한 세상을 극복하고 평안한 세상으로 돌린다. 그러나 만약에 시대가 평강하여 몸가짐을 바로잡고 예법에 맞게 하는 것만으로도 다스릴 수 있다면, 마음 편하게 세상 사람들과 함께하며 만남에서 이로움을 얻을 것이다. 그런데 이러한 상황에서 일삼을 것이 없는데도 굳이 어려움을 획책하고 위험한 길로 내닫는다면, 이는 스스로를 어렵게 함으로써 세상을 어렵게 하는 짓이다.

初九, 磐桓, 利居貞, 利建侯.

초구: 큰 너럭바위요, 역관의 표목이니, 거처함이 올곧음에 이롭고, 제후를

세움에 이롭다.

'磐', 大石. '桓', 郵亭表木, 午貫交植, 若今之拒馬, 皆不動者. 初九一陽處三陰之下, 堅立不可動搖, 潛而未行, 故有此象, 所謂'勿用攸往'也. '居貞'之'利', 志之定也. '利建侯', 九五宜建之以爲侯也. 建侯得正, 則君臣交受利矣.

'반(磐)'은 큰 너럭바위다. '환(桓)'은 문서를 전달하는 이들이 묵는 역관(驛館)의 표목으로서 십자형으로 엇갈리게 심어 놓은 것인데, 오늘날은 말들을 들어오지 못하게 하는 것으로 쓰인다. 이들은 모두 움직이지 않는 것들이다.[116] 초구효는 하나의 양이 세 음의 아래에 처해 있다.

---

116) '반환(磐桓)'에 대한 왕부지의 독특한 해석이 돋보이는 구절이다. 예부터 대부분의 주석가들은 이를 '주저하다', '배회하다', '머뭇거리다' 등으로 풀이하였다. 왕필도 "나아갈 수가 없기에 머뭇거리다.(不可以進, 故磐桓也.)"라고 풀이하였다. 도잠(陶潛)도 이러한 의미를 살려 『귀거래사(歸去來辭)』에서 "한 그루 외로이 서 있는 소나무를 만지작거리며 배회하네!(撫孤松而磐桓)"라고 썼다. 이러한 의미가 굳었기에 우리나라의 국립국어원에서 펴낸 『표준국어대사전』에서도 이에 대해 "「1」어정어정 머뭇거리면서 그 자리에서 멀리 떠나지 못하고 서성이는 일. 「2」어떻게 할지 결정을 못 내리고 우물쭈물하는 일."이라고 풀이하고 있다. 그러나 왕부지는 『주역패소(周易稗疏)』에서 이에 대해 특별히 풀이의 장을 할애하고 있다. 이곳을 보면, 그는 준괘의 초구효가 하나의 양으로서 아래에 굳세게 서서 뭇 음들을 싣고 있으면서 위로 구오효를 받들고 있음에 대해 큰 너럭바위와 역관(驛館)의 푯말에 비유하며 '편안히 올곧음'·'확실하게 세움'의 의미를 끌어내고 있다. 그리고는 이전의 풀이들이 '주저하며 나아가지 못하는 상'이라 풀이한 것들을 잘못이라 단언한다.(磐, 大石之平者. 桓, 植兩木而交相午貫, 公主脊上雙紋似之, 「檀弓」所謂'桓楹'是也. 一陽在下, 堅立以載群陰, 上承九五, 故有磐石桓木安貞建立之象. 舊說以爲躊躕不進之象, 非也.)

그래서 굳세게 서 있을 뿐 동요할 수가 없고, 숨어 있을 뿐 행하지 않는다. 그래서 이러한 상(象)을 띤 것이다. 괘사에서 말하는 "갈 일이 있다 하더라도 쓰지 마라!"는 바로 이를 의미한다. '거처함이 올곧음'의 '이로움'은 의지가 정해졌음을 의미한다. '제후를 세움이 이롭다'는 구오효가 이 초구효를 제후로 세우기에 적합하다는 의미다. 제후를 세워 올바름을 이룬다면 임금과 신하가 서로 이익을 얻는다.

「象」曰: 雖磐桓, 志行正也. 以貴下賤, 大得民也.

「상전」: 비록 큰 너럭바위·역관의 표목이기는 하지만 뜻함과 행위가 올바르다. 귀한 신분으로서 천한 이들의 밑에 들어가 크게 민심을 얻는다.

'磐桓'而安處於下, 未足以行其正也. 然爲'震'之主, 當'屯'難之世, 欲震動群陰, 與之交感, 以濟九五於險, 則志在行正, 而非坐視時艱, 不思有爲. 若其伏處陰下, 則欲得三陰之心而與俱動耳. 陽貴陰賤, 陽君陰民, 守侯度以率民事主, 所以宜建之爲侯也.

'큰 너럭바위·역관의 표목'으로서 아래에 편안하게 처해 있으니 아직 그 올바름을 행하기에 족하지 않다. 그러나 정괘(貞卦)인 진괘(震卦)☳의 주효(主爻)로서 준괘의 어려운 세상을 만나 뭇 음들을 흔들어대며 움직이고, 그들과 교감함으로써 험난함에 처해 있는 구오효를 구제하려 한다. 그래서 행위가 올바름에 뜻을 두고 있는 것이지, 시대적 어려움을 앉아서 바라만 보고 있는 채 사람이 해야 할 일을 생각지 않는 것이 아니다. 그가 이처럼 음들의 아래에 엎드려 있는 것은 세 음들의 마음을 얻어 함께 행동에 옮기고자 하는 것일 따름이다. 양은 고귀하고 음은 비천하며 양은 임금이고 음은 백성이다. 그런데 그가 제후의 법도를 지키면서 백성들을 통솔하고 군주인 천자를 섬기기 때문에 제후로 세우기에 적합한 것이다.

六二, 屯如邅如, 乘馬班如, 匪寇婚媾. 女子貞不字, 十年乃字.

육이: 어려운 듯하고 머뭇거리는 듯하며 네 마리의 말이 끄는 수레가 무리를 떠나서 오는 듯한데, 도둑이 아니어서 결혼을 한다. 여자가 올곧으며 임신을 못하다가 십 년이 되어 비로소 임신을 한다.

'邅', 遲回不進. 車駕四馬曰'乘'. '屯'陽御四陰以動而涉險, 故三言'乘馬'. '班', 相別而往也. 『春秋傳』'有班馬之聲'. 女子許嫁而字, 初陽震動欲出, 而二以陰居其上, 止之不進, 與初異志, 如乘馬不相隨而分歧路, 蓋疑初九之爲寇己也. 夫陽欲交陰以成生物之功, 豈其相寇哉? 欲相與爲婚媾爾. 而二倚其得中, 不與之交, 如女子年已及期, 義當有字, 而亢志不字; 至於九五, 陽已居尊, 而下與相應, 乃不得已順以從之, 如馮衍幅巾而降光武, 時已過矣. 所以猶爲'貞'者, 得位居中, 非爲邪也.

'머뭇거리는'이라고 번역한 '邅(전)'은 머뭇거리며 맴돌 뿐 나아가지 못함이다. 네 마리의 말이 끄는 수레를 '승(乘)'이라 한다. 준괘의 양효들은 네 음들을 제어하며 그들을 움직여서 험난함을 헤쳐 나아간다. 그래서 준괘에서는 세 번에 걸쳐 '네 마리가 끄는 수레의 말들'에 대해 언급하고 있다. '반(班)'은 서로 이별하여 감을 의미한다. 『춘추전』에 "이별하여 가는 말의 울음소리가 들렸다.(有班馬之聲)"[117]라고 하는 것이 그것이다. 여자는 혼인을 승낙하고 임신하여 아이를 낳는다. 그런데 준괘에서는 초구의 양이 진동하며 나오려 하지만 육이효가 음으로서 그 위에 자리를 잡고서 그를 억누르며 나아가지 못하게 하니, 초구효와 뜻이 다르다. 마치 네 마리의 말이 끄는 마차를 타고 가다 서로 함께 가지 않고 갈림길에서 각기 다른 길로 가는 것과 같다. 이는 아마 초구가 자신에게 도적이 아닐까 의심해서인 듯하다. 그러나 양이 음과 교접하여 물(物)을 낳는 공덕을 이루고자 하는 것이 어찌 서로에게 도적이 되겠는가! 서로 함께 혼인을 맺고자 함일 따름이다. 그런데도 육이효는 자신이 득중(得中)하였음을 으스대며 초구효와 교접하지 않는다. 마치 여자가 이미 나이가 다 차서 의당 임신을 하고 아이를 낳아야 하지만 뜻만 고고히 세운 채 도무지 그에 동의하지 않는 것과 같다. 그러나 구오효의 경우는 양이 이미 존귀한 위(位)를 차지하고 있으면서 아래로 육이효와 서로 응하니, 이에 육이효는 어쩔 수 없어 그에 순종한다. 예컨대 풍연(馮衍)이 폭건(幅巾)[118]을 쓰고 광무제에게 투항하였으나 이미 시기가 늦은 것과

---

117) 『춘추좌씨전(春秋左氏傳)』, 「양공(襄公)」 편 18년 조: 邢伯告中行伯曰, "有班馬之聲, 齊師其遁."

118) 폭건은 얇은 비단으로 만든 것으로서 한 폭을 다 사용하여 머리를 싸매던 두건이다. 유학자 풍의 우아함이 배어나는 머리 장식품이다. 역사상 최초의 기록으로는 한(漢)나라 때 정현(鄭玄)이 조복(朝服) 대신에 이것을 쓴 것으로 되어 있다.(『後漢書』, 「鄭玄傳」: 玄不受朝服, 而以幅巾見.) 그리고 한나라 말기에 이르러서는 왕공들이 대부분 왕의 복식을 버리고 이것을 머리에 쓰는 것이 하나의 풍조로 유행하였다고 한다. 이러한 풍조는 위진(魏晉) 시기에까지 계속되었다. 우리나라에도 조선시대의 유학자들이나 양반 집안의 총각들이 이를 애용하였다. 다만 우리나라의 것은 중국 명나라 때의 것으로부터 영향을

같다.[119] 그런데도 육이효가 오히려 자신의 머뭇거림을 '올곧음'으로 여기는 까닭은 제자리를 차지하며 득중하고 있기 때문이다. 그래서 사악하지는 않다.

「象」曰: 六二之難, 乘剛也. '十年乃字', 反常也.

「상전」: 육이효의 고난함은 초구효의 굳셈[剛]을 올라타고 있기 때문이다.

받은 것이라 한다.

119) 풍연은 동한 초기의 사부가(辭賦家)로서 생몰년은 미상이다. 경조(京兆) 두릉(杜陵; 지금의 섬서성 西安)에서 태어났다. 자(字)는 경통(敬通)이었다. 자못 특출한 재주가 있어서 9살 때에 벌써 『시경』을 암송할 줄 알았고, 20세에 이르러서는 뭇 서적들에 두루 통했다고 한다. 왕망(王莽)의 신(新)나라에서는 벼슬을 거절하였으나 그 말년에 장군 염단(廉丹)의 문서관 노릇을 하였다. 그런데 염단이 그의 간언을 듣지 않고 농민기의군인 적미군(赤眉軍)과 싸우다가 죽어버리자 귀향하였다. 그 뒤 포영(鮑永)의 막하에 가담하여 경시제(更始帝) 유현(劉玄)을 옹립하였으나 그가 죽자 포영과 함께 광무제(光武帝) 유수(劉秀)에게 투항하였다. 그런데 광무제는 그가 지지부진 끌며 투항하지 않았다고 의심한 나머지, 겨우 그를 보잘것없는 곡양현령(曲陽縣令)에 임명하였다. 그리고 그가 대도(大盜) 곽승(郭勝)을 붙잡아 죽였지만 광무제는 어떤 상도 내리지 않았다. 건무(建武) 6년(30년) 일식에 관련하여 해야 할 글을 올리자 광무제가 그를 기용하려 하였으나, 이제 다른 사람들의 모함에 의해 기용되지 못하였다. 나중에는 외척과 연루되었다는 이유로 그나마 유지하던 작은 관직에서 쫓겨나 귀향조치 되었다. 그리고 끝내 기용되지 못한 채 죽었다. 그는 자신의 재주에 비해 보잘것없는 관직을 전전하고 남들의 모함에 의해 자신의 능력에 맞는 자리에 임명되는 것이 좌절되었다는 원망과 울분에 젖어 말년에 『현지부(顯志賦)』를 쓰기도 하였다.

'십 년이 되어 비로소 임신을 한다'는 것은 상(常)으로 돌아감이다.

'屯'之所以爲'難生'者, 二揜初・上揜五, 使不得升也. 陰陽交以成生物之功, '常'也. 女子之貞, 非以不字爲貞; '乘剛'不相下, 陰志之變也. 上應九五, 乃反乎常, 故雖晚而猶不失其正. '十年', 數之極也, 天道十年而一改.

준괘가 '어려움이 생기는' 까닭은 육이효가 초구효를 엄폐하고, 상육효가 구오효를 엄폐하여 그들을 올라가지 못하게 하기 때문이다. 음과 양이 교접하여 만물을 낳는 공을 이룸은 상(常)이다. 여자의 올곧음에서는 임신하지 않음을 올곧음으로 삼지 않는다. '굳셈[剛]을 올라타고 있음'은 아래에 있는 것을 도와주지 않음이다. 이는 음(陰)의 뜻함이 변한 것이다. 그대신 이 육이효는 위로 구오효에 응하여 상(常)에 어긋난다. 그러므로 비록 늦기는 하였지만 오히려 그 올바름을 잃어버리지는 않는다. '십 년'은 수(數)의 극한이다. 하늘의 도는 십 년이면 한 번 바뀐다.

六三, 卽鹿无虞, 惟入于林中. 君子幾, 不如舍, 往吝.

육삼: 산림 관리인이 없이 사슴을 몰아가며 오로지 숲속으로만 들어감이다. 군자는 곧 기미[幾]를 알아차리니, 그만둠만 못하며, 가면 아쉬워함이 있게 될 것이다.

君獵, 虞人翼獸以待射; '无虞', 鹿不可必得也. '林中', 車絓馬阻之地. '舍', 止也. 六三當'震'體之成, 而爲進爻; 上六窮陰不相應, '坎'險在前, 往无所獲, 而有所礙, 故有此象. 三柔而無銳往之象, 類知幾而能止者,故可勉以君子之道. 然體'震'而躁進, 不保其能舍, 則有'往吝'之憂. 窮於己之謂'吝'.

임금이 사냥을 할 적에는 산림 관리인이 짐승몰이를 도와서 임금으로 하여금 활쏘기 좋게 해준다. 그런데 지금 '산림 관리인이 없이' 이를 하고 있으니, 사슴을 꼭 잡는다고 할 수가 없다. '숲속'은 수레든 말이든 전진하는 데 여러 가지 장애가 있는 곳이다. '舍(사)'는 그친다는 의미다. 이 육삼효는 준괘䷂의 정괘(貞卦)인 진괘(震卦)☳의 괘체를 완성시키는 것이면서 나아감의 효다. 그런데 상육효가 궁벽한 음으로서 이에 대해 상응하지 않고, 회괘(悔卦)인 감괘(坎卦)☵의 험난함이 앞에 놓여 있으니, 가더라도 얻는 바가 없고 장애되는 바가 있다. 그래서 이러한 상(象)을 이루고 있는 것이다. 육삼효는 부드러움[柔]이기도 하고 또 날카롭게 감이 없는 상으로서, 많은 경우에 기미[幾]를 알고 그만둘 수 있다. 그러므로 군자의 도(道)에 힘쓸 수 있다. 그러나 진괘(震卦)의 괘체를 이루고 있고 조급하게 나아가기도 하니, 그 그만둘 수 있음을 온전하게 잘 지탱하지 못한다면, '가면 아쉬워함이 있게 됨'의 우려가 있다. 자기 스스로에게 난처하게 함을 '아쉬워함'이라 한다.

「象」曰: '卽鹿无虞', 以從禽也. 君子舍之, 往吝窮也.

「상전」: '산림 관리인이 없이 사슴을 몰아가며' 날짐승을 좇는다. 그런데 군자는 그만두니, 가면 난처하여 아쉬워하게 됨이 있기 때문이다.

求進而不知險, 唯貪於從禽而躁動不已, 自非君子, 能無吝以致窮乎?

나아가려고만 하고 험난함에 대해 알지 못하며, 오로지 날짐승을 좇을 욕심에 젖어 끊임없이 성급하게 움직이기만 할 따름이다. 이는 스스로 군자임을 부정한 것이다. 그러니 어찌 그 결과로써 곤궁함을 초래함에 대해 아쉬워함이 없으리오!

六四, 乘馬班如, 求婚媾, 往吉, 无不利.

육사: 네 마리의 말이 끄는 수레가 무리를 떠나서 오는듯한데 혼인하고자 함이니, 가면 길(吉)하고 이롭지 않음이 없다.

四與初應, 而又上承九五, 不專有所適, 故有'班如'之象. 然柔得位而爲退爻, 始雖疑而終必決往, 與初爲正應. '求婚媾', 初來求也. 柔而得正, 初所宜求; 求而必往四之順德. 陽動而有功, 必得陰之順受, 而後生化以成, 於己爲'吉', 於物爲'无不利'矣.

육사효는 초구효와 응하면서 또 위로 구오효를 받들고 있으니, 전적으로 가려고만 하지 않는다. 그러므로 '무리를 떠나서 오는듯한' 상을 이루고 있다. 그러나 부드러움[柔]으로서 제 위(位)를 차지하고 있고 물러남의 효가 되어 있다. 그래서 처음에는 비록 의심받기는 하지만 마침내는 필연코 가기로 결정하여 초구효와 제대로 응함[正應]을 이루게 된다. '혼인하고자 함'은 초구효가 와서 청함이다. 육사효는 부드러우면서도 올바르니 초구효가 혼인을 청하기에 적합하다. 초구효가 청하기 위해서는 반드시 육사효의 순종함의 덕에로 가야 한다. 양이 움직여 공(功)이 있기 위해서는 반드시 순종하며 받아들이는 음을 얻어야 하기 때문이다.

그러한 뒤에라야 낳고 화육하여 이루어내니, 이것이 자기에게는 '길(吉)함'이 되고 물(物)에게는 '이롭지 않음이 없음'이 된다.

「象」曰: 求而往, 明也.

「상전」: 청하러 감은 훤히 알기 때문이다.

四有可求之美, 初有待往之情, 明於其當然, 終解'班如'之惑 . 君臣朋友之際, 審於所從, 則无不利而吉.

육사효에게는 청할 만한 아름다움이 있고, 초구효에게는 가기를 무릅쓰는 의욕이 있다. 이것이 당연함을 훤히 알기에 마침내 '무리를 떠나서 오는듯함'의 의혹을 풀게 된다. 임금과 신하, 벗과 벗 사이에서도 좇아야 할지를 살펴서 안다면 이롭지 않음이 없이 길하다.

九五, 屯其膏, 小貞吉, 大貞凶.

구오: 그 베풂을 어렵게 함이니, 작은 올곧음에는 길하고 큰 올곧음에는 흉하다.

'膏', 澤也, 水之潤物者也. '貞', 正物之謂. 九五雖有陽剛中正之德, 而爲上六所掩, 陷於險中, 無能利於所往, 蓋雷動雲興, 時雨不能降之象. 於斯時也, 委屛輔之任於初九, 而因其可爲者, 小試正物之功, 則滿盈之經綸, 徐收後效而吉矣. 如一旦求大正於物, 陰險争衡而不解, 必至於凶. 故雖仁義之美名, 不可一旦而襲取, 如春初茁芽, 始出於地, 遽爾茂盛, 必爲疾風寒雨所摧, 初九微陽, 不能入險而相援也.

여기에서 '베풂'이라 번역한 '膏(고)'는 혜택을 의미한다. 물[水]이 물(物)들을 윤택하게 함이 바로 이 의미다. 여기서 '올곧음'이란 물(物)들을 올바르게 함을 말한다. 구오효는 비록 양의 굳셈[剛]으로서 중정(中正)의 덕을 지니고는 있지만 지금 상육효에 의해 엄폐되어 있고 또 험난함 속에 빠져 있으니, 가서 이롭게 할 수가 없다. 이는 우레가 치고 구름이 일었지만 그 뿐이요, 때가 절실히 필요로 하는 비로서는 내릴 수 없는 상이다. 이러한 때에는 초구효에게 호위의 임무를 맡기고 자신은 할 수 있는 것만을 골라 조그맣게 물(物)들을 올바르게 하는 공(功) 세우기를 시도한다면, 꽉 찬 경륜이 서서히 훗날의 효과를 거두게 되어 길하다. 그렇지 않고 만약에 물(物)들이 하루아침에 크게 올발라짐을 추구한다면, 음들의 험난함이 서로 경중을 다투면서 풀리지 않을 것이니, 틀림없이 흉함에 이르고 만다. 그러므로 비록 인(仁)과 의(義)라는 미명(美名)을 얻는다고는 하지만 하루아침에 엄습하듯 취할 수가 없다. 예컨대 초봄에 새싹이 터서 막 땅 위로 올라오자마자 무성해진다면 틀림없이 거센 바람과 찬비에 의해 꺾이고 마는 것과 같다. 초구는 미약한 양(陽)이어서 이러한 험난함 속에 들어와 도와줄 수가 없다.

「象」曰: '屯其膏', 施未光也.

「상전」: '그 베풂을 어렵게 함'은 시혜가 아직 환히 드러나지 않음이다.

爲陰所蔽也.

음들에 의해 엄폐되어 있기 때문이다.

上六, 乘馬班如, 泣血漣如.

상육: 네 마리의 말이 끄는 수레가 무리를 떠나서 오는 듯한데, 피눈물이 줄줄 흘러내리는 듯하다.

陽方興而已履中位, 上六獨懷異志以相難, 初既得民, 五膏盈滿, 豈能終遏之哉? 時過勢傾, 唯自悲泣而已. 隕淚無聲曰'泣血'.

양(陽)이 바야흐로 흥기하기도 하고(初九) 벌써 중위(中位)를 차지하기도 하였는데(九五), 상육이 홀로 다른 뜻을 품어서 서로 어려움에 처하게 하고 있다. 그러나 초구효는 이미 백성들을 얻었고 구오효의 베풂은 충만해 있으니, 상육효가 어찌 끝끝내 이를 막을 수 있으리오! 때는 지났고 형세도 기울었다. 오직 스스로 슬픔에 젖어 눈물을 흘릴 따름이다. 소리조차 못 내며 눈물을 줄줄 흘림을 '피눈물이 줄줄 흘러내림'이라 한다.

「象」曰: '泣血漣如', 何可長也!

「상전」: '피눈물이 줄줄 흘러내리는 듯하다'고 하니 어찌 길게 갈 수 있으리오!

陰留於陽生之後, 勢不能久, 故消阻而悲泣. 能建侯而得民, 可不以之爲憂矣.

양이 생겨난 뒤에는 음이 머무는 추세가 오래 갈 수 없다. 그러므로 상육은 자신이 설치해놓은 장애가 사라지고 말아 슬픔에 젖어 눈물을 흘리는 것이다. 이에 비해 양들은 제후를 세우고 백성들을 얻을 수 있으니, 이제 더 이상 그것을 근심거리로 여기지 않을 수 있다.

●●●

蒙卦坎下艮上

몽괘䷃

蒙. 亨. 匪我求童蒙, 童蒙求我. 初筮告, 再三瀆. 瀆則不告. 利貞.

몽괘: 형통하다. 내가 몽매한 이들을 찾아 가는 것이 아니라 그들이 나를 찾아와야 한다. 첫 번째 시초점에서는 알려 주지만 재차, 삼차 하는 것은 모독하는 것이다. 모독하는 것이면 알려주지 않는다. 이롭고 올곧다.

'蒙'者, 艸卉叢生之謂, 晦翳而未有辨也. 陰陽之交也, 始自'屯'; 乃一回旋之際, 陰得陽滋而盛, 陽爲之隱, 初陽進而居二, 五陽往而居上, 皆失其位, 陽雜陰中而無紀, 五爲卦主, 而柔暗下比於二陰, 故爲'蒙'. 但以柔得中而下應乎二, 陰雖盛而上能止之, 以不終於昧, 下聽二之正己, 故有亨通之道焉. '匪我求童蒙'以下, 皆言處'蒙'之道, 而歸功於二也. 二剛而得中, 治'蒙'之任屬焉. 故內之而稱'我'. '童蒙'謂五也. 謂之童蒙者, 鳥獸之生, 得慧最夙, 及長而漸流於頑戾, 唯人之方童, 蒙昧無識, 理未曙而欲亦有所閑止而不知縱. 六五之陰暗, 而上有陽以止之, 其象也; 人之所以異於禽獸也. '屯'動乎險中, 出以濟險, 治道之始也; 剛得上位, 君道立而可以定難也. '蒙'險而止之, 以閑邪而抑其非僻, 教道之豫也; 剛在下而得中, 道不可行而可明, 君道詘而道在師也. 禮有來學, 無往教; 五虛中而二以剛應之, 五求二, 二不求五也. '初筮告, 再三瀆, 瀆則不告', 二之所以得師道者. 五求而應, 初筮之告也. 剛中而不枉道, 瀆則不告也. 當告則告, 不可告則不告, 中道而立, 使自得之, 養蒙之正術, 能利益於蒙. 利且貞, 是以亨.

'蒙(몽)'이란 풀들이 함께 더부룩이 자라남을 일컫는데, 어둠이 가리고 있어서 아직 이것들이 구별이 안 됨을 의미한다. 음・양이 교접함은 준괘에서 시작한다. 그런데 이 몽괘에서는 그 교접함이 한 바퀴 돌고난 즈음에 음이 양의 자양을 받아 왕성해지고 양은 숨겨주며, 준괘에서의 초구효인 양이 나아가서 2효의 위(位)에 자리 잡고 있고 구오효의 양은 가서 상효의 위(位)에 자리 잡고 있다. 그런데 이들 두 양이 모두 제 위(位)를 잃고 있고 음들 속에 뒤섞여 있으며 기강이 없다. 육오효가 이 괘의 주체(主體)이기는 하지만, 이것이 부드러움[柔]이고 어둠에 싸여 있으며 아래로 두 음들과 나란히 하며 어울리고 있다. 그래서 '몽'이다. 다만 육오효의 부드러움이 득중하여 아래로 구이효와 응하고 있고, 음들이 비록 왕성하기는 하지만 위에서 이를 억제할 수 있어서 끝까지 어둡지만은 않으며, 아래 구이효의 간언을 들어 자신을 올바르게 하니,

여기에 형통함의 이치가 있다.

'내가 몽매한 이들을 찾아 가는 것이 아니라' 이하는 모두 몽매한 이들인 '몽(蒙)'을 처리하는 원리와 방법을 말한 것으로서 그 공(功)을 구이효에게로 돌리고 있다. 구이효는 굳셈[剛]이고 득중하였으니 '몽'들을 다스리는 임무가 그에게 귀속된다. 그러므로 이를 받아들여 '나'라고 칭하고 있다. '몽매한 이들'은 육오효를 가리킨다. 이렇게 일컬은 까닭은 다음과 같다. 즉 짐승들은 생겨나면 가장 빨리 지능이 열리지만 자라서는 점점 완고하고 포악한 쪽으로 흘러간다. 오직 사람만은 아동일 적에는 몽매하고 아는 것도 없으며 이치에도 아직 밝지 않지만 욕망에도 금지된 바가 있어서 방종할 줄을 모른다. 그런데 지금 이 괘에서는 음인 육오효의 어두움을 그 위 상효에 양이 있어서 억제해 주고 있다. 그래서 이 육오효가 바로 '몽매한 이들'의 상을 이루고 있는 것이다. 이는 사람이 짐승과 다른 까닭을 드러내고 있다.

준괘는 험난함 속에서 움직이고[120] 나와서는 그 험난함을 구제하니 바로 '세상을 다스리는 원리[治道]'의 시작을 드러내고 있다. 이 괘에서는 굳셈[剛]이 위 소성괘(悔卦)☵에서 제자리를 차지하고 있기에 군주의 도가 확립되어 어려움을 평정할 수가 있다. 이에 비해 몽괘는 험난하여 멈추어 있음으로써[121] 사악함을 틀어막고 그 비뚤어짐을 억제하니,

---

120) 감괘☵와 진괘☳로 이루어진 준괘에 대해 이들 각각을 취의설(取義說)에 입각하여 풀이한 것이다. 특히 「설괘전」에서는 감괘가 험함을 상징하고, 진괘가 움직임을 상징하는 것으로 풀이하고 있다. 준괘는 험함을 상징하는 감괘가 위에 있고, 움직임을 상징하는 진괘가 아래에 있다. 그래서 왕부지는 이렇게 풀이한 것이다.

121) 역시 취의설에 의한 풀이다. 「설괘전」에서는 간괘☶를 '멈춤(止)'으로도 풀이

'몽매한 이들을 가르치는 도[教道]'를 미리 알려주고 있다. 이에 비해 이 몽괘에서는 굳셈[剛]이 아래 정괘(貞卦)에서 득중하고 있기 때문에 도를 행할 수는 없지만 가르칠 수는 있다. 그래서 군주의 도는 굽히고 있고 당장 시행해야 할 도는 가르침에 있다.

가르침의 예(禮)에서는 '와서 배움'은 있지만 '가서 가르침'은 없다. 그런데 이 몽괘는 육오효가 자신의 속을 비우고(虛中) 있고 구이효는 굳셈으로써 이에 응하니, 육오효가 구이효를 찾아가는 것이다. 구이효는 육오효를 찾아가지 않는다.

"첫 번째 시초점에서는 알려 주지만 재차, 삼차 하는 것은 모독하는 것이다. 모독하는 것이면 알려주지 않는다."는 구이효가 가르침의 도를 제대로 행함에 대해 말하고 있다. 육오효가 찾아오니 응하되, 첫 번째 시초점에서는 알려주기는 한다. 그런데 구이효는 굳셈[剛]이 득중하여 도를 왜곡하지 않으니 모독하는 것이면 알려주지 않는다는 것이다. 이렇듯 알려주어야 하면 알려주고 알려주어서는 안 되면 알려주지 않음으로써, 중용의 도가 확립되고 스스로 이를 성취하고 있다. 이것이 몽매한 이들을 배양하는 바른 방법으로서 이러해야만 그들에게 이익을 줄 수 있다. 이롭고도 올곧으니, 그래서 형통한 것이다.

하는데, 몽괘는 간괘☶와 감괘☵로 이루어져 있기 때문에, 이러한 풀이가 가능하다.

「彖」曰: 蒙, 山下有險, 險而止, 蒙.

「단전」: 몽괘는 산 아래 험난함이 있음이니, 험난하여 멈추어 있는 것이 몽괘다.

此以二體之象, 釋卦名之義. 山在上, 旣不易登, 而下有險, 愈茫昧不知所適. 然遇險而止, 不涉傾危, 安於未有知而不妄行, 則未爲善而抑未習於不善, 童蒙待啟之象.

이는 몽괘를 이루고 있는 두 소성괘의 괘체 속에 드러난 상(象)을 가지고 몽괘의 괘명에 담긴 뜻을 풀이한 것이다. 산이 위에 있으니 쉽게 올라갈 수 없을 뿐만 아니라 아래에는 험난함이 있으니 더욱 아득하여 도대체 어디로 가야 할지를 알지 못한다. 그러나 험난함을 만나 멈추어 있으니 위험 속으로 미끄러진 지경에까지는 이르지 않았다. 그래서 알지 못함에 대해서 편안한 마음을 가지며 망동하지 않는다면 아직 선(善)을 행하지는 않았다 하더라도 어쩌면 불선(不善)에 빠져 들어가지는 않을 것이다. 이는 몽매한 이들이 계몽을 기다리고 있는 상이다.

'蒙亨', 以亨行時中也.

'몽괘는 형통하다'는 것은 형통함으로써 시중(時中)을 행함이다.

'蒙之所以亨者, 以方在蒙昧, 而能求陽以通其蔽, 資中道以止愚妄, 及欲覺未覺・憤悱之時, 求亨通而不自錮也.

몽괘가 형통한 까닭은 다음과 같다. 즉 바야흐로 아직 몽매한 상태에서 양을 찾아가 자신을 뒤덮고 있는 장막을 걷어내어 통하게 할 줄 알고, 중용의 도를 바탕으로 하여 어리석고 망령됨을 그치게 하며, 아직 깨우치지 못한 것을 깨우치고자 하거나 마음이 통하지 않고 입으로 표현이 안 되어 애달아 할 적에122) 형통함을 구하며 스스로를 가두려 하지 않기 때문이다.

'匪我求童蒙, 童蒙求我', 志應也.

'내가 몽매한 이들을 찾아 가는 것이 아니라 그들이 나를 찾아와야 한다.'는 것은 뜻함이 상응하기 때문이다.

六五之志, 與二相應, 自然來學, 不待往教, 所以得亨.

육오의 뜻함이 구이와 서로 응하니 자연히 와서 배우지, 가서 가르쳐주기를 기다리지 않는다. 그래서 형통함을 얻는다.

---

122) 이는 공자의 교육철학이 반영되어 있는 말이다. 공자는 아무에게나 아무 때나 가르쳐 주어서는 안 되니, 배우고자 하는 이가 "마음이 통하지 않아 애달아하지 않으면 가르쳐주지 말고, 입으로 표현이 안 되어 답답해하지 않으면 가르쳐주지 마라!"(『論語』, 「述而」: 不憤不啟, 不悱不發.)고 하였다. 물론 이는 역자가 주희의 주석(朱熹, 『論語集注』: 憤者, 心求通而未得之意; 悱者, 口欲言而未能之貌.)을 바탕으로 번역한 것이다.

'初筮告', 以剛中也. '再三瀆, 瀆則不告', 瀆蒙也.

'첫 번째 시초점에서는 알려 주지만'이라 한 것은 구이효의 굳셈[剛]이 득중하였기 때문이다. "재차, 삼차 하는 것은 모독하는 것이다. 모독하는 것이면 알려주지 않는다."는 몽매한 이를 모독함이다.

君子誨人不倦, 而師道必嚴; '剛中'裁物, 所以善誘. 彼志在躐等, 不能以三隅反, 而復以一隅問者, 乃全求諸人而不求諸己, 愈瀆則愈蒙; 其蔽也貪多聞, 侈奇袤, 見異說而遷, 必將'見金夫不有躬', 盡棄其學而陷於左道. 故君子雖有不忍人蒙昧之心, 必不告以瀆之.

군자는 남을 가르치는 데서 게으르지 않지만 사도(師道)는 반드시 엄격하게 한다. 그래서 '굳셈이 득중하여' 배우는 이들을 바로잡기에 잘 이끈다. 그런데 배우는 이가 차근차근 나아가지 않고 순서를 건너뛰려 하거나 세 귀퉁이를 들어서 대답하기는커녕 남은 한 귀퉁이마저 가르쳐 달라고 다시 묻는다면[123], 이는 온통 남에게 가르쳐 달라는 것이지 전혀 자신에게서는 앎을 추구하지 않는 것이다. 이러한 상황에서는 모독하면 할수록 배우는 이는 더욱 몽매해진다. 몽매한 이들로 하여금 자신의 틀을 벗어나지 못하게 가리고 있는 것들이란, 그저 많이 아는 것을 탐하는 것이라든지 기이하고 거짓된 것을 크게 보려 하는 것이라든지 이설을 접하고서는

---

123) 역시 공자의 교육철학이 드러나 있는 구절이다. 바로 위에서 언급한 것과 연결되어 있는데, 위의 말에 뒤이어 공자는 "한 귀퉁이를 들어주었는데 나머지 세 귀퉁이를 들어서 상응해오지 않는다면 다시 가르쳐주지 않는다.(擧一隅, 不以三隅反, 則不復也.)"라고 하였다.

바로 마음을 옮겨간다든지 하는 것이다. 이렇게 하다가는 틀림없이 '돈 많은 사내를 좇다 제 몸까지 망침'의[124] 꼴이 되어 제 학문을 죄다 버리고서 비정통의 사술에 빠지고 만다. 그러므로 군자에게는 비록 사람들의 몽매한 마음을 가엾이 여기는 마음이 있기는 하지만, 이러한 사람들에게는 반드시 알려주지 않음으로써 모독해버린다.

蒙以養正, 聖功也

몽매한 이가 길러냄을 통해 올바르게 됨[125]은 성인이 되는 공부다.

蒙之所以能利貞者, 唯以善養之而正也. 筮而告, 無所隱, 瀆而不告, 不使瀆, 所以養蒙而正之也. 中以養不中, 才以養不才, 優而柔之, 使自得之, 引而不發, 能者從之, 作聖之功, 中道之教, 存乎養之而已. 此贊九二教道之至, 蓋蒙未有亨道, 在教者之剛嚴而善養, 乃得利貞.

몽매한 이가 이롭고 올곧을 수 있는 까닭은 오직 잘 길러내져서 올바르기 때문이다. 보통 시초점을 칠 경우 조금도 숨김이 없이 알려주는 것이라든지, 모독하는 경우에는 알려주지 않아서 모독하지 않게 하는 것 등은,

124) 이 말은 뒤에 나오는 몽괘 육삼효사의 일부다.

125) 이는 앞에서 예로 든 공자의 교육철학과 여기서 거론할 맹자의 교육철학을 관통하는 유가 교육철학의 근본 목적을 밝힌 것이다. 다름 아니라 인간으로서는 가장 완벽한 성인됨을 지향하는 것이 유가 교육의 궁극 목표라는 것인데, 구체적으로 이는 몽매한 이를 길러내서 올바른 사람이 되도록 함이라는 것이다.

몽매한 이를 길러내서 올바르게 하기 위한 것이다. 중도에 어긋나는 이를 중도로써 길러내고 재질이 부족한 이를 재질로써 길러내서, 그가 폭 넓고 온화한 사람됨을 갖추어 스스로 터득하게 한다. 이때 활시위를 잔뜩 당기기만 하고 발사는 하지는 않는 것인데, 능력이 있는 이들은 이렇게 함에서 잘 따라 배운다.[126] 성인이 되게 하는 공부와 중용의 도의 가르침은 이렇게 길러냄에 있을 따름이다. 이는 구이효가 행하는 가르침의 원리 및 방법의 지극함을 찬양한 것이다. 여기에서 말하고 있는 것은, 몽매한 이들 자체로는 형통할 길이 없고 그들의 형통함은 가르치는 이가 굳세고 엄격하게 하여 잘 길러내느냐에 달려 있으니, 이렇게 해서 이로움·올곧음을 얻게 된다는 것이다.

「象」曰: 山下出泉, '蒙', 君子以果行育德.

「대상전」: 산 아래에서 샘이 나옴이 몽괘니, 군자는 이를 본받아 과단성 있게 행동하고 덕을 육성한다.

---

126) 이는 맹자의 교육철학이 담긴 말이다. 맹자는, 교육에는 결코 피교육자들의 능력에 따라 이렇게 저렇게 바꾸어서는 안 되는 원칙이 있다고 하고서는, "위대한 장인은 결코 솜씨 없는 목공을 위해 먹줄을 바꾸거나 폐기하지 않고, 활쏘기의 최고 고수였던 후예(后羿)는 솜씨 없는 궁수를 위해 적중하는 법칙을 바꾸지 않았다. 군자는 활시위를 잔뜩 당기기만 할 뿐 정작 발사는 하지 않은 채 단지 발사하려는 양태만 잘 지어 보이는데, 이렇게 중도에 입각해 있더라도 능력 있는 학생들은 그를 따라서 잘 배운다."고 하고 있다.(『孟子』, 「盡心 上」: 孟子曰, "大匠不爲拙工, 改廢繩墨; 羿不爲拙射, 變其彀率. 君子引而不發, 躍如也, 中道而立, 能者從之.")

'泉', 水始出之細流, 故於山下之水, 不言水而言泉. 泉方出山, 而放乎四海, 無所止息, '果'矣. 曲折縈回, 養其勢以合小爲大, '育'也. 君子之行成於勇決, 而德資於涵養. 勇決則危行而不恤利害, 涵養則成章而上達天德. 甯武之愚不可及, 顔子之如愚足發, 皆此道也.

'샘'이란 물이 막 나오기 시작한 가느다란 물줄기를 말한다. 그러므로 산 아래에 있는 물을 상징하는 이 몽괘에서는 '물'이라 하지 않고 '샘'이라 하고 있다. 샘이 산에서 갓 나와서부터 사해(四海)로 흘러가기까지 결코 쉼이 없는 것이 '과단성'의 의미다. 또 굽이굽이 빙빙 돌아가면서 그 세를 불리는 방식으로 작은 것을 합쳐 큰 것이 되게 함이 '육성'의 의미다. 군자의 행동은 용기 있게 결단함에서 이루어지고, 덕은 함양함에서 힘입는다. 용기 있게 결단하면 위태롭게 행하면서도 이해관계는 결코 염두에 주지 않으며, 함양하면 완성된 하나의 인품을 이루어 위로 하늘의 덕에 까지 통한다. 공자가 미칠 수 없다고 찬탄하였던 영무자(甯武子)의 어리석은 체함[127]이나 마치 어리석은 듯하면서도 충분히 자신의 가르침을 발휘한다고 공자가 평가하였던 안회의 경지[128]는 모두 이 도를 체현한

---

127) 영무자(甯武子)는 춘추시대 위(衛)나라의 대부 영유(寗兪)를 가리킨다. 시호가 무자(武子)다. 공자는 그의 인품에 대해 "영무자는 나라에 도가 제대로 시행되고 있으면 그 앎을 발휘하고 나라에 도가 시행되지 않으면 어리석은 체하였다. 나는 그의 지식에는 미칠 수 있지만 그의 어리석은 체함에 대해서는 도무지 미칠 수가 없다."(『論語』, 「公冶長」: 子曰, "甯武子, 邦有道, 則知; 邦無道, 則愚. 其知可及也, 其愚不可及也.")라고 평가하였다. 그래서 이후 영무자는 제대로 된 세상에서는 나아가 자신의 능력을 한껏 발휘하고 제대로 되지 않은 세상에서는 마치 어리석은 사람인 체하며 물러나 칩거하는 정치가의 전형으로 자리매김되었다.

것이다.

初六, 發蒙, 利用刑人, 用說桎梏, 以往吝.

초육: 몽매한 이를 계발함이니, 사람에게 형벌을 주는 것으로써 함이 이롭고, 차꼬와 수갑을 벗어던지고 가는데, 아쉬워하게 될 것이다.

'發'猶始也. 陰陽之交, 在'屯', 陽生於下, 方震動以出; 至'蒙'而陰復起於下以陷陽, '蒙'之所自發而不易收也. 九二雖有剛中之德, 而爲初之所桎梏, 必奮然決斷, 絶私暱而施之以威, 乃可說桎梏而往正乎五. 然陰性柔, 初位賤, 承二而易相狎暱, 未見其能決於正法也, 故吝.

'發(발)'은 시작함과 같다. 음과 양이 교접함을 보면, 이전의 준괘에서는 양이 아래에서 생겨나 갓 진동하며 나왔는데, 이 몽괘에 이르러서는 음이 다시 아래에서 일어나 양을 빠뜨리고 있다. 이는 몽괘 스스로가 자아낸 결과로서 쉽게 거두어들이지 못한다. 그래서 몽괘의 구이효가 비록 굳세고 득중한 덕을 지니고는 있지만 초육효에 의해서 질곡 당하고

---

128) 이 말 역시 공자가 안회(顔回)의 인품에 대해 평가한 말이다. 공자는, "내가 안회와 종일토록 대화를 하는데 그가 전혀 반응이 없이 그대로 받아들이고만 있어서 마치 어리석은 사람처럼 보였다. 그런데 그가 집에 가서 생활하는 것을 보니 나의 가르침을 충분히 발휘하고 있더라. 안회는 결코 어리석은 사람이 아니다."(『論語』, 「爲政」: 子曰, "吾與回言終日, 不違如愚. 退而省其私, 亦足以發, 回也不愚.")라고 평가하고 있다.

있으니, 반드시 떨치고 일어나 결단하여 사사로운 친함을 끊어버리고 위엄으로 대해야 질곡으로부터 벗어나고 구오효에게로 가서 그에 의해 올바르게 될 수 있다.[129] 그러나 음의 성질은 부드럽고 초효의 위(位)는 비천함의 자리여서 구이효를 받들어서 쉽게 서로 친근해진다. 그래서 아직 법으로 결단할 수 있음을 이 초육효는 보여주지 못하고 있다. 그러므로 아쉬워하게 된다.

「象」曰: '利用刑人', 以正法也.

「상전」: '사람에게 형벌을 주는 것으로써 함이 이롭고'라는 것은 올바른 법이기 때문이다.

爲蒙蔽造端之孽, 欲正蒙者, 非施法不可. 宦官宮妾, 卑賤而善導人主於迷, 正人君子所必治.

이제 갓 시작한 것을 뒤덮고 있는 재앙이기 때문에 몽매한 이를 바루고자 하면 법을 시행하지 않고서는 안 된다. 환관이나 궁중의 여자들은 비천하면서도 임금을 미혹됨으로 유도하는 데서 능하니, 품행이 올바른 군자에 의해 반드시 다스려져야 한다.

---

129) 이곳 『역경』 원문을 대부분의 판본은 '用說桎梏, 以往吝.'으로 끊어서 풀이하지만, 왕부지는 여기서 '用說桎梏以往, 吝.'으로 끊어서 풀이하고 있다.

九二, 包蒙吉. 納婦吉, 子克家.

구이: 몽매한 이를 감싸안아줌이니 길하다. 부인을 받아들여서 길하고 자식이 능히 가정을 이룬다.

'包'亦養之之意. 教道之善, 取蒙者之剛柔明暗, 悉體而藏之於心, 調其過, 輔其不及, 以善養之. 師道立, 善人多, 是以吉也. '納婦'以下, 別爲一義, 取象之博也. 凡象·爻有二義者, 放此. '蒙'陽養陰而正之, 故二·三皆有取婦之象. 婦人之性柔而暗, 其柔也告之, 其暗也勿瀆之, 剛而得中, 以此納婦, 家之吉也. 五爲婦, 上其子也. 揲蓍之法, 下爻立而後生上爻, 故上有爲五子之象焉. 教子者先教婦; 婦慈而無溺愛, 則子且才. 故上九剛健, 能終九二之德. 包蒙之吉, 以之正家, 家教修而世澤長矣.

'包(포)'도 기른다는 뜻이다. 가르침의 도를 잘 펴는 이는 대상인 몽매한 이의 굳셈[剛]과 부드러움[柔], 밝음과 어두움을 취하여 죄다 제 몸처럼 여기며 마음속에 넣어 두고서, 그 과오는 조절하고 그 미치지 못함은 보완해 줌으로써 잘 길러낸다. 스승의 도가 확립되면 좋은 사람이 많아지니, 그래서 길하다.

'부인을 받아들여서' 이하는 또 다른 의미를 이루고 있다. 여기서 『주역』의 취상(取象)이 광범위하다는 것을 알 수 있다. 무릇 괘·효에 두 가지 의미가 있는 것들은 이를 본보기로 한다. 몽괘는 양이 음을 길러서 올바르게 한다는 의미를 가지고 있다. 그래서 구이효와 육삼효에 모두 부인을 취하는 상이 있다. 부인의 성질은 부드럽기도 하고 어둡기도 하다. 이 가운데 부드러운 이에 대해서는 알려주지만 어두운 이에 대해서는 알려줌으로써 모독하거나 하지 말아야 한다. 그런데 구이효는 굳세고 득중한 채 이러한 덕을 가지고서 부인을 받아들였으니 가정이 길하다. 구이효에 대해 육오효는 부인이 되고 상구효는 그 아들이다. 시초를 헤아려 괘를 뽑아내는 데서의 원칙은 아래효가 확립된 뒤에 위효를 낳는 것이다. 그러므로 상구효에는 육오효의 아들이 되는 상이 있다. 아들을 가르치기 위해서는 먼저 부인을 가르쳐야 한다. 부인이 자식에게 자애롭되 맹목적인 사랑에 빠져들지 않으면, 자식 또한 자질을 갖추게 된다. 그래서 몽괘에서는 상구효가 굳세고 씩씩하여 구이효의 덕을 완수해낼 수 있다. 몽매한 이를 감싸안아줌의 길함은 바로 이렇게 함으로써 가정을 바루기 때문이니, 이러함에서는 가정교육이 잘 이루어지고 후세에 남기는 은택[130]도 길어진다.

「象」曰: '子克家', 剛柔接也.

「상전」: '자식이 능히 가정을 이룬다.'는 것은 굳셈[剛]과 부드러움[柔]이 교접하기 때문이다.

父剛母柔, 教養道合, 故得上九克家之子.

아버지는 굳세고 어머니는 부드러운데, 가르치고 기르는 데서 이를 함께한다. 그러므로 상구효가 능히 가정을 이루는 자식이 될 수 있다.

---

130) 맹자의 말을 근본으로 한 것이다. 맹자는 군자가 남기는 은택은 5세대를 지나고서야 끊어진다고 하였다.(『孟子』, 「離婁下」: 君子之澤, 五世而斬.)

六三, 勿用取女, 見金夫不有躬, 无攸利.

육삼: 여자를 얻지 마라! 돈 많은 놈을 좇다 제 몸까지 망치리니, 이로울 것이 없다.

'蒙', 陰陽雜處而未知所擇, 唯懷貞者能從容以愼所從. 六三陰不當位, 爲躁進之爻, 溺陽而陷之, 歆於小利而忘其正配, 女子不貞之尤者也. '勿用取', 謂上九雖與爲應, 當決棄勿與瀆也. 夫人苟識之未充, 辨之未審, 而躁於求益, 則見異而遷, 驚爲奇遇, 忘身以徇之. 曹伯悅公孫彊之霸說而亡國, 包顯道信陸子静之禪學而髡首, 其志操之邪陋, 與鬻色之女同其賤, 養蒙者無可施其教也.

몽괘는 음과 양이 뒤섞여 있어서 아직 어떤 것을 선택해야 할지 모르는데, 오직 올곧음을 가슴에 품은 사람만이 행동거지를 상도(常度)에 맞게 하면서 신중하게 무엇을 좇을지를 잘 가릴 수 있다. 육삼효는 음으로서 자신에게 마땅한 자리를 차지하고 있지 않으며 조급하게 나아가려는 효인데, 지금 이 괘에서는 양을 함닉(陷溺)시키고 있다. 그리고 작은 이익에 마음이 동하여 제 짝인 남편을 잊어버리고 있으니, 여자의 부정(不貞)이 더욱 심한 것이다. '얻지 마라!'는 상구효가 비록 이 육삼효에 응하고 있지만 마땅히 재빨리 관계를 청산하고 더불어 더러움에 빠지지 마라는 의미다. 사람이 진실로 아는 것이 충실하지 않고 변별하는 것도 확실하지 않은 채 조급하게 이익을 추구하다가 평소에 자주 못 보던 것을 보면 금세 마음이 그리로 옮겨가게 된다.[131] 그리고는 이 의외의 기특한 만남에 대해 깜짝 놀라면서 제 몸을 망치면서까지 좇는다. 예컨대 조백(曹伯)이 천하의 패자가 되라는 공손강의 유세에 넘어가 나라를

멸망시킨 것이라든지[132], 포현도(包顯道)가[133] 육자정의 선학(禪學)

---

131) 이는 관자(管子)가 제환공(齊桓公)에게 사・농・공・상(士農工商)을 뒤섞지 말고 각기에 알맞게 할 일을 나누어 주라고 하는 가운데 나오는 말이다. 관자는 여기서 '사(士)' 계급의 할 일로 그들이 평소 육체노동으로부터는 자유롭게 지내면서 부모들끼리는 어떻게 하면 의로움을 행할지를 담론하게 하고 자식들끼리는 어떻게 하면 효성을 다할지를 담론하게 하라 하고 있다. 또 군주는 경건함을, 어른은 사랑을, 어린이는 공손함을 강구하도록 하라 하고 있다. 그래서 인류 공동체를 유지하게 할 수 있는 규범과 기강을 이들이 담당하도록 하고 이를 자제들에게 가르치면 자제들은 어려서부터 이러한 교육을 받은 결과 그 심지가 편안해져서, 기이한 것들을 보더라도 금세 그리로 마음이 옮겨가지는 않을 것이라 하고 있다.(『管子』, 「小匡」: 今夫士群萃而州處, 閒燕則父與父言義, 子與子言孝, 其事君者言敬, 長者言愛, 幼者言弟, 旦昔從事于此, 以教其子弟, 少而習焉, 其心安焉, 不見異物而遷焉.) 이렇게 보면 왕부지의 이 몽괘 육삼효사의 풀이는 거의 『관자』의 견해를 그대로 받아들이고 있다고 해도 과언이 아니다. 이는 왕부지의 역철학에서 매우 흥미 있는 부분이라 할 것이다.

132) 조백(B.C. ?~B.C.487)은 춘추시대 조(曹)나라의 마지막 임금이다. 이름은 양(陽)이다. 재위 기간은 15년(B.C.502~B.C.487)이었다. 조백은 즉위한 뒤에도 너무나 사냥을 좋아했다. 이때 공손강(公孫彊)이라는 사람 또한 매우 사냥을 좋아했는데 그는 흰기러기를 잡아서 조백에게 바치는 등 사냥동호인으로서 조백의 환심을 샀다. 조백은 그를 좋아하여 늘 불러들여 환담을 나누고는 하였는데 마침내 그와 정사를 논하기에 이르렀다. 그리고는 그를 사성(司城)에 임명하기까지 하였다. 그러자 공손강은 조백에게 패자(覇者)가 될 것을 부추기며 우선 진(晉)나라와의 맹약을 깨는 한편 송나라를 치라고 권유하였다. 그런데 이렇게 조나라가 송나라를 쳐서 합병하면 국력이 그만큼 강해져서 정(鄭)나라에게는 큰 위협이 될 수밖에 없었다. 이에 정나라는 군대를 파병하여 조나라의 송나라 침공을 막았고, 나아가 연합군을 형성하여 조나라를 대파하였다. 그리고 조백을 포로로 잡아서 죽였다. 이렇게 하여 조나라는 멸망하고 말았다.

133) 포현도는 포양(包揚)의 자(字)다. 호는 극당(克堂)이다. 생몰 연도는 미상이다.

을[134] 신봉한 나머지 머리를 깎고 승려가 된 것 등을 보면, 그 지조의 비뚤어지고 누추함이 색을 파는 창녀와 똑같이 천하기 짝이 없다. 몽매한

강서성(江西省) 남성(南城) 출신이다. 일설에는 건양(建陽) 출신이라고도 한다. 형(約, 字 詳道), 동생(遜, 字 敏道)과 함께 삼형제가 나란히 육상산을 스승으로 모셨다. 그리고 일찍이 "책을 읽고 학문을 강론하는 것은 인의를 틀어막고 질식시킨다.(讀書講學, 充塞仁義.)"는 말로 주자를 비방했다고 한다. 주자가 이 사실을 육상산에게 알리자 육상산이 그를 꾸짖기도 했다. 육상산이 죽은 뒤 이 포현도는 자신의 문도들을 이끌고 주자를 찾아가 제자의 예를 올리기도 했다고 한다. 황종희는 그의 저 『송원학안(宋元學案)』에서 "포현도·상도·민도는 함께 주자·육상산 모두에게서 배웠지만, 육상산에게 기운 부분이 더 많다.(包顯道·詳道·敏道同學于朱·陸, 而趨向于陸者分數為多.)"라고 평가하였다.

134) 육자정은 육구연(陸九淵; 1139~1193)의 자(字)다. 그의 호는 상산(象山)이다. 강서성(江西省) 금계(金溪) 출신이다. 그의 서재 이름이 '존(存)'이었기에 사람들은 그를 '존재 선생(存齋先生)'이라 불렀다. 일찍이 그는 강서성의 동북부에 있는 귀계(貴溪)의 용호산(龍虎山)에 초옥을 짓고 제자들을 모아 강학하였는데, 그 산이 마치 코끼리와도 같아 스스로를 '상산옹(象山翁)'이라 불렀다. 그래서 또 사람들은 그를 '상산 선생(象山先生)'·'육상산(陸象山)'이라고도 부른다. 그의 육씨 삼 형제를 지칭하는 '금계삼륙(金溪三陸)' 가운데 가장 명성이 높다. 송대에 주희와 나란히 이름을 날리면서 철학사에 길이 남을 토론을 남겼다. '아호지회(鵝湖之會)'라 불리는 바, 여조겸(呂祖謙)의 주선으로 둘은 아호사(鵝湖寺)에서 만나 끝장 토론을 벌였지만 끝내 합일하지 못하고 헤어졌다. 주희의 학문을 '이학(理學)'이라 함에 비해 그의 학문은 '심학(心學)'이라 한다. 세상에 대한 설명을 '심(心)' 하나에로 귀일시켰기 때문이다. 명대에 이르러 왕수인(王守仁)이 그의 학문을 계승하였다. 그래서 둘의 학문을 연칭하여 '육왕학(陸王學)'이라 한다. 그런데 이들의 학풍은 불가(佛家)의 종지와 그다지 구별되지 않는다 하여 불가의 아류로 혹평하는 사람도 있다. 여기서 왕부지가 그의 학문을 '육자정의 선학(禪學)'이라 단언하는 것에도 이러한 평가가 담겨 있다. 후대에 사람들은 그를 존숭하여 '육자(陸子)'라 불렀다.

이들을 기르는 이라면 결코 이러한 가르침을 시행해서는 안 될 것이다.

「象」曰: '勿用取女', 行不順也.

「상전」: '여자를 얻지 마라!'고 하는 것은 여자의 행실이 순종적이지 않기 때문이다.

不順上九之正應, 而貪二之近, 與相溺. 女德如此, 乃勿取之, 以遠害. '順', 『本義』作'愼', 亦可通.

이 육삼효는 상구효의 제대로 응함[正應]에 순종하지 않고 가까이 있는 구이효를 탐낸 나머지 둘이 서로 불륜에 빠진다. 여자의 됨됨이가 이와 같기에 취하지 않음으로써 피해로부터 멀리하라고 한 것이다. '順(순)'을 주자의 『주역본의』에서는 '愼(신)'으로 쓰고 있는데 뜻은 역시 통한다.[135]

六四, 困蒙, 吝.

육사: 몽매한 이를 곤고하게 한다. 아쉬움이 있다.

四爲退爻, 而以柔處之, 非不欲求人之我告, 而初六固不能養己者, 困

---

135) 그러면 "여자의 행위가 순종적이지 않기 때문이다."에서 "여자의 행위가 신중하지 않기 때문이다."로 바뀐다. 그러나 뜻은 서로 통한다고 할 수 있다.

於無聞而不足以行. 不見正人, 不聞正言, 君子之所閔也. 然此爻獨得位, 雖困而未自失, 故吝而不凶.

원래 4효는 물러남의 효인데 지금 이 몽괘에서는 부드러움[柔]이 차지하고 있다. 그리고 누구에겐가 찾아가서 그가 자신에게 알려주기를 바라지 않는 것이 아니지만, 이 효와 응(應)의 관계에 있는 초육효가 본디 자기 자신조차 함양할 줄 모르는 자니, 육사효는 어쩔 수 없이 아무 것도 들은 것이 없다. 그래서 곤고하여 행할 수가 없다. 올바른 사람을 만나지 못하고 올바른 말을 듣지도 못하는 것이 군자에게는 근심거리다. 그러나 이 육사효는 몽괘에서 유일하게 홀로 제 위(位)를 얻고 있으니, 비록 곤고함에 처해 있기는 하지만 스스로를 잃어버리지는 않는다. 그래서 아쉬워함은 있지만 흉하지는 않다.

「象」曰: 困蒙之吝, 獨遠實也.

「상전」: 몽매한 이를 곤고케 함에서 오는 아쉬움을 당하는 것은 몽괘에서 이 육사효만 실한 것에서 멀리 있기 때문이다.

陽實陰虛, ; 實則有道於己而可以教人. 卦唯此爻與陽隔遠. 生無道之世, 日與柔暗之流俗相親, 雖有承教之心, 而無可觀感, 故「象傳」深致歎焉.

양은 실하고 음은 허하다. 실하면 스스로에게 도(道)가 있어서 남을 가르칠 수가 있다. 그런데 몽괘에서는 오직 이 효만 양들로부터 멀리 떨어져 있다. 그래서 도가 실현되지 않는 세대에 태어나서 날로 무르고 어두운 유행 풍속과 서로 어울린다. 그래서 비록 가르침을 받고자 하는 마음이 있다고는 하여도 보고 감복할 만한 대상이 없다. 그러므로 지금 이 「상전」에서는 이를 깊이 탄식하고 있는 것이다.

六五, 童蒙吉.

육오: 배움의 길에 있는 이에게 길하다.

虛中待敎, 得童蒙之正, 其吉宜矣.

자신을 비우고 가르침을 기다림으로써 배움의 길에 있는 이의 올바름을 갖추고 있으니, 그 길함은 마땅하다 할 것이다.

「象」曰: 童蒙之吉, 順以巽也.

「상전」: 배움의 길에 있는 이의 길함은 그가 순종하면서 공손하기 때문이다.

下順乎二而聽其包, 上巽入乎上而受其止, 有忠信之資而能好學者也.

이 구오효는 아래로는 구이효에게 순종하면서 그의 감싸 안음을 받아들이고 있고, 위로는 상육효에게 공손하게 들어가서 그의 제지함을 수용하고 있다. 그래서 충성스러움과 신뢰의 자질이 있어서 배우기를 좋아할 수 있는 이다.

上九, 擊蒙, 不利爲寇, 利禦寇.

상구: 몽매한 이를 내리침이니, 경계를 넘어 들어가 공격함에는 이롭지 않고, 쳐들어오는 공격을 막아냄에는 이롭다.

越境攻人曰'寇', 非寇盜之謂. 寇盜則不待言不利, 『易』豈爲盜占利不利哉! 上九一陽在上, 遏止二陰, '擊'之象也. 九二師道雖嚴, 而位柔得中. 上九居高, 剛以臨下, 故爲'擊蒙'. 然童蒙德本巽順, 雖知有未逮, 而心無邪僻, 但憂外至之惡相誘相侵, 須爲防護; 若苛責太甚, 苦以難堪, 則反損其幼志. 養蒙之道, 止其非幾, 勿使狎於不順而已矣.

경계를 넘어 들어가 사람들을 공격하는 것을 '寇(구)'라 하는데, 이는 도적질을 하는 것이 아니다. 도적질이라면 '이롭지 않다'고 말할 나위조차 없다. 『주역』이 어찌 도적질하는 데서의 이로움과 이롭지 않음을 점치는 것이겠는가! 이 상구효는 하나의 양(陽)이 위에 있으면서 두 음(陰)을 제지하고 있으니, '내리침'의 상이다. 구이효의 사도(師道)가 비록 엄격하다고는 하나 위(位)가 부드러움[柔]의 자리고 한가운데에 자리를 잡고 있다. 이에 비해 상구효는 높은 자리를 차지하고서 굳셈[剛]으로써 아래에 임하고 있다. 그러므로 '몽매한 이를 내리침'이다. 그러나 배움의 길에 있는 이의 덕이 본래 공손하고 순종적이며, 비록 그의 지적 수준에는 아직 모자람이 있다 하더라도 마음에 사악함이나 비뚤어짐이 없다. 다만 밖에서 들어오는 악이 서로 유혹하고 서로 침범함을 우려하여 모름지기 그것을 막고 보호하면 된다. 이때 만약에 너무 심하게 꾸짖은 나머지 그가 그 고통을 감내하기 어렵게 되면, 오히려 그 어린이의 배우고자 하는 의지를 훼손하게 된다. 몽매한 이를 배양하는 원리와 방법은 그가 잘못된 길로 막 빠지는 낌새가 있는 단계에서 제지하여 순종적이지 않은 사람과 친해지지 않도록 하는 것일 따름이다.

「象」曰: 利用禦寇, 上下順也.

「상전」: "쳐들어오는 공격을 막아냄에는 이롭다"는 것은 상 · 하가 순종하기 때문이다.

二與合德, 五又巽以承教, 則與捍外侮可矣, 勿重傷之也. 因此而知卦外有陰陽; 有陰陽斯有同異, 有同異斯有攻取. 寇蒙者, 卦外陰陽之變也. 故上九之外有寇焉, 而上禦之. 以綜言之, 泣血之屯; 以錯言之, 未革面之小人; 皆寇也, 特隱而未見耳. 合十二位之陰陽, 以盡卦外之占, 乃不窮於義類, 學『易』者所當知也.

상구효는 구이효가 그와 덕이 합치하고[136] 육오효가 또한 공손하게 그 가르침을 받들고 있으니, 이들과 함께 밖에서 오는 모욕을 막을 수가 있어 중상을 입지 않는다. 이로 말미암아 괘의 밖에도 음 · 양이 있음을 안다. 음과 양이 있으면 이에 같음과 다름이 있고, 같음과 다름이 있으면 이에 공격함과 취함이 있다. 몽매한 이를 밖에서 공격하는 것은 괘 밖에 있는 음 · 양의 변함이다. 그러므로 상구효의 밖에서 공격해 들어오는 이가 있으며 이를 상구효가 막는 것이다. 이를 종(綜)의 관계로

---

136) 두 효가 다 양효라는 의미임.

말하면 피눈물을 줄줄 흘리는 준괘의 간난함이고, 착(錯)의 관계로 말하면 아직 완전히 얼굴을 바꾸지 못한 소인이다. 이들은 모두 몽괘의 상육효를 밖에서 공격하는 이들이지만, 단지 숨어서 드러나지 않을 뿐이다. 12위(位)의 음·양을 합쳐서 괘의 밖에 있는 점(占)들까지 다하게 되면 의미가 통하는 부류가 그만큼 확장되어 점사를 적용하여 풀이하는 데서 궁하지 않을 것이다. 『주역』을 공부하는 이들은 마땅히 이를 알아야 한다.[137]

137) 이 대목은 왕부지의 주요한 『주역』 풀이 이론인 착종설(錯綜說)과 건곤병건설('乾''坤'竝建說)을 바탕에 깔고 쓴 글이다. 먼저 건곤병건설은 『주역』 64괘가 앞쪽[嚮]·뒤쪽[背]의 12위(位)를 감안할 적에 모두 건괘·곤괘 두 괘로 환원된다는 것이 그 골자다. 자세한 것은 앞 주110)을 참고하라. 그런데 드러나고 있는 쪽(嚮)에 있는 효와 숨어 있는 쪽(背)의 효 사이에는 서로 대대(對待)의 관계가 있다고 하였다. 즉 앞쪽[嚮]에 양효(⚊)가 있으면 뒤쪽[背]에는 음효(⚋)가 있고, 향에 음효가 있으면 배에는 양효가 있다는 것이다. 이들은 서로 역치(易置)의 관계를 이룬다. 이것이 '착(錯)'이다. 앞에 드러나고 있는 효를 줄로 갈아버리면 뒤에 숨어 있는 효가 나온다는 의미에서 왕부지는 이를 '착(錯)'이라는 말로 표현하였다. 이 '착'의 관계를 고려하면 64괘는 낱낱 괘들의 위(位)가 모두 12위(位)가 되고 그것이 6음·6양으로서 건괘·곤괘로 환원된다. 이에 비해 보이는 쪽(嚮)에서 이웃하고 있는 괘들끼리의 관계를 고려하는 것이 '종(綜)'이다. '종(綜)'은 베틀의 '잉아'를 의미한다. 그래서 베를 짤 때 잉아실을 매 놓고 바디를 오르내리면 위·아래가 서로 도치(倒置) 관계를 이루는 것처럼 64괘의 이웃하고 있는 괘들끼리 서로 도치의 관계를 이루고 있다. 다만 '첫째·둘째', '27째·28째', '29째·30째', '61째·62째'에 해당하는 '건괘䷀·곤괘䷁', '이괘(頤卦)䷚·대과괘(大過卦)䷛', '감괘(坎卦)䷜·이괘(離卦)䷝', '중부괘(中孚卦)䷼·소과괘(小過卦)䷽' 등에서는 '종(綜)'의 관계가 성립하지 않는다. 이들 여덟 괘는 '종'으로 해도 여전히 똑같은 괘가 되기 때문이다. 즉 건괘의 '종'은 역시 건괘요, 곤괘의 '종'도 곤괘며, 이괘의 '종'은

需卦乾下坎上

수괘

需. 有孚, 光亨貞吉, 利涉大川.

수괘: 믿음이 있고 빛나게 형통하며 올곧아서 길하다. 큰 하천을 건넘에 이롭다.

'需', 緩而有待也. '乾'之三陽欲進, 而爲六四之陰所阻. 九五陽剛, 履乎

이괘요, 대과괘의 '종'도 대과괘다. 나머지도 마찬가지다. 그래서 『주역』에서는 이들 여덟 괘에 대해서는 '종'의 관계가 아닌 '착'의 관계로 이웃의 짝을 맺어 놓고 있고, 나머지는 모두 '종'의 관계로 짝을 맺어 놓고 있다. 이렇게 보면, 위의 여덟 괘를 제외한 56괘는 각각 '착'의 관계를 이루는 괘도 있고, '종'의 관계를 이루는 괘도 있다는 것을 알 수 있을 것이다. 여기서 '괘 밖에 있는 음·양의 변함'이라 한 것은 바로 이를 가리킨다. 지금 이 몽괘를 예로 들면 몽괘와 '종'의 관계를 이루는 것은 준괘(屯卦)요, '착'의 관계를 이루는 혁괘(革卦)다. 그래서 왕부지는 여기서 몽괘의 상구효사를 풀이하면서 준괘 상육효사의 일부인 '피눈물이 줄줄 흘러내리는 듯하다(泣血漣如)'와 혁괘 상육효사의 일부인 '소인이 안면을 바꿈이다(小人革面)'를 끌어다 유기적으로 연관지으며 그 해석의 폭을 넓히고 아울러 그 정확성을 기하고 있다. 이상이 "12위(位)의 음·양을 합쳐서 괘의 밖에 있는 점(占)들까지 다하게 되면 의미가 통하는 부류가 그만큼 확장되어 점사를 적용하여 풀이하는 데서 궁하지 않을 테니 『주역』을 공부하는 이들은 마땅히 이를 알아야 할 것이다."는 말 속에 담긴 의미다.

中位, 而陷於二陰之中, 與三陽相隔. 三陽待五之引己以升, 九五待三陽之類至, 交相待而未前, 故爲健行而遇險之象, 不能無所需遲, 而固可以需者也. '孚'者, 同心相信之實也. 陰與陽合配曰'應'. 陰陽之自類相合曰'孚'. 凡言'孚'者放此. 舊說謂'應'爲'孚', 非是. 九五與三陽合德, 雖居險中, 而誠以相待, 秉志光明, 而情固亨通, 終不失正, 吉道也. 此以贊九五之德. '利涉大川', 爲下三陽言也; 雖爲四所阻, 不能不有需遲, 而性本健行, 不畏險而自卻, 且有九五以爲之主, 非陰所能終阻, 涉焉, 斯合義而利矣.

이 괘의 괘 이름인 '需(수)'는 느긋하게 기다림을 의미한다. 이 수괘에서는 정괘(貞卦)인 건괘☰의 세 양이 나아가고자 하지만, 지금 육사효의 음에 의해 저지당하고 있다. 그리고 구오효의 굳센 양은 중위(中位)에 자리 잡고 있지만 위・아래의 두 음효 속에 빠져 있어서 정괘의 세 양효들과는 서로 사이를 두고 있다. 이에 세 양들은 구오효가 자기네들을 이끌어 올려주기를 기다리고 있고 구오효도 자신과 같은 부류인 세 양이 오기를 기다리면서 서로가 서로를 기다리는 채 아직 전진하지 못하고 있다. 그러므로 이 수괘는 씩씩하게 행하다가 험난함을 맞닥뜨린 상이니, 기다리며 지체함이 없을 수가 없지만, 본디 기다릴 수가 있는 괘다. '부(孚)'는 같은 마음으로 서로 믿는 실질이다. 음과 양이 합하여 배필이 됨을 '응(應)'이라 하고, 음・양이 각기 자신의 부류끼리 서로 합하는 것을 '부(孚)'라 한다. 『주역』에서 '부(孚)'라 하는 것들은 이렇게 되어 있다. 구설(舊說)에서는 '응(應)'을 '부(孚)'라 하였는데 이는 잘못이다. 회괘(悔卦)의 구오효와 정괘(貞卦)의 세 양은 덕이 합치하니, 지금은 비록 험난함 속에 처해 있지만 정성스럽게 서로를 기다리고 있다. 그리고 하려는 의지가 밝고 빛나는 것이어서 정(情)이 본디 형통하며 끝내 올바름을 잃어버리지 않는다. 이는 길한 도(道)다. 그리고 구오효의 덕을 찬미한 것이다.
'큰 하천을 건넘에 이롭다'는 정괘(貞卦)의 세 양에 대해 말한 것이다. 이들은 지금 비록 육사효에 의해 저지당하고 있어서 어쩔 수 없이 기다리며 지체하고 있지만, 본성이 본래 '씩씩하게 행함'으로서, 험난함을 두려워하지 않고 스스로 물러나 있으며 또한 구오효가 이들의 주재자가 되어 있으니, 음이 이들을 끝까지 저지할 수는 없다. 그래서 끝내는 건너게 되니, 이는 의로움에 합치하여 이로운 것이다.

「彖」曰: 需, 須也, 險在前也. 剛健而不陷, 其義不困窮矣.

「단전」: '需(수)'는 모름지기 · 기다림을 의미하는 '須(수)'니 험난함이 앞에 놓여 있기 때문이다. 그러나 굳세고 씩씩하여 이에 함몰하지는 않고, 그 의로움은 곤고해지지 않는다.

險在前, 不容不有所待而後濟. 然天下之陷於險者, 皆由銳志前行, 而不慮險之在後, 則至於困窮, '訟'之所以'終凶'也. 險在前, 知之已明而健於行, 躊躇滿志以有爲, 慮已熟而無可畏葸, 見義必爲, 不憂其困矣.

험난함이 앞에 놓여 있을 적에는 어쩔 수 없이 기다렸다가 건너가야 한다. 그러나 이 세상에서 험난함에 빠지는 이들을 보면, 모두 너무나 굳은 의지로 앞으로만 갈 뿐 뒤에 험난함이 도사리고 있다는 것을 고려하지 않기 때문에 곤고함에 이르게 된다. 그래서 송괘(訟卦)에서는 '끝내 흉하다'고 한다. 그런데 지금 이 수괘에서는 험난함이 앞에 놓여 있는데 이미 환하게 알고 씩씩하게 행하니 마음 가득히 만족하며 느긋하게 행위에 옮긴다.[138] 그리고 이미 충분히 숙고하였기에 도대체 눈이 휘둥그레질 만큼 두려워할만한 것이 없다. 그래서 의로움을 실현해야 할 경우에는 반드시 행위에 옮기며 그 곤고함에 대해 우려하지 않는다.

'需有孚光亨貞吉', 位乎天位, 以正中也.

'믿음이 있고 빛나게 형통하며 올곧아서 길함'은 구오효가 하늘의 위(位)에 자리 잡은 채 정중(正中)하고 있기 때문이다.

九五位乎天位, 足爲群陽之主, 而得位秉正, 不以在二陰之中而生疑阻, 則信著光明, 亨通可俟也.

구오효가 하늘의 위(位)에 자리 잡고서 족히 뭇 양(陽)들의 주재자가 되고 있으며, 제자리를 차지한 채 올바름을 보존하고 있다. 때문에 지금

---

138) 여기서 '마음 가득히 만족하며 느긋하게'라고 번역한 '躊躇滿志(주저만지)'라는 말은 『장자』의 '포정해우(庖丁解牛)'에 나오는 말이다. 『장자』에서는 19년 동안이나 소를 잡아 이미 신의 경지에 이른 포정(庖丁)이 소를 잡을 적에, 아직도 소의 뼈와 근육이 결집한 곳에 이르면 두려움을 느끼고 스스로를 경계하며, 감각은 멈춘 채 조심조심 온 정성을 다해 소를 분해하는 작업을 마친 뒤, 비로소 느끼는 만족스러움을 이렇게 표현하고 있다.(『莊子』, 「養生主」: 是以十九年而刀刃若新發於硎. 雖然, 每至於族, 吾見其難爲, 怵然爲戒, 視爲止, 行爲遲. 動刀甚微, 謋然已解, 如土委地. 提刀而立, 爲之四顧, 爲之躊躇滿志, 善刀而藏之.)

두 음(陰)들 속에 있다고 하여 혹시나 저지당하지 않을까 하는 의심조차 내지 않는다. 그리하여 믿음성이 환하게 드러나니, 그 형통함을 기다릴 수가 있다.

'利涉大川', 往有功也.

'큰 하천을 건넘에 이롭다'는 가서 공을 세우게 된다는 의미다.

健以濟險, 雖需遲而不陷, 往斯利矣. 九三以近險而進, '致寇至', 然則往且犯難, 而「彖」云'有功'者, 全體'乾'而有恆, 則利九三獨動, 而不需群起立功; 抑必有獨攖其難者, 則先動者當之. 凡彖·爻異占者, 大率類此. 所謂"變動以利言, 吉凶以情遷"也.

씩씩하게 험난함을 구제하는데 비록 기다리며 지체하기는 하지만 이에 함몰하지는 않으니, 가면 이로운 것이다. 구삼효가 이 수괘의 회괘(悔卦)인 감괘☵의 험난함에 가까이 다가오기에 "경계를 넘어 공격해 옴을 초래한다"고 하고 있다. 그렇다면 가서 또한 어려움을 불러오게 될 것이다. 그런데도 「단전」에서 단지 "공을 세우게 된다"고만 말한 까닭은, 회괘 전체가 건괘☰로서 항상됨이 있기 때문이다. 이러한 상황은 구삼효가 홀로 움직임에 이로우니 꼭 무리를 지어 흥기하여 공을 세울 필요가 없는 것이다. 아니면 그 험난함을 꼭 홀로 맞닥뜨리게 되어 있는데, 구삼효처럼 먼저 움직이는 이가 이러한 상황에 맞닥뜨리게 된다는 의미다. 무릇 괘·효를 다르게 점쳐야 할 경우는 대강 이와 같은 부류들이다. 이른바 "변동은 이로움으로써 말하고, 길·흉은 실제 정황에 따라 변천한다."[139]는 말이 그것이다.

「象」曰: 雲上于天, '需', 君子以飮食宴樂.

「대상전」: 구름이 하늘보다 위로 올라갔음이 수괘(需卦)니, 군자는 이를 본받아 잔치를 베풀어 먹고 마시며 즐거워한다.

水不可加於天上, 故變言'雲'. 雲者, 水氣之淸微者也. '上', 升也. 地以上皆天, 升高則上於天矣. 雲升而未降爲雨, 故爲'需'. 需者, 事之賊也. 君子敏則有功, 無所用需; 唯其於飮食宴樂也, 可以飮食宴樂矣, 而猶需之, 故酒淸殽乾, 終日百拜而後擧逸逸之醻. 後天下以樂, 而後鍾鼓田獵, 民皆欣欣以相告, 則享天下之奉而無弃欲敗度之愆, 此則所宜需者也. 此外雖硏幾觀變, 極其審愼, 而當所必爲, 坐以待旦, 何需之有!

물은 하늘보다 위로 올라갈 수가 없다. 그러므로 바꾸어서 '구름'이라 한 것이다. 구름이라는 것은 수기(水氣)의 맑고 미세한 것들이다. '上(상)'은 올라감을 의미한다. 땅 위로는 모두 하늘이니, 높이 올라갔다면 하늘보다 위가 된다. 구름이 올라가되 아직 비로 내리지 않았으니 '기다림'이라는

139) 「계사하전(繫辭下傳)」 제12장에 나오는 말이다. 왕부지는 거기에서 이에 대해, "음과 양은 교접하여 서로 변하면서도 저절로 서로 통한다. 이들은 모두 한때의 이로움을 타지만 이로운 바에는 득도 있고 실도 있다. 정황의 옳음과 옳지 않음에 따라 길·흉이 다른 것이다.(陰陽之交相變而自相通, 皆乘一時之利, 而所利者有得有失, 因乎情之正不正, 而吉凶異矣.)"라고 주해하고 있다.

의미에서 '需(수)'가 된다.

기다림이란 일의 적이다. 군자가 민첩해야 공을 세우니 기다릴 필요가 없는 것이다. 오직 먹고 마시며 잔치를 베풀어 즐거워함에서만 먹고 마시며 잔치를 베풀어 즐거워할 수 있다. 그런데도 이 수괘에서는 오히려 기다리니, 술은 말개지고 안주는 말라비틀어지더라도 종일토록 술 한 잔에 손님과 주인이 절을 100배 한 뒤에[140] 차례대로 술잔을 주고받으며 끊이지 않고 돌린다.[141] 이처럼 세상을 경영하면서 열락을 즐기는 일은 세상 모든 사람들보다 뒤로 돌리니[142], 그러한 뒤에라야 임금이 즐기는

---

140) '종일토록 절을 100배 한다'는 말은 『예기』에 나오는 말로서, 그만큼 둘 사이에 정이 두텁다는 의미다. 『예기』에서는 술을 잘못 마셔 화(禍)가 되는 일을 방지하기 위해 선왕들이 주례(酒禮)를 제정하니, 그 예에 따라 술 한 잔을 주고 손님과 주인 사이에 100배를 하며 마시면 하루 종일 술을 마셔도 취하지 않는다고 하였다.(『禮記』, 「樂記」: 夫豢豕爲酒, 非以爲禍也, 而獄訟益繁, 則酒之流生禍也. 是故先王因爲酒禮. 壹獻之禮, 賓主百拜, 終日飮酒而不得醉焉.)

141) 이는 『시경』, 「소아(小雅) · 빈지초연(賓之初筵)」 편에 나오는 말이다. 그곳에서는 "악단이 이미 연주를 하는 속에 술잔을 차례대로 주고받으며 끊이지 않고 돌린다.(鐘鼓既設, 擧醻逸逸.)"라고 하였다.

142) 이는 범중엄(范仲淹)에게서 영향을 받은 말로 보인다. 범중엄은 「악양루기(岳陽樓記)」에서 "재물 때문에 기뻐하지 않고 나 자신 때문에 슬퍼하지 않으며, 벼슬을 할 적에는 백성들을 걱정하고 한갓 선비로 강호에서 살아갈 적에는 임금을 근심한다. 그렇다면 벼슬에 나아가서도 근심이요 물러나서도 근심이러니, 그럼 도대체 언제라서 즐거워한단 말인가? 꼭 이렇게 말해야 한다, '세상 모든 사람들보다 앞서서 근심하고 세상 모든 사람들보다 뒤에 즐거워한다.'라고!"라 말하였다.(范仲淹, 『范文正集』卷7, 「岳陽樓記」: 不以物喜, 不以己悲, 居廟堂之高, 則憂其民; 處江湖之遠, 則憂其君. 是進亦憂, 退亦憂; 然則何時而樂耶? 其必曰, "先天下之憂而憂, 後天下之樂而樂歟!" 여기서 인용한 "세상 모든 사람들보다 앞서서 근심하고 세상 모든 사람들보다 뒤에 즐거워한다."는

연회와 사냥에 대해 백성들이 모두 기뻐하며 서로서로 알릴 것이다. 그러면 세상 모든 사람들의 떠받듦을 누릴 것이고 자신의 욕구만을 좇다 일상의 법도(法度)를 어그러뜨리는 잘못[143] 일랑은 결코 없을 것이다. 이것이야말로 기다리기에 알맞은 것이다. 이밖에는 비록 온 정성을 다해 세상 되어가는 기미(幾)를 연찬하고 변함의 양상을 관찰하여 극도로 신중히 처리하는 일[144]이라 할지라도, 마땅히 해야 할 일이라면 온밤을 꼬박 새우고 앉아서 동이 터오는 새 아침을 기다릴지언정[145], 어찌 여기에 기다림이 있으리오!

구절은 범중엄을 상징하는 말로서 인구에 회자되었다. 그래서 구양수(歐陽修)는 범중엄의 「신도비(神道碑)」에서 이를 적시하고 있다.(歐陽修, 「范文正公仲淹神道碑」, 杜大珪編, 『名臣碑傳琬琰之集上』卷20: 公少有大節於富貴貧賤毁譽, 歡戚不一動其心, 而慨然有志於天下, 常自誦曰, "士當先天下之憂而憂, 後天下之樂而樂也.")

143) 『서경(書經)』에 나오는 말로서 태갑(太甲)이 스스로 자신의 잘못을 반성하면서 하는 말이다.(『書』, 「太甲中」: 予小子不明於德, 自底不類, 欲敗度, 縱敗禮, 以速戾於厥躬.)

144) 「계사상전」 제10장에 나오는 말이다. 여기서는 "성인들은 심오함을 궁극까지 밝히고 세상 되어가는 기미(幾)를 연찬하였다. 오직 심오하기에 천하의 뜻함에 통할 수 있고, 오직 기미(幾)이기에 천하의 임무를 성취할 수 있다.(聖人之所以極深而研幾也. 唯深也, 故能通天下之志, 唯幾也, 故能成天下之務.)"라 하고 있다.

145) 역시 「서경」에 나오는 말이다. 여기서 이윤은 선왕들이 나라를 다스리는 일에 골몰하느라 잠자는 것도 잊을 정도였다고 강조하며 태갑을 일깨우고 있다.(『書』, 「太甲上」: 伊尹乃言曰, 先王昧爽丕顯, 坐以待旦, 旁求俊彦, 啓迪後人, 無越厥命以自覆. 愼乃儉德, 惟懷永圖.)

初九, 需于郊, 利用恒, 无咎.

초구: 교외[146)]에서 기다림인데, 항상됨을 이롭게 사용하면 허물이 없다.

'郊', 曠遠之地, 與人事不相涉; 需而於此, 則緩不及事, 一旦時至勢迫, 則必有咎矣. 但以陽剛立'乾'健之基, 二・三兩陽皆由此而生, 不改其度, 有可恒之道焉. 以斯爲'利用', 則籌度有素, 而可'无咎'. 蓋人事之險, 固非可輕犯, 然必卓然自守, 而識之於心; 若悠悠忽忽, 以爲事不及己, 而與相忘, 是自絶於天下矣. 外緩而心不忘, 斯以異於庸人之偸惰也.

'郊(교)'는 황량하고 먼 땅을 의미하니 사람일과는 전혀 관계가 없는 곳이다. 이러한 곳에서 기다리면 늘어져서 제대로 일을 할 수가 없다. 일단 급박한 상황이 벌어지게 되면 틀림없이 허물이 있게 되기 때문이다. 다만 이 초구효는 양의 굳셈으로써 건(乾)의 씩씩함의 기틀을 세우고 있고, 구이・구삼 두 양효는 이로 말미암아 생겨나서 그 법도를 바꾸지

146) '郊(교)'는 『주례(周禮)』에 의하면 나라의 크기에 따라 도읍지로부터 100리, 50리, 30리, 10리 떨어져 있는 지역을 의미하였다. 『의례(儀禮)』, 「빙례(聘禮)」 편에서 "유사가 여러 폐백들을 펼쳐 놓고 고하는데, 郊(교)에 이르러서는 또 처음과 같이 펼친다.(有司展群幣以告, 及郊, 又展如初.)"라는 구절에 대해 정현(鄭玄)은 "여기에서의 '郊(교)'는 원교(遠郊)를 의미한다. 주나라 제도에 의하면 천자의 기내(畿內)는 1000리, 원교는 100리다. 이를 기준으로 차등을 두는데, 태사(太師)・태부(太傅)・태보(太保) 등의 상공은 50리, 후작과 백작은 30리, 남작은 30리다. 근교(近郊)는 이들 각각의 절반이다.(郊, 遠郊也. 周制 : 天子畿內千里, 遠郊百里. 以此差之, 遠郊上公五十里, 侯・伯三十里, 子・男十里也. 近郊各半之.)"라고 주해하였다.

않으니, 초구효에게는 항상스럽게 할 수 있는 도가 있다. 이를 '이롭게 사용'한다면, 일을 기획한 지가 오래 되었으니 '허물이 없게' 할 수 있다. 사람일의 험난함은 본디 가볍게 손댈 수 있는 것이 아니다. 반드시 탁월하게 스스로를 지키고 마음속에 새겨야 한다. 만약에 마음 놓고 게으름을 피우며 자기와는 거리가 먼 것이라 여겨 다 잊어버리고 있다면, 이는 스스로 세상과는 담을 쌓는 것이다. 겉으로는 느슨하게 보일지라도 마음속으로는 잊지 않아야 한다. 이것이 보통 사람들이 게으름을 피우는 것과 다른 것이다.

「象」曰: '需于郊', 不犯難行也. '利用恒无咎', 未失常也.

「상전」: '교외에서 기다림'은 행하기 어려운 일을 손대지 않음이다. '항상됨을 이롭게 사용하면 허물이 없다.'는 것은 상도(常道)를 잃어버리지 않음이다.

遠於'坎'險, 不犯難矣. 然畏難而不敢犯者, 往往葸怯震悼而自喪其神. 守健以自持, 積剛而不變, 則不失其常度, 而可以无咎.

수괘의 초구효는 회괘(悔卦)인 감괘☵가 상징하는 험난함으로부터 멀리 떨어져 있어서 그 어려움을 범하지 않는다. 그러나 험난함을 두려워하여 감히 범하지 못하는 이들은 가끔 눈이 휘둥그레지며 겁을 잔뜩 집어먹고 벌벌 떨며 스스로 정신을 놓아버리기까지 한다. 그러나 씩씩함을 지켜 스스로를 지탱하며 굳셈[剛]을 쌓아 나아가고 변하지 않는다면, 그 상도(常度)를 잃어버리지 않을 것이니 허물이 없을 수 있다.

九二, 需于沙, 小有言, 終吉.

구이: 모래사장에서 기다림이니 이러쿵저러쿵 소소하게 입방아들을 찧어 대지만 끝내는 길하다.

'沙', 汀渚平衍之地; 欲涉者需於此, 得其地矣. 九二去'坎'險, 在近遠之間而得中, 吉道也. 其於九五, 以陽遇陽, 相敵而不相應, 則始且疑而'小有言'; 然已得中, 而五以同德相孚, 志在引二而與偕進, 小言不足以間之, 必以吉終.

'沙(사)'는 물가에 평퍼짐하게 펼쳐져 있는 땅을 말한다. 물을 건너려고 하는 이가 여기서 기다리려고 한다면 딱 알맞은 곳이다. 구이효는 수괘의 정괘(貞卦)인 건괘☰에서 득중하고 있어서 그 회괘인 감괘☵의 험난함으로부터 가깝다고도 할 수 있고 멀다고도 할 수 있는 딱 중간에 자리 잡고 있다. 그래서 길(吉)한 도를 갖고 있다. 이 구이효는 구오효에 대해 양으로써 양을 만난 것이니 서로 적이 되어 응하지 않는다. 그래서 처음에는 또한 의심을 받아 "이러쿵저러쿵 소소하게 말이 있다."고 하고 있다. 그러나 구이효는 이미 득중하고 있고 구오효가 자신과 같은 덕을 지닌 이로써 서로 믿으며 그를 이끌어 함께 나아가고자 함에 뜻을 두고 있으니, 작은 말들로써는 둘 사이를 갈라놓지 못한다. 그래서 끝내는 길하다.

「象」曰: '需于沙', 衍在中也. 雖小有言, 以終吉也.

「상전」: '모래사장에서 기다림'은 가운데에서 여유롭게 있음을 의미한다. 비록 작게는 이러쿵저러쿵 말이 있지만 끝내는 길하다.

'衍', 餘也. 需于沙而得中, 可進可退, 自有餘地也.

'衍(연)'은 여유롭다는 의미다. 모래사장에서 기다리며 득중하고 있으니, 나아갈 수도 있고 물러날 수도 있어서 저절로 여유로움이 있다.

九三, 需于泥, 致寇至.

구삼: 진흙뻘에서 기다림이니 경계를 넘어와 공격하는 이를 불러들인다.

'泥', 近於水而且陷矣. 九三重剛躁進, 需之急而不顧所處之不安, 將有非意之傷至, 則唯所處之非地有以致之也.

'泥(니)'는 물에 가까우며 함닉하는 곳이다. 이 수괘의 구삼효는 중첩된 굳셈[剛]으로서[147] 조급하게 나아가고자 한다. 기다리다가 급하여 지금 이처럼 자신의 처지가 불안정하다는 것도 고려하지 않으니, 장차 뜻하지 않은 상처를 입게 된다. 이는 오직 자신이 있을 곳이 아닌 데 처함으로써 초래한 것이다.

---

147) 수괘의 정괘(貞卦)인 건괘☰가 굳셈의 효(⚊) 셋으로 되어 있기 때문이다.

「象」曰: '需于泥', 災在外也, 自我致寇, 敬愼不敗也.

상전: '진흙뻘에서 기다림'은 재앙이 밖에서 온다는 의미다. 내 스스로 경계를 넘어와 공격함을 불러들였지만 경건함과 신중함으로 패하지는 않는다.

三陽需進, 己獨居前, 近於險而將陷, 自恃健行, 不知災之在外, 宜其敗矣. 然志在需, 而非以犯難; 上六雖險, 而與爲正應, 則敬愼持之, 可以不敗. 蓋需而在下, 則怠緩已甚; 三爲前進之爻, 無遲滯之過, 但能敬愼不失, 亦免於災. 雖爲戒占者之辭, 而爻中本有其德, 非占外之通戒. 凡救敗皆須敬愼, 豈徒'需'三爲然哉!

세 양(陽)이 기다리다가 나아가는데 자기만 홀로 맨 앞에 있어서 험난함에 가까워 장차 거기에 빠질 것이다. 그러면서도 자신이 씩씩하게 행한다는 것만을 믿고 으스대며 재앙이 밖에 있음을 알아차리지 못했으니, 패해야 마땅하다. 그러나 그의 뜻함이 기다림에 있고 험난함을 범한 것은 아니다. 상육효가 비록 험난함이기는 하지만 이 구삼효와 제대로 응함[正應]을 이루고 있으니, 구삼효가 경건함과 신중함을 유지하고 있다면 패하지 않을 수 있다. 생각건대 기다림을 상징하는 수괘에서 맨 아래에 있는 초구효가 벌써 심하게 나태하고 늘어져 있음에 비해 구삼효는 전진하는 효로서 지체하는 과오가 없는데, 다만 경건함과 신중함을 잃어버리지 않는다면 재앙으로부터 벗어나게 된다. 그런데 이것이 비록 점치는 이들을 경계하는 말이기는 해도, 효 속에 본래 그 덕이 있는 것이지 점친 일 밖에 있는 것에까지 통할 수 있는 경계함은 아니다. 무릇 패배함을 구하고자 할진대 모두 모름지기 경건하고 신중해야 하거늘 어찌 한갓 수괘의 구삼효만 그러하겠는가!

六四, 需于血, 出自穴.

육사: 피를 부름에서 기다림이지만 구멍으로부터 벗어난다.

六四非需進者, 而言'需于', 謂三陽于此而需也. 三陽需進, 九五居中以待其升, 而四以陰介其間, 使不能速合, 陽必見攻, 而陰受其傷, 故爲'血'. 然柔而當位, 上承九五而爲退爻, 志在出穴, 下接乎陽而非相亢拒, 其事苦, 其情貞, 在險而能出谷遷喬者也.

이 수괘의 육사효가 나아가기를 기다리는 이가 아닌데도 '~에서 기다림'이라 한 것은, 세 양을 여기서 기다리고 있다는 의미다. 정괘(貞卦)인 건괘☰의 세 양이 나아가기를 기다리고 있고 구오효는 중위(中位)를 차지하고 있으면서 그들의 상승을 기다리고 있는데, 육사효가 음으로써 그 사이에 끼어들어 있으면서 속히 합할 수 없게 한다. 그래서 위·아래의 양들로서는 필연코 공격을 하게 되고 육사효의 음은 그로부터 상처를 입게 된다. 그래서 '피를 부름'이 되어 있다. 그러나 지금 육사효는 부드러움(柔)으로서 자신의 마땅한 자리를 차지하고 있고, 위로 구오효를 받들면서 물러남의 효가 되어 있다. 그리고 그의 뜻은 구멍을 벗어나고자 함에 있다. 그래서 아래로 양들과 접촉하면서 항거하지 않는다. 그리하여 그 일은 고통스럽지만 그 마음씀은 올곧아서 당장은 험난함에 있다 하더라도 골짜기를 벗어나 높은 곳으로 갈 수가 있다.

「象」曰: '需于血', 順以聽也.

「상전」: '피를 부름에서 기다림'은 순종하면서 남의 말을 듣기 때문이다.

順於陽而聽其徐來, 與五相合, 故出險而不迷. 此併'出自穴'釋之, 而專挈上句, 「象傳」立文之簡也. 後放此.

이 육사효는 양(陽)들에게 순종하여 그들이 서서히 오는 것을 받아들이고 구오효와는 서로 합하니, 험난함으로부터 벗어나고 길을 잃어버리지 않는다. 지금 이 육사효의 「상전」은 '구멍으로부터 벗어난다'와 아울러서 풀이한 것이다. 그런데 지금 여기서 앞 구절만을 게시한 것은 「상전」이 문자의 사용을 간결하게 하기 때문이다. 이후로도 이와 같은 것들이 있다.

九五, 需于酒食, 貞吉.

구오효: 술과 음식을 차려놓은 연회에서 기다림이니, 올곧고 길하다.

內三爻言'需于'者, 于其地而待人也. 此言'需于'者, 所以待待己者也. 『易』之辭簡而義別, 類如此. 五與三陽道合, 居中得位, 以待其至; 雖在險中, 篤其情禮, 期相燕好, 不迫不忘, 君道之正也. 故吉. 此言'酒食', 文與「大象」同, 而義自別. 「大象」觀全卦之象, 示學『易』者之大用; 爻乃象辭旁通之情, 示占者時位之宜. 「大象」言'飮宴', 發憤忘食後樂之旨; 此言'酒食', 明宴好待賢之義. 文同爾. 讀『易』者不可以「大象」强合於爻辭, 類如此.

이 괘의 정괘(貞卦)인 건괘☰의 세 효에서 '~에서 기다림'이라 한 것은 그곳에서 사람을 기다린다는 의미다. 이에 비해 지금 이 구오효에서

'~에서 기다림'이라 한 것은 자신을 기다렸던 사람들을 기다리고 있다는 의미다. 『주역』의 괘・효사들 가운데 간결하면서 의미가 구별되는 것들은 바로 이와 같은 부류들이다.

구오효는 아래 세 양효들과 도가 합치한다. 그리고 지금 제자리인 중위(中位)를 차지하고 있으면서 그들이 오기를 기다리고 있다. 그래서 비록 지금 험난함 속에 있기는 하지만[148] 그들을 향한 정(情)과 예(禮)를 돈독히 하며 연회를 베풀어 서로 우호를 다지기를 기대하고 있는데, 급박하지도 않고 그렇다고 잊어버리지도 않는다. 이는 임금이 행하는 도의 올바름이다. 그러므로 길하다.

여기에서 말한 '술과 음식'은 말만을 놓고 보면 「대상전」의 말(飮食宴樂)과 같다. 그러나 그 의미는 서로 다르다. 「대상전」은 전체 괘의 상에 드러나 있는 대용(大用)을, 『주역』을 학문의 대상으로 삼고 있는 이들에게 제시하고 있다. 이에 비해 각 효(爻)의 「소상전」은 괘사가 여러 정황들에 적용되어 통함을 담고 있으니, 이는 점을 친 사람에게 구체적인 시(時)와 위(位)에서의 알맞음을 제시하는 것이다. 수괘의 「대상전」에서 말하는 '음식연락(飮食宴樂)'은 발분(發憤)하여 먹는 것조차 잊은 채 몰두 한 뒤에 즐긴다[149]는 뜻임에 비해, 이 효사에서 말하는 '주식(酒食)'

---

148) 수괘(需卦)의 회괘(悔卦)인 감괘(坎卦)☵가 '험난함'을 상징하고 구오효는 그 가운데에 처해 있기 때문에 이렇게 말한 것이다.

149) 이는 공자가 자신에 대해 서술하는 말이다. 스스로를 '공(公)'이라 참칭(僭稱)한 섭공(葉公)이 공자의 제자인 자로(子路)에게 공자의 됨됨이에 대해 물은 적이 있다. 그런데 그 질문 속에 불순한 의도가 담겨 있다고 본 자로는 이에 대해 아예 대답하지 않았다. 이 사실을 안 공자는 "너는 왜 '그 사람의 됨됨이는 발분하여 먹는 것조차 잊고 또 즐기면서 근심 따위는 잊어버려 늙는 것도

은 연회를 잘 차려놓고 현자를 기다림의 뜻을 밝히고 있다. 따라서 글자들이 우연히 같을 따름이다. 『주역』을 읽을 적에 「대상전」을 억지로 끌어다 효사에 맞추려 해서는 안 되는 부류를 여기서 확인할 수 있다.

「象」曰: '酒食貞吉', 以中正也.

「상전」: '술과 음식을 차려놓았으니, 올곧고 길하다.'는 것은 이 효가 중정(中正)하기 때문이다.

爵祿宴好, 人君馭賞之權也. 位正道中, 以待賢者之至, 得其正而吉也. 古者爵有德, 祿有功, 於大祭之日, 醻以酒, 因而命之. 故言'酒食', 而祿位在其中矣.

벼슬과 녹봉을 주는 것, 좋은 연회를 베푸는 것 등은 임금이 상을 내리는 권한이다. 지금 이 구오효는 위(位)가 올바르고 행하는 도(道)도 중용에 맞다. 이러한 됨됨이로써 현자들이 오는 것을 기다리고 있다. 그래서

알지 못하는 정도다.'라고 대답하지 않았느냐!"라고 일갈하고 있다.(『論語』, 「述而」: 葉公問孔子於子路, 子路不對. 子曰, "女奚不曰, '其爲人也 發憤忘食 樂以忘憂 不知老之將至云爾.") 후세의 학자들은 이 구절이 공자 스스로가 배움을 즐기는 데 돈독하다는 점을 드러낸 것으로 여긴다. 그리고 이 순수하고도 끊임없이 노력하는 오묘한 경지는 성인이 아니면 미칠 수 없는 것으로서 배우는 이들에게 귀감이 된다고 찬탄한다.(朱熹: 「論語集注」, 「述而」: 但自言其好學之篤爾. 然深味之, 則見其全體至極, 純亦不已之妙, 有非聖人不能及者. 蓋凡夫子之自言, 類如此, 學者宜致思焉.)

그 올바름을 얻어서 길한 것이다. 옛날에 벼슬은 덕이 있는 이에게 내리고 녹봉은 공(功)이 있는 이에게 주었는데, 큰 제사를 지낸 날 임금이 술을 따라서 권하며 덕이 있는 이들과 공이 있는 이들에게 벼슬과 녹봉을 내리고는 하였다. 그러므로 '술과 음식'이라 말하더라도 벼슬과 녹봉이 그 속에 들어 있다.

上六, 入于穴, 有不速之客三人來, 敬之終吉.

상육효: 구멍에 들어감이다. 속히 오지 않았던 손님 셋이 오는데[150] 이들을

---

150) 아래 왕부지의 풀이를 좇아 '不速之客三人'을 이렇게 번역하였는데, 이와는 달리 역대 제가들은 대부분 '초청하지 않았는데도 스스로 찾아오는 세 사람'의 의미로 풀이하고 있다. 원래 '速(속)' 자에는 '초청함'의 뜻이 있다. 『시경』, 「소아・벌목」 편에 나오는 '速(속)' 자에 대해 정현(鄭玄)이 벌써 이렇게 풀이하고 있기 때문이다.(漢鄭 箋, 陸德明 音義, 孔穎達 疏, 『毛詩注疏』권16, 「小我・伐木」: 箋云, "速, 召也.") 이를 근거로 『한어대사전(漢語大詞典)』의 '速(속)' 자 조(條)에서는 '초청함(召, 請.)'이라 풀이하고 있기도 하다. 그래서인지 『주역』의 이 수괘, 상육효사를 풀이하는 데서 대부분의 주석가들은 이러한 의미로 풀이한다. 먼저 순상(荀爽)은 세 양이 때를 기다렸다 마땅히 올라감이니 초청한 사람이 있는 것이 아니라고 풀이하였다.(李鼎祚, 『周易集解』: 荀爽曰, "'三人'謂下三陽也. 須時當升, 非有召者, 故曰, '不速之客'焉.") 왕필도 험난함이 다 끝나서 초청하지 않았는데도 스스로 찾아온다는 의미로 풀이하고 있다.(王弼, 『周易注』: 三陽所以不敢進者, 須難之終也. 難終則至, 不待召也. 已居難終, 故自來也.) 호원(胡瑗)은 "'속(速)'자는 초청함이다."라고 분명하게 풀이하고 있고(胡瑗, 『周易口義』: 速召也.), 정이(程頤)는 '不速'에 대해 '신속함'의 의미까지 살려 '재촉하지 않는데도 스스로 옴'이라 풀이하였다.(程頤, 『易傳』: 不速, 不促之而自來也.) 주진도 세 양이 손님으로서 밖에서 들어오는데 주인이

경건하게 맞이하여, 끝내는 길하다.

上居'坎'險之極, 不能出就乎陽, '入于穴'矣. 然下應九三, 不忘敬順, 故獲終吉'. '三人', 三陽也. 九三進, 則初與二彙升矣. '不速', 謂有需而不遽進, 其行遲也. 此卦兩言'終吉', '需'之爲道無速效, 故必久而後吉.

이 상육효는 감괘☵가 상징하는 험난함의 극에 자리 잡고 있기 때문에, 밖으로 나가서 양에게로 갈 수가 없다. 그래서 '구멍에 들어감'이라 하고 있다. 그러나 아래로 구삼효와 응하며 공경과 순종을 잊지 않고 행하니, '끝내는 길함'을 얻는다. '세 사람'은 세 양효를 의미한다. 즉 구삼효가 나아가면 초구효와 구이효가 무리 지어서 올라감이다. '不速(불속)'이란 '기다리고 있지 급작스레 나아가지 않음'을 의미하니 그 행동이 더디다. 이 괘에서는 두 번에 걸쳐 '끝내는 길하다'라 하고 있는데, 이는 기다림의 원리에서는 신속해보아야 아무런 효과가 없으니 반드시 오랜 뒤에 길하다는 것을 말해준다.

응하지 않으니, 이것이 '불속지객'이라고 풀이하고 있다.(朱震, 『漢上易傳』: 三陽, '乾'兗居西北之位, 客也. 自外而入, 主人未應, 不速之客也.) 주희도 뜻하지 않았는데 오는 이들로 풀이함으로써 역시 이러한 풀이의 흐름에 함께하고 있다고 할 수 있다.(朱熹, 『周易本義』:陰居險極, 无復有需, 有陷而入穴之象. 下應九三, 九三與下二陽, 需極竝進, 為不速三人之象. 柔不能禦而能順之, 有敬之之象. 占者當陷險中, 然於非意之来, 敬以待之, 則得終吉也.) 그런데도 왕부지는 이에 대해 이렇게 풀이하고 있으니, 이는 이례적이라 할 것이다.

「象」曰: '不速之客來, 敬之終吉', 雖不當位, 未大失也.

「상전」: '속히 오지 않았던 손님이 오는데 이들을 경건하게 맞이하여, 끝내는 길하다.'는 것은 비록 당위(當位)가 아니기는 하지만 아직 그다지 크게 잃지는 않았기 때문이다.

'不當位', 『本義』云未詳, 竊謂不當需之主位也. 四出穴以需; 五居中以需; 上六'入于穴', 與三陽不相醻酢, 故卦本以陽爲主, 而於此言客, 無與延之爲主也. 特以順應九三, 故未失柔道, 而得'終吉'.

여기에서 '당위가 아니다'라고 한 것에 대해 주희의 『주역본의』에서는 '상세한 것은 아직 모르겠다.'라 하고 있는데151), 내가 보기에 이는 이 상육효가 수괘의 주체 위(位)로서는 부당하다는 의미다. 육사효는 구멍을 나와서 기다리고 있고, 구오효는 중위(中位)를 차지한 채 기다리고

151) 주희의 풀이를 길게 인용하면, "음으로서 상효에 자리 잡고 있기 때문에 이는 당위인데도 부당위라 하고 있으니, 상세한 것은 잘 모르겠다.(以陰居上, 是為當位, 言不當位, 未詳.)"라 하고 있다. 여기에는 『주역』의 해석 틀인 효위설이 전제되어 있다. 효위설에서는 1괘를 이루는 6효 가운데 홀수 위(位)인 초·3·5효의 위를 양위(陽位), 짝수 위인 2·4·상효를 음위(陰位)라 한다. 그리고 양위에 양효(—)가 와 있거나 음위에 음효(--)가 와 있으면 이를 '당위(當位)'라 하고, 그 반대인 경우는 '부당위(不當位)'라 한다. 그런데 지금 이 상육효는 음효의 위(位)에 음효가 와 있으니 '당위'라 해야 할 것이지만, 「상전」에서는 '부당위'라고 하고 있다. 그래서 경전의 글자는 한 글자도 의심할 수 없다는 입장에 있던 사람 중의 하나였던 주희로서는, 이에 대해 자의적인 풀이를 하기 보다는 이렇게 유보하는 태도를 취했던 것이다. 그의 『주역본의』에서는 여러 곳에서 이렇게 처리하고 있다.

있다. 그런데 상육효는 '구멍에 들어가' 세 양과는 서로 교제하지 않는다. 그러므로 괘는 본래 양효를 주체로 삼지만 여기서는 '손님'이라 한 것인데, 그 까닭은 그들을 초청하여 주인으로 삼고 있지 않기 때문이다. 다만 이 상육효가 특별히 구삼효에게는 순종하며 응하기 때문에 부드러움[柔]의 도를 잃어버리지는 않고 있다. 그래서 '끝내는 길함'을 얻는다.

訟卦坎下乾上
송괘䷅

訟. 有孚, 窒, 惕中吉, 終凶. 利見大人, 不利涉大川.

송괘: 믿음이 있다, 꽉 막히다, 두려워하며 가운데에 있음이 길하나 끝내는 흉하다. 대인을 만남이 이롭고, 큰 하천을 건넘에는 이롭지 않다.

凡勢位不相敵, 而負直以相亢・懷險以求伸, 則訟. 此卦三陽上行, 有往而就消之勢, 已成乎'否', 將成乎'遯'; 九二不恤險陷, 退而下行, 爲主於內, 以止陽於將消, 其爲功於'乾', 大矣. '乾'乃決志健往, 不與之相應, 則二懷不平之怨, 而與五相訟. 如衛元咺之於衛侯鄭者, 始於相援, 而終以相亢, 物情之險所以難平也. '有孚'者, 二之與五合志, 以實心事之也. '窒'者, 爲六三所間, '乾'陽亢往, 無由自達也. 其始也, 唯恐陽之往而且消, 自處憂危之中, 以求陽而安之, '惕中'之'吉'也. 至於五不我應, 激而成訟, 則忠信之反爲悍逆, 以下訟上, 終於凶矣. '利見大人'者, 五本中正, 不以二之忤而終絶之, 見之則疑忌消而志道仍合, 所以利也. '不利涉大川'者, 健於前行, 不恤險之在後, 未可坦然也. '訟'之凶, 二任之; 涉川之不利, 則上九之亢而不知退也.

무릇 세(勢)와 위(位)는 적수가 안 됨에도 불구하고 굽히지 않기 위해 서로 목을 뻣뻣이 세우고 맞대결하거나 험난함을 안고서라도 원통함을 씻으려 하면 송사가 벌어진다. 이 송괘는 세 양(陽)이 위로 올라갔는데, 이들은 가서 사라지는 추세에 있다. 그래서 이미 비괘(否卦)䷋를 이루었고, 장차 둔괘(遯卦)䷠를 이루려 한다. 그리고 구이효는 험난함에 빠지는 것조차 마음 쓰지 않고 물러나 아래로 내려가서 내괘(內卦)에서 주체가 되어서 양이 장차 사라지려는 것을 막고 있다. 그래서 그의 공은 외괘인 건괘☰보다 크다. 그런데 건괘☰는 결연히 씩씩하게 가기로 작정하고 구이효와 응하려 하지 않으니, 이에 구이효는 분개해 마지않는 원망을 품고서 구오효와 송사를 벌이게 된다. 예컨대 위(衛)나라의 원훤(元咺)이 그의 주군인 위후(衛侯) 정(鄭)에게 한 일이 그러하다.[152] 이들은 처음에

152) 대부 원훤(元咺)과 그의 주군 위성공(衛成公; ?~B.C.600) 사이의 일을 가리킨다. 위성공은 춘추시대 위(衛)나라의 임금으로서 '정(鄭)'은 그 이름이다. 그는 위나라 문공(文公)의 아들이다. 이들 부자는 진문공(晉文公)과 악연이 많았다. 그래서 갖은 고초를 겪은 진문공이 이제 패자로서의 위세를 갖게 되어 천토(踐土)에서 회맹(會盟)을 할 적에 위성공은 직접 참여할 수가 없었다. 진문공이 그를 노리고 있었기 때문이다. 성공은 할 수 없이 그의 아우 숙무(叔武)에게 자신을 섭행(攝行)하여 참여할 것을 부탁하고 대부(大夫)인 원훤으로 하여금 그를 보좌하도록 하여 이들을 이 회맹에 참가시켰다. 그런데 천견(歂犬)이라는 인물이 중간에서 간계를 꾸며 숙무가 이 회맹에서 위나라의 제후 자리를

는 서로 위해 주는 관계로 시작하였으나 나중에는 서로 맞대결하는 관계로 끝났다. 이처럼 물(物)들이 얽혀 자아내는 험난함은 평온하기가 어렵다.

'믿음이 있음'이란 구이효가 구오효와 뜻이 투합하여 진심으로 섬김을 의미한다. '꽉 막힘'이란 당장 건괘☰의 양(陽)들이 목을 뻣뻣이 세우고 가고 있는데도 육삼효가 사이에 끼어 있기 때문에 구이효로서는 도대체 어떻게 해볼 방도가 없음을 의미한다. 이들의 관계가 처음 시작할 적에는 구이효가 오직 회괘(悔卦)인 건괘☰의 세 양들이 가버리고 또 사라질까만을 두려워한다. 그래서 구이효는 우려스럽고 위험한 속에 스스로 들어가

굳히려 한다고 모함을 하였다. 이 간계에 넘어간 위성공은 원훤의 아들 원각(元角)을 죽이고 동생 숙무도 결국 죽임에 이르게 하였다. 이에 원훤은 진(晉)나라로 도망가 진문공에게 자신의 억울함을 하소연하였고, 진문공은 이를 빌미로 위성공을 완전히 축출하고자 온(溫)이라는 땅에서 주(周) 천자 양왕(襄王)을 끼고 재차 회맹을 하게 되었다. 원훤이 위성공에게 소송을 건 일이란 이를 가리킨다. 이 소송의 결과 원훤이 승리하였고 위성공은 패소하였다. 그래서 대사(大士)인 사영(士榮)은 주군을 잘못 보좌한 책임을 물어 사형에 처하였고, 침장자(鍼莊子)는 월형(刖刑)을 당하였으며, 영무자(甯武子)만은 그 충성심을 높이 사 면직당하는 것으로 일단락되었다. 그리고 위성공은 주나라 수도로 압송되어 밀실에 감금되었다. 이 소송에서 이긴 원훤은 위(衛)나라로 돌아와 공자하(公子瑕)를 위나라의 새로운 제후로 세웠다. 이때의 일이 『춘추좌씨전』, 희공(僖公) 28년 조에 실려 있다.(『春秋左氏傳』, 僖公28년: 衛侯與元咺訟, 甯武子爲輔, 鍼莊子爲坐, 士榮爲大士. 衛侯不勝. 殺士榮, 刖鍼莊子, 謂甯俞忠而免之. 執衛侯, 歸之于京師, 寘諸深室. 甯子職納橐饘焉. 元咺歸于衛, 立公子瑕.) 그러나 2년 뒤, 영무자의 총명한 도움으로 성공(成公)은 그 감금에서 풀려났다. 그리고 귀국하여서는 원훤과 공자하를 죽이고 제후에 복귀하였다. 송사를 벌여 잠시 승리하였던 원훤은 결국 죽임을 당하는 것으로써 끝을 맺은 것이다.

서 이 양(陽)들을 구하여 편안케 하고자 한다. 이것이 이 괘사에서 '두려워하며 가운데에 있음'의 '길함'이라 한 것의 의미다. 그러나 구이효의 입장에서는 구오효가 자신에게 응하지 않자 결국 격분하여 송사를 벌이게 되니, 충성과 믿음이 오히려 사나운 반역이 되고 만다. 그래서 아랫사람으로서 윗사람과 송사를 벌이지만 끝내는 흉하게 되고 만다.

'대인을 만남이 이롭고'란, 구오효가 본래 중위(中位)에 올바르게 자리를 잡고 있기에 구이효가 거스른다고 하여 끝내 절연하지 않고, 그래서 그를 만나게 되면 의심과 시기가 사라지며 서로의 뜻과 도가 여전히 합치한다는 의미다. 따라서 이롭다는 것이다. '큰 하천을 건넘에는 이롭지 않다'는 것은 씩씩하게 앞으로만 가고 뒤에 험난함이 있다는 것에는 전혀 개의치 않으니 순탄할 수가 없다는 의미다. 송사의 흉함은 구이효가 맡는다. 그리고 강을 건넘의 불리함은 상구효가 목을 뻣뻣이 세운 채 물러날 줄을 모르고 있기 때문이다.

「彖」曰: 訟, 上剛下險, 險而健, 訟.

「단전」: 송괘는 위는 굳세고 아래는 험난하다. 그래서 험난하면서도 씩씩하여 송사가 일어난다.

以上之剛, 激下之險; 下已險而上終怙其健, '訟'之所以成也.

위의 굳셈으로써 아래의 험난함을 격분케 한다. 즉 아래가 이미 험한데도 위에서는 끝까지 그 씩씩함을 믿고 으스대기 때문에 송사가 일어난다.

'訟有孚窒. 惕中吉', 剛來而得中也.

'송괘에 믿음이 있다, 꽉 막히다, 두려워하며 가운데에 있음이 길하다'는 것은 굳셈이 와서 득중하기 때문이다.

卦由下生, 先筮得者, 爲內, 爲來; 卦已小成, 而再至者, 爲外, 爲往. 凡言往來, 自卦變言之, 此據'遯'而言也. 陽本連類以往, 九二降而處內, 故謂之'來'. 陽欲去, 而九二寧陷不往, 屈己入險; '有孚', 雖'窒'而不恤憂危, 吉道也.

시초를 헤아려 괘를 뽑아 보면, 괘는 아래로부터 생긴다. 그래서 먼저 시초를 헤아려 얻은 효들이 '속'이 되고 '옴'이 된다.[153] 이에 비해 괘가 이미 작게나마 이루어지고서(小成) 재차 이른 것은 '밖'이 되고 '감'이 된다. 무릇 『주역』에서 '가다(往)'·'오다(來)'라 하는 것은 괘의 변(變)을 가지고 말하는 것인데, 이 송괘에서는 둔괘䷠를 근거로 하여 이에 대해 말하고 있다. 즉 둔괘에서는 양효(陽爻) 넷이 연대하여 무리를 지어가고 있는데, 송괘에서는 그중의 하나가 내려와 구이효가 되어 속에 처하고 있다. 그래서 '오다'라고 한 것이다. 그리고 이제 세 양은 가려고 하는데 구이효는 차라리 험난함 속에 빠질지언정 가지 않겠다고 하며 스스로를 굽히고 험난함 속으로 들어와 있다. 그들과의 사이에 '믿음이 있기'

153) 한 괘의 여섯 효를 뽑아내는 과정을 보면 '초효→2효→3효→4효→5효→상효'로 된다. 그래서 여섯 효 모두를 얻고 난 뒤에 보면 먼저 얻은 효들이 '속'이 되고 '옴'이 된다. '옴'이 된다고 하는 까닭은 갔던 것이 이제 새로운 괘의 효로 왔다는 의미다. 마치 신생아의 탄생을 '옴'이라 하는 것과 같다.

때문에 비록 육삼효에 의해 '꽉 막혔다'고는 하지만 우려됨과 위험함을 전혀 개의치 않는다. 그래서 길한 도(道)이다.

'終凶', 訟不可成也.

'끝내는 흉하다'는 것은 송사가 성공할 수 없음을 말한다.

始於惕, 終於險, 至於訟, 則雖直而辱己犯上, 陷於小人之道, 故凶.

두려움에서 시작하여 험난함에서 끝나니, 송사에 이르게 되면 비록 굽히지 않겠다고 하나 자기 자신을 욕되게 하고 윗사람을 범하여 소인의 길에 빠지고 만다. 그래서 흉하다.

'利見大人', 尙中正也.

'대인을 만남이 이롭고'라는 것은 중위(中位)에 올바르게 자리 잡고 있음을 숭상하기 때문이다.

九五剛健中正, 所尙者大人無私有容之道, 見之則疑忌自消.

송괘의 구오효는 굳세고 씩씩하면서도 중위(中位)에 올바르게 자리 잡고 있다. 그가 숭상 받는 까닭은 대인으로서 사사로움은 없고 한없는 포용의 도를 지니고 있기 때문이다. 그래서 그를 만나게 되면 의심과 시기가 저절로 사라진다.

'不利涉大川', 入于淵也.

'큰 하천을 건넘에는 이롭지 않다'는 것은 연못에 들어감이기 때문이다.

險在下曰'淵', 陽亢而不慮險, 斯陷矣.

험난함이 아래에 있는 것을 '연못'이라 한다. 구이효가 양으로서 목을 뻣뻣이 세운 채 전혀 굽히고자 함이 없고 험난함에 대해 전혀 우려하지 않는다. 그래서 빠진 것이다.

「象」曰: 天與水違行, '訟', 君子以作事謀始.

「대상전」: 하늘과 물이 어긋나게 운행하는 것이 송괘니, 군자는 이를 본받아 일을 벌이고 시작을 도모한다.

人與己違則訟人, 欲與道違則自訟, 而事後追悔, 心志亂而愈乖. 唯於作事之始, 兩端交戰於心, 必辨其貞勝之心, 毫釐不以自恕, 如訟者之相訐, 而後得失審, 以定於畫一, 善惡分明, 如天高水流, 不相膠溷. 君子之用訟, 自訟於始, 終不訟人也.

남이 자기에게 어긋나면 남에게 소송을 걸게 되고, 자신의 욕구가 도와 어긋나게 되면 스스로 송사를 벌인다. 그런데 일이 끝난 뒤에는 '내가 왜 그렇던가!' 하며 거슬러서 후회를 하지만 이제 마음의 뜻함이 어지러워져서 더욱 어그러진다. 오직 일을 벌이는 시초에 두 끝(兩端)이 마음속에서 싸움을 벌일 적에 반드시 그 올바름과 한결같음을 지키는 마음을 가려내어서 털끝만큼도 스스로를 용서하지 않아야 한다. 말하자면 마치 송사를 벌이는 이들이 서로 상대방의 단점을 들추어내듯이 한 뒤에 득·실을 속속들이 살펴 누구나 인정하게끔 하나로 확정해야 한다. 이렇게 하면 선과 악이 분명해진다. 즉 마치 하늘은 높이 있고 물은 아래로 흘러서 서로 교착하거나 뒤섞이지 않음과 같은 것이다. 이렇듯 군자가 송사를 하는 것은 시초에 스스로와 송사를 벌이는 것이지 끝에 가서 남과 송사를 벌이는 것이 아니다.

初六, 不永所事, 小有言, 終吉.

초육: 벌이고 있는 일을 길게 끌고 가지 않으니 작게는 이러쿵저러쿵 말이 있더라도 끝내는 길하다.

'所事', 訟事也. '永', 引之使長也. 初六與'坎'爲體, 二訟則已不能不與其事; 而以柔居事外, 固無爭心, 雖'小有言', 恒欲退息, 與四相應, 歸於和好, 故終得吉.

여기에서 '벌이고 있는 일'이라 한 것은 송사를 벌이고 있는 일을 의미한다. '길게 끌고 감'이라 한 것은 끌어서 길게 늘임을 의미한다. 초육효는 송괘의 정괘(貞卦)인 감괘☵와 한몸을 이루고 있으니, 구이효가 송사를 벌이면 자기 자신도 어쩔 수 없이 그 일에 휘말려 들게 되어 있다. 그러나 초육효는 부드러움[柔]으로써 그 송사의 밖에 자리 잡고 있으니 본디 다투고자 하는 마음이 없다. 그래서 '작게는 이러쿵저러쿵 말이 있더라도' 늘 물러나 쉬고 싶어 하고, 구사효와 서로 응하며 화목한 우호 관계로 돌아가니, 끝내는 길한 것이다.

「象」曰: '不永所事', 訟不可長也. 雖小有言, 其辯明也.

「상전」: '벌이고 있는 일을 길게 끌고 가지 않으니'라 한 것은 소송을 길게 갈 수 없다는 것이다. 비록 작은 말이라 할지라도 그 가려줌이 분명하기 때문이다.

訟不可長, 故'不永'而'終吉'. 凡訟者之始, 皆有所挾之理, 未大遠於正; 相持而不解, 則客氣盛而枝詞出, 相引無窮, 終於兩敗. 故聽訟者且貴片言之折, 況訟者乎! 自不欲永, 則風波之辭終歸昭雪, 所謂'止謗莫如無辨'也.

송사는 길게 끌고 가서는 안 된다. 그래서 '길게 끌고 가지 않으니', '끝내는 길하다'라고 한 것이다. 무릇 송사를 보면, 초기에는 모두 나름대로 주장하는 논리가 아직 올바름으로부터 그다지 멀리 벗어나 있지 않다. 그런데도 서로가 자신의 입장만을 고집한 채 풀어버리지 않으면, 객기는 왕성해지고 말은 꼬리에 꼬리를 무니 서로 얽혀서는 끝이 없이 나아가다가 끝내는 둘 다 패하고 만다. 그러므로 송사를 맡아서 심리하는 이조차 미처 다 마치지도 않은 한 마디 말만 가지고 그 송사를 끝내는 것을 귀중하게 여기는데[154] 하물며 송사 당사자야! 자기가 길게 끌고

154) 이는 『논어』, 「안연(顔淵)」 편에 나오는 말이다. 거기에서 공자는, "짧은 한 마디 말만으로도 송사를 끝낼 수 있는 이는 자로로다!"라 하고 있다.(子曰,

가지 않으려 하면 풍파를 일으키던 말들도 끝내는 원통함을 말끔하게 씻어줌으로 귀결된다. 그래서 "비방을 그치게 하려면 일일이 그것을 따지려 들지 않음이 가장 낫다!"라고 하는 것이다.

九二, 不克訟, 歸而逋, 其邑人三百戶无眚.

구이: 송사를 이기지 못하니, 돌아가서 도망간다. 그 읍인 300호에게는 재앙이 없다.

'不克', 不勝也. '歸而逋', 退處於二陰之間以自匿也. '邑人', 謂初與三. '三百戶', 盡其邑之人也. 災自外至曰'眚'. 九二挾德爲怨, 以訟其上, 固無勝理, 賴九五中正, 曲諒其有孚之實, 原情而恕其悍, 聽其屈服, 不加以刑, 使得保其封邑, 而罪不及於初·三, 皆得'无眚', 幸也. 蓋訟而不勝, 枝蔓傍生, 且有意外之禍, 非遇中正如九五者, 將有如衛侯鄭之於元咺, 禍延公子瑕, 況其陪隸乎!

효사의 '不克(불극)'은 '不勝(불승)'과 의미가 같다. '돌아가서 도망간다'고 함은 두 음들 사이로 물러나서 스스로를 숨긴다는 의미다. '읍인'은 초육효와 육삼효를 말한다. '300호'는 그 읍의 사람들을 다 합한 숫자다. '眚(생)'은 재난이 자신과는 상관없이 밖에서 이른 것을 말한다.

"片言可以折獄者, 其由也與!") 즉 자로는 사람됨이 충실하고 믿음직스러우며 결단이 분명하기에 사람들이 그의 말이 끝나기도 전에 곧 믿는다는 것이다.

이 구이효는 덕을 발휘하였지만 원망한 마음이 들어 윗사람과 송사를 벌이는데, 본디 그가 이길 수 있는 이치란 없다. 그래서 구오효의 중정(中正)함에 기대어 믿음성이 있는 진심을 다 드러내는데, 구오효는 그 정(情)을 헤아려 그 사나움을 용서하고 그 굴복함을 받아들이며 더 이상 형벌을 내리지 않는다. 그렇게 하여 자신의 봉읍(封邑)을 보지할 수 있으니, 그 죄가 초육효·육삼효에게까지는 미치지 않아서 모두 '재앙이 없음'이 된다. 이는 다행이라 할 것이다.

송사를 벌여 이기지 못하면 이런저런 곁가지들이 생겨나고 또 의외의 앙화도 있게 된다. 이때 구오효와 같이 중정한 이를 만나지 못하게 되면 위나라의 제후 정(鄭)이 원훤(元喧)에게 하였던 것처럼 그 앙화가 공자하(公子瑕)에게까지 미치는 것이니, 하물며 그 가신이나 노예들에야!

「象」曰: '不克訟', 歸逋竄也. 自下訟上, 患至掇也.

「상전」: '송사를 이기지 못하니' 돌아가서 달아나 숨는다. 아랫사람으로서 윗사람에게 송사를 벌였으나 이렇게 하여 환난이 수습되기에 이른다.

'掇'猶拾也. 下之事上, 即有勞不見諒, 而亦安於其義; 挾以犯上, 自取逋竄, 於人其何傷乎!

'掇(철)' 자는 수습한다는 의미의 '拾(습)' 자와 의미가 비슷하다. 아랫사람으로서 윗사람을 섬기면서 수고로움을 다하였음에도 윗사람이 믿음을 보여주지 않는다. 그래도 또한 자신이 한 수고는 의당 해야 할 것이라 여겨 편안해 한다. 그리고 자신에게 덕이 있다는 것을 가지고 윗사람을 범하였다가 스스로 돌아가 숨게 되니, 다른 사람에게 어찌 상처를 주겠는가!

六三, 食舊德, 貞厲, 終吉. 或從王事, 无成.

육삼: 예부터 대대로 내려온 덕을 먹고 삶이다. 올곧더라도 위태롭기는 하지만 끝내는 길하다. 혹시 왕을 좇아서 일을 해보더라도 성취함은 없다.

古者仕者世祿, 凡士之有田祿者, 皆先世之德澤. '食舊德', 謂保其封邑也. 六三柔而上進, 不從九二以訟, 而上從於'乾', 災眚不及, 善於自保者也. 以與二爲'坎'體, 必爲二所不滿, 則守正而亦危矣. 然二旣逋竄, 五終正位, 是以'終吉'. 但處嫌疑之祭, 內爲二所掣, 外遇上九之亢, 或思出而從王, 固不能有成, 可自安而不可圖功之象也.

옛날에 벼슬살이를 함은 대대로 녹봉을 받는 것이었다. 무릇 사(士)들에게 채지(采地)나 공전(公田)이 있어서 녹봉을 받는다는 것은 모두 선대(先代)의 덕택이다. 여기서 '예부터 대대로 내려온 덕을 먹고 삶'이라 한 것은 그 봉읍을 온전하게 잘 지키고 있다는 의미다. 육삼효는 부드러움의 효이고 위로 나아가려 하고 있다. 그래서 구이효를 좇아 송사를 벌이지 않고 위로 건괘☰를 좇으니 재앙이 미치지 않아서 스스로를 지켜내기에 좋다. 그러나 구이효와 함께 이 송괘의 정괘(貞卦)인 감괘(坎卦)☵의 몸을 이루고 있어서 육삼효의 이러한 행태는 필연코 구이효의 불만을 사게 되어 있다. 그래서 올바름을 지키고 있더라도 또한 위태로운 것이다. 허나 구이효는 이미 도망가서 숨어버렸고 구오효는 끝내 올바른 위(位)를 차지하고 있으니, '끝내는 길하다'라고 한 것이다. 다만 혐의를 받고 있는 즈음에, 안으로는 구이효에 의하여 억눌림을 당하고 밖으로는 목을 뻣뻣하게 세운 채 오만을 떨고 있는 상구효를 만났으니, 이러한 상황을 벗어나서 왕을 좇으면 어쩔까 하고 생각하기도 한다. 그러나 본디 그에게는 성공할 수 있음이 없다. 그래서 스스로 편안해 해야 할 뿐 공을 세울 일 따위는 도모해서는 안 되는 상(象)이다.

「象」曰: '食舊德', 從上吉也.

「상전」: '예부터 대대로 내려온 덕을 먹고 삶'이란 위를 좇아서 길하다는 의미다.

'上'謂'乾'也.

여기에서 말하는 '위'는 이 상괘인 건괘☰를 의미한다.

九四, 不克訟, 復卽命, 渝, 安貞吉.

구사: 송사를 이기지 못하니 명(命)으로 되돌아와서 받아들인다. 태도를 바꾸고는 편안히 올곧음을 유지하여 길하다.

'不克', 事不成也. 九四以剛居柔而爲退爻, 上承九五之中正, 下應初六, 而與二無異心, 故不欲成訟; 而承宣五之德命, 以諭二使復受命, 雖處變而自得'安貞'之吉矣. 凡訟之事, 皆有居間者爲之起滅. 二訟上, 而三・四居其間, 三旣柔而從上, 四又不欲訟而代五宣其德命, 則不用刑罰, 而訟者自詘服以免於眚. 故人卽欲訟, 不與訟魁謀, 而有安靜正直之君子居中鎭定之, 則訟不長, 而訟者雖剛險, 亦受其和平之福矣.

'이기지 못하니'란 송사가 성공하지 못함을 의미한다. 구사효는 굳셈[剛]으로서 부드러움[柔]의 자리를 차지하고 있고 물러남의 효가 되어 있다. 아울러 위로는 구오효의 정중(正中)함을 받들고 아래로는 초육효에 응한다. 그래서 구이효와는 마음을 달리하며 송사를 벌이고자 하지 않는다. 그보다는 구오효의 덕과 명을 받들어서 펼치고 구이효를 효유하여 그 명(命)으로 되돌아와서 받아들이도록 한다. 그리하여 비록 변화하는 상황에 처해 있기는 하지만 '편안히 올곧음'에서오는 길함을 제 스스로 얻는다.

무릇 송사를 보면, 모두 중간에 있는 이들이 일으키기도 하고 없애기도 한다. 지금 구이효가 윗사람과 송사를 벌이는데 육삼·구사효가 그 사이에 들어 가지고 있다. 즉 육삼효는 벌써 부드러움[柔]으로서 윗사람을 좇고 있고, 구사효는 또 송사를 벌이지 않으려고 하면서 구오효를 대신하여 그 덕과 명을 펼치고 있다. 그래서 형벌을 쓰지 않더라도 송사를 벌인 이 스스로가 굴복함으로써 재앙을 면하게 된다. 이처럼 사람이 지금 막 송사를 벌이려고 할 적에, 소송을 부추기는 꾼과 상의하지 않고, 편안하고 고요하게 살아가는 정직한 군자가 중간에서 그를 진정시킨다면 송사가 길게 가지 않는다. 송사를 벌인 이가 비록 됨됨이가 굳세고 그 상황이 험난하다고 할지라도 화평의 복을 받아들이게 되는 것이다.

「象」曰: '復卽命渝', 安貞不失也.

「상전」: '명(命)으로 되돌아와서 받아들이고 태도를 바꾼다'는 것은 편안히 올곧음을 잃어버리지 않는다는 의미다.

訟之不克, 何失之有!

송사를 이기지 못한다 하여 어찌 그것을 잃어버림이 있으리오!

九五, 訟元吉.

구오: 송사를 당하기는 하지만 원래 길하다.

剛健中正, 初無失德, 雖爲下所訟, 無能爲損, 吉所固有也.

구오효는 굳세고 씩씩하며 중정하고 있으니 처음부터 덕을 잃어버리지 않는다. 그래서 비록 아랫사람에 의해 송사를 당하기는 하지만 전혀 손실을 입지 않을 수 있으니, 그에게는 길함이 본디 있는 것이다.

「象」曰: '訟元吉', 以中正也.

「상전」: '송사를 당하기는 하지만 원래 길하다'는 것은 중정하고 있기 때문이다.

中正者, 大人之德, 吉自歸之, 見之則利; 與爲訟, 必逋竄矣.

중정이란 대인의 덕으로서 길함이 저절로 귀결된다. 그래서 그를 만나면 이롭다. 그에게 송사를 벌인 이는 필연코 도망가서 숨게 된다.

上九, 或錫之鞶帶, 終朝三褫之.

상구: 어쩌다 수레를 장식하는 것과 사람 허리에 차는 요대[155]를 하사받았는데, 아침이 끝나기 전에 세 번이나 빼앗아간다.

'鞶', 車飾, '帶', 服飾; 車服所以行賞. '或'者, 徼幸偶得之辭. 二之訟上, 本以'乾'上行而不與己應爲猜恨. 九五中正, 不與相競; 四居其間, 承上意而以下告; 唯上九健往之首, 與二隔絶, 而驕亢不屈, 激成訟者也. 其事若出於衛主, 故或徼榮賞. 而訟定以後, 二既屈服, 其惕中之孚且見諒於五, 必惡上之釀禍而亟褫之. 朝錯忠而見誅, 況傅游藝之一歲九遷乎!

'鞶(반)'은 수레를 장식하는 것이고, '帶(대)'는 의복을 장식하는 것이다. 이들은 수레와 의복에 상을 내려준 장식들이다. '어쩌다'라고 번역한 '或(혹)'은 요행으로 우연히 얻었다는 말이다. 구이효가 상괘인 건괘☰와 송사를 벌인 까닭은 본래 건괘☰의 세 양들이 위로 올라가서 자신과 응해주지 않아 시기심이 나고 원한이 맺혔기 때문이다. 그런데 구오효는

---

155) 아래 왕부지의 주석을 좇아 '鞶帶(반대)'를 이렇게 번역하였다. 마융(馬融), 우번(虞翻), 왕필(王弼), 공영달(孔穎達), 호원(胡瑗), 주희(朱熹) 등 거의 대부분의 주석가들이 '鞶(반)' 자를 '大(대)' 자로 풀이하여 '鞶帶(반대)'를 '大帶(대대)'라 하고 있다. 이는 공을 세운 신하가 임금으로부터 하사받은 요대(腰帶)로서 허리에 차고 거기에 갖가지 장신구를 늘어뜨리는 것인데, 신분과 영예를 상징하는 것이다. 그러나 왕부지는 이처럼 수레의 장식물과 사람의 요대로 이 둘을 나누어서 풀이하고 있다.

중정(中正)하여 아예 다투려 들지를 않고, 구사효는 그 사이에 끼어들어 윗사람의 뜻을 받들면서 아래로 알려주고 있다. 오직 상구효만이 씩씩하게 가는 대열의 선두가 되어 구이효와 뚝 떨어져 있고 교만하게 목을 뻣뻣이 세운 채 굽히지 않음으로써 송사를 일으키도록 자극하고 있다. 그 일은 마치 위(衛)나라의 군주 성공(成公) 때에 일어났던 일과도 같다. 그러므로 어쩌다 요행으로 영예와 상을 받기도 한다. 그러나 송사가 확정되고 난 뒤에는 구이효가 이미 굴복하였고, 그가 두려워하며 가운데에 있음에서 드러난 믿음직스러움도 구오효에게 이해되고 받아들여졌다. 그래서 구오효는 상구효가 화란(禍亂)을 조장하였음을 미워하며 재빨리 상으로 내린 것들을 빼앗아버리게 된다. 이는 필연이다. 이리하여 조착(朝錯)[156]같은 충신도 주살(誅殺)당했거늘, 하물며 부유예(傅游藝)[157]처럼 1년에 9번 영전하였던 인물이랴!

---

156) 조착(朝錯)은 한(漢)나라 초기에 태자가령(太子家令)을 지낸 인물이다. 그는 황태자의 신임을 받았는데 당시 황제인 문제(文帝)에게 여러 차례 오왕(吳王) 유비(劉濞)의 과오를 지적하며 치죄할 것을 간(諫)하였다. 그러나 관후한 인물이었던 문제는 차마 오왕을 처벌하지 못했다. 그리고 오왕의 횡포는 날로 심해졌다. 문제의 뒤를 이어 경제(景帝)가 즉위하자 조착은 어사대부(御史大夫)가 되었다. 그는 역시 이 문제를 경제에게 진언하였다. 그리고 한나라 조정의 대신들이 오왕을 처벌할 것을 논의하기 시작하였다. 이에 위기를 느낀 오왕은 교서왕(膠西王) 유앙(劉卬)과 모의하고 제후들을 규합한 뒤 황제에게 조착을 참할 것을 무력으로 핍박하였다. 그리고 어쩔 수 없는 상황으로 내몰린 황제는 그를 참수하고 말았다.

157) 부유예(?~691)는 당나라 측천무후 조정에서 동평장사(同平章事)를 지낸 인물이다. 그는 위주(衛州)의 급(汲; 지금의 하남성 급현 서남쪽 지역) 출신이다. 재초(載初) 원년(690년)에 9품에 불과한 합궁주부(合宮主簿)·좌숙정대어사(左肅政台禦史)를 거쳐 좌보궐(左補闕)로 승진하였다. 그해에 부유예는 당시

「象」曰: 以訟受服, 亦不足敬也.

「상전」: 송사를 통해 복식(服飾)을 받았으니 역시 공경할 만한 것이 못된다.

정권을 농락하고 있던 측천무후에게 황제가 될 뜻이 있다는 것을 간파하고는 관중(關中) 지역 백성 100여 명을 규합하여 궁궐에 나아가 표(表)를 올렸다. 그는 이에 갖가지 괴이한 자연 현상인 부서(符瑞)를 방증 근거로 들며, 이는 하늘이 측천무후에게 황제에 등극하라는 메시지를 주는 것이라고 부추겼다. 그리고 측천무후더러 황제에 등극하여서는 국호를 '주(周)'로 고치라고 하였다. 측천무후는 짐짓 대답을 하지 않았지만 그를 일약 3품 벼슬에 해당하는 급사중(給事中)으로 발탁하였다. 그러자 여기에 측천무후의 암시가 있다고 본 당시의 관료들과 황실의 종친 및 원근의 백성, 변방 소수민족의 추장, 승려, 도사 등 6만여 명이 부유예의 행동을 모방하여 측천무후에게 황위(皇位)에 등극하고 국호를 바꿀 것을 청하였다. 심지어는 당시의 황제조차 성을 어머니 측천무후의 성씨를 좇아 '무(武)'씨로 바꾸어달라고 할 정도였다. 이리하여 측천무후는 황제에 등극하였고 새로운 시대를 열었다. 그리고 부유예에게는 불과 몇 개월 사이에 동봉각란대평장사(同鳳閣鸞台平章事), 조산대부(朝散大夫), 수란대시랑(守鸞台侍郞) 등의 벼슬이 내려졌고 여전히 동평장사(同平章事)의 벼슬은 유지되었다. 그의 승진이 이렇게 신속하자 사람들은 그를 '사시사환(四時仕宦)'이라 불렀다. 1년 사이에 그의 관직 도포 색깔이 사계절을 상징하는 청색(靑色)으로부터 주자색(朱紫色)으로까지 한 바퀴를 돌았기 때문이다. 그러나 몇 개월이 지난 뒤에는 사례소경(司禮少卿)으로 강등되었고, 그의 정치적 행위는 금지되었다. 그리고 꿈에 담로전(湛露殿)에 올랐다는 이야기를 지친(至親)에게 이야기했다가 그의 고변으로 하옥되었다. 그에게 모반의 뜻이 있다는 방증이라는 이유에서였다. 옥중에서 그는 자살로 그의 생을 마감하였다. 이렇게 파란만장한 그의 벼슬 경력이 실은 1년 남짓한 기간에 일어났고, 그의 화려한 이력에는 그의 간교함이 깔려 있었기에 『구당서(舊唐書)』에서는 그를 '간신(奸臣)'으로 분류하여 게재하고 있다.

激禍以居功, 君子之賤惡之久矣.

화란(禍亂)을 자극하여 공을 차지함에 대해서는 군자가 천하게 여기고 미워한 지가 오래되었다.

師卦坎下坤上

사괘䷆

師. 貞, 丈人吉, 无咎.

사괘: 올곧은 장인(丈人)이[158] 길하고 허물이 없다.

卦唯一陽, 統群陰而爲之主, 居中而在下, 大將受鉞專征之象. 陰盛而聚, 殺之事也, 故爲'師'. '貞'謂六五柔靜得中而不競. 唯九伐之法, 道在正人之不正, 則命將專征, 非過剛而黷武也. '丈人'謂二剛中之德爲壯猷之元老, 以之臨戎, 戰則必勝, 故吉也. 王者順天致討, 得征之正, 又命將得人, 而免於凶危, 然後'无咎'. 不然, 師之興, 咎之府也. 五雖順正, 與二爲應, 然柔勝, 嫌於不斷, 或委任不專, 則黷武之小人且乘之以

158) '장인(丈人)'은 옛날에 노인을 존경하여 부르던 칭호다.

微功而僨事. 故彖辭雖爲吉占, 而有戒意. 蓋兵者不得已之用, 不但傷生費財, 且小人乘之以立功而攬權. 貞而不吉, 旣以病國戮民; 吉而不貞, 又爲貪功啓禍. 免此二者, 而後師爲可興. 聖人貴生惡殺, 固本靖民之情, 於斯見矣.

이 사괘에는 오직 하나의 양효가 있어서 뭇 음들을 통어하는 괘주(卦主)가 되어 있다. 그런데 이효가 중위(中位)를 차지하고서 아래에 있으니[159], 이는 대장이 천자가 주는 부절(符節)[160]과 부월(斧鉞)[161]을 받아 전권(專權)을 확보하여 정벌에 나서는 상이다. 사괘는 음들이 왕성하며 모여 있으니, 이는 살육하는 일을 상징한다. 그래서 '사(師)'라 한 것이다. '정(貞)'은 육오효가 음효로서 고요히 있고 득중한 채 다투지 않음에 대해 표현한 말이다. 구벌(九伐)의 법[162]은 오직 사람의 올바르지 않음을

159) 사괘의 구이효를 적시하는 말인데, 이것이 하괘(下卦), 즉 정괘(貞卦)인 감괘(坎卦)☵의 중효(中爻)라는 점에서 이렇게 말하고 있다.

160) '부절(符節)'은 오늘날로 말하면 신분증과 임명장을 겸하는 의미가 있다. 부절은 금, 옥, 대나무, 나무 등으로 만들었는데, 그 위에 글자를 쓰고 둘로 나누어서 각자 나누어 가졌다가 사용할 적에는 그 두 개의 반쪽을 맞추어 보고 징험하였다. 또는 발병부(發兵符)와 사자(使者)가 갖는 절(節)을 합하여 부르는 말이라고도 한다. 천자가 출정하는 대장에게 이것을 수여하던 것에는 그의 신분을 확인하고 보장해 준다는 의미가 담겨 있다.

161) '부월(斧鉞)'은 '부(斧)'와 '월(鉞)'을 합친 말이다. 우리말로는 모두 '도끼'라 한다. 천자가 대장에게 이것을 수여하는 데에는 그에게 형벌의 집행권과 살육의 권한을 준다는 의미가 담겨 있다.

162) 옛날에 아홉 가지 죄악에 대해 토벌함을 규정해 놓은 법을 말한다. 『주례』에서는 1. 약한 사람을 업신여기고 과부를 범함, 2. 현자를 괴롭히고 백성에게 해를 끼침, 3. 국내적으로는 포악하고 국외적으로는 능멸함, 4. 농사짓는

바룸에 그 원리가 있다. 그래서 대장에게 전권을 주어 정벌에 나서라고 명을 내렸지만, 이것이 굳셈[剛]을 지나치게 발휘하여 무(武)를 더럽히라는 의미가 아니다. '장인(丈人)'은 구이효의 굳셈으로서 득중한 덕이 웅대한 군사지략을 내는 원로163)를 상징한다고 보고 표현한 말이다. 이러한 지략을 가지고 군사작전에 임함으로써 싸우면 틀림없이 이긴다. 그래서 길하다.

왕이란 하늘에 순응하여 토벌을 감행하여 정벌의 정당성을 얻고 또 그 명(命)이 사람의 마음을 얻어야만 흉하고 위험함에서 벗어난다. 그러한 뒤에라야 '허물없음'이 된다. 그렇지 않을 경우는 군대의 동원이 허물을 쌓아 둔 창고가 된다. 이 사괘에서는 왕을 상징하는 육오효가 비록 순종함과 올바름을 지니고 있고 구이효와 응의 관계를 이루고는 있다. 그러나 부드러움[柔]이 우위에 있기 때문에 과단성이 없지 않느냐 하는 혐의를 받고 있다. 그래서 혹시라도 위임하는 데서 전권(專權)을 부여하지 않는다면, 무(武)를 더럽히는 소인들이 그 틈을 타고 공을

전답을 황폐하게 하여 백성들이 떠남, 5. 자국의 지형이 침범하기에 험난한 지세라는 것을 믿고 대국을 섬기지 않음, 6. 혈육에게 패악하게 굴거나 살해함, 7. 그 임금을 내쫓거나 시해함, 8. 훈령을 위반하거나 정치를 제멋대로 함, 9. 인륜을 어지럽혀 집 안과 집 밖의 구별을 혼란케 하며 짐승처럼 행동함 등으로 분류하고서 각각에 상응하는 토벌에 대해 정해 놓고 있다.(『周禮』, 「夏官・大司馬」: 以九伐之灋正邦國. 馮弱犯寡則眚之, 賊賢害民則伐之, 暴內陵外則壇之, 野荒民散則削之, 負固不服則侵之, 賊殺其親則正之, 放弑其君則殘之, 犯令陵政則杜之, 外內亂・鳥獸行則滅之.)

163) 이는 『시경』에 출전이 있는 말이다. 『시경』, 「소아(小雅)」 편의 '채기(采芑)'라는 시에서는 방숙이 원로로서 웅대한 군사지략을 낼 수 있는 인물로 찬탄하면서 이렇게 묘사하고 있다.(方叔元老, 克壯其猶.)

노려 일을 그르치게 된다. 그러므로 괘사에는 비록 길한 점이 되어 있지만, 거기에는 경계하는 의미도 들어 있는 것이다.
군대의 동원은 어쩔 수 없는 경우에만 사용하는 것이다. 그것이 생명을 상하게 하고 재물을 허비할 뿐만 아니라, 또한 소인들이 그 틈을 타고 공을 세워 권력을 움켜쥐기 때문이다. 다시 말해서 군대를 동원하였는데 올곧지만 길하지 않은 경우에는 나라를 병들게 하고 백성들을 도륙하는 결과를 낳는다. 그리고 길하지만 올곧지 않은 경우에는 공을 탐하는 이들을 우글거리게 하여 화란(禍亂)의 장을 여는 셈이 된다. 이 두 가지를 면할 수 있는 경우에만 군대를 동원할 수 있다. 성인들께서 생명을 귀하게 여기고 살인을 미워함과 근본을 든든히 하고 백성을 편안케 하고자 하시던 마음씀이 여기서 드러난다.

「彖」曰: 師, 衆也; 貞, 正也. 能以衆正, 可以王矣.

「단전」: 사(師)는 다중을 의미하고 올곧음은 올바름을 의미한다. 다중이 올바르도록 할 수 있어야 왕 노릇을 할 수 있다.

人衆則桀傲貪殘者雜處不一. 且兵强易驕以逞, 唯柔静居中・順理而無競者, 能用衆而不詭於正, 斯三王之所以王也. 此明師必貞而後可无咎也.

사람이 많다 보면 힘세다고 껄렁대며 제멋대로 행동하여 도저히 어찌 해볼 수 없는 인간과 탐욕스러우며 잔인한 인간들이 한데 뒤섞여 있어서 순일하지 않다. 또 군대가 강하면 쉽게 교만함이 흘러넘친다. 오로지 부드러움[柔]의 덕을 지닌 채 고요하게 중위(中位)를 차지고 있으면서 이치에 순응하고 남과 경쟁하지 않는 이라야 다중을 동원하여서 올바름에 위배되지 않을 수 있다. 이것이 바로 세 왕[164]이 왕 노릇을 제대로 할 수 있었던 까닭이다. 이 「단전」의 구절은 군대가 반드시 올곧고 올바른 뒤에라야 허물이 없을 수 있다는 것을 밝히는 것이다.

剛中而應, 行險而順.

굳셈[剛]이 중심에 있고 응함도 있으니 험난함에서 행하며 순종한다.

九二剛中, 有致勝之材, 而五與相應, 寵任既專; 二致身以行險, 而承上大順之理以伐罪弔民, 則或不戰而敵服, 或一戰而定矣. 此明必丈人之吉而後可无咎也.

사괘의 이 구이효는 굳셈[剛]으로서 중위(中位)에 있으니 승리를 거둘 수 있는 재질을 지니고 있다. 그리고 육오효와도 서로 응하니 그의 총애와 중임을 받아서 벌써 전권(專權)을 부여받고 있다. 구이효는 헌신적으로 소임을 다하는 자세로 험난함에서 행하고 있고, 위로 임금을 받듦과 천명에 순종하는 이치로써 죄 있는 이들을 토벌하고 백성들의

164) '세 왕'이란 하(夏)·상(商)·주(周) 세 나라를 건립한 하우(夏禹)·상탕(商湯)·주문왕(周武王, 또는 周文王)을 지칭한다. 유가에서는 이들을 성인으로 간주하며 그 도통(道統)의 일부로 여긴다.

어려움을 어루만져준다. 그래서 싸우지 않더라도 적이 굴복하기도 하고 단 한 번의 싸움으로 평정되기도 한다. 이는 반드시 장인(丈人)의 길함인 뒤에라야 허물이 없을 수 있다는 것을 밝힌 것이다.

以此毒天下而民從之, 吉又何咎矣!

이러함으로 세상을 혹독하게 하지만 백성들은 그를 좇으니, 길하기만 할 뿐 또 무슨 허물이 있으리오!

總承上文而言. 以正興師, 則民服其義; 將得其人, 則民無敗死之憂. 二者之道備, 民所樂從, 雖毒民而又何咎乎? 非是而毒民, 其咎大矣.

앞의 글들을 총결하여 말하고 있다. 올바름으로써 군대를 일으킨다면 백성들이 그 의로움에 복종한다는 것이고, 장차 이러한 사람을 얻는다면 백성들은 싸움에 패하여 죽는 것에 대한 우려가 결코 없으리라는 것이다. 이 두 가지의 도(道)가 갖추어져 있으니 백성들로서는 즐겁게 그를 따른다. 그러니 비록 그가 백성들에게 혹독하게 한다 한들 또한 무슨 허물이 있겠는가? 그러나 만약에 이러한 덕이 없이 백성들에게 혹독하게 군다면 그 허물은 클 것이다.

「象」曰: 地中有水, '師', 君子以容民畜衆.

「대상전」: 땅속에 물이 있음이 사괘니, 군자는 이를 본받아 백성들을 포용하고

민중을 길러낸다.

地中之水, 不見於外, 而自安於所潤. 君子用此道以撫衆民, 以靜畜動: 士藏於塾, 農藏於畝, 賈藏於市, 智愚頑廉兼容竝包, 養之以不擾. 以之行師, 有聞無聲, 馭衆如寡, 亦此道也.

땅속에 있는 물은 밖으로 드러나지는 않지만 스스로는 만물을 윤택하게 함에 편안해 한다. 군자는 이러한 도를 써서 민중을 어루만지고 고요함으로써 움직임을 길러낸다. 그래서 사(士)는 교육기관에서 보이지 않는 속에 제 할 일을 다하고 있고, 농부는 논밭에서 보이지 않는 속에 제 할 일을 다하고 있으며, 상인들은 저자에서 보이지 않는 속에 제 할 일을 다하고 있다. 그리하여 지혜로운 이나 어리석은 이, 완고한 이나 방정한 이들을 모두 아울러 받아들이고 감싸 안으며 혼란함이 없이 배양해낸다. 바로 이러함으로써 군대를 운용하니 좋은 소문은 있어도 나쁜 원성은 없다. 그리고 다중을 마치 몇 안 되는 사람들을 부리듯 원활하게 부린다. 이렇게 할 수 있는 까닭은 바로 이러한 도를 지니고서 하기 때문이다.

初六, 師出以律, 否臧凶.

초육: 군대가 기율로써 출정하는 것인데, 그렇지 않고 기율을 불선으로 여기니 흉하다.

師之有束伍節制, 相爲應而不相奪倫, 猶樂之有律也. '否', 不然. '臧',

善也. 師一出, 即當以律, 乃可勝而不可敗. 初六乘險而處散地, 反以律爲不善, 而恣其野掠, 其敗必矣.

군대가 절제로써 대오를 유지하면 서로 응하면서 윤리에 벗어나는 짓을 하지 않는다. 이는 음악에 악률(樂律)이 있는 것과 같다. '否(부)'는 그렇지 않다는 의미다. 그리고 '臧(장)'은 선하다는 의미다. 군대가 한 번 출정함에서는 반드시 기율로써 해야 승리를 거두고 패하지 않을 수 있다. 그런데 지금 사괘의 이 초육효는 험난함을 타고 있고 흩어지는 상황에 놓여 있다. 그래서 오히려 기율을 불선(不善)으로 여기고 교외에서 약탈을 할 정도로 방자해 있으니, 반드시 패한다.

「象」曰: '師出以律', 失律凶也.

「상전」: '군대가 기율로써 출정하는 것인데' 기율에 어긋나게 행동하니 흉한 것이다.

以律爲不臧, 則必失律矣.

기율을 선하지 않은 것으로 여기니 반드시 기율에 어긋나게 되어 있다.

九二, 在師中吉, 无咎. 王三錫命.

구이: 군사를 운용함에서 중도를 지켜 길하며, 허물이 없다. 왕이 세 번 명을

내린다.

以一陽而統群陰, 處於險中, 將在軍之象也. 剛而得中, 得制勝之道, 故吉. 必其吉而後可无咎. 用兵非君子事君之正道, 雖吉, 免咎而已. 且其所以獨任爲主, 專制師中者, 以六五柔順虛中而與相應, 故'王三錫命', 乃克有功, 則其勝也, 皆天子之威靈, 而非可自居以爲功也.

사괘에서는 하나의 양이 뭇 음들을 통어하며 험난함 속에 처해 있으니, 장수가 전장에 있는 상이다. 그리고 굳셈[剛]으로서 득중하여 적을 제압하고 승리를 쟁취하는 도를 터득하고 있다. 그래서 길하다. 그런데 반드시 그 길함 이후에라야 허물이 없을 수 있다. 군사를 운용함에서는 군자가 임금을 섬기는 정도(正道)가 아니고서는 비록 길하다 하더라도 겨우 허물을 면하는 정도일 따름이다. 그런데 지금 구이효가 홀로 주체가 되는 임무를 맡고 있으면서 군사 속에서 전권을 행사하는 까닭은, 육오효가 부드러움과 순종함으로써 스스로를 비운 채 그와 서로 응하기 때문이다. 그러므로 '왕이 세 번 명을 내린다'고 한 것이다. 이렇게 하여 공을 세울 수 있다면 그 승리는 모두 천자의 현격한 명성과 권위 때문이니, 자신의 공으로 돌려서는 안 된다.

「象」曰: '在師中吉', 承天寵也. '王三錫命', 懷萬邦也.

「상전」: '군사를 운용함에서 중도를 지키고 길함'은 황제의 총애를 받기 때문이다. '왕이 세 번 명을 내림'은 온 세상을 가슴에 품음이다.

六五居天位, 而司天命天討之權. 九二唯承錫命之寵, 故吉而无咎. 且王之寵錫之者, 豈以私九二而假之權哉? 懷寧萬邦, 故代天而命德討罪, 二不得邀寵而侵權也.

육오효는 하늘의 위(位)에 자리 잡고서 하늘의 명(命)과 하늘의 징치(懲治)를 수행하는 역할을 맡고 있다. 구이효는 오직 그 명을 내리는 이의 총애를 받기 때문에 길하고 허물이 없는 것이다. 그리고 왕이 총애를 내림이 어찌 구이효와의 사사로운 정에 의해 전권을 빌려주는 것이겠는가? 온 세상을 가슴에 품고 평안하게 하고자 함에서 그러는 것이다. 그러므로 하늘을 대신하여 덕이 있는 이에게 명을 내리고 죄가 있는 이는 토벌하는 것이다. 구이효는 결코 요행으로 그 총애를 바라거나 권한을 침범할 수가 없다.

六三, 師或輿尸, 凶.

육삼: 군대가 어쩌면 수레 가득 시체를 싣고 돌아올 수 있다. 흉하다.

'或'者, 未定之辭. 徼幸而勝者有矣; 師敗將殪, 輿尸以歸, 亦其恆也, 視敵何如耳. 六三以柔居剛, 又爲進爻, 才弱志强, 行險妄動, 故其象占如此. 命將者, 其可輕任之乎!

효사의 '或(혹)'은 확정적이지 않음을 표현한 말이다. 즉 요행으로 승리하는 이가 있기도 할 것이고, 군대는 패하고 장군은 죽어 수레에 시체를 싣고 돌아올 수도 있을 것이다. 이는 또한 전장에서 항상 있는 일이니,

적을 어떻게 보고 대처했느냐에 달려 있을 따름이다. 그런데 지금 이 육삼효는 부드러움[柔]이면서 굳셈[剛]의 위(位)를 차지하고 있고, 또 나아감의 효가 되어 있다. 그리고 재주는 빈약한데도 뜻은 강렬하며, 험난함에서 행동하면서도 망동을 한다. 그러므로 그 상과 점이 이와 같은 것이다. 그러니 출정하는 장수를 가벼이 임명할 수 있겠는가!

「象」曰: '師或輿尸', 大无功也.

「상전」: '군대가 어쩌면 수레 가득 시체를 싣고 돌아올 수 있다'는 것은 큰 사람에게 공이 없음이다.[165]

---

165) '大无功(대무공)'을 아래 나온 왕부지의 주석에 의거하여 이렇게 번역하였다. 그런데 이 구절의 '大(대)' 자에 대해 역대 제가들은 대부분 부사로서 '크게'라고 풀이한다. 먼저 한나라의 역학자 우번(虞翻)이 그 대표적인 사람이다. 그는 이 구절을 '크게 패하다(大敗)', '크게 잃어버리다(大喪)'의 의미로 보았다.(李鼎祚, 『周易集解』, 해당 조: 虞氏曰, "失位乘剛, 內外无應, 以此帥師, 必大敗, 故有輿尸之凶, 功業大喪也.) 이후 호원(胡瑗, 『周易口義』 권2), 장재(張載; 『橫渠易說』 권1), 소식(蘇軾; 『東坡易傳』 권1), 정이(程頤; 『伊川易傳』 권1), 양만리(楊萬里; 『誠齋易傳』 권3), 곽옹(郭雍; 『郭氏傳家易說』 권1』), 래지덕(來知德; 『周易集註』 권3), 모기령(毛奇齡; 『仲氏易』 권5), 혜동(惠棟撰; 『周易述』 권11) 등 송・원・명・청으로 이어지는 대부분의 역학자들이 이러한 의미로 풀이하고 있다. 또 이렇게 보는 것을 당연하다고 여겨 이곳에 대해 아예 언급조차 하지 않은 주석가들도 있다. 왕필(『周易注』 권1), 사마광(司馬光; 『易說』 권1), 주희(朱熹; 『周易本義』 권1) 등이 대표적이다. 그러나 이곳 '大(대)' 자를 명사로 보아 '큰 사람'으로 보는 역학자들이 엄연히 존재한다. 송대의 주진이 그러하다.(朱震; 『漢上易傳』 권1: 故大者无功而凶. 荀卿論兵曰, "權出一者彊, 權出二

'大'謂陽也. 九二剛中, 足以制勝, 而三乘其上, 不用命而輕進; 三敗, 則二功亦隳. 若先縠之於荀林父, 王化貞之於熊廷弼是已.

효사의 '大(대)'는 양을 의미한다. 구이효가 굳셈으로서 중위(中位)를 차지하고 있어서 충분히 적을 제압하고 승리를 이끌 수 있지만, 육삼효는 그 위에 올라타서 명(命)도 없이 제멋대로 가벼이 진군한다. 그러한 육삼효가 패배하면 구이효의 공도 무너지고 만다. 선곡(先縠)이 순림보(荀林父)에게 벌인 일[166], 왕화정(王化貞)이 웅정필(熊廷弼)에게 벌인

者弱." 『易傳』曰, 軍旅之任, 不專一, 覆敗必矣.) 원대(元代)의 오징도 이 흐름에 동조하고 있다. (吳澄, 『易纂言』권5 : 大, 謂陽指九二也. 輿尸之敗, 雖在六三, 然九二為主帥, 偏裨之喪師, 即主帥之无功. 故曰'大无功'也. 城濮之戰, 楚左師右師敗, 唯子玉之中軍不敗, 然子玉帥也, 故敗師之罪, 子玉當之) 이는 분명히 왕부지 이전에 왕부지처럼 보는 사람이 있었다는 예증이 된다.

166) 이는 진(晉)나라 경공(景公) 즉위 3년(B.C.597)에 있었던 일과 관련이 있다. 초(楚)나라 장왕(莊王)은 정(鄭)나라가 진(晉)나라와 화친을 맺자 따끔한 맛을 보여주어 교훈을 주겠다는 작정으로 친히 군대를 이끌고 정나라를 침공하였다. 이 소식을 전해들은 진나라의 경공은 이제 갓 진나라와 동맹을 맺고 그것 때문에 정나라가 침공을 받았음에 군대를 파견하여 돕고자 하였다. 그리하여 상・중・하 3군(軍)을 편성하여 이 싸움에 출정시켰다. 이때 순림보(荀林父)는 중군(中軍)의 원수였고, 선곡(先縠)은 그 부장(副將)이었다. 그런데 이 군대가 황하구(黃河口)에 도착하였을 때, 정나라가 이미 초나라에게 항복하였고, 초나라 군대도 귀국길에 올랐다는 소식을 들었다. 그래서 진나라 군영에서 회의가 열렸는데, 정나라는 이미 구할 수 없는 상황이 되어버렸고, 또 새삼 초나라와 전쟁을 벌이자 해도 명분이 없으니 회군하자는 쪽으로 의견이 모이고 있었다. 이때 이를 반대하고 나선 인물이 선곡이었다. 그는 진나라가 패자(霸者) 노릇을 할 수 있는 것은 정나라처럼 기울어가는 나라와 고난에 찬 나라를 구제해 주기 때문인데, 구하지도 않고 회군해버린다면 소국들이 이제 진나라를 어떻게 보겠느냐, 진나라는 더 이상 패자 노릇을 할 수 없을 것이라는 논거로

일[167]이 이러할 따름이다.

계속 진군을 주장하였다. 만약에 순림보가 회군한다면 자기가 중군을 거느리고서라도 진군하겠다고 하였다. 그러면서 자기는 싸우다 적진 앞에서 죽는 한이 있더라도 이 의기는 꺾지 않겠노라고도 하였다. 그리고는 명령도 없이 순림보 몰래 자기와 뜻이 맞는 조씨 형제와 함께 군사를 몰고 황하를 건너 버렸다. 하군(下軍)의 사마(司馬)였던 한궐(韓厥)이 순림보에게 이 사실을 알렸다. 순림보가 그 대책을 묻자 한궐은, 막강한 초나라 군사에게 선곡의 군대는 필패할 것이며 그러면 순림보 당신은 그 중군의 총수로서 당연히 그 패배의 허물을 전적으로 뒤집어쓰게 된다, 일이 이미 이 지경이 되었으니 3군을 다 거느리고 뒤쫓아 가자, 가서 공을 세우면 그것이 순림보 당신에게 귀속될 것이요 패배하면 3군의 주장과 부장 여섯이서 그 책임을 함께 나누면 된다는 말로 설득하였다. 이 말에 동의하여 3군이 함께 황하를 건너 초군과 전쟁을 벌였는데, 결과는 진군(晉軍)의 참담한 패배로 끝났다. 부하 장수의 경거망동이 막강 진군의 대패를 불러 온 것이고 그 윗사람이던 순림보는 그 책임을 지지 않을 수 없었다. 다만 진경공의 용서를 받았을 뿐이다. 보복이 두려운 선곡은 적(翟)의 땅으로 달아났고, 나중에 거꾸로 진나라를 공격하다 죽임을 당했다.

167) 이 일은 명나라 말기 명나라 군대가 요동 지역에서 후금(後金) 군대, 즉 청나라 군대에게 궤멸적 패배를 당한 것과 관련이 있다. 왕화정(王化貞; ?~1632)은 당시 명나라 조정을 쥐고 흔들던 환관 위충현(魏忠賢)의 비호를 받던 인물이다. 그리고 『명사(明史)』에서는 됨됨이가 우둔하고 강팍하며, 병법에는 전혀 아는 것이 없는 인물이라 전하고 있다. 이에 비해 웅정필(1569~1625)은 원래 요동 지방에 파견되어 출중한 무공을 올린 인물이다. 자가 백비(百飛), 호가 지강(芝岡)이었는데, 1608년에는 요동(遼東) 순안(巡按)으로서, 1619년에는 요동 경략(經略)으로서 이곳에 파견되어 혁혁한 공을 세웠다. 다만 희종이 즉위한 뒤에 권력을 장악하게 된 위충현의 모함을 받아 탄핵을 받고 파직을 당하였다. 그러다가 명나라의 요동 군대가 청나라에 대패하자 다시 그를 요동 경략으로 기용하게 된 것이다. 그런데 이때 병부상서로 있던 장학명(張鶴鳴)이 웅정필과 사이가 좋지 않았기 때문에 왕화정을 따로 천거하여 그를 순무(巡撫)로 삼게

六四, 師左次, 无咎.

육사: 군대가 주둔하고 있음이니[168], 허물이 없다.

師法, 前左高, 後右下. 六四憑依'坎'險, 故爲'左'. 以柔居柔, 而爲退爻, '次'之象也. 凡師雖次止不進, 前左之軍必進爲游弈; 左次, 則右後皆

하였다.

문제는 이 두 사람의 의견 대립이 심하여 사사건건 부딪힌다는 데 있었다. 특히 병력의 배치 문제에서 그러하였다. 이 둘의 대립이 첨예해지자 마침내 조야의 거의 모든 사람들이 이 사실을 알게 되어 어쩌면 일을 그르칠지 모른다는 불안감이 들었다. 그러나 눈앞에 청나라 군대와 대결하던 상황이어서 할 수 없이 두 사람이 작전을 병행하도록 하였다. 이때 웅정필은 내실을 다지며 수비에 치중할 것을 주장했다. 이에 비해 왕화정은 웅정필의 모든 책략에 반대하며 탕평책을 주장하였다. 즉 청나라 군대를 공격하여 일거에 싹 쓸어버리자는 것이다. 그리고는 "내가 요하를 건너기만 하면 그 동쪽 사람들이 반드시 안에서 나에게 응해올 것이다."라고 하며 중앙의 관료들에게 서신을 보내 "중추월에 가면 베개를 높이 베고 편안하게 잠을 잘 수 있을 것이니 승리의 소식이나 기대하시라!"고 큰소리를 쳤다. 그리고는 기세 좋게 공격을 감행하였다. 그러나 결과는 명나라 군대의 참담한 패배로 끝났다. 요동이 청나라의 천하가 되고 말았다.

패배의 책임을 묻는 데서 위충현은 왕화정의 모든 잘못을 웅정필에게 뒤집어씌어 그를 참수케 하였고, 그 목을 요동 지방의 9곳에 보내 효수하였다. 그리고 위충현은 왕화정에 대해서는 끝까지 비호하려 하였다. 그러나 그 죄상이 너무나 분명하기에 왕화정도 결국 사형을 당하였다. 다만 억울하게 죽은 웅정필보다는 7년을 더 산 뒤였다.

168) 군대가 하룻밤 주둔하는 것을 '사(舍)'라고, 두 밤을 주둔하는 것을 '신(信)'이라 하며, 그 이상을 주둔하는 것을 '차(次)'라 한다.(『左傳』, 「莊公」 三年 : 凡師一宿爲舍, 再宿爲信, 過信爲次.)

止. 善師者不陣, 故无咎.

병법에서는 전(前)・좌(左)에 위치한 군은 높고, 후(後)・우(右)에 위치한 군은 낮다.[169] 육사효는 하괘인 감괘☵가 상징하는 험함에 기대며 의지하고 있다. 그러므로 주둔한다는 의미에서 '좌(左)'가 된다. 그리고

---

169) 이 부분이 『주역패소』에서는 반대로 나와 있다. 즉 "전(前)・좌(左)에 위치한 군은 낮고, 후(後)・우(右)에 위치한 군은 높다.(兵法: 前左下・後右高.)"라고 되어 있다. 그리고 이에 대한 부연 설명에서도 "지위가 높은 군은 뒤에 있다가 험난함에 의거하여 주둔지를 틀고, 지위가 낮은 군은 앞에 있다가 들판을 달려 싸우기에 이로운 곳으로 기동력 있게 옮겨 간다. 그리고 전・좌의 군대가 행진하지 않고 있으면 후・우의 군대는 모두 멈춘다. 그런데 군대가 비록 나아가지 않는다 할지라도 전군(前軍)은 오히려 반드시 멀찌감치 가서 경계를 섬으로써 적을 방어해야 한다. 이에 비해 오로지 '좌(左)'라고만 하면 주둔지를 틀고서 멈추어 있음을 의미할 따름이다. 그래서 이 육사효사에서는 '전(前)'이라 하지 않고 '좌(左)'라 한 것이다.(高者在後, 據險以結屯; 下者在前, 馳野而趨利. 前左不行, 則後右皆止. 不言'前'而言'左'者, 軍雖不進, 前軍猶必遠哨以防敵, 唯左則屯聚以止耳.)"라고 하여 훨씬 명쾌한 설명을 하고 있다. 역자(譯者)는 『주역패소』의 견해가 옳다고 본다. 역대 주석가들도 대부분 병법을 인용하며 이 육사효사에 대해 이렇게 풀이하고 있다. 우선 이정조의 『주역집해』에서 인용하고 있는 최경(崔憬)의 설이 그러하다.(崔憬曰, "偏將軍居左, 左次常備師也.") 공영달도 『주역정의』에서 이렇게 풀이하고 있다. 그는 특히 『한서(漢書)』에 나오는 한신(韓信)의 말을 인용하며 그 전거로 삼고 있다.(行師之法, 欲左背高者, 此兵法也. 故『漢書』韓信云, "兵法欲右背山陵, 前左水澤.") 『노자』에서도 이렇게 설명하고 있다. 즉 "길사에서는 왼쪽을 높이고 흉사에서는 오른쪽을 높인다. 편장군은 왼쪽에 자리 잡고, 상장군은 오른쪽에 자리 잡는다.(『노자』 제31장: 吉事尙左, 凶事尙右. 偏將軍居左, 上將軍居右.)"고 하는 것이 그것이다. 이렇게 보면 『주역패소』의 설이 맞다고 해야 한다. 그런데 어째서 『주역내전』에서는 왕부지가 이렇게 정반대로 풀이하고 있는지 역자로서는 의문이다. 아마 여기서 착오로 '高' 자와 '下' 자를 바꿔 쓴 것으로 보인다.

부드러움[柔]의 효로서 부드러움의 위(位)를 차지하고 있으니, 물러남의 효다. 이는 '여러 날 주둔함'의 상이다. 무릇 군대가 비록 주둔하면서 전진하지 않는다 하더라도 앞·왼쪽의 군은 반드시 나아가서 순라를 돌고 경계를 선다. 그런데 지금 그들도 머물며 숙영하고 있으니 후·우의 군은 모두 멈춘다. 이때 군대를 잘 운용하는 이는 군대를 펼치지 않는다. 그러므로 허물이 없다는 것이다.

「象」曰: '左次无咎', 未失常也.

「상전」: '군대가 주둔하고 있음이니, 허물이 없다'는 것은 상도(常度)를 잃어버리지 않았기 때문이다.

進退可據之謂'常'.

나아감이나 물러남의 근거가 될 수 있는 것을 '상도'라 한다.

六五, 田有禽, 利執言, 无咎. 長子帥師, 弟子輿尸, 貞凶.

육오: 사냥을 나가서 날짐승을 잡음이니, 말로써 상대방의 죄행을 만천하(滿天下)에 선포하고서 토벌을 단행함에 이롭고, 허물이 없다. 맏아들이 군대를 통솔하는데, 그 동생들을 또 보내면 수레 가득 시체를 싣고 돌아오게 되니, 올곧더라도 흉하다.

'田', 獵也. '禽', 獲也. '執言', 執辭聲罪以致討也. 六五柔順得中, 無貪憤之心, 因彼有可伐之罪, 執辭以討, 其興師正矣. 然王者之師, 雖以柔勝, 而用將必須剛斷. 五與群陰雜處, 雖下應九二, 而志柔不定, 則方命長子帥師, 而復遣弟子得以争功躁進. 若初・三, 皆弟子也. 徼幸嘗試, 必致敗績. 事雖正, 而輕用民於死, 亦凶矣.

'田(전)'은 사냥을 의미한다. '禽(금)'은 포획하였다는 의미다. '執言(집언)'은 상대방의 죄행을 만천하에 선포하고서 토벌을 단행함이다. 이 육오효는 부드럽고 순종하는 성질의 것으로서 지금 중위(中位)를 차지하고 있다. 그리고 탐내거나 분노에 찬 마음도 없다. 다만 저들에 정벌할 만한 죄가 있기에 그것을 온 천하에 선포하고 토벌에 나선 것이니, 그것을 위해 군대를 일으킴은 올바르다. 그러나 제왕의 군대가 비록 부드러움으로써 승리한다고는 하지만 기용한 장수는 반드시 굳세고 강단(剛斷)이 있어야 한다. 그런데 지금 이 육오효는 자신이 음(陰)으로서 뭇 음들과 뒤섞여 있으니, 비록 아래로 구이효와 상응하고는 있지만 의지가 우유부단하여 과단성 있게 무엇을 결정하지 못한다. 그래서 맏아들에게 군대를 통솔하라는 명(命)을 주고는 다시 그 밑의 동생들을 파견하는데, 이들은 서로 공을 다투며 조급하게 진격하게 된다. 사괘(師卦)에서 초육효・육삼효는 모두 구이효의 동생들이다. 이들은 요행을 바라며 시험 삼아 움직인 나머지 반드시 참담한 패배를 불러오게 된다. 일은 비록 올바르다 할지라도 백성들을 경솔하게 사용하여 죽음에 이르게 하니 역시 흉하다.

「象」曰: '長子帥師', 以中行也. '弟子輿尸', 使不當也.

「상전」: '맏아들이 군대를 통솔함'은 중위(中位)를 차지하고 있기 때문이다. '그 동생들을 또 보내면 수레 가득 시체를 싣고 돌아오게 된다'는 것은 동생들을 내보낸 처사가 부당하기 때문이다.

五之錫命九二而使帥師, 徒以其居中, 位尊望重, 而使之行耳, 非能剛斷而專任之, 故使弟子參焉, 而至於敗.

육오효가 구이효에게 명을 내려 군대를 통솔하게 한 것은 다만 그가 중위(中位)를 차지하고 있기 때문이다. 즉 위(位)가 존귀하고 여망이 중하기 때문에 그로 하여금 행군하게 한 것일 따름이다. 그런데 그는 굳세고 결단력이 있게 그 전권을 발휘하지 못한다. 그래서 그 밑의 동생들을 참여시킨 것인데, 결과는 참담한 패배로 끝나게 된다.

上六, 大君有命, 開國承家, 小人勿用.

상육: 대군에게서 명이 있으니 나라를 열고 가문을 일으킨다. 소인에게는 쓰지 마라!

'大君'謂五也. '開國', 命爲諸侯. '承家', 命世爲大夫. 上居事外, 不與師旅之事. 師還論功, 六五命之, 定爵行賞. 賞雖以功爲主, 而抑必視其人. 小人不可開國承家, 而命之則貽害方大, 故戒之. 然小人徼幸有功, 與君子等, 而以志行見詘, 則將有如趙汝愚之於韓侂胄者, 激之而反成乎亂. 故'勿用'者, 宜早愼擇於命將之日. 上六雖柔不能斷, 但戒之, 而無歸咎之辭; 責在六五, 不在上六也. 六五遣弟子分長子之任, 雖免輿尸, 亦終爲咎. 至於小人已有功而抑之, 乃忠臣憂國・不恤恩怨之道, 直道雖伸, 國亦未易靖也.

여기에서 '대군'이라 한 것은 육오효를 가리킨다. '나라를 열고'라는 것은 명(命)을 받아 제후가 되었다는 의미다. '가문을 일으킨다'는 것은 대대로 대부라는 명을 받았다는 의미다. 이 상육효는 일의 밖에서 살고 있으니 군대의 일과는 관련이 없다. 그런데도 군대가 돌아와 공(功)을 논하는 데서 육오효가 그에게 명을 내려 작위를 정해주고 상을 내려준다. 그런데 상은 비록 공(功)을 위주로 한다지만 한편으로 반드시 그 사람을 보아야 한다. 왜냐하면 소인은 제후가 되거나 대부가 되어서는 안 되니, 그러한 사람에게 그러한 명을 내리면 해를 끼침이 너무나 커지기 때문이다. 그러므로 지금 효사에서는 이를 경계하고 있다.

그러나 소인이 요행으로 공을 세워 군자와 대등하다 할지라도 뜻함과 행동에서 그에게 굽힘을 보이게 되면, 조여우가 한탁주에게 당했던 것처럼 그를 자극하여 오히려 혼란함을 조성하게 된다.[170] 그러므로

170) 소희(紹熙) 말년(1194년), 당시 송나라의 태상황제였던 효종이 죽었는데 그의 아들인 광종은 이미 병세가 회복할 수 없는 지경이어서 상례(喪禮)조차 집행할 수 없는 처지였다. 이에 황족이었던 조여우(趙汝愚; 1140~1196)와 황실의 외척이었던 한탁주(韓侂胄; 1152~1207)는 광종의 아들인 가왕(嘉王) 확(擴)에게 황위(皇位)를 선양할 것을 건의하였다. 이것이 받아들여져서 가왕이 황제에 즉위하였는데, 그가 곧 송의 영종(寧宗)이다. 그리고 조여우는 이 영종을 보좌하여 정치를 하게 되었다. 조여우는 훌륭한 학자들을 불러 경연에 참가하게 하였다. 그 일환으로 주희(朱熹)도 초빙되어 영종에게 학문을 강하였다.

다만 조여우와 한탁주는 끝내 함께 갈 수 없는 사이였다. 됨됨이와 뜻함이 달랐기 때문이다. 한탁주는 금나라에 송의 북쪽 지역을 내준 치욕을 씻기 위해 북벌(北伐)에 뜻을 두고 있었고, 조여우는 사대부들에 의한 문치(文治)에 뜻을 두고 있었다. 이에 둘 사이에는 필연적으로 권력 다툼이 일게 되었다. 그런데 정적의 배척에 더욱 적극적인 인물이 한탁주였다. 그는 조여우에게 불안을 느낀 나머지 암암리에 그를 제거할 계책을 밀어붙이고 있었다.
이러한 상황을 그대로 보아 넘길 수 없었던 주희는 이부시랑(吏部侍郎) 팽구년(彭龜年) 등과 함께 한탁주의 소행을 영종에게 탄핵하기에 이르렀다. 그러나 영종은 한탁주를 신임하였으니, 주희 등은 오히려 파면 당하고 말았다. 그러자 이제 역으로 조여우와 진부량(陳傅良) 등이 온 힘을 다해 주희 일파에 대한 구명활동을 벌였으나 끝내 아무런 소득도 거두지 못하였다. 뿐만 아니라 경원(慶元) 원년(1195년)에 조여우는 복주(福州)의 지사로 좌천당하였다. 한탁주가 자기 사람을 시켜 황족인 사람이 정치를 보필함은 황제에게 불리하다는 진언을 하게 한 결과였다. 이에 대해 간관(諫官)과 태학생 등이 반대하였지만 이들은 모두 한탁주에 의해 쫓겨났다. 그리고 한탁주는 이것이 바로 눈엣가시 같은 조여우를 영원히 보내 버릴 수 있는 좋은 계기라 여겼다. 그리하여 자기의 일당으로 하여금 영종에게 "조여우는 위학의 무리들을 끌어 모아 결코 가서는 안 될 길을 모의하였다.(馮琦原 編・陳邦瞻 增輯, 『宋史紀事本末』 권12, 「韓侂胄專政」: 汝愚倡引僞徒, 謀為不軌)"는 말을 올리게 한 뒤, 영원군절도부사(寧遠軍節度副使)로 좌천시켰다가 영주(永州)로 귀양 보냈다. 이듬해(慶元 2년, 1196) 정월 조여우는 형주(衡州, 지금의 호남성 衡陽市)의 한 고을에서 묵게 되었는데, 갑자기 저녁에 발병하여 바로 죽고 말았다. 이에 대해 일설에서는 훗날 조여우가 다시 기용될 것을 염려하여 한탁주가 몰래 형주의 지방 장관인 전무(錢鍪)를 시켜 독살한 것이라고도 한다.(托克托等修, 『宋史』 권474, 「列傳」제233・「姦臣」4, 「韓侂胄傳」: 慮他日汝愚複用, 密諭衡守錢鍪圖之. 汝愚抵衡, 暴薨.)
한탁주가 이때 벌인 일을 '경원당금(慶元黨禁)'이라고 한다. 그는 자신이 조여우를 비롯하여 쓸어버린 인물들을 '위학(僞學)'의 무리라 하고는, 이들에 대해 "탐욕스럽고 더러우며 거리낌 없이 행하는 것이 사람의 참다운 실정이지,

'쓰지 마라!'고 한 것이니, 이는 명(命)을 내리는 날에 일찌감치 신중하게 가림이 마땅하다는 것을 의미한다. 그런데 이 효사에서는 상육효가 비록 부드러움의 효로서 우유부단하여 다만 그에게 경계하기만 할 뿐, 허물을 돌리는 말은 없다. 책임이 육오효에게 있지 상육효에게 있다고 보지 않기 때문이다. 육오효가 동생들을 파견하여 맏아들의 소임을 분산해 버렸으니, 비록 수레 가득 시체를 싣고 돌아옴의 잘못을 면했다고 할지라도 역시 끝내는 그에게 허물이 있는 것이다. 심지어 소인에게 이미 공(功)이 있는데도 그것을 억누르면, 바로 충신이 나라를 걱정해야 하는 결과와 은원(恩怨)은 전혀 고려하지 않는 결과를 초래하게 된다. 이렇게 하여서는 비록 '직(直)'의 도[171]는 펼쳐졌다고 할 수 있을지 몰라도

뭐 청렴하고 고결하게 수양을 잘 한다는 것들은 모두 허위에 가득 찬 놈들이다(無名氏, 『慶元黨禁』: 貪黷放肆乃人之眞情, 而廉潔好修者都是僞人)."라고 말하며 59명을 모두 내쫓았다. 그 명단에는 주필대(周必大) · 진부량(陳傅良) · 섭적(葉適) · 팽구년(彭龜年) · 위영(韋穎) · 항안세(項安世) 등 후세에 전하는 쟁쟁한 학자들이 포괄되어 있다. 그는 이들을 '역당(逆黨)'의 반열에 올려놓고는 이들의 저작을 금서로 분류하며 폄훼하였다. 아울러 이들과 관계가 있는 인물들에게는 관리가 되는 것을 허락지 않았고 과거도 볼 수 없게 하였다. 이것이 1202년에야 풀렸다.

한탁주의 이 '경원당금'에 대해서는 평가가 엇갈린다. 그가 주희를 비롯한 사대부들의 영향력에 대해 두려워하였기 때문이라는 것이 그 하나요, 또 하나는 그가 준비하고 있는 북벌에 대해 사대부들 가운데는 편안함을 도모한 나머지 방해하는 무리가 있었기 때문이라는 것이 그것이다. 한탁주도 끝내는 영종에 의해 죽임을 당하였다. 한탁주가 자신의 사재를 털어서까지 금(金)나라와의 전쟁을 밀어붙였기 때문이다. 영종은 화의의 조건으로 한탁주의 목을 요구하는 금나라에 그의 목을 베어 보냄으로써 그가 원하던 화의를 이루게 되었다.

171) 여기서 말한 '직'의 도란, 『논어』, 「위령공」 편에 나오는 공자의 말에 바탕을

나라는 역시 쉽게 안정이 되지 않는다.

「象」曰: '大君有命', 以正功也, '小人勿用', 必亂邦也.

「상전」: '대군에게서 명이 있으니'는 공을 올바르게 평가하여 시행함이요, '소인에게는 쓰지 마라!'는 틀림없이 나라를 혼란에 빠뜨리기 때문이다.

'正功'者, 但正其功次. 小人之'必亂邦', 非憂國遠慮者不能任怨而裁抑之, 故危言以戒之.

'공을 올바르게 평가하여 시행함'이란 단지 공적의 크고 작음을 올바르게 평가하여 시행한다는 의미다. 소인이 '틀림없이 나라를 혼란에 빠뜨리기 때문이다'는 것은, 나라를 걱정하며 멀리까지 고려하지 않는 사람이라면 그 원망을 참고 받아들이며 억제할 수 없기 때문이다. 그러므로 위언(危言)을 하여 경계하게 하는 것이다.

둔 것이다. 거기에서 공자는 "이 백성들은 삼대(三代)에 '직'의 도가 행해지게 하던 바로 그 사람들이다.(斯民也, 三代之所以直道而行也.)"라 하였다. 이에 대해 주희는, "'직'의 도란 사사로이 왜곡함이 없음이다."라고 풀이하고 있다.(朱熹, 『論語集注』: 直道, 無私曲也.)

●●●

比卦坤下坎上

비괘䷇

比. 吉. 原筮元永貞, 无咎. 不寧方來, 後夫凶.

비괘: 길하다. 본래 건원(乾元)의 영원하고 올곧음을 택하였으니 허물이 없다. 안정되지 아니한 지방에서 오는데, 뒤늦게 오는 사나이는 흉하다.

相合無間之謂'比'. 此卦群陰類聚, 氣相協, 情相順, 而一陽居中, 履天位, 爲群陰之所依附, 無有雜間之者, 故爲比. 凡物情之險阻皆生於暌離, 比則吉之道也. '原', 本也. '筮', 擇也. 君子之交, 以道合而無所暱, 故曰'周而不比'. 比, 非能无咎者也. 乃此卦群陰統於一陽, 其本所擇而順從者, 乃'乾'元之德, 奠於正位而永固; 則以德以位, 皆所宜因而不失其親, 雖比而无咎矣. 九五既爲群陰之宗主, 則雖自二而外, 非其正應, 爲不寧之方, 而近說遠來, 皆相託以歸附. 唯上六獨處於外, 志欲相亢, 而受'後至'之誅, 是以凶. 蓋擇主者審之於初, 而不可懷疑貳於既審之後. 臣之事君, 弟子之從師, 皆此道也. '不寧方', 猶詩言'不庭方'. 後至稱'夫'者, 不能信友獲上, 爲獨夫而已.

서로 간에 전혀 틈이 없이 딱 들어맞음을 '비(比)'라 한다. 이 괘는 뭇 음들이 무리를 지어 모여 있으면서 기(氣)로는 서로 합치하고 정(情)으로는 서로 순종하는데, 하나의 양이 한가운데에 자리를 잡고서 하늘의 위(位)를 차지하고 있다. 그래서 이 양은 뭇 음들이 의지할 대상이 되어 서로 꼭 붙어 있으니, 이들 사이에 전혀 다른 것이 끼어들지 않는다. 그래서 '비(比)'다. 무릇 물(物)들의 상황이 험난하게 꽉 막힘은 모두 마음이 서로 맞지 않아 흩어지는 데서 생긴다. 그러니 비(比)에는 길함의 원리가 담겨 있다.

'原(원)'은 '본래'를 의미하고, '筮(서)'는 '택함'을 의미한다. 군자는 도(道)가 합치하기 때문에 교류하지 사사로운 친함으로 교류하지 않는다. 그래서 "두루두루 사람들과 어울리지 저희들끼리만 친밀하게 지내지 않는다(周而不比)."[172]고 하였다. 이에 비해 저희들끼리 어울림을 의미하는 비(比)에는 허물이 없을 수가 없다. 그러나 이 괘는 뭇 음들이 하나의 양에 의해 통제되는데, 그들이 본래 선택하여 순종하는 것이 바로 건원의 덕이다. 그 건원의 덕이 올바른 위(位)에서 자리를 정하고 영원하며 공고하니, 덕으로든 위(位)로든 모두 그것으로부터 말미암으며 그에 대한 친함을 잃어버리지 않는다. 그래서 비(比)라 하여도 허물이 없다.

구오효는 이미 뭇 음들의 종주(宗主)다. 그래서 비록 육이효 이외에는 제대로 응함[正應]이 아니라서 안정되지 아니한 곳들이지만 가까이 있는 이들은 기뻐하고 먼 데 있는 이들은 찾아와서 모두 서로 의탁하며 귀순한다. 오직 상육효만이 홀로 밖에 처해 있으면서 구오효에 맞서 보려는 의지를 불태우다가 '나중에 옴'의 죄목으로 주살을 당하고 만다. 그래서 흉하다. 생각건대 종주(宗主)를 선택함에서는 애초에 잘 살펴야 하며, 이미 살핀 뒤에는 의심하며 두 가지 마음을 품어서는 안 된다. 신하로서

172) 『논어』, 「위정(爲政)」 편에 나오는 공자의 말.

임금을 섬기는 것, 제자로서 스승을 섬기는 것 등에는 모두 이러한 원리가 자리 잡고 있다. '不寧方(불녕방)'은 『시경』에 나오는 '不庭方(부정방)'[173]과 비슷하다. 뒤늦게 왔다 하여 '사나이(夫)'라 칭한 것은 믿을 만한 벗으로서 윗사람의 마음을 사로잡지 못하기 때문이다. 그래서 이 사람만 '사나이'가 될 따름이다.

「彖」曰: '比吉'也, 比輔也, 下順從也.

「단전」: '비괘가 길하다'는 것은 함께하며 돕기 때문이요, 아랫것이 순종하기 때문이다.

'比'之所以爲吉者, 以其比五而輔之也. 下順從者, 陽旣居尊, 群陰不敢亢也. 言'下順從', 則上六之不從而逆, 其凶可見矣.

이 비괘(比卦)가 길한 까닭은 구오효와 함께하며 그것을 돕기 때문이다. 아래 것들이 순종한다는 것은 구오효의 양(陽)이 벌써 존귀한 자리를 차지하고 있음에 뭇 음들이 감히 맞서지 못한다는 의미다. 그런데 여기서 '아랫것이 순종함'이라 한 것은 상육효가 순종하지 아니하고 거역한다는 것이니, 그 흉함을 알 수가 있다.

---

173) 『詩』, 「大雅・韓奕」: 榦不庭方, 此佐戎辟. 여기서 '不庭方'은 '무도한 반역의 땅'이라는 의미다.

'原筮元永貞无咎', 以剛中也.

'본래 건원(乾元)의 영원하고 올곧음을 택함이니 허물이 없다'는 것은 굳셈[剛]으로서 중위(中位)에 있기 때문이다.

陽資始而後陰能成化, 德位永定, 而無可違. 九五剛中, 有可親比之道, 本所當筮擇爲主者, 故无咎.

양이 바탕이 되고 비롯함이 된 뒤에라야 음은 지어냄[造化]을 완성할 수 있으며, 덕과 권위가 영원하고 안정적이기에 거스를 수가 없다. 구오효는 굳셈으로서 득중하였고 친하게 지내며 함께할 수 있는 도를 지니고 있는데, 본래 점쳐서 종주로 선택되기에 마땅하니 허물이 없다.

'不寧方來', 上下應也. '後夫凶', 其道窮也.

'안정되지 아니한 지방에서 오는데'란 위와 아래가 서로 응함이다. '나중에 오는 이는 흉하다'란 그 도가 꽉 막혔음이다.

上下皆所宜應, 雖後至, 能終相逆乎? 徒自窮而已. 所應得曰'道'.

위와 아래가 모두 응하기에 적합하니, 비록 늦게 온다고 하여 끝내 서로 거역할 수 있겠는가? 한갓 스스로 초래한 꽉 막힘일 따름이다. 응할 수 있는 바를 '도'라 하였다.

「象」曰: 地上有水, '比', 先王以建萬國, 親諸侯.

「대상전」: 땅 위에 물이 있음이 비괘니 선왕은 이를 본받아 만국을 세우고 제후와 친밀히 한다.

天下之至無間者, 無如水之依地, 地之承水, 已親已密. 君子不以此失己而從人; 唯開國之王者分土以授親賢, 恩禮周洽, 以一人而統萬方, 則道宜於此.

이 세상에 가장 틈이 없는 것으로는 물이 땅에 의거함과 땅이 물을 받들고 있음 만한 것이 없다. 이들은 너무나도 친하고 밀접하다. 그러나 군자는 자신의 정체성 따위는 내팽개친 채 이러한 친밀함으로써 남을 좇지는 않는다. 오직 나라를 연 임금만이 피붙이와 현인(賢人)들에게 땅을 나누어 주니, 은혜로이 베푸는 예우가 두루두루 스며들어간다. 그래서 한 사람으로서 온 나라를 통할하니, 원리와 방법이 이렇게 함에 적합하다.

初六, 有孚, 比之无咎, 有孚盈缶, 終來有它吉.

초육: 믿음성이 있으니 저희들끼리 어울림에도 허물이 없고, 믿음성이 있어 장군을 가득 채우니 마침내 다른 것에 의한 길함이 오게 된다.

比有以相近而相親者, 二之於初・三, 四之於上是也; 有以相應而相合者, 初之於四, 二之於五, 三之於上是也. 初六遠處於下, 不親於九五, 宜有咎也; 而六四密近於五, 初柔順之德, 與四相合而相孚. 因柔嘉之大臣, 以託於大君, 非結權要而爲黨援也, 故'无咎'. 地既疏遠, 情不易格, 必有'盈缶'之誠, 以信友而獲上, 上乃嘉予而與相比. 非其正應而得恩禮, 故曰'他吉'.

저희들끼리 어울림을 의미하는 '비(比)'에는 서로 가까우면서도 서로 친함의 의미가 있는데, 이 비괘에서는 육이효와 초육 · 육삼효, 육사효와 상육효의 사이가 바로 이러하다. 또 '비'에는 서로 응하면서 서로 합치함의 의미도 있는데, 지금 이 비괘에서는 초육와 육사효, 육이효와 구오효, 육삼효와 상육효의 사이가 그러하다. 초육효는 멀리 아래에 처해 있기 때문에 구오효와 친하지 않아서 허물이 있기에 알맞다. 그러나 초육효와 응(應)의 관계에 있는 육사효가 구오효와 밀접하게 가깝고, 초육효는 부드러움과 순종함의 덕으로써 육사효와 서로 화합하며 서로 믿는 관계를 이루고 있다. 그러나 이는 초육효가 육사효라는 온화하고 선량한 대신을 통해 위대한 군주에게 의탁하고 있음일 뿐, 권세를 쥐고 있는 고귀한 이와 패거리를 이루어 반연(攀緣)으로 삼자는 것이 아니다. 그러므로 '허물이 없다'는 것이다. 그런데 초육효는 구오효에 대해 있는 곳이 너무 멀 뿐만 아니라 마음속의 정(情)도 쉽게 이르지 못하니, 반드시 '장군을 가득 채움'의 성실함이 있어야 믿을 만한 벗을 통해 윗사람의 마음을 얻는다. 윗사람은 이에 받아들이며 서로 친하게 어울린다. 이는 제대로 응함[正應]이 아니면서 은혜로이 베푸는 예우를 얻음이다. 그래서 '다른 것에 의한 길함'이라 한 것이다.

「象」曰: 比之初六, 有它吉也.

「상전」: 저희들끼리 어울림을 얻은 초육효에는 다른 것에 의한 길함이 있다.

四非能與初以吉者. 孚於四而得比於上, 非初自能得之, 因他而致也.

육사효는 초육효와 더불어 길할 수 있는 이가 아니다. 육사효에게 믿음을 주고 상육효에게서 함께 어울림을 허락받아야 하는데, 이를 초육효 스스로가 얻지를 못하고 다른 것으로 말미암아 이룬다.

六二, 比之自內, 貞吉.

육이: 안으로부터 저희들끼리 함께 어울리니 올곧고 길하다.

六二正應九五, 而爲'坤'順之主, 居中得位, 以內比於初・三, 與同歸心於五, 蓋得人臣以人事君之道. 忠貞之篤, 其吉宜矣.

비괘의 육이효는 구오효와 제대로 응함[正應]의 관계를 이루고 있고, 곤괘가 갖고 있는 순종함의 주체가 되어 있다.[174] 제자리인 중위(中位)를 차지하여 안으로 초육효・육삼효와 함께 어울리며 구오효에게로 마음을 돌리고 있다. 이는 신하로서 임금을 섬기는 도를 제대로 실현하고 있음이니, 충성과 올곧음이 독실하다. 그래서 그 길함은 마땅하다고 할 것이다.

---

174) 비괘는 회괘(悔卦)가 감괘(坎卦)☵, 정괘(貞卦)가 곤괘(坤卦)☷로 이루어져 있다. 그리고 이 육이효는 정괘인 곤괘에서 중위(中位)를 차지하고 있다. 이를 전제로 왕부지는 위와 같이 풀이한 것이다.

「象」曰: '比之自內', 不自失也.

「상전」: '안으로부터 저희들끼리 함께 어울리니'란 제 자신을 잃어버리지 않는다는 의미다.

合衆陰以比於上, 雖以六三之挾異志, 而猶欲與相聯合, 非失身於匪類也.

뭇 음들을 합하여 윗사람에게로 가서 함께 어울리는데, 비록 육삼효가 다른 뜻을 품고는 있지만 오히려 서로 연합하려 한다. 이는 다른 부류에 몸을 버리는 것은 아니다.

六三, 比之匪人.

육삼: 저희들끼리 함께 어울리는 사람이 제대로 된 사람이 아니다.

當群陰比陽之世, 而上六獨爲'无首'之'後夫', 非人情, 非人理矣. 六三與之相應. 如莊助之於淮南, 蕭至忠之於太平公主, 不待言凶, 自可知其必凶.

뭇 음들이 양과 함께 어울리는 세상에서 상육효만이 홀로 '머리가 없는' 채 '뒤늦게 온 사나이'가 되어 있다. 이는 사람의 일반적인 정황에도 맞지 않고 도리에도 맞지 않다. 그런데 육삼효가 그에게 상응하는 것은 마치 장조(莊助)[175]가 회남왕[176]에게 그랬던 것과 같고, 소지충[177]이 태평공주(太平公主)[178]에 그랬던 것과 같으니, 두말할 필요 없이 흉하다.

175) 장조(? ~B.C.122)는 엄조(嚴助)라고도 한다. 동한의 명제(明帝) 유장(劉莊)의 이름을 피해 개명하여 엄조라고 하였다. 자는 상(詳)이다. 회계(會稽)의 오현(吳縣; 지금의 江蘇省 蘇州市)출신이다. 태어난 해는 미상이지만 한무제 원수(元狩) 원년(B.C.122)에 죽었다. 한무제에게 발탁되어 대부가 되었는데, 일찍이 무제의 명에 의해 대신들과 논변을 벌이던 데서 그는 늘 의리를 강조하는 논변을 펴서 대신들을 눌렀다고 한다. 건원(建元) 연간에 회계 태수가 되었는데 훌륭한 치적을 많이 내서 '회계의 훌륭한 군수(會稽賢守)'라 불리기도 하였다. 당시 회남왕 유안(劉安)이 와서 그에게 좋은 선물을 많이 주었던 것을 계기로 하여 그와 사사로운 친분을 맺기 시작하였다. 그리고 서로 간에 고담준론(高談峻論)을 주고받았는데, 유안의 역모 사건에 연루되어 죽임을 당하였다. 그는 사부(辭賦)를 잘 짓는 문장가로 이름을 날렸다. 『한서』, 「예문지」 편에 그의 부(賦)가 35편에 이른다고 기록되어 있는데 오늘날 전하는 것은 없다.

176) 유안(劉安; B.C.179~B.C.122)은 서한 패군(沛郡)의 풍현(豐縣; 지금의 江蘇省 豐縣) 출신이다. 고조 유방(劉邦)의 손자이고 유장(劉長)의 아들이다. 그의 나이 16세 되던 해(B.C.164) 문제(文帝)가 명을 내려 회남국을 셋으로 나누어(淮南・衡山・廬江) 유장의 세 아들에게 주었는데, 그 가운데 맏아들인 유안(劉安)이 아버지의 작위를 세습하여 회남왕이 되었다. 회남왕으로서 그는 방술지사 수천 명을 식객으로 초빙하여 함께 지냈다고 한다. 그래서 "천하의 방술지사가 대부분 그에게로 쏠렸다."(高誘, 『淮南子』, 「敍目」: 天下方術之士, 多往歸焉.)고 할 정도였다. 그 가운데 대표 인물은 소비(蘇非), 이상(李尙), 좌오(左吳), 진유(陳由), 오피(伍被), 모주(毛周), 뇌피(雷被), 진창(晉昌) 등 8명이다. 이들을 세상에서는 '팔공(八公)'이라 부른다. 유안은 이들과 함께 『홍렬(鴻烈)』을 지었다. 지금 『회남자(淮南子)』로 불리는 것이 바로 이것이다. 그런데 이들 중의 한 사람인 뇌피(雷被)가 회남왕의 태자 유천(劉遷)과 칼싸움 시합을 하다가 그만 상처를 입히고 말았다. 이에 태자가 원한을 갖자 후환이 두려웠던 뇌피는 장안(長安)으로 도망을 가서 회남왕이 몰래 모반을 꾸미고 있다고 고발하였다. 이 일로 막다른 골목에 이른 유안은 자살하였고, 뇌피를 제외한 인물들은 모두 체포되어 주살당했다. 장조(莊助)도 이렇게 해서 죽임을 당했던 것이다.

177) 소지충(? ~713)은 당나라 때의 정치가로서 남난릉(南蘭陵) 출신이다. 일찍이

이궐(伊闕), 낙양위(洛陽尉) 등을 역임하였다. 신룡(神龍) 원년(705년)에 측천무후(則天武后)의 일족인 무삼사(武三思)에게 붙음으로써 이부원외랑(吏部員外郞)에서 일약 어사중승(禦史中丞)으로 발탁되었다가 이부시랑(吏部侍郞), 중서시랑(中書侍郞) 겸 중서령(中書令)을 거쳐 예종 시에는 진주자사(晉州刺史)를 역임하였다. 선천(先天) 2년(713년) 중서령으로 다시 기용되었다. 그리고 찬국공(鄼國公)에 봉해졌다. 두회정(竇懷貞), 위지고(魏知古) 등과 함께 『성씨계록(姓族系錄)』 200권을 편찬하였다. 나중에 태평공주가 난을 일으킬 적에 함께하였다가 실패하여 주살 당했다. 이렇듯 그는 측천무후로부터 예종(睿宗), 현종(玄宗)으로 이어지던 당나라에서 여러 정쟁에 함께하며 부침을 거듭하다가 결국 그것으로 말미암아 비참한 최후를 마쳤다.

178) 태평공주(약 665~713)는 당나라 고종과 측천무후 사이에서 태어난 공주다. 설소(薛紹)에게 시집을 가서 2남 2녀를 두었으나 그가 역모에 가담하여 옥사하는 바람에 과부가 되었다가, 다시 무유기(武攸暨)에게 시집가서 2남 1녀를 더 두었다. 그녀는 중국 역사상 첫 번째 여황제였던 측천무후의 외동딸이었고, 어머니처럼 그녀도 거의 황제의 지위에 오를 뻔하다 한 발 앞에서 좌초하여 주살당한 인물이다. 그녀의 이름은 비록 '태평(太平)'이었지만 그녀의 일생은 그 이름과는 전혀 걸맞지 않게 풍운에 가득 찬 것이었다. 그리고 거의 대부분 그것들은 그녀 스스로 자초한 측면이 크다.

그녀는 당대 최고 권력자인 측천무후의 외동딸로서 어머니로부터 가장 총애를 받았기 때문에 조신하게 한 평생을 살 수 없게끔 됨됨이가 이루어졌다. 우선 성격이 그의 어머니와 비슷하여 그 어머니로부터 더욱 사랑을 받았다고 하는데 그것이 문제였다. 잘 풀리면 어머니처럼 영화를 누릴 수 있지만 잘 풀리지 않을 경우 그녀처럼 풍운만 일으키다 비극에 갈 수 있기 때문이다. 어쨌든 매우 뛰어난 재간과 명석한 두뇌를 가졌던 그녀는 어려서부터 전혀 윤리강상에 구애받지 않아 방종하기 이를 데 없었고, 커서는 됨됨이가 매우 독살스러운 것으로 변했다고 한다. 그리하여 숱하게 풍파를 일으키며 갖은 호사와 부패를 누렸고 정변을 일으켰다. 그리고 그것도 성에 차지 않아 마지막에는 당 현종을 몰아내고 그 자리에 오르려다 실패하여 비극적인 최후를 마쳤다. 죽고 난 뒤 그녀의 집에서 발견된 재화는 상상을 초월할 만큼 많아서 황실과

절로 그것이 반드시 흉하리라는 것을 알 수 있다.

「象」曰: '比之匪人', 不亦傷乎!

「상전」: '저희들끼리 함께 어울리는 사람이 제대로 된 사람이 아니니', 또한 해를 입지 않겠는가!

既以傷世, 還以自傷, 歎其害之烈也.

세상에 해를 입힐 뿐만 아니라 스스로도 상처를 입으니, 그 해로움이 얼마나 극렬한지를 탄식하고 있다.

六四, 外比之, 貞吉.

육사: 밖에 있는 이와 함께 어울림이나, 올곧고 길하다.

四近於五, 專心親上, 而外與初應, 翕合疏遠, 使不寧之方共媚一人, 其忠貞之至, 吉與二同. 言'外'者, 四體外卦, 則以內卦爲外也.

육사효는 구오효와 가까우며 온 마음을 다해 윗사람에게 친히 대한다. 그러면서도 밖으로 초육효에 응하여 멀리 떨어져 있는 이의 마음을

거의 맞먹을 정도였다고 한다.

파고 들어간다. 그리고는 그 안정되지 아니한 지방에 있는 이[초육효]로 하여금 함께 구오효 한 사람에게 잘 보이게 한다. 그래서 그 충성스러움과 올곧음이 지극하니 육이효와 똑같이 길하다. 그런데 여기서 '밖'이라 표현한 까닭은, 육사효가 외괘의 몸을 이루고 있으니 초육효가 자리 잡고 있는 내괘는 그것으로부터는 밖이 된다고 여겼기 때문이다.

「象」曰: 外比於賢, 以從上也.

「상전」: 밖으로 현명한 사람과 함께 어울리며 윗사람을 좇는다.

初六託迹遠而不妄說人, 賢而隱者也. 比之以從上, 如留侯之於四皓是已. '上'謂九五.

초육효는 인적으로부터 멀리 떨어진 곳에 몸을 맡기고 함부로 사람들에게 말하지 않으니 현명하면서도 은둔하는 인물이다. 육사효는 이 사람과 함께 어울리며 윗사람을 좇는다. 이는 마치 유후(留侯)[179]가 사호(四

179) 유후는 장량(張良; ?~B.C.185)을 가리킨다. 그의 자는 자방(子房)이고, 한(漢)나라 개국 공신의 하나로서 유(留; 지금의 江蘇省 徐州) 땅에 봉해졌기 때문에 '유후(留侯)'라고 부른다. 소하(蕭何), 한신(韓信)과 함께 '한초3걸(漢初三傑)' 가운데 한 사람을 불린다. 그의 조상은 전국 시대 한(韓)나라의 문벌이었고, 그의 5대조는 재상을 지내기도 했다. 그래서 장량은 한나라를 모국으로 생각하고 있었는데, 진(秦)나라가 그만 한나라를 멸망시켜버리자 장량은 그 복수를 꾀했다. 그는 가산을 털어 역사(力士)를 구하여 함께 박랑사(博浪沙; 지금의 河南省 原陽縣)에서 잠복해 있다가 진시황에게 타격을 가했으나 그 부장을

皓)[180]에게 했던 것과 같을 따름이다. 여기서 '윗사람'이라 한 것은 구오효를 가리킨다.

맞추는 데 그치고 진시황에 대한 암살은 실패로 돌아갔다. 이에 그는 추적을 피하기 위해 이름을 바꾸고 하비(下邳; 지금의 徐州 부근)에서 은둔하였다. 이 은둔생활 도중 장량은 뜻하지 않게 이교(圯橋)에서 선인(仙人)인 이상노인(圯上老人) 황석공(黃石公)을 만났고, 그로부터 여후(呂后) 강태공이 저술했다는 『태공병법(太公兵法)』을 얻었다. 장량은 이 『태공병법』에서 터득한 능력을 통해 유방(劉邦)이 항우와의 싸움에서 이기는 데 도움을 줌으로써, 그가 중국 전체를 제패하는 데서 결정적인 공헌을 이루었다.

180) '사호(四皓)'는 상산사호(商山四皓)를 가리킨다. 이들은 진(秦)나라 때의 70명의 박사(博士) 가운데 네 명의 걸출한 박사인데, 동원공(東園公) 당병(唐秉), 하황공(夏黃公) 최광(崔廣), 기리계(綺里季) 오실(吳實), 녹리(甪里) 선생 주술(周術) 등이다. 이들은 각기 고금의 이치에 통하도록 강구함(通古今), 사실을 정확하게 판단함(辨然否), 교직을 총 책임짐(典教職) 등의 직책을 나누어 맡았다고 한다. 그러나 진시황의 학정(虐政)이 계속되자 이를 피하여 이들은 상산(商山)에 은거하였다. 상산에서 이들은 암혈(巖穴) 속에 살며 버섯의 일종인 자지(紫芝)를 먹고 살았다고 한다.

한(漢)나라가 안정된 뒤에 유방이 척부인(戚夫人)을 총애한 나머지, 여후(呂后)의 아들로서 이미 태자로 책봉되어 있는 유영(劉盈)을 폐위하고 척부인 소생인 유여의(劉如意)를 새로이 태자로 삼으려는 기미[幾]가 있었다. 이에 위기를 느낀 여후는 장량에게 도움을 요청하였는데, 장량은 진시황 이래 두문불출하고 있는 상산사호에게 이 문제의 해결을 요청하였다. 그러자 상산사호는 산을 나와 유방과 단 한 번 만나서는 이 문제를 해결하였다. 이들은 태자인 유영이 어질고 효성이 지극하며, 사대부를 공경하는 등 인품이 훌륭하다고 칭찬한 뒤, 세상 모든 사람들이 이러한 태자의 능력에 환호하기에 본인들도 이 태자를 만나기 위해 산을 나왔다고 하였다. 이에 유방은 태자를 도울 우익(羽翼)이 이미 형성되었다고 판단하고 바꿀 생각을 단념하였다고 한다. 왕부지가 여기서 지적하는 것은 바로 이 일이다.

九五, 顯比, 王用三驅, 失前禽, 邑人不誡, 吉.

구오효: 저희들끼리 함께 어울림을 밝게 드러냄이니, 왕은 세 면에서만 사냥감을 몰며 터진 앞쪽으로 빠져 나가는 날짐승은 놓친다. 읍인들이 경계하지 않는다. 길하다.

'三驅', 天子之田不合圍, 三面設驅逆之車, 缺其一面, 不務盡獲也. 九五居尊得位, 以統群陰, 光明洞達. 無有私暱, 比道之至顯者也. 乃人情之順逆, 未可卒化, 雖大舜之世, 不乏三苗, 將有如上六之背公死黨而懷異志者. 聖王於此, 捨而不治, 如田獵三驅, 縱前禽而聽其失, 要何損於大順之治哉? 一隅未靖, 臣民自諒其無能爲而不相警誡. 人有定情, 無驚擾乘釁之憂, 故吉.

'세 면에서만 사냥감을 몰며'라는 말은 천자가 사냥을 하는 데서는 네 면을 다 빙 둘러 포위하지 않고 세 면에만 구역지차[181]를 설치한 채 한 면은 터놓음으로써 다 잡으려고 애쓰지 않는다는 의미다. 이 구오효는 존귀한 자신의 위(位)에 제대로 자리 잡고 있으면서 뭇 음들을 통할하는데, 그 광명이 온 세상을 환히 비추며 전혀 사사로운 친밀함이 없다. 이러함에서 함께 어울림의 도(道)가 가장 밝게 드러난다. 그런데 보통 사람들이 정서적으로 순종하기도 하고 거스르기도 함을 완전히 다 교화할 수 없다. 이는 비록 위대한 순임금이 세상을 다스릴 적에 삼묘(三苗)[182]

181) 『주례(周禮)』, 「하관(夏官)·사마(司馬)」 편에 나오는 말이다.(旣陳乃設驅逆之車, 有司表貉于陳前.) 사냥감을 몰아가면 그 쫓긴 사냥감이 도망을 오는 곳에 설치하여 그것을 잡는 설치물을 가리킨다.

를 핍박하지 않았음에도 불구하고 마치 이 비괘(比卦)의 상육효처럼 공정함을 저버리고 죽을힘을 다해 제 당파만을 위하며 다른 뜻을 품은 이들이 있었던 것과 같다. 성왕들은 이러함에 대해 내버려두고 다스리지 않는다. 사냥을 하는 데서 세 면에서만 몰며 터진 쪽으로 달아나는 짐승은 그대로 두어 놓쳐버림을 받아들이는 것과 같다. 대부분 다 순종하는 위대한 통치에 그까짓 것이 손해를 끼치면 얼마나 끼치랴 하고 여기는 것이다. 그래서 그 한쪽이 안정되지 않는다 할지라도 신하와 백성들은 그것이 어쩔 수 없는 것이라고 믿으며 서로 경계하지 않는다. 사람들이 안정된 정황을 유지하고 있기에 놀라서 소란을 피우거나 빈틈을 이용하려 함을 우려할 필요가 없다. 그러므로 길하다.

「象」曰: 顯比之吉, 位正中也. 舍逆取順, 失前禽也. '邑人不誡', 上使中也.

「상전」: 저희들끼리 함께 어울림을 밝게 드러나게 하여 길함은 위(位)가 정중(正中)이기 때문이다. 거스르는 것들은 놓아두고 순종하는 것들만을 취하니 터진 앞쪽으로 빠져 나가는 날짐승은 놓치는 격이다. '읍인들이 경계하지 않는다'는 것은 윗사람이 가운데에 있도록 하기 때문이다.

182) 옛날의 나라 이름이다. 『사기』, 「오제기(五帝紀)」 편에서는 이들이 양자강과 회하(淮河) 사이, 형주 지역에 있었는데 자주 난을 일으켰던 것으로 기록하고 있다.(三苗在江淮・荊州數爲亂.)

'三驅'之法, 缺其前, 背我而去者則弗追, 嚮我而來者則取之. 九五聽上六之爲'後夫', 而不强爲聯合, 以損恩威, 故失而無傷於吉. '上使中'者, 五雖周徧撫下, 而與二相應, 因其柔順得中之德, 任之以內比, 故群陰有所托, 而不以上之逆爲憂.

'세 면에서만 몰아가는' 사냥법은 그 앞쪽을 터놓는 것이니, 여기에는 나를 버리고 가는 이는 좇지 않고 나를 향해서 오는 이들만을 취한다는 의미가 담겨 있다. 구오효는 상육효가 '뒤늦게 오는 사나이'가 되는 것을 그대로 받아들인다. 결코 억지로 자신과 연합하도록 하는 나머지 자신의 은혜와 위력(威力)을 실추시키지 않는다.[183] 그러므로 그것을 놓치더라도 그 길함에 전혀 해를 주지 않는다. '윗사람이 가운데에 있도록 하기 때문이다'는 것은, 구오효가 비록 아랫사람들을 두루두루 보살피면서도 특히 육이효와 서로 응한다는 것이다. 그래서 육이효가 부드럽고 순종하며 득중한 덕을 갖고 있기에 속에서 저희들끼리 함께 어울리는 역할을 그에게 맡겼다는 의미다. 그러므로 뭇 음들이 구오효에게 의탁하니, 상육효 따위가 거스른다고 하여 전혀 우려하지 않는다는 것이다.

183) 은혜는 온화한 정치를, 위력은 형벌에 의한 엄격한 다스림을 의미한다. 『위서(魏書)』, 「황후전(皇后傳) · 선무령황후호씨(宣武靈皇后胡氏)」 편에 나오는 말이다.(自是朝政疏緩, 恩威不立, 天下牧守, 所在貪惏.)

上六, 比之无首, 凶.

상육: 저희들끼리 함께 어울림에 앞장서서 이끄는 머리가 없음이니, 흉하다.

比必有首, 而後得所宗主以自立. 上六背九五, 而欲下比於群陰, 爲翕翕訿訿之小人, 以罔上行私, 其凶必矣.

저희들끼리 함께 어울림에는 반드시 앞장서서 이끄는 머리가 있어야 하니, 그래야만 종주로 삼을 만한 이를 얻어 자립할 수 있다. 그런데 지금 이 상육효는 구오효를 배반하며 아래로 뭇 음들과 함께 어울리고자 하나, 자기네끼리만 당파를 지으며 굳게 뭉치는[184] 소인배일 따름이다. 또 윗사람을 속이며 사사로움을 행한다. 그래서 그 흉함은 필연적이다.

「象」曰: '比之无首', 无所終也.

「상전」: '저희들끼리 함께 어울림에 앞장서서 이끄는 머리가 없음'에서는 좋게 끝남이 없다.

小人背公營私以樹黨, 乍合而終必離. 不但初・二與四之憎惡, 即相應如三, 既傷以後, 亦必懲禍而絶之. 顯比之王者, 雖舍之不治, 終必自

184) '翕翕訿訿(흡흡자자)'를 이렇게 번역하였는데, 이는 『시경』, 「소민(小旻)」 편에 나오는 말이다. 『이아(爾雅)』에서는 이를 "함께 직책을 수행할 수 없음(翕翕訿訿, 莫供職也.)"이라 풀이하고 있다.

潰, 故舜舍三苗, 而三苗終竄. 凡不度德相時而好自異者, 類如此占. 又以示顯比者, 可靜候其自亡也.

소인배들은 공정함을 등지고 사사로움만을 꾀하며 당파를 이룬다. 이들은 합치는가 하면 끝내는 꼭 이산한다. 그래서 상육효는 초육효・육이효 및 육사효의 증오를 사면서도 곧 육삼효와 서로 응하는데, 상처를 입은 뒤에는 또한 반드시 자신이 입은 앙화(殃禍)를 응징하며 그와 절연(絶緣)한다. 저희들끼리 함께 어울림을 밝게 드러나게 하는 왕은 비록 그를 내버려두고 다스리지 않지만 끝내 그는 반드시 스스로 무너지고 만다. 그러므로 순임금은 삼묘를 내버려두었지만 그들은 마침내 소멸하고 말았다. 자신의 덕성을 헤아리지도 않고 또 시대적 흐름을 살피지도 않은 채 스스로 이채롭기만을 좋아하는 이들은 대부분 이와 같은 점(占)을 만난다. 또는 저희들끼리 함께 어울림을 밝게 드러나게 하는 이들은 그들이 스스로 멸망하기를 조용히 기다릴 수도 있다.

●●●

小畜卦乾下巽上

소축괘☴

小畜, 亨, 密雲不雨, 自我西郊.

소축괘: 형통하다. 두껍게 낀 구름이 비로는 내리지 않으며 우리 서쪽 교외에서

밀려온다.

'小'謂陰也. 以法象言之: 天包地外, 地在天中, 有形有涯, 無形無涯. 體之大小也. 以數言之: 陽奇, 一而函三, 三其三而九, 四揲之而三十六; 陰偶, 缺三之一而爲二, 三其二而爲六, 四揲之而爲二十四; 用之大小也. 以時化言之: 陽舒而萬物盈, 陰斂而群動縮, 功效之大小也. 故陽大而陰小. '大畜'·'大壯'·'大過'皆謂陽. '小畜', '小過'皆謂陰. '畜', 止也, 養也, 止之所以養之也. 用之有餘, 則體且憂其不足. '乾'之健行, 樂於施而敏於行, 陰間其中以節止之, 所以養其有餘也. '艮'二陰得中而謂之'大畜', '巽'一陰而謂之'小畜'者, '艮'體陽而'巽'體陰也. 凡卦一爲主, 二爲從. '巽'一陰入於二陽之中, 陰爲主而得位; '乾'之健行方銳, 而一陰以柔道止其健, 五·上二陽, 皆爲陰用, 以成'巽'入之德, 故爲'小畜'. '亨'謂陰亨也. 柔得位, 而上有二陽之助而有力, '乾'承其下而受其止, 故亨. 漢光武以柔道治天下, 卒能止天下之競而養以安, 用此道也. 然其爲亨, 能止陽而不使過, 則抑未足以開物成務而化成天下, 故又爲'密雲不雨, 自我西郊'之象. 雨之降, 皆由地氣上升, 天氣上覆而不得散, 乃復下而爲雨. 此卦陰上躋於'乾', 陽氣盛於下而不得降, 但上爲二陽所遏, 爲密雲而已. '乾'位西北, '巽'位東南, 自'乾'而'巽', 自西而東, 晴雨之徵. 雲自西嚮東者不雨, 以乾陽驅陰也. 言'自我'者, '乾'在內, 故內之而稱我, 正陽之爲主也. 蓋醞釀輕微, 方在畜積, 非德化大行之徵, 占者雖有亨道, 而未足以行也.

소축괘의 '小(소)'는 이 괘에 단 하나 있는 음(육사효)을 지칭하는 것이다. 자연 현상으로 말하자면, 하늘은 땅의 밖에서 감싸고 있고 땅은 하늘

속에 있는데, 여기에서 땅은 형체를 지녀서 유한하고 하늘은 형체가 없어서 무한하다. 이는 몸뚱이[體]의 크고 작음을 말한다. 또 수(數)의 관점에서 말하자면, 양은 홀수다. 그래서 하나이면서도 그 획(—)에 셋을 포함하고 있으니 3×3=9다. 이를 네 번씩 헤아리면 4×9=36이 된다. 이에 비해 음은 짝수다. 그래서 셋 중의 하나가 결해 있어서 2(--)가 되며 이는 3×2=6이다. 이를 네 번씩 헤아리면 4×6=24가 된다.[185] 이는 작용(用)의 크고 작음을 의미한다.

이를 시간상의 계절 변화에서도 말할 수 있다. 즉 봄·여름에는 양이 펼쳐지니 만물이 가득 차고, 가을·겨울에는 음이 거두어들이니 뭇 움직임들이 움츠러든다. 이는 작용한 공(功)과 그 효과의 크고 작음을 의미한다. 그러므로 어떻게 보든 양은 크고 음은 작다. 대축괘(大畜卦)䷙·대장괘(大壯卦)䷡·대과괘(大過卦)䷛는 모두 양을 말한 것이다. 이에 비해 소축괘(小畜卦)䷈·소과괘(小過卦)䷽는 모두 음을 지칭한 것이다. '畜(휵)'은 그치게 하다, 길러 내다는 뜻이다. 즉 그치게 하여 길러 낸다는

---

185) 여기서는 시책을 헤아려(揲蓍) 뽑아낸 양효(—)와 음효(--)의 숫자적 의미를 거론하고 있다. 즉 양효(—)는 그 이어진 선분을 세 마디로 나누면 셋 다 갖추고 있는 것이 된다. 즉 $\frac{1}{3}$×3=1이다. 그런데 이들 마디 하나하나에 '3'이 들어 있는 것으로 본다. 즉 $\frac{1}{3}$ 속에 '3'이 들어 있는 것으로 보는 것이다. 그래서 양효(—)는 '3×3=9'가 된다. 이에 비해 음효(--)는 중간에 $\frac{1}{3}$마디가 비어 있다.
즉 $\frac{1}{3}$이 두 개만 있는 것이다. 그래서 '3×2=6'이라는 것이다. 그런데 괘를 뽑아내는 과정에서는 시책을 네 개씩 헤아린다. 그래서 '9'라는 숫자적 의미를 갖고 있는 양효는 넷씩 헤아려 '9'가 되었으므로 '4×9=36'이라는 것이요, 음효는 '4×6=24'라는 것이다. 실제로 노양(老陽)의 과설지책(過揲之策)은 '36'이고, 노음(老陰)의 과설지책은 '24'다.

것이다. 용(用)에 여유가 있으면 체(體)는 또한 그 부족함을 우려한다.[186] 건괘☰의 씩씩하게 행함은 베푸는 데서 즐거워하고 행동함에서 민첩하다. 그런데 지금 소축괘에서는 음이 그 사이에 끼어서 마디를 짓고 그치게 하고 있다. 이렇게 하여 그 여유 있음을 길러 낸다. 이에 비해 대축괘䷙의 회괘(悔卦)인 간괘☶의 두 음은 대축괘 전체 속에서 득중하고 있으니 '대축'이라 하는 것이다. 그리고 소축괘의 회괘인 손괘☴는 하나의 음이니 '소축'이라 하는 것이다. 이는 간괘☶의 체(體)는 양이고 손괘☴의 체(體)는 음이라는 의미다. 무릇 세 획으로 이루어진 소성괘에서는 하나인 것이 주(主)가 되고 둘인 것은 종(從)이 된다. 손괘는 하나의 음(--)이 두 양(=)들 속으로 들어가 주체가 되며 제자리를 얻고 있다. 그래서 정괘(貞卦)인 건괘☰의 씩씩한 행위가 한창 예리해진 상황에서 그 하나의 음이 부드러움의 도로써 그 씩씩함을 그치게 한다. 구오효와 상구효의 두 양은 음을 위해 작용하여 손괘의 '들어감(入)'의 덕을 이루고 있다. 그래서 소축괘다.

'형통하다'는 것은 음이 형통하다는 의미다. 소축괘에서는 육사효가 부드러움(柔)으로서 제자리를 차지하고 있고 또 위로는 두 양이 도와주고 있어서 힘이 있는데, 정괘(貞卦)인 건괘☰가 그 아래에서 이를 받들며 그 그치게 함을 받아들이고 있다. 그러므로 형통한 것이다. 후한 광무제(光武帝)[187]는 부드러움의 도(道)로써 세상을 다스렸는데, 그가 마침내

---

186) 여기서 '체'는 소축괘의 회괘(悔卦)인 손괘☴의 음효를, '용'은 소축괘의 정괘(貞卦)인 건괘☰의 작용을 의미한다. 소축괘의 이 음효가 이 괘의 주체가 되고, 건괘는 그 왕성한 작용을 드러낸다는 의미에서다.

187) 광무제(B.C.6~A.D.57)는 후한(동한) 왕조의 개국 황제로서 중국 역사상 유명한 발란(撥亂) 군주로 꼽힌다. 이름은 유수(劉秀)요 묘호(廟號)는 세조(世祖)다.

천하의 다툼을 그치게 한 뒤 길러내서 안정케 할 수 있었던 것은 바로 이 원리를 사용하였기 때문이다.

그러나 그것이 형통함이 되는 것도 양을 그치게 하여 너무 지나치지 않도록 할 수 있는 정도다. 이러한 정도로는 만물 모두에 존재의 지평을 이루어 주고 모든 일을 성취하도록 하여[開物成務] 온 세상을 새로운 차원으로 이루어내기에 부족하다. 그래서 또한 '두껍게 낀 구름이 비로는

시호가 광무황제(光武皇帝)다. 한 고조 유방의 9대손으로서 대대로 남양군(南陽郡) 채양(蔡陽; 지금의 湖北省 棗陽 西南) 지역에 살던 지방 호족이었다. 왕망(王莽)이 전한(서한)을 무너뜨리고 세웠던 '신(新)' 왕조 말기의 어지러운 세상을 평정하고자 유수(劉秀)는 기병하였다. 서기 25년에 농민군인 녹림군(綠林軍; 農民起義軍)과의 연합이 결렬되자 유수는 스스로 하북(河北)에서 황제의 위(位)에 등극하고 국호를 '한(漢)'이라 하였다. 이것이 '후한(後漢; 東漢)'이다. 전한(前漢)의 맥을 잇고자 한 것이다. 이후 십수 년에 걸친 통일 전쟁을 통해 경시제(更始帝) 유현(劉玄)이 이끌던 녹림군을 격파하고, 적미군(赤眉軍)과 롱(隴; 지금의 감숙성 지역)·촉(蜀; 지금의 사천성 지역)에 할거하던 세력을 평정함으로써 중국 통일에 성공하였다. 중국을 평정한 뒤 광무제는 32년 동안의 재위 기간을 통하여 유학을 크게 일으켰다. 무(武)를 버리고 문치(文治)로 전환하였으며 행정 조직을 개편하였다. 그리하여 '교화가 가장 아름답고 유학이 가장 성대하였던(風化最美, 儒學最盛)' 시대를 이끈 것으로 평가받는다. 그는 흉노와의 전쟁을 부추기는 건의를 거부하기도 하였는데, 이는 그가 특히 민생을 중시하여 장기간의 전쟁에 지친 백성들에게 이제 좀 안정된 삶을 주기 위한 배려에서였다. 그리고 광무제는 노비와 죄수들을 대대적으로 석방하였다. 아울러 세금을 줄여 주었고, 형법을 관대하게 실시하였으며, 지방의 토호세력을 누르기 위해 힘을 쏟았다. 왕부지는 광무제의 이러한 점을 높이 친 것이다. 그리고 이를 "부드러움의 도(道)로써 세상을 다스렸다."고 하는 것이다. 이러한 평가는 왕부지가 왕망(王莽)의 개혁정책을 신랄하게 비판하던 것(『周易內傳』, 「大象傳」, 謙卦: 雖有不濟, 亦物情之固然也. 不然, 則爲王莽之限田, 徒亂而已矣.)과 크게 비교된다.

내리지 않으며 우리 서쪽 교외에서 밀려옴'의 상을 이루고 있다.

비의 내림은 모두 땅의 기(氣)가 위로 올라간 것으로 말미암아 일어나는데, 하늘의 기가 위에서 꽉 덮고 있어서 위로 올라간 그 기가 흩어질 수 없을 적에 다시 내려오며 비가 되는 것이다. 그런데 이 소축괘는 음이 건괘☰보다 위로 올라가 있고 양기는 아래에서 왕성하여 내려갈 수가 없다. 단지 위가 두 양(⚌)에 의해 막혀 두껍게 낀 구름이 되어 있을 따름이다. 「문왕후천팔괘도」에서 건괘☰는 서북쪽에 자리 잡고 있고, 손괘☴는 동남쪽에 자리 잡고 있다. 그래서 건괘로부터 손괘로 감은 서쪽에서 동쪽으로 감이 된다. 이는 비가 개는 징조다. 중국에서는 구름이 서쪽에서 동쪽으로 올 적에는 비가 내리지 않는다. 건괘의 양이 음을 쫓기 때문이다.

'自我(자아)'는, 이 소축괘에서 건괘☰가 내괘[貞卦]가 되어 있으니 안에 있다고 하여 '우리'라고 칭한 것이다. 올바른 양(陽)들이 주체가 되기 때문이다. 그런데 지금 이 소축괘䷈에서는 육사효가 경미하게 길러내어 한창 축적해 두고 있는 상황이니, 이는 덕화가 크게 행해지는 징조가 아니다. 그래서 점친 이에게 비록 형통한 도가 있다 하더라도 아직 행하기에는 충분하지 않다.

「彖」曰: 小畜, 柔得位而上下應之曰小畜.

「단전」: 소축괘는 부드러움[柔]이 제자리를 차지하고 있으며 위 · 아래가 서로 응하고 있으니 '소축'이라 한다.

六四既自得位, 下以柔道畜陽, 而陽不争, 上有二陽, 厚其力以使能入, 故能以小畜大.

육사효는 벌써 제자리를 차지하고 있고 아래로 부드러움의 도로써 양들을 기르고 있는데 양들이 이 부드러움과 싸우지 않는다. 그리고 상괘에 있는 두 양효들은 그 힘을 두터이 하여 육사효로 하여금 들어올 수 있게 해 준다. 그러므로 작은 것으로써 큰 것을 기를 수 있다.

健而巽, 剛中而志行, 乃亨.

씩씩하면서도 겸손하다. 굳셈이 중심에 있고 뜻함은 행해진다. 그래서 형통하다.

'乾'方健行, 而能以'巽'入止之. 九五剛中, 以施其富於四, 四之志乃得以行, 陰之所以亨也.

소축괘에서는 정괘(貞卦)인 건괘☰가 한창 씩씩하게 행하는데 회괘(悔卦)인 손괘☴가 그들을 받아들이고 그치게 할 수 있다. 구오효는 굳셈이 득중하여 그 풍부함을 육사효에게 베푼다. 이렇게 하여 육사효의 뜻은 행해질 수 있다. 그래서 음이 형통한 것이다.

'密雲不雨', 尙往也, '自我西郊', 施未行也.

'두껍게 낀 구름이 비로는 내리지 않으며'는 위로 올라간다는 의미요, '우리 서쪽 교외에서 밀려온다'는 아직 시행되지 않고 있다는 의미다.

'尙', 上行也. 陽上躋, 陰不得降, 故爲雲. 隨風而東, 不雨之象, 能止而未足以行也.

「단전」의 이 '尙(상)' 자는 올라감을 의미한다. 이 소축괘䷈에서는 양이 위로 올라가는데 음은 내려올 수 없다. 그러므로 구름이 된다. 그 구름이 바람을 타고 동쪽으로 밀려오니 비가 내리지 않는 상(象)이다. 이는 그치게 할 수 있을 뿐이지 아직 행해질 만하지는 않음이다.

「象」曰: 風行天上, '小畜', 君子以懿文德.

「대상전」: 바람이 하늘 위로 붊이 소축괘니, 군자는 이를 본받아 문(文)의[188] 덕을 아름답게 한다.

'文德', 禮樂之事, '懿', 致飾而盡美也. 禮樂自上興, 無所施治於物, 而以風動四方; 君子以'風行天上'之理自修明於上, 而無爲之化, 不言之敎,

---

188) 유가에서 '문(文)'은 인류가 그 공동체를 짐승들의 군집 생활과는 차원이 다른 것으로 운용함을 표현하는 말이다. 즉 '사람다움'으로서의 '성(性)'을 인류 공동체의 장(場)에서 실현해내는 것이다. 그래서 '인문(人文)'이라고도 한다. 여기서는 사람됨으로서의 인격을 갖추고[修己] 남들의 존재 지평을 열어주며 공존의 장을 열어가게 함[治人]이 그 핵심이다. 공자의 '극기복례(克己復禮)'라는 말 속에는 이러한 의미가 함축되어 있다. '文(문)'이라는 말 자체가 '아름답다', '아름답게 꾸며주다', '수준이 높다'는 의미 등을 담고 있다. 따라서 이는 요즘 '예술'이라는 말과 거의 같은 의미로 쓰이는 '문화'라는 말과는 차원이 다른 것임을 알 수 있을 것이다.

移風易俗, 不待政教而成矣. 此卦「大象」與「彖」殊異, 故讀『易』者不可執「彖」以論「大象」, 則不可執「大象」以論爻明矣.

'문의 덕'이란 예와 악을 행하는 일을 의미한다. '懿(의)'는 꾸며서 아름다움이 다 드러나게 한다는 의미다. 예·악이 위에서 흥기하여 물(物)들에게 베풀어져 다스림이 없이 바람을 타고서 온 세상을 움직인다. 이에 군자는 '바람이 하늘 위에서 붊'의 이치로써 위에서 스스로 수양하여 됨됨이를 밝게 한다. 그리고는 무위(無爲)에 의한 교화와 말하지 않는 가르침으로 풍속을 바꾸어 나아간다. 그러므로 굳이 정치와 교화의 힘을 빌지 않더라도 이루어진다. 이 소축괘는 「대상전」과 「단전」의 취지가 다르다. 따라서 『주역』을 읽는 이들이 「단전」에 집착하여 「대상전」을 논할 수 없듯이, 「대상전」에 집착하여 효사들을 논할 수 없음도 분명하다 할 것이다.

初九, 復自道, 何其咎, 吉.

초구: 스스로 도를 회복함이니, 그 허물을 짊어지고는 있지만, 길하다.

'何'本負何之何, 从人从可, 人所可任而載之也. 經傳或从艸, 作荷華之荷, 傳寫相承之譌. '乾'健受畜, 而施不得行, 非'乾'志也. 初與四應而受其畜, 咎將歸之. 乃初位在潛藏, 則不往而來復, 以奠其居, 養陽道之微, 固其道也. 復既以道, 雖負咎而不恤, 唯守道以自安, 故吉.

'何(하)'는 본래 '등에 짊어지다'는 뜻이다. '人(인)'과 '可(가)'의 결합으로 이루어졌는데, 사람이 감당할 수 있을 만큼 싣고 있다는 의미다. 경전에서는 간혹 '艸(초)'를 머리로 하여 그 밑에 '何(하)'를 써서 연꽃을 의미하는 '荷(하)'로 쓰기도 하는데, 이것이 베껴 쓰는 과정에서 잘못된 것으로 보인다. 건☰의 씩씩함이 손☴의 길러냄을 받고 있다. 그래서 베풂을 행할 수 없음은 건의 뜻함이 아니다. 이 초구효는 육사효와 응하면서도 그로부터 길러냄을 받고 있다. 그래서 허물이 장차 그에게 돌아가게 되어 있다. 그런데 초효의 위(位)는 은거함에 있으니, 이 초육효는 가지 않고 되돌아와서 그 거처를 정하고 아직 미약한 양의 도를 배양한다. 이는 그 도(道)를 공고히 함이다. 그렇게 하여 이미 도로써 회복하여서는 비록 허물을 짊어지더라도 괘념치 않고 오로지 도를 지키면서 스스로 편안해 한다. 그러므로 길하다.

「象」曰: '復自道', 其義吉也.

「상전」: '스스로 도를 회복함'이니, 그 의로움이 길하다.

義正, 則咎有所不辭. 君子秉義不回, 以受天下之疑謗, 其究也, 吉必歸之.

의롭고 올바르다면 허물이 있다 하더라도 사양하지 않는다. 군자가 의로움을 부여잡고서 그 한 길로만 가며 돌아서지 않음으로써 세상 사람들의 의심과 비방을 받게 된다. 그러나 궁극에 가서는 길함이 반드시 그에게로 돌아간다.

九二, 牽復, 吉.

구이: 이끌려 되돌아옴이니, 길하다.

九二不與四應, 非受其畜者, 以初九受畜, 牽引而退, 使安處於中而不進. 蓋君從臣諫, 弟聽師裁, 而抑志以養德之象.

구이효는 육사효와 응하지 않기 때문에 그 길러냄을 받지도 않는다. 그런데 초구효가 길러냄을 받고서 구이효를 인도하여 물러나게 하고는 그로 하여금 가운데에 편안히 있으면서 나아가지 못하게 한다. 이는 임금이 신하의 간언을 따름이나 제자가 스승의 제재를 받아들임이다. 뜻함을 억누르고서 덕을 배양하는 상이다.

「象」曰: 牽復在中, 亦不自失也.

「상전」: 이끌려 되돌아와 가운데에 있음이니, 역시 스스로를 잃어버리지 않는다.

受'牽'而'復', 乃得中位, 雖志不克遂, 而獲所安止, 不失剛中之正.

'이끌림'을 받고서 '되돌아와' 중위(中位)를 차지하고 있으니, 비록 뜻함을 완수하지는 못했지만 편안히 머물 수는 있게 되었으며 굳셈으로 득중한 올바름을 잃어버리지 않는다.

九三, 輿說輻, 夫妻反目.

구삼: 수레에서 바퀴가 빠져버림이다. 부부 사이에 반목한다.

'輻', 轂中植木. '反目', 惡怒而不相視也. 九三重剛不中, 而爲進爻, 志在躁進, 乃爲六四所畜, 不能馳驅以逞, 爲'輿說輻'之象. 剛競不已, 怒四之畜己, 而不知四以柔道止之者, 本以養陽德於有餘, 乃躁進而顧與相違, 如苻堅之拒張夫人, 宸濠之拒婁妃, 志終不逞, 而徒以自喪也.

'輻(복)'은 바퀴살통 속에다 나무를 끼워 넣어 바퀴살을 만든 것이다. '반목'이란 증오와 노여움에 차서 서로 쳐다보지 않음이다. 이 소축괘䷈의 구삼효는 중첩된 굳셈[剛]으로서 득중하지 못하고 있다. 그리고 나아감의 효라서 뜻함이 조급하게 나아감에 있다. 그런데 지금 육사효에 의해 길러냄을 당하고 있기 때문에 제대로 달려 나아갈 수가 없다. 그래서 마음이 쾌활하지 않다. 이것이 '수레에서 바퀴가 빠져버림'의 상이 되어 있다. 이 구삼효의 굳셈[剛]은 끊임없이 경쟁하며 육사효가 자신을 길러냄에 대해 화를 내고 있다. 그리고 구삼효는 육사효가 부드러움의 도로써 자신을 제지하고 있는 것이 본래는 여유로운 상황에서 양(陽)의 덕을 길러내는 것임을 알지 못한다. 그래서 조급하게 나아가면서 돌아보고 거스른다. 부견(苻堅)[189]이 장부인(張夫人)[190]의 제지를 거절한 것이나

189) 부견(338~385)은 오호십육국(五胡十六國) 시대, 전진(前秦)의 황제였던 선소제(宣昭帝)의 본명이다. 저족(氐族)으로서 약양(略陽)의 임위(臨渭; 지금의 甘肅省 秦安지방) 출신이다. 357년에 폭군이었던 부생(苻生)을 죽이고 스스로를 대진천왕(大秦天王)이라 부르며 제위에 올랐다. 그 뒤 부견은 왕맹(王猛)을

만나 시사를 논한 뒤 그를 큰 인물로 여기면서 자신과 그의 만남을 유비와 제갈량의 만남에 비유하고 그를 중용하였다. 그를 통해 부견은 새로운 농업 정책을 시행하고 폐정을 혁파함으로써 국력의 증대를 꾀할 수 있었다. 이에 고무된 부견은 천하의 통일을 이루겠다는 야망에 불타 대대적으로 병력을 동원하여 동진(東晋)의 정벌에 나섰다. 이때 대신들과 그의 동생 부융(苻融)은 모두 반대하였다. 특히 그의 총애하는 비(妃) 장부인(張夫人)은 여러 차례에 걸쳐 눈물로 호소하며 간곡히 말렸다. 그러나 전국 통일의 조바심에 불타던 부견은 이들의 제지를 모두 물리친 채 전국의 병력을 모두 끌어 모아 87만에 이르는 대군을 이끌고 동진(東晋)의 정벌에 나섰다. 그런데 그의 군대는 다민족으로 구성되어 있어 단결과 통일이 결여한 문제를 안고 있었다. 또 그의 인품이 지나치게 인후(仁厚)하여 투항 귀족들을 똑같이 환대한 나머지 그들에게 호시탐탐 재기의 기회를 노릴 수 있는 토대를 제공한 것이 문제였다. 결국 그의 군대는 비수(淝水; 안휘성 合肥縣 남쪽을 흐르는 강으로서 淮水의 지류)의 싸움에서 참담한 패배를 당하고 말았다. 이때 동진의 군대는 겨우 8만이었다. 1:10의 싸움에서 패배하고 만 것이다. 이 싸움에서 결정적 패배를 당한 전진(前秦)에게 이제 선비(鮮卑)족과 강(羌)족 등이 반란을 일으켰다. 그리고 2년 뒤(385), 서연(西燕)의 황제 모용충(慕容沖)의 공세에 밀려 부견 일족은 오장산(五將山)으로 도망갔는데, 이 틈을 타 이전에 자신의 부장이었던 강(羌)족의 요장(姚萇)이 그를 사로잡고서 황위의 양위(讓位)를 강요하기에 이르렀다. 끝내 버티다 부견은 자결하였다. 자결하기 전에 부견은 자신의 딸들을 오랑캐에게 욕보일 수 없다면서 죽이고는 스스로 목숨을 끊었다고 한다. 이에 장부인과 그의 아들 부선(苻詵)도 따라서 자결하였다. 후세의 역사가들은 이 부견에 대해 우수한 문학성을 발휘하여 좋은 작품을 남김, 내치를 훌륭히 하여 나라를 부강한 것으로 이끎, 도량이 큰 포용력을 발휘하여 투항 귀족들을 감싸 안음, 혁혁한 무공을 세워 강국으로 만듦 등을 4대 치적으로 꼽는다.

190) 장부인(? ~385)은 오호십육국(五胡十六國) 시대에 전진(前秦) 황제 부견(苻堅)의 총애를 받던 비(妃)다. 죽은 뒤에 '부인(夫人)'에 봉해졌다. 왕자 부선(苻詵)과 부보(苻寶), 부금(苻錦) 등의 두 딸을 낳았다고 한다. 그녀의 성격은

신호(宸濠)가 누비(婁妃)의 제지를 듣지 않은 것[191]이 바로 이러하다. 그들은 끝내 뜻도 이루지 못한 채 한갓 스스로 망하고 말았던 것이다.

「象」曰: '夫妻反目', 不能正室也.

「상전」: '부부 사이에 반목함'이니 아내를 올바르게 할 수 없다.

굳세고 당찼던 것으로 전해진다. 건원(建元) 18년(382년) 부견이 동진(東晋)을 치고자 87만의 군대를 일으키는 등 대대적인 준비 작업에 들어가자 장부인은 있는 힘을 다해 반대하였다. 그러나 부견은 이에 귀 기울이지 않고 동진 침입에 나섰다가 비수(淝水)의 싸움에서 참패를 당하고 만다. 이를 계기로 하여 전진은 급격히 쇠망의 길로 들어섰다.

191) '신호'는 주신호(朱宸濠; ?~1521)를 말한다. 그는 명나라를 세운 주원장(朱元璋)의 17번째 아들 주권(朱權)의 5세손이다. 홍치(弘治) 7년(1494년) 상고왕(上高王)에 봉해졌고 영왕(寧王)으로 남창(南昌)에 습봉(襲封)되었다. 그는 재주는 보잘것없으면서도 뜻은 자못 커서 누비(婁妃)가 여러 차례에 걸쳐 눈물로 저지하는 것을 듣지 않고 정덕(正德) 14년(1519년) 남창에서 군대를 일으켰다. 그리고는 당시 순무남공도어사(巡撫南贛都御史)이던 왕수인에게 진압 당하였다. 이를 '신호의 란(宸濠之亂)'이라 부른다. 왕수인에 의해 북경으로 압송되었다가 결국은 화형을 당하였다. 그런데 주신호는 북경으로 끌려가는 수레 속에서 눈물을 줄줄 흘리며 "그 옛날 주왕(紂王; 은을 패망으로 이끈 마지막 왕)은 아녀자의 말을 듣다가 천하를 잃었다는데, 나는 지금 부인의 말을 듣지 않다가 내 한 몸을 버리고 말았네. 이제 와 후회한들 무슨 소용있으랴!(昔紂用婦人言亡天下, 我以不用婦人言亡其身, 今悔恨何及!)"라고 읊조렸다고 한다. 주신호가 죽자 누비도 강물에 투신하여 자결하였다. 왕수인은 그 시체를 거두어 매장해 주었다.

自處不正, 安能正室? 而更與爭, 愈趨於亂, 明非妻之過, 而夫之過也.

자신의 처신이 올바르지 않은데 어찌 아내를 올바르게 할 수 있겠는가! 거듭 싸우면서 더욱 혼란함으로 치닫는데, 이는 분명히 아내의 잘못이 아니라 남편 자신의 잘못이다.

六四, 有孚, 血去, 惕出, 无咎.

육사: 믿음이 있고, 피비린내가 사라지며, 두려워하여 벗어나니, 허물이 없다.

'有孚'者, 爲九五之所信也. 陰陽異而言孚者, 二陽合而成'巽', 陽從陰化, 故謂之小畜, 則陰陽異而孚也. 六四專任畜陽之事, 而'巽'入之德, 由九五與之相孚洽, 不疑其獨異於陽而任之, 乃能以孤陰止'乾'之健行, 則陽實任己以畜, 雖與三相違, 有戰爭之象, 而終不與競, 則'血去'矣. '惕出', 惕以出之也. 以柔居柔, 唯恐與陽不相入, 上承九五剛中之德, 而競惕婉愼以出, 此畜道之尤善者也. 孟子曰, "畜君何尤", '无咎'之謂也.

'믿음이 있음'이란 구오효에 의해 신임을 받는다는 의미다. 육사효와 구오효가 음·양이 서로 다른데도 '믿음'이라 말하는 것은, 구오·상구효의 두 양이 합하여 손괘☴를 이루고 이 양들은 음의 교화를 따르기 때문이다. 그러므로 '소축'이라 하니, 이 괘에서는 음·양이 다른데도 믿는다. 이 육사효는 전적으로 양들을 길러 내는 일을 맡는데, 손괘는 들어감의 덕을 지니고 있기 때문에 구오효는 육사효와 함께하며 서로 믿고 받아들인다. 그리고 이 육사효만 유독 양과 다름에 대해 의심하지 않고 맡긴다. 이에 육사효는 능히 외로운 음으로서 정괘(貞卦)인 건☰의 씩씩한 행위를 그치게 하니, 양들은 실로 그에게 자신들을 맡겨 길러진다. 그래서 이 육사효에게 비록 구삼효와 서로 어긋나서 전쟁하는 상이 있기는 하지만 다툼으로 끝맺지는 않는다. 이것이 '피비린내가 사라지게' 함이다. '두려워하여 벗어나니'는 두려워함으로써 벗어난다는 의미다. 지금 이 육사효는 부드러움으로서 부드러움의 자리에 있으면서, 오로지 양들 속에 들어가지 않음만을 두려워한다. 그래서 위로 굳셈으로서 득중한 구오효의 덕을 받들고 다툼을 두려워하며 은근함과 삼감으로써 벗어난다. 이는 길러 냄의 도에서도 더욱 훌륭한 것이다. 그래서 『맹자』에서는 "임금을 길러 냄에 무슨 잘못이 있으랴!"[192]라 하고 있다. 이는 '허물이 없음'을 말하는 것이다.

「象」曰: '有孚惕出', 上合志也.

「상전」: '믿음이 있고, 두려워하여 벗어나니'라 한 것은 뜻을 위로 합치시킨다는 의미다.

---

192) 『맹자』, 「양혜왕 하(梁惠王下)」 편에 나오는 말이다. 이는 제나라 경공(齊景公)과 안영(晏嬰) 사이에 있었던 일을 말하는 것이다. 경공은 한편으로 나라를 잘 다스리겠다는 웅장한 포부를 지니고 있으면서도 다른 한편으로는 향락을 탐하는 마음을 품고 있었다고 한다. 군주로서 그는 이 가운데 어느 것 하나 포기하지 않으려 한 나머지, 그의 신변에는 늘 이들 서로 다른 양 측면에 부합하게 보필하는 신하들이 있었다고 한다. 훗날 '안자(晏子)'로 불리는 안영은 이러한 경공으로 하여금 나라를 잘 다스리도록 보필하는 쪽의 인물이었다.

'上'謂九五. 不自專而與陽志合, 愼之至也.

'위'라 한 것은 구오효를 말한다. 이 육사효는 제 스스로 전황을 일삼지 않고 위로 구오효의 양과 뜻을 함께한다. 삼감이 지극한 것이다.

九五, 有孚攣如, 富以其鄰.

구오: 믿음이 있고 연대를 맺고 있으며 그 이웃과 함께 부유해진다.

'攣如', 相結不舍也. '以'猶與也. 九五剛中, 陽德方富, 而與'巽'爲體, 下與四孚以輔之, 而成畜陽之美, 四亦藉之以富, 而不憂其孤, 上「象」所謂'合志'者是也. 陰爲卦主, 故五降尊而稱'鄰'.

'연대를 맺고 있음'이란 서로 결합하여 있으면서 놓지 않는다는 의미다. '以(이)'는 '與(여)'와 비슷한 의미다. 이 구오효는 굳셈[剛]으로서 득중하여 양의 덕이 지금 한창 풍부해지고 있다. 그리고 손괘☴의 한 몸을 이루고 있는데, 아래로 육사효가 믿음직스러움으로 자신을 돕는 것과 더불어 양들(이 소축괘䷈의 정괘인 건괘☰의 세 양효)을 길러 내는 아름다움을 이루어내고 있다. 육사효도 그에 의지하여 부유해지고 그 외로움을 우려하지 않는다. 위의 「상전」에서 말하는 '뜻을 합치시킨다'는 것이 바로 이것이다. 회괘(悔卦)인 손괘☴에서는 음이 괘주다. 그러므로 구오효는 자신의 존귀함을 내려 그를 '이웃'이라 칭하고 있는 것이다.

「象」曰: '有孚攣如', 不獨富也.

「상전」: '믿음이 있고 연대를 맺고 있으며'라 한 것은 혼자만 부유해지지 않는다는 의미다.

唯其信任之篤, 故四能分有其富, 而成畜陽之美. 凡以柔止天下之躁動, 必上遇剛正之主, 而後獲於上者乃可治下. 抑其用雖柔, 抑必有剛正之理在中, 而後婉入而不爲躁人所輕忽. 三雖'反目', 而四終'血去', 豈徒然哉!

오직 그 신임이 돈독하기 때문에 육사효는 그 부유함을 나누어 가질 수 있고 양(이 소축괘의 정괘인 건괘의 세 양효)들을 길러 내는 아름다움을 이루어낸다. 무릇 부드러움으로써 천하의 바스대며 움직이는 것들을 그치게 하기 위해서는 반드시 위로 굳세고 올바른 군주를 만나야 하며, 그러한 뒤에 윗사람에게 신임을 얻어야만 아래를 다스릴 수가 있다. 아니면 그 작용이 비록 부드럽다고 하더라도 반드시 굳세고 올바른 이치를 속에 지니고 있어야 하며, 그러한 뒤에 은근하게 들어가더라도 바스대는 사람에게 경시당하거나 홀시당하지 않는다. 구삼효가 비록 '반목'하기는 하지만 육사효가 마침내 '피비린내가 사라짐'이 된 것이 어찌 단순히 그렇게 된 것이겠는가!

上九, 既雨既處, 尙德載, 婦貞厲, 月幾望, 君子征凶.

상구: 이미 비가 내림이고 이미 처리함이며, 덕이 실려 있음을 숭상함이다. 부인(婦人)이 올곧고 서릿발처럼 위엄이 있으며, 달은 보름달에 거의 가깝다.

군자가 원정에 나아가면 흉하다.

象言'不雨'者, 自全卦之象而言也. 上九言'既雨'者, 自一爻之動而言也. 所動在此, 則視其發用之變, 而不害其同. '履'六三言'咥人', 異於象者, 亦此義也. 餘卦放此. '既雨'者, 重剛覆陰於下, 且降而爲雨, 陰道行也. '既處'者, '巽'道已成, 陽不能不止也. '尙', 物所尊也, 而有專意. '載', 舟車所積之實也. 重剛之積, 輔六四以施養於下, 有德可恃, 則不復競惕以出, 而己志行・物望塞矣. 上九雖陽而體'巽', 其位又陰, 故爲'婦'・爲'月'. 柔而積剛, 婦貞而嚴厲者也. 月全受日之明則'望', 陽其明, 陰其魄也. 二陽而僅露微陰, 乃'月幾望'之象, 亦言陰盛也. '君子', 對婦而言, 謂丈夫也. '巽'之畜'乾'也, 始於柔而終於剛. 至於上九, 陰挾德以高居, 則爲之君子者, 雖欲有所往, 而受其制, 則必凶矣. 母后稱制, 雖無失德, 而非賢士大夫有爲之日. 陳蕃・司馬溫公・蘇子瞻皆不明於此義, 終罹於患. 『易』之爲戒深矣. 以此推之, 許衡欲行道於積陰剛駤之日, 得免於凶, 固無丈夫之氣也.

이 소축괘의 괘사에서 '비로는 내리지 않으며'라 한 것은 이 괘 전체의 상(象)을 근거로 한 것이다. 이에 비해 지금 이 상구효사에서 '이미 비가 내림'이라 한 것은 이 효의 움직임을 근거로 말한 것이다. 상구효의 움직임이 이러하다면 그 발현한 작용이 변하였음을 보여주는 것이지만 그 전체의 동질성에는 영향을 미치지 않는다. 이괘(履卦)䷉의 육삼효사가 '사람을 물다'라고 하여 그 괘사와 다른 것에도 역시 이러한 원리가 자리 잡고 있다. 다른 괘들에서도 이와 같다.

'이미 비가 내림'이라 한 것은, 중첩된 굳셈들이 아래로 음을 덮고 있으니 비가 되어 버린 것으로서, 이는 음의 도가 행해짐이다. '이미 처리함'이라 한 것은 손괘☴의 도가 이미 이루어져서 양들은 그치지 않을 수 없다는 의미다.

'숭상함'이란 물(物)들이 존숭함이며 여기에는 온 마음을 기울인다는 의미가 들어 있다. '실려 있음'이란 배나 수레가 싣고 있는 실질을 의미한다. 두 중첩된 굳셈들(구오・상구효)이 누적하여 육사효를 도와 아래로 배양함을 베풀게 하니 이들에게는 덕이 있어서 믿을 수가 있다. 그래서 이 상구효의 입장에서는 다시는 다툼이 두려워 벗어나지 않아도 되고, 자신의 뜻함은 행해지며 백성들의 바람은 충족된다.

이 상구효는 비록 양이기는 하지만 몸은 손괘☴의 일부다. 그리고 그 위(位)는 또한 음이다. 그러므로 '부인'이 되고 달이 된다. 그래서 부드러움이면서도 굳셈들을 누적함이고, 부인의 올곧음이면서도 서릿발처럼 위엄이 있다. 달이 온전하게 태양의 밝음을 받으면 '보름달'이다. 여기서 양은 그 밝음이고 음은 그 달빛이다. 그런데 지금 구오효와 이 상구효의 두 양이 겨우 미미한 음만을 노출하고 있지만, '달이 보름달에 거의 가까움'의 상이니 또한 음이 왕성함을 말해준다.

'군자'라 한 것은 부인에 대비시켜 한 말로서 '장부(丈夫)'를 의미한다. 손괘☴가 건괘☰를 길러 냄에서는 부드러움에서 시작하여 굳셈에서 끝난다.[193] 그것이 지금 이 상구효에 이르러서는 음이 덕 있는 이를 옆에 끼고서 그를 내세우며 높은 자리를 차지하고 있음이니, 군자로서

193) 여기서 왕부지는 손괘의 괘상☴을 근거로 이렇게 풀이한 것이다. 즉 시책을 헤아려 손괘를 뽑아낼 적에 초효인 ⚋를 맨 먼저 뽑아내고, 그 다음은 중효인 ⚊를 뽑아내며, 맨 마지막으로 상효인 ⚊를 뽑아낸다. 그래서 "부드러움에서 시작하여 굳셈에서 끝난다."라고 한 것이다.

비록 가서 참여하고자 하나 그 통제를 받아서는 반드시 흉하게 된다. 이는 황제의 어미가 자식인 황제의 직권을 대행함이다. 이러한 시기는 비록 덕을 상실함은 없다 할지라도 현명한 사대부가 참여하여 능력을 발휘할 시기는 아니다. 진번(陳蕃)[194], 사마온공(司馬溫公)[195], 소자첨

---

194) 진번(? ~168)은 자(字)가 중거(仲擧)였다. 여남(汝南)의 평여(平輿) 출신이다. (지금의 하남성 평여의 북쪽 지역) 그는 일찍이 여남군의 하급 관리를 지내다 효렴(孝廉; 효성과 청렴의 과목으로 관리를 뽑는 제도)으로 발탁되어 관료의 길에 들어선 인물이다. 그만큼 성품이 방정(方正)하였으며 불의와의 타협을 시종일관 배격한 인물이었다. 상서(尙書)를 할 적에는 영릉(零陵)과 계양(桂陽) 지역에서 출몰하는 산적들을 무력으로 진압하는 것에 반대하고 평민들을 산적으로 내몬 탐관오리들의 죄상을 조사하여야 한다고 건의하였다가 그들의 노여움을 사 예장태수(豫章太守)로 좌천되기도 하였다. 또 관리들을 선발하는 전형 위원을 할 적에는 권력자들의 청탁을 거절하며 공정하게 처리하다가 그들의 중상모략을 당해 면직당하기도 하였다. 연희(延熹) 8년(165년) 태위(太尉)로 승진한 그는 환관들의 중상에 의해 투옥된 관리들을 석방해달라고 당시의 황제였던 환제(桓帝)에게 수차례 건의하였으나 받아들여지지 않았다. 그리고 당고(黨錮)의 화(禍)가 일어났을 때 그는 이응(李膺) 등을 잡아들여 조사하라는 환제의 명을 받았으나 그의 죄명이 분명하지 않다는 이유로 서명을 거부함으로써 환제의 대로(大怒)를 사기도 하였다. 그리하여 결국은 태위직에서 파직되었다.
영강(永康) 원년(167년)에 환제가 죽고 두태후(竇太后)가 실권을 잡게 되자 진번은 태부(太傅)와 녹상서사(錄尙書事)에 임명되었다. 그리고 다음해에 영제(靈帝)가 즉위하는 것에 즈음하여 두태후가 그를 고양향후(高陽鄕侯)에 봉하였으나 그는 굳게 사양하며 받지 않기도 하였다. 그리고는 영제의 장인인 대장군 두무(竇武)와 함께 정권을 장악하기에 이른다. 그래서 현명한 인재를 등용함으로써 한때나마 사람들로 하여금 태평성대를 열 수 있다는 희망을 갖게 하였다. 그러는 중에 환관인 조절(曹節)・왕보(王甫) 등이 영제의 유모인 조요(趙嬈)와 짜고 두태후의 신임을 얻어 새로이 당고(黨錮)를 모의하는 것을

발견하고는 두무와 함께 환관들을 몽땅 주살할 것을 도모하게 되었다. 그러나 두태후가 모두를 주살하자는 이들의 건의를 받아들이지 않으며 일부만 주살하는 바람에 진번과 두무는 그들의 반격을 받게 되었다. 그리고는 건녕(建寧) 원년(168년)에 진번은 마침내 그들의 반격을 받아 살해당하고 말았다.

195) 사마광(司馬光; 1019~1086)을 가리킨다. 그는 자가 군실(君實)이었고 호는 우수(迂叟)였다. 송나라 진종(真宗) 천희(天禧) 3년에 태어나서 철종 원우(元祐) 원년에 죽었다. 향년 68세였다. 그의 고향은 섬주(陝州) 하현(夏縣; 지금의 산서성 하현)의 속수향(涑水鄉)이다. 그래서 사람들은 그를 '속수 선생(涑水先生)'이라 불렀다. 그리고 그의 부친 사마지(司馬池)가 광주(光州) 광산현령(光山縣令)을 지낼 적에 그를 낳았으므로 그의 이름을 '광(光)'이라 하였다. 그는 북송의 사학자, 정치가, 문학가로 꼽힌다. 인종(仁宗) 보원(寶元) 원년(1038년)에 약관 20세의 나이로 진사 갑과에 합격하여 작은 지방 관리로 벼슬길에 발을 내디딘 이래 영종(英宗), 신종(神宗), 철종(哲宗) 등 네 황제를 거치며 벼슬살이를 하였다.

그의 일생에서 두 가지 주목할 만한 일은 첫째 『자치통감(資治通鑑)』을 저술했다는 것이고, 둘째 왕안석(王安石; 1021~1086)의 신법(新法) 개혁정치에 거세게 맞서며 구법(舊法)대로 할 것을 주장하고 도덕 정치를 근본으로 해야 한다는 견해를 펼쳤다는 점이다.

『자치통감』은 중국 최초의 편년체 역사서다. 주나라 위열왕(周威烈王) 23년(B.C.403)에서 오대십국(五代十國) 시대의 후주(後周) 세종(世宗) 현덕(顯德) 6년(959년)에 이르기까지 16개 왕조, 1,362년간의 역사를 기록한 책이다. 저술 기간만도 장장 19년이 걸렸고, 그 부피는 무려 294권 300만 자에 이른다. 그는 신종이 왕안석을 기용하여 신법에 의한 개혁정치를 펼치자 이를 강렬하게 반대하며 외직으로 보내 줄 것을 상소하였다. 그리고 희령(熙寧) 4년(1071년)에 판서경어사대(判西京禦史台)라는 직함을 얻어 낙양에 거주하며 이후 15년간을 일체의 정사에 간여하지 않고 두문불출한 채 이 책을 이루어냈다. 그는 「진자치통감표(進資治通鑒表)」에서, "신은 이제 늙고 병들어 파리해졌습니다. 눈도 침침하고 이빨도 몇 개 안 남았습니다. 정신과 기억력이 쇠잔해져서 눈앞에서 한 말도 돌아서면 잊어버리는 지경입니다. 신의 정력은 이 책에서

(蘇子瞻)[196]은 모두 이러한 의의에 대해 어두웠다. 그래서 이들은 마침내

다해버렸습니다."라고 술회하고 있다. 그만큼 그는 필생의 정력을 이 저술에 쏟아 부었다. 그리고 저술을 완성한 뒤 채 2년이 지나지 않아 그는 세상을 뜨고 말았다. 이 『자치통감』은 인류의 불후의 거작 중 하나로 꼽힌다. 이 공로를 인정받아 그는 자정전학사(資政殿學士)로 승진하였다.
『자치통감』을 완성한 직후인 원풍(元豐) 8년(1085년) 철종이 즉위하였다. 그리고 선인태후(宣仁太后) 고씨(高氏)의 수렴청정이 시작되었다. 그녀는 사마광을 불러 국정을 맡겼다. 이듬해에 그에게 상서좌복사(尚書左仆射) 겸 문하시랑(門下侍郎)의 벼슬을 주었는데 그는 죽기 전까지 몇 개월 동안 왕안석의 신당을 내쫓고 신법을 일소하는 데 주력하였다. 역사에서는 이를 '원우경화(元祐更化)'라 부른다. 왕안석이 당시 송나라가 처한 경제·군사상의 문제점을 직시하고 그것이 새로운 법에 의해 근본적인 개혁을 단행함으로써 해소할 수 있다고 본 것에 비해, 사마광은 당시를 수성(守城)의 시기로 보고 윤리강상을 다듬어서 사람들의 됨됨이를 바로잡고 원래 있는 제도 속에서 개혁을 해야 한다는 입장을 개진하였다. 그는 "완전히 허물어버리고 다시 고치려면 그만큼 훌륭한 장인과 재목이 있어야 하는데 지금은 이 두 가지가 모두 없다. 그런데도 집을 허물어버린다면 비바람이 몰아치는 것을 막을 수 없을까 두렵다.(大壞而更改, 非得良匠美材不成, 今二者皆無, 臣恐風雨之不庇也)"라는 말로 자신의 주장에 설득력을 더하고자 하였다. 그러나 그는 왕안석의 신법에 반대만 하였지 그에 걸맞은 대안은 제시하지 못하였다는 비판을 받기도 한다. 죽은 뒤에 사마광은 태사(太師)·온국공(溫國公)에 추증되었다. 시호는 문정(文正)이다. 그가 남긴 저술은 실로 방대하다. 『자치통감』을 제외하고도 『잠허(潛虛)』와 『역설(易說)』, 『주태현경(注太玄經)』 등의 『주역』 관련 저술이 있다. 이 외에 『균운지장(均韻指掌)』, 『절운지장도(切韻指掌圖)』, 『류편(類編)』, 『한림시초(翰林詩草)』, 『주고문학경(注古文學經)』, 『의문(醫問)』, 『속수기문(涑水紀聞)』, 『통감목록(通鑑目錄)』, 『통감고이(通鑑考異)』, 『통감거요력(通鑑擧要歷)』, 『계고록(稽古錄)』, 『역년도(曆年圖)』, 『역대군신사적(曆代君臣事跡)』, 『사마문정공집(司馬文正公集)』 등 37종에 이르는 저술을 남겼다.

196) 소식(蘇軾; 1037~1101)을 가리킨다. 자첨은 그의 자(字)다. 호는 동파거사(東坡

居士)다. 그의 고향은 미주(眉州) 미산(眉山; 지금의 사천성 眉山市)이다. 그는 중국 북송 시기의 대문호로서 시(詩), 사(詞), 부(賦), 산문(散文) 등에 모두 뛰어났다. 또 서예와 회화에도 일가를 이루었다. 그래서 중국의 역대 문학과 예술 분야에서 가장 빼어난 조예를 이룬 대가 중의 하나로 꼽힌다. '당송팔대가(唐宋八大家)' 중의 하나다. 그의 아버지 소순(蘇洵), 그의 동생 소철(蘇轍)과 함께 '삼소(三蘇)'로 병칭(並稱)되기도 한다. 그의 성격은 호방하고 활달하여 교우관계가 좋았다. 또 미식가로서 많은 음식과 차(茶) 등을 만들어내기도 하였다. 산수 유람을 좋아하였기에 황정견(黃庭堅)은 그를 '진신선중인(真神仙中人)'이라 불렀다.

가우(嘉佑) 2년(1057년) 그의 나이 스물한 살 되던 해에 진사에 급제하여 벼슬길에 오른 이래 여러 벼슬을 역임하였다. 신종 때에는 그를 사부원외랑(祠部員外郎)에 임명하였다. 그러나 희령(熙寧) 5년(1072년), 그는 왕안석의 신법을 반대하여 외직으로 전출해줄 것을 상소하여 항주통판(杭州通判)으로 나갔다. 이후 밀주(密州), 서주(徐州), 호주(湖州) 등의 지사(知事)를 역임하였다. 원풍(元豐) 2년(1079년) 그의 나이 43되던 해에 '오대시안(烏臺詩案)'이 발생하여 그는 투옥되었고, 거의 죽을 지경에 이른다. '오대시안'이란 다름 아니라, 이 해에 호주(湖州) 지사로 부임한 소식이 조정에 감사하는 글을 올렸는데, 그 용어 속에서 '황제와 조정 대신들을 희롱하며 자신을 과대평가하는(愚弄朝廷, 妄自尊大)' 풍자가 숨어 있다고 문제 삼는 것이었다. 또 신종이 왕안석을 기용하여 필생의 힘을 기울이고 있는 신법에 대한 비판과 조정 대신들을 정확하게 평가하여 처리할 것을 암시하고 있다고도 주장하였다. 마침내 그와 구원(舊怨)의 관계에 있던 어사(御史) 이정(李定)이 이 시(詩) 속에 들어있는 소식의 죄를 4가지로 정리하여 황제에게 올렸다. 이에 신종은 그를 투옥하기에 이른 것이다. 그러나 태황태후(太皇太后) 조씨(曹氏)와 왕안석 등의 도움으로 소식은 겨우 죽음을 면하였다. 그리고는 황주(黃州)로 귀양을 가게 되었다. 평상시 그와 교유가 있었던 증공(曾鞏), 이청신(李清臣), 장방평(張方平), 황정견(黃庭堅), 범신(范縝), 사마광(司馬光) 등 29명도 이때 연루되어 처벌을 받았다. 이 사건이 그의 작품 세계에서 큰 전환점이 되었다고 한다.

철종이 즉위하고서 원우(元祐) 연간(1086~1100)에 태후(太后)가 섭정을 하자 환난을 당하였다. 『주역』이 우리들에게 경계를 주고 있는 점이 이렇게 심오하다. 이러한 점으로 미루어보건대, 허형(許衡)197)이 음들이 누적되

그는 한림학사지제고(翰林學士知制誥; 1086), 용도각학사(龍圖閣學士), 항주태수(杭州太守; 1089) 등을 거쳐 양주태수, 병부상서, 예부상서 등을 역임하며 복권하였다. 그렇지만 태후가 죽자 정주태수(定州太守)로 좌천되었으며 혜주(惠州), 해남(海南) 등지에서 유배 생활을 하였다. 이후 휘종이 즉위하여 또 휘종의 태후가 섭정을 하자 정치 무대로 돌아온 그는 이듬해 상주(常州)로 가서 거기에서 파란만장한 그의 일생을 마쳤다. 향년 64세였다.

정치적 입장에서 그는 비교적 구당(舊黨)에 가까웠다. 그래서 왕안석이 이끄는 신당의 급진적인 개혁에 반대하면서도 사마광이 신법을 완전히 폐기하는 것에 대해서도 반대하였다. 그리하여 신·구 양당으로부터 고루 배척을 받아 굴곡이 많은 일생을 보낼 수밖에 없었다. 그러나 각지에서 지방 관리를 할 적에 맑고 깨끗한 정치를 하며 백성들의 이익을 도모하고 폐단을 제거함으로써 뛰어난 정치적 업적을 쌓아 백성들로부터 칭송을 받기도 하였다. 항주(杭州)의 서호(西湖)에 있는 '소제(蘇堤)'가 그의 이름을 따라 명명한 것만 봐도 알 수 있다.

그는 2,700여 수가 넘는 시를 남겼고, 300여 수의 사(詞)를 남겼다. 그리고 수많은 산문 작품을 남겼다. 시문으로는 『동파7집(東坡七集)』, 『동파집(東坡集)』, 『동파사(東坡詞)』 등이 전한다. 이 외에도 『답사민사논문첩(答謝民師論文帖)』, 『제황기도문(祭黃幾道文)』, 『전적벽부(前赤壁賦)』, 『황주한식시첩(黃州寒食詩帖)』 등의 작품이 전하며 『고목괴석도(枯木怪石圖)』, 『소상죽석도(瀟湘竹石圖)』 등의 회화가 전해지고 있다. 또 『소침양방(蘇沈良方)』이라는 의학 서적도 전해지고 있다.

197) 허형(1209~1281)은 '노재 선생(魯齋先生)'으로 불리는 인물로서, 당시 금(金)나라의 강역에 속하던 회주(懷州) 하내(河內; 지금의 河南省 沁陽) 출신이다. 허형은 16세에 학문을 뜻을 두고 온 마음을 기울여 유학의 경전 연구에 몰두하였다. 그의 나이 26세가 되던 해(1234)에 금나라는 몽골과 남송의 연합군에 멸망하였다. 그 뒤 허형은 30세에 과거에 합격하여 교학(敎學)을 업으로 삼게 되었고, 그 4년 뒤에는(1242) 정이(程頤)의 『역전』, 주희의 『사서장구집주(四書

어 있고 굳셈이 제멋대로 날뛰는 시기에 도를 행하고자 하였던 것은 흉함은 면하였다 하더라도 진실로 장부의 기상은 없다 할 것이다.

章句集注)』, 『소학(小學)』 등을 입수하여 이를 교재로 삼아 제자들을 가르치게 되었다. 그의 나이 46세가 되던 해(1254), 쿠빌라이가 선무사(宣撫司)를 설치하여 그를 경조교수(京兆教授)에 임명하였다. 그리고 재직 4년 뒤에 허형은 고향인 하내(河內)로 돌아와 거주하였다. 그 2년 뒤(1260)에 쿠빌라이는 원(元)의 세조로 즉위하여 허형을 다시 연경(燕京)으로 불러 들였다. 그리고 이듬해(1261)에 그를 국자감 좨주에 임명하였다. 얼마 지나지 않아 허형은 이를 사직하고 귀향하였다. 이 뒤로 쿠빌라이는 소환하고 허형은 벼슬에 나아갔다가 곧 사직하고 귀향하는 일이 반복되었다. 지원(至元) 8년(1271년)에 허형은 또 집현전 대학사(集賢大學士) 겸 국자감 좨주에 임명되어 국자학(國子學) 과정을 설치하였다. 이에 허형은 교학에 온 정성을 기울이며 『소학』과 사서(四書) 및 자신이 지은 『대학직해(大學直解)』, 『중용직해(中庸直解)』, 『대학요략(大學要略)』, 『편년가괄(編年歌括)』, 『계고천자문(稽古千字文)』 등을 교재로 편찬하여 가르쳤다. 그리고 또 2년 뒤 허형은 사직하고 고향으로 돌아갔다. 그 3년 뒤인 지원 13년(1276년) 허형은 쿠빌라이에 의해 다시 소환되어 쿠빌라이의 명에 의해 왕순(王恂), 곽수경(郭守敬) 등과 함께 역법을 만들기도 했다. 그 4년 뒤에 벼슬을 그만두고 고향으로 돌아갔다가 이듬해에 세상을 떠났다. 이처럼 그는 쿠빌라이의 조정에서 다섯 번 벼슬에 나아갔다가 다섯 번 사양하고 돌아왔다고 한다. 왕부지가 여기서 지적하는 것은 바로 이러한 허형의 행적에 관해서다.

허형의 주요한 업적은 원나라에 국자학의 터전을 마련했다는 것과 정주학을 관학(官學)으로 정착시켰다는 것이다. 그보다 40년 연하인 오징(吳澄)과 함께 '남오북허(南吳北許)'로 불린다. 원대에 정주학을 계승한 양대 학자라는 의미다.

「象」曰: '旣雨旣處', 德積載也, '君子征凶', 有所疑也.

「상전」: '이미 비가 내림이고 이미 처리함'이라는 것은 덕이 실려 있기 때문이고, '군자가 원정에 나아가면 흉하다'는 것은 장애되는 바가 있기 때문이다.

陰道行而見德, 陽受其制, 此以養之道止之, 所以凶也. 知止我者之養我, 則不拒違弼, 而德以固; 知養我者之止我, 則不受其羈縻, 而志可行. 無反目之傷, 亦無征凶之慮, 陽以交陰, 恃此道也. '疑', 阻也. 以叶韻求之, 或'礙'字之誤.

소축괘의 이 상구효에서는 음의 도가 행해지며 덕으로 드러나고 양은 그 통제를 받으니, 이는 길러냄의 도로써 양의 씩씩함을 억지함이다. 그래서 흉하다. 그러나 나를 멈추게 한 것이 나를 길러내기 위함임을 안다면 그 도움을 거절하지 않을 것이고, 그렇게 하여 덕은 공고해질 것이다. 이에 비해 나를 기르고 있음이 결국 나를 억지하기 위한 것임을 알면, 그 속박을 받아들이지 않고 뜻함을 행할 수 있다. 그래서 서로 반목함의 상처도 없고 또한 정벌하러 나아갔다가 흉함을 당할 우려도 없다. 양이 음과 교제함에서는 이러한 원리에 의거한다. '疑(의)'는 가로막힌다는 의미다. 협운(叶韻)으로 볼 적에 아마 '礙(애)' 자의 오자가 아닐까 한다.

●●●

履卦兌下乾上

이괘䷉

履虎尾, 不咥人, 亨.

이괘: 호랑이 꼬리를 밟고 나아가는데 사람을 물지 않음이다. 형통하다.

'履', 『本義』謂"躡而進之", 是也. 凡卦, 皆先擧卦名, 而後繫以象占之辭. 此獨不殊言履, 而連'虎尾'爲文. 蓋專言履, 不足以盡卦之名義, 必言'履虎尾', 而後卦象始顯也. '同人於野', '艮其背', 準此. 爲卦六三以孤陰失位, 躁進而上窺乎'乾', 欲躡九四, 憑陵而進, '乾'德剛健, 非所可躡, 故有此象. '不咥人'者, 以全卦言之. '兌'之德說, 既非敢與乾競, 而初・二二陽與乾合德, '乾'位尊高, 其德剛正, 不爲所惑, 則亦不待咥之以立威, 而自不能犯. 陰可以其說應之, 志上通而有亨道也.

'履(리)'를 『주역본의』에서는 "밟고 나아가다"라고 풀이하고 있는데, 이는 맞다. 다른 괘들에서는 모두 먼저 괘 이름을 제시하고 그 뒤에 상(象)과 점(占)에 관한 말들을 연결하고 있다. 그런데 이 괘에서만은 유독 특별히 '履(리)'라는 괘 이름을 말하지 않고 '호랑이 꼬리'를 의미하는 '虎尾(호미)'와 연결하여 문장을 이루고 있다. 아마 '履(리)' 하나만 말해서는 괘의 이름이 지닌 의미를 다 드러내기에 부족하니, 반드시 '호랑이 꼬리를 밟고 나아가다'라고까지 말해야만 괘상이 비로소 드러나게 된다고 본 것 같다. 동인괘(同人卦)의 '동인우야(同人于野)', 간괘(艮卦)의 '간기배(艮其背)' 등도 이에 준하고 있다.

이 이괘(履卦)를 보면 육삼효가 외로운 음으로서 제자리를 잃고 있으니, 나아가는 데 조급하여 위로 건괘를 엿보고 있다. 그래서 구사효를 밟고 올라타서 넘어가려 하지만 이 이괘의 회괘(悔卦)인 건괘☰의 덕이 굳세고 씩씩하여 밟을 수가 없다. 그러므로 이러한 상이 있는 것이다.

'사람을 물지 않는다'는 것은 괘 전체의 관점에서 말한 것이다. 이괘(履卦)의 정괘(貞卦)인 태괘☱의 덕은 '말하기[說]'다. 그래서 감히 회괘(悔卦)인 건괘와 경쟁하려들지 않는다. 뿐만 아니라 초구효와 구이효의 두 양은 회괘인 건괘☰와 덕이 합치한다. 그리고 건괘의 위(位)는 존엄하고 높으며 그 덕은 굳세고 올바르니 태괘에 의해 미혹되지 않는다. 그래서 그것이 굳이 물어버림으로써 권위를 세우지 않더라도 저절로 그를 범할 수가 없다. 그런데 음은 말하기로써 응할 수 있으니, 뜻함이 위로 통하여 형통함의 도가 있는 것이다.

「彖」曰: 履, 柔履剛也. 說而應乎乾, 是以履虎尾, 不咥人, 亨.

「단전」: 이(履)는 부드러움이 굳셈을 밟고 있다는 뜻이다. 말하면서 건(乾)☰에 응하니, 호랑이 꼬리를 밟고 나아가는데도 사람을 물지 않는 것이다. 형통하다고 하는 것이다.

六三之柔, 履'乾'剛而思干之, 犯非其分, 本無亨道. 唯初・二兩陽本秉剛正, 與'乾'道合, 三不能獨試其險詖, 姑以說應, 爲求進之術, 則小人欲效於君子, 附貞士以向正, 君子亦無深求之意, 而不責其躁妄, 刑戮不施, 且錄用之, 是以能亨. 若自其履剛之逆志而言之, 未有能亨者也.

이 이괘(履卦) 육삼효의 부드러움[柔]이 상괘인 건괘의 굳셈[剛]을 밟고서 범하겠다고 생각하기는 한다. 그러나 범함이 그 본분도 아니고 그렇게 함에는 본래 형통할 이치도 없다. 그런데 오직 초구효・구이효의 두 양이 본래 굳세고 올바름을 함유하고 있으며 회괘(悔卦)인 건괘☰와 도가 합치한다. 그래서 육삼효는 그 음험하고 편벽됨을 시험해볼 수가 없어서 잠시 말하기로써 응하며, 그렇게 해서 어떻게 나아갈 수 있지 않을까 하고 술수를 발휘하고 있다. 이는 소인이 군자에게 효과를 내보이고자 하는 것으로서, 올곧은 사대부에게 붙어서 올바름으로 향함이다. 군자도 깊게 구하는 뜻이 없으니 그 조급하고 망령됨을 책하지 않고 형벌로써 죽임을 베풀지도 않는다. 또한 녹을 주어 기용하기도 한다. 그래서 형통할 수가 있다. 그렇지 않고 만약에 그 굳셈을 밟고 있는 반역의 의지 자체로 말한다면 결코 형통할 수 있는 이가 없다.

剛中正, 履帝位而不疚, 光明也.

굳셈이 가운데 자리를 올바르게 차지하고 있다. 제왕의 위(位)를 차지하고 있고 고질도 되지 않으니, 그 빛이 환하다.

九五以剛健中正之德, 居至尊之位, 非三所可憑陵. 三雖妄進相干, 不足以爲其疚病, 志量光明, 坦然任之, 三且技窮思反以應上, 而可藉之以亨矣.

이 이괘의 구오효는 굳셈과 씩씩함으로써 중정의 덕을 발휘하고 있고 지존의 위(位)를 차지하고 있으니, 육삼효 따위가 올라타고 넘어갈 수 있는 존재가 아니다. 육삼효가 비록 망령되이 나아가서 어찌 해보려 하지만 전혀 그 고질 역할을 할 수가 없다. 그리고 구오효는 뜻함과 아량이 빛나고 환하여 넓은 마음으로 그를 포용하며 임용한다. 이에 육삼효로서는 제 능력으로는 어쩔 수가 없어 생각을 돌이키고 윗사람에게 응한다. 이렇게 구오효에게 기대어야 형통할 수가 있다.

「象」曰: 上天下澤, '履', 君子以辯上下, 定民志.

「대상전」: 위는 하늘 · 아래는 연못이 이괘다. 군자는 이를 본받아 위 · 아래를 변별하고 백성들의 뜻함을 정해준다.

'辯'與辨通. 『大象』之義, 與『彖』全別. 舊說據此以釋初·上二爻, 非是. '履'本凶危之卦, 於德無取, 而陰陽既有此數, 物理人情即有此道, 善學『易』者, 舍其本義而旁觀取象, 以議德行, 若'履', 若'剝', 若'明夷'之類是已. 風, 火皆地類, 唯澤最處卑下, 與天殊絕, 各履其位而不相亂. 君子之於民, 達志通欲, 不如是之間隔, 唯正名定分, 禮法森立, 使民知澤之必不可至於天, 上剛嚴而下柔說, 無有異志, 斯久安長治之道也. 三代之衰, 上日降而下日升, 諸侯·大夫·陪臣, 處士遞相陵夷, 匹夫起覬覦之思, 唯志不定而失其所履, 雖欲辯之而不能矣.

'辯(변)' 자는 '辨(변)' 자와 통한다. 이 이괘(履卦)의 경우, 『대상전』의 의미가 『단전』과는 전혀 다르다. 이전의 설들에서는 이것에 의거하여 초구효와 상구효의 의미를 풀이하였는데, 이는 맞지 않다. 이괘(履卦)는 본래 흉함과 위태로움의 괘여서, 덕으로는 취할 것이 없다. 그런데 음・양의 순환에 이러한 수(数)가 이미 있을 뿐만 아니라, 물(物)들의 이치와 사람의 일반적인 상황에도 이러한 원리가 있기 때문에 나오는 괘다. 그래서 『주역』의 의미를 잘 이해하는 사람은 이 괘의 경우에는 그 본래 의미를 제쳐 두고 널리 곁가지의 다른 의미들을 보고 상을 취하여서 덕행에 대해 의론한다. 이괘(履卦), 박괘(剝卦), 명이괘(明夷卦)와 같은 부류가 바로 이러하다.

바람과 불은 모두 땅에 속하는 부류다. 그런데 오직 연못만이 가장 낮게 처하여 하늘과 특히 격절해 있기 때문에, 연못과 하늘은 각기 자신들의 위(位)를 차지하고서 서로 어지럽히지 않는다. 그러나 군자가 백성들에게서 뜻을 달성하고 원하는 것을 통하게 하기 위해서는 이와 같은 간격이 있어서는 안 된다. 오로지 명분을 올바르게 하고 분수를 정하여서 예법이 나무숲처럼 빽빽이 들어차 있게 해야 할 뿐이다. 그래서 백성들로 하여금 연못은 절대로 하늘에 이를 수 없다는 것을 알게 하여, 윗사람은 굳세면서 준엄하고 아랫사람은 부드럽고 기뻐함으로써, 서로가 뜻함에서 어긋남이 없어야 한다. 이것이 국가 공동체가 오래도록 안정된 채 살맛나는 세상을 유지할 수 있게 해주는 원리다. 하・상(은)・주 삼대(三代)의 쇠망은 이렇게 하지 않았던 데서 기인한다. 즉 윗사람은 날로 아래로 내려가고 아랫사람은 날로 올라감으로써 제후・대부・배신(陪臣)・처사(處士) 등이 서로 높낮이가 뒤바뀌니, 이제 신분이 보잘 것이 없던 필부들조차 자기 분수에 넘는 생각을 갖게 되었던 것이다. 이처럼 오직 뜻함이 정해지지 않아서 어떻게 살아가야 할지를 잃어버린 데서는 비록 변별하고자 한다 하더라도 이것이 불가능하다.

初九, 素履往, 无咎.

초구: 현재의 지위 그대로 실천하여 가며, 허물이 없다.

'素'如『中庸』'素其位'之素, 如其所當然之謂. 初・二非履虎尾者, 而與'兌'爲體, 志柔思進, 則亦有'履'道焉. 初處卑下, 而與'乾'合德, 雖志欲往, 而不躁不媚, 率其素道, 故可免咎.

이 효사에서의 '素(소)'는 『중용』의 '현재의 지위 그대로'라고 하는 데서의 '素(소)'다.[198] 당연한 바대로 한다는 것과 같은 말이다. 초구효와 구이효는 호랑이 꼬리를 밟은 이들은 아니지만, 이 괘의 정괘(貞卦)인 태괘☱의 몸을 이루고 있다. 그래서 부드러움을 지향하고 나아가기를 생각한다. 이렇게 함에도 이 이괘(履卦)의 원리와 방법이 있다. 초구효는 가장 낮은 곳에 처해 있지만 이 괘의 회괘인 건괘☰와 덕이 합치한다. 그래서

198) 참고로 『중용』의 이곳에서는 "군자는 현재의 지위 그대로 행하지 그 밖에 있는 것을 원하지 않는다. 현재 부귀하면 부귀한대로 행하고, 현재 빈천하면 빈천한대로 행하고, 현재 이적(夷狄)의 땅에서 살고 있으면 이적들이 살아가는 그대로 행하고, 현재 환난에 있으면 환난 그대로 행한다. 그래서 군자는 어디를 가더라도 거기에서 자득하지 않음이 없다. 또 윗자리에 있으면서 아랫사람을 업신여기지 않고, 아랫자리에 있으면서 윗사람을 끌어당기지 않으며, 자기 자신을 올바르게 하지 남의 탓으로 돌리지 않는다. 그래서 원망함이 없다. 위로 하늘을 원망하지 않고, 아래로 다른 사람을 탓하지 않는다.(君子素其位而行, 不願乎其外. 素富貴行乎富貴, 素貧賤行乎貧賤, 素夷狄行乎夷狄, 素患難行乎患難. 君子無入而不自得焉. 在上位不陵下, 在下位不援上, 正己而不求於人, 則無怨. 上不怨天, 下不尤人.)"라 하고 있다.

비록 가고자 하기는 하지만 조급해 하지도 않고 아양을 부리지도 않은 채, 그 평소에 하던 그대로의 원리와 방법을 따르고 있다. 그러므로 허물을 면할 수 있다.

「象」曰: 素履之往, 獨行願也.

「상전」: 현재의 지위대로 실천하며 간다는 것은 홀로 묵묵히 원하는 것을 행한다는 의미다.

自行其往之願而已, 非與三爲黨而干進也.

그 가기를 원하던 것을 스스로 행할 뿐, 육삼효와 당파를 이루어 나아감을 구하지 않는다.

九二, 履道坦坦, 幽人貞吉.

구이: 가는 길이 탄탄대로인데, 자신을 드러내지 않고 묵묵히 있는 사람이 올곧아서 길하다.

'道'謂所履之路. 九二剛而得中, 與'乾'合德, 進而從陽以行, 坦坦乎無所疑阻, 乃爲六三所蔽而不能自明. 蓋君子不幸當小人干上之世而處其下, 無能自達之象, 故曰'幽人'. 唯其正志以居, 修身守道, 與天下之凶危相忘, 物自不能加害, 不求吉, 而守正者自無不吉矣.

이 구이효사의 '道(도)'는 밟고 가는 길을 말한다. 구이효는 굳셈으로서 득중하여 이 괘의 회괘인 건괘☰와 합치하는 덕을 지니고 있으니 나아가서 양을 좇아간다. 그래서 의심받거나 막히는 바 없이 탄탄대로다. 그러나 육삼효에 의해 차폐되어 있고 스스로는 드러낼 수가 없다. 이는 군자가 불행히도 소인이 위에서 실권을 행사하는 세상을 만나 스스로는 뜻을 펼 수 없는 상이다. 그러므로 '자신을 드러내지 않고 묵묵히 있는 사람'이라 했다. 그러나 오직 뜻함을 올바르게 한 채 살아가고 있고, 수신하면서 자신의 도를 지키고 있으며, 세상의 흉함이나 위태로움은 다 잊고 있다. 그래서 물(物)들은 저절로 그에게 해를 입힐 수 없다. 그리고 길함을 추구하지 않으며 올바름을 지키고 있는 사람이니 저절로 길하지 않음이 없다.

「象」曰: '幽人貞吉', 中不自亂也.

「상전」: '자신을 드러내지 않고 묵묵히 있는 사람이 올곧아서 길하다'는 것은 중심이 되는 자리를 차지하고 있으면서 스스로를 어지럽히지 않기 때문이다.

剛而能中, 於道無失, 可以坦坦於履, 而不爲三所亂矣. 夫外物之蔽, 豈能亂幽人哉? 人自亂耳. 以曹操之猜雄, 而徐庶可行其志, 貞勝故也.

굳세면서 중심이 되는 역할을 할 수 있고 자신의 도(道)를 잃어버리지도 않고 있으니 탄탄대로를 걸어갈 수 있지만 육삼효에 의해 어지럽힘을 당하고 있다. 그러나 이렇게 외물이 가린다고 해서 자신을 드러내지 않고 묵묵히 있는 사람을 어찌 어지럽힐 수 있으리오! 사람들 스스로

어지럽힐 따름이다. 조조[199]처럼 의심 많고 시기심 많은 간웅(奸雄)의

199) 조조(155~220)는 자(字)가 맹덕(孟德)이다. 『삼국지』를 통해 우리들에게 잘 알려진 인물이다. 패국(沛國)의 초(譙; 지금의 安徽省 亳州) 출신이다. 탁월한 군사가・정치가였으며 뛰어난 시인이기도 했다. 삼국시대 위(魏)나라 개국의 기초를 닦은 인물로서 나중에 위나라의 왕이 되었다. 그가 죽고 그의 아들 조비(曹丕)가 스스로를 황제라 칭한 뒤에 그를 위무제(魏武帝)로 추존하였다. 그는 소년 시절부터 벌써 사람들을 놀라게 할 만큼 기지가 영민하고 권모술수에 능하였다. 의협심이 넘치면서도 방탕한 생활을 하며 정상적인 생활을 하지 않았다. 이는 오늘날의 관점에서 보면 너무나도 문제가 많은 청소년이라 할 것이다. 대부분의 사람들은 이러한 그를 좋지 않게 보았다. 그런데 오직 태위(太尉) 교현(橋玄)만은 "앞으로 세상이 혼란해질 때 한 나라를 경영할 만큼 걸출한 능력을 가진 이가 아니면 그 상황을 구제할 수 없을 것이다. 이때 천하를 안정시킬 수 있는 인물은 바로 그대로다!(天下將亂, 非命世之才, 不能濟也. 能安之者, 其在君乎!)"라고 평가하였다. 또 남양의 하옹(何顒)은 그를 매우 드문 인재라 여겨 "한(漢)나라는 곧 망할 터인데 그때 가서 세상을 안정시킬 수 있는 인물은 바로 이 사람이다.(漢家將亡, 安天下者, 必此人也.)"라고 감탄하였다고 한다. 또 당시 뛰어난 인물평으로 이름을 날리던 허소(許劭)는 면전에서 자신을 겁박하는 조조에 대해 "당신은 치세에는 능력 있는 신하가 될 것이지만, 난세에는 간교한 영웅이 될 것이다.(子治世之能臣, 亂世之姦雄.)"라고 평하였다고 한다.(이상은 司馬光, 『資治通鑑』 권58, 「漢紀50・孝靈皇帝中」을 참조함) 진수(陳壽)가 쓴 정사 『삼국지』는 물론 나관중의 『삼국지연의』 및 손성(孫盛)의 『이동잡어(異同雜語)』 등에 모두 동일하게 기록되어 있는 이 부분이 『후한서』, 「허소전」 편에서는 "그대는 맑고 평화로운 시대에서는 간적(奸賊)이 될 테지만 난세에서는 영웅이 될 것이다.(君清平之奸賊, 亂世之英雄.)"라고 하여 다소 뉘앙스가 다르게 기록되어 있다.(『後漢書』, 「許劭傳」) 그러나 『삼국지연의』를 통해 우리들에게 각인된 조조의 인물 됨됨이는 간교한 인물, 의리를 중시하지 않는 인물, 무자비할 정도로 잔인한 인물, 폭군의 이미지 그대로다.

그러나 객관적인 자료를 통해서 본 조조는 이와 다르다. 그는 일생 동안

밑에 있으면서도 서서(徐庶)[200]가 자신의 뜻함을 실행에 옮길 수 있었던

점철된 정벌 전쟁을 통해 동한 말부터 지속되던 군웅할거(群雄割據)의 국면을 마감하고 중국 북쪽의 대부분 지역을 통일하였다. 통일 뒤에 그는 정치적으로 맑고 깨끗한 정치를 하는 한편, 엄격하게 법을 집행하고 문벌 세족과 토호 세력을 진압함으로써 백성들로 하여금 계급적 압박을 덜 느끼게 해 주었다. 또 중국의 북방 지역에 광범위한 둔전(屯田)을 설치하고 수리 시설을 대대적으로 정비하는 등 경제적으로도 실효성이 있는 여러 가지 정책을 시행함으로써 점점 농업 생산력을 회복하게 하였다. 아울러 그는 인재를 등용하는 데서도 철저하게 능력 위주로 하였다. 이것이 그의 통일과 개창이라는 업적에서 결정적인 역할을 하였다. 이러한 점들에 대해서는 오늘날 상당히 긍정적인 평가를 받고 있다.

그는 또 병법에도 정통하여 『손자략해(孫子略解)』, 『병서접요(兵書接要)』, 『맹덕신서(孟德新書)』 등의 저술을 남겼다. 또 음률에도 밝았으며 빼어난 문학 작품을 남기도 하였다. 그는 이러한 작품들을 통해 자신의 정치적 포부를 드러내는가 하면 당시 백성들의 고난에 찬 삶을 묘사하며 비분강개(悲憤慷慨)하기도 하였다. 그래서 그의 시가에서는 기백이 웅혼(雄渾)하고 비장미가 넘친다는 평가를 받는다. 시집으로는 『호리행(蒿裏行)』, 『관창해(觀滄海)』 등이 있다. 산문에도 뛰어나서 『위무제집(魏武帝集)』이라는 작품을 남겼다. 특히 문학 방면에서 그와 그의 두 아들(曹丕・曹植)을 연칭하여 '삼조(三曹)'라 부르는데 이들은 건안(建安) 문학을 대표한다. 역사에서는 이를 '건안골풍(建安風骨)'이라 칭한다.

200) 서서(徐庶)는 영천(潁川; 지금의 河南省 許昌) 출신이다. 중국의 동한 말에서 삼국시기에 걸쳐 활약한 인물이다. 그는 소년 시절부터 의협심이 있었으며 무술 연마에 즐거움을 붙이고 정진하였다. 동한 말의 초평(初平) 연간(190~193)에 석위(石韜)와 함께 형주(荊州)로 가서 거주하는 동안, 제갈량(諸葛亮), 방통(龐統) 등과 돈독한 교우 관계를 맺었다. 유비(劉備)가 신야(新野)에 있을 적에 서서는 유비에게 제갈량을 추천하여 그로 하여금 삼고초려(三顧草廬)를 하게 하기도 하였다. 나중에 조조가 형주를 치려 오자 서서는 유비와 함께 남하하였는데, 그의 어머니가 조조군의 포로가 되는 바람에 어쩔 수 없이

것은 바로 올곧음이 훌륭하였기 때문이다.

六三, 眇能視, 跛能履. 履虎尾, 咥人凶. 武人爲于大君.

육삼: 애꾸눈으로 볼 수가 있고 절름발이로 걸을 수 있음이다. 그래서 호랑이 꼬리를 밟으니 사람을 물어버려 흉하다. 무인이 대군에게 제멋대로 행함이다.

'能', 自謂能也, 以一爻之動言之. 柔失位而居進爻, 又躁妄以上干乎陽, '乾'道方盛, 非所能犯, 還以自傷, 故'咥人'而'凶'. 陰之情柔而性慘,

---

조조에게 투항하였다.
조조에게 투항한 뒤에도 서서는 마음속이 여전히 옛 주인인 유비와 벗 제갈량에 대한 그리움으로 가득 차 있었다. 그래서 유비·제갈량과 적이 되는 것을 원하지 않은 나머지, 비록 그에게 뛰어난 지략과 훌륭한 재주가 있었지만 조조를 위해 단 한 번도 계책을 내지 않았다. 소설 『삼국지연의』에서는 이것이 조조의 막하 장수의 위계에 의해 자신의 어머니가 자살한 것에 대한 원한이 사무친 때문으로 묘사하고 있다. 어쨌든 서서는 조조의 진영에 있는 수십 년 동안 정치·군사적으로 어떠한 역할도 하지 않고 거의 은둔하다시피 지냄으로써 사람들로부터 잊히고 있었다. 그래서 "서서는 조조의 진영으로 나아갔지만 단 한 마디도 하지 않았다.(徐庶進曹營, 一言不發.)"는 말이 돌 정도였다. 왕부지가 여기서 지적하고 있는 것은 바로 이 점이다.
뒤에 서서는 조조의 아들인 조비(魏文帝)가 등극한 뒤 황초(黃初) 연간(220~226)에 우중랑장(右中郎將), 어사중승(禦史中丞) 등을 지냈다. 한편 위 명제(明帝) 태화(太和) 3년(229년)에 기산(祁山)을 빼앗기 위해 3번이나 출병하였던 제갈량은, 서서가 조조에게 투항한 뒤의 지내온 내력을 듣고는 그것이 자기와의 우정 때문이었음을 알고 탄식을 금치 못했다고 한다.

故爲'武人'. '爲'謂圖謀而逞其妄作, 若蘇峻·祖約·苗傅·劉正彦是已. 既言凶, 而又言'武人爲于大君'者, 見三雖終自敗亡, 而志懷叵測, 無忌憚而鼓亂, 固君子所宜早戒也. 不爲小人謀, 故終戒君子.

이 육삼효사의 '能(능)'은 스스로 "능력이 있다"고 함이다. 이는 특정 효의 움직임이라는 특수함으로써 말한 것이다. 이 육삼효는 부드러움[柔]으로서 제자리를 잃고 나아감의 효를 차지하고 있다. 또 조급하고 망령되이 위로 양(陽)을 범하려 하고 있다. 그러나 건(乾)☰의 도가 지금 왕성한 상황이니, 그로서는 범할 수가 없으며, 오히려 나대다가 스스로 상처를 입고 만다. 그래서 '사람을 물어버려'서 '흉하다'고 한 것이다. 음의 본성이 발현한 정(情)은 부드럽지만 그 됨됨이로서의 성(性)은 무자비하다. 그러므로 '무인'이 된다. 여기서 '爲(위)'는 어떤 일을 이루기 위하여 도모하면서 제멋대로 망령된 짓거리를 한다는 말이다. 소준(蘇峻)[201]과

---

201) 소준(?~328)은 동진(東晋) 시기의 인물로서 장광군(長廣郡) 액현(掖縣; 지금은 山東省에 속함) 출신이다. 반란을 평정하는 데 공을 세워 실권을 잡았다가 스스로 반란을 일으켜 몰락한 인물이다. 청소년기에 소준은 서생이었다. 그리고 18세 때 효렴(孝廉)으로 천거되었다. 영가의 난(311) 때 고향에서 수천 가구를 결집하여 막강한 성루(城壘)를 쌓아 고향을 보호하고 사람들의 마음을 사로잡음으로써 두각을 나타내기 시작하였다. 건업(建鄴)에 있던 사마예(司馬睿; 276~322. 나중에 동진의 초대 황제가 됨. 재위 기간 318~322)가 이 소식을 듣고 그를 안집장군(安集將軍)에 임명하였다. 이후 소준은 주견(周堅)의 반란과 왕돈(王敦)의 난을 진압하는 데서 혁혁한 공을 세움으로써 그 위세와 명성이 점점 높아져 갔다. 그의 수하에는 1만 명이 넘는 정예부대와 막강한 무기가 있어서 그는 강력한 군사적 역량을 소유하고 있었다. 그리고 함화(咸和) 원년(326년)에는 남침한 후조(後趙)의 군대를 자신의 부대를 파견하여 무찔렀다. 이러한 공훈과 자신의 군사력으로 말미암아 소준은 더욱 오만해져 갔다.

조약(祖約)[202], 묘부(苗傅)와 유정언(劉正彥)[203] 등이 이와 같을 따름이

그리고는 자신이 왕이 되겠다는 마음을 품게 되었다. 이렇게 그가 다른 마음을 품은 것에 대해 유량(庾亮)으로부터 견제를 받게 되자 소준은 두려움을 느낀 나머지 조약(祖約)과 연합하여 거병하였다. 속속 전승을 거두며 그는 궁성(宮城)을 함락하고는 거리낌 없이 후궁과 관고(官庫)를 약탈하였다. 소준은 또한 조정을 장악하여 동진의 성제(成帝)를 허수아비로 만든 뒤, 스스로를 표기장군(驃騎將軍)·녹상서사(錄尙書事)에 임명하고 자신의 무리들을 관직에 앉히게 하였다. 그리고는 못하는 짓이 없는 패악무도한 짓을 하였다. 왕부지가 여기서 지적하는 것은 소준의 바로 이러한 잔학무도함이다. 소준은 나중에 온교(溫嶠)와 도간(陶侃)을 맹주로 한 토벌군에 의해 진압되었다.

202) 조약(? ~330) 역시 동진 시기의 인물로서 범양(范陽)의 주현(遒縣; 지금의 하북성 淶水) 출신이다. 그의 형은 동진의 명장 진서장군(鎭西將軍) 조적(祖逖)이다. 조약도 동진의 관리와 장령(將領)을 지냈다. 그의 형이 죽은 뒤에 그 부대와 예주자사(豫州刺史) 직위를 물려받았으나 전혀 됨됨이가 안 되어서 후조(後趙)의 임금인 석륵(石勒)의 공격을 받아 속수무책으로 무너지고 말았다. 형이 실지를 회복하였던 것을 다시 그들에게 내준 것이다. 뒤에 조약은 왕돈의 난을 평정하는 데 참여하여 약간의 공을 세움으로써 5등후(五等侯)에 봉해졌고, 진서장군(鎭西將軍)으로 승진하여 수춘(壽春)에 주둔하면서 후조의 침공으로부터 북방을 방어하는 역할을 맡았다. 그런데 유량(庾亮)이 끌어가던 조정에 여러 가지로 불만이 있던 조약은 소준(蘇峻)이 유량을 토벌할 명분으로 군대를 일으킬 적에 기쁜 마음으로 연합하여 함께 난을 일으켰다. 그리하여 소준이 조정을 장악하여 무도한 권력을 휘두를 적에 그에 편승하여 잠시나마 영광을 누렸으나 영천(潁川) 출신의 진광(陳光)의 침공에 이어 석총(石聰)의 침입을 받아 궤멸적 패배를 당하였다. 역양(歷陽)이라는 곳으로 도망가 겨우 연명하던 조약은 온교(溫嶠)와 도간(陶侃)을 맹주로 한 동진의 토벌군의 공격을 받고 석륵(石勒)의 후조 군에 투항하였다가 그에 의하여 피살당하였다.

203) 묘부(?~1129)는 남송의 고급 장교였다. 상당(上黨; 지금의 山西省 長治市) 출신이다. 1127년, 융우태후(隆祐太后)가 금나라에 쫓겨 남쪽으로 내려갈

다. 그런데 이미 흉하다고 말하고서 또 '무인이 대군에게 제멋대로 행함이 다'라고 한 것은, 육삼효가 비록 끝내는 스스로 패망하게 되지만 그 속에 품은 뜻함을 헤아리기 어렵고 거리낌 없이 행동하면서 화란을 선동하는 것이 군자에게는 마땅히 일찌감치 경계해야 할 일이기 때문이

적에 통제관으로서 임안(臨安; 지금의 浙江省 杭州市)에 주둔하고 있었다. 그런데 당시 송의 고종이 총애하는 환관 강리(康履) 등이 황제의 총애를 믿고 세도를 부리고 있었다. 그리고 권신 왕윤(王淵) 등은 이들과 결탁하여 승승장구하면서 온갖 비리를 저질렀다. 이에 가문 대대로 공로가 있다고 자부하고 있던 묘부(苗傅)는 왕연이 이렇게 하여 쾌속 승진하는 것에 불만이었고, 위주자사(威州刺史) 유정언(劉正彥)은 왕연이 툭하면 제 맘대로 자신의 군대를 징발해가는 것과 출신 지역이 다름에서 오는 불만이 팽배해 있었다. 묘부와 유정언은 함께 모의하여 1129년 3월 반란을 일으켰다. 퇴근하는 왕연을 매복해 있다가 살해하고 환관들을 대대적으로 살해하였다. 이들은 고종에게 충신과 간신을 구별하지 못하고 간신들만을 기용한다고 성토하면서 퇴위하라고 핍박하였다. 그리고는 어린 황태자 조부(趙旉)를 황제로 내세우고 융우태후에게 수렴청정하도록 하였다. 고종은 예성궁(睿聖宮)으로 쫓겨났다. 왕부지가 여기서 지적하는 것은 바로 이러한 점이다.
그러나 이들은 모략이 부족했고, 학문이 짧았다. 제대로 기강을 잡지 못한 채 갈팡질팡하며 재상 주승비(朱勝非) 등에게 농락당하였다. 그리고는 장준(張浚)·한세충(韓世忠)·유광세(劉光世)·여이호(呂頤浩) 등이 토벌군을 조직하여 밖에서 밀고 들어오자 당황하게 되었다. 다급해진 이들은 고종을 복위시키고, 고종으로부터 각기 회서제치사(淮西制置使)·회서제치부사(淮西制置副使) 등으로 임명받고는 자신들의 안위를 보장해줄 철권(鐵券)을 요구하였다. 고종은 이들의 문자해독 능력이 모자라는 것을 이용하여 "대역 이외에는 모든 것을 논하지 않겠다.(除大逆外, 餘皆不論)"는 철권을 써주었다. 이것으로 인해 안위를 보장받았다고 여긴 이들은 정예군 2천 명 정도를 이끌고 임안성을 빠져 나갔다. 그리고는 멀지 않아 차례로 토벌군에 잡혀 죽임을 당하고 기시(棄市) 당했다.

다. 『주역』은 결코 소인의 도모함을 위한 것이 아니다. 그러므로 이렇게 마침내 군자에게 경계하는 것이다.

「象」曰: '眇能視', 不足以有明也. '跛能履', 不足以與行也. '咥人之凶', 位不當也, '武人爲于大君', 志剛也.

「상전」: '애꾸눈으로 볼 수가 있음'이라도 분명하게 파악하기에는 부족하다. '절름발이로 걸을 수 있음'이라도 함께 가기에는 부족하다. '사람을 물어버려 흉하다'는 위(位)가 부당하기 때문이다. '무인이 대군에게 제멋대로 행함이다'는 뜻함이 강퍅하기 때문이다.

'不足以明·行'者, 自恃其能, 不可教誨也. '位不當', 明唯此一爻動則凶, 非全卦之德. '志剛'者, 志欲干陽, 貌雖容說, 而心懷陵犯, 當早辨之, 勿以其小明可取而與之行也.

'분명하게 파악하기에는 부족하다·함께 가기에는 부족하다'는 것은 그들이 약간의 장애가 있음에도 불구하고 스스로 자신의 능력을 과신하여 가르치거나 충고를 할 수 없다는 의미다. '위(位)가 부당하기 때문이다'라고 하지만, 이는 오직 이 육삼효만이 그 움직임에서 흉하다는 것을 밝인 것이지 결코 이 이괘(履卦) 전체의 덕이 그러하다는 것이 아니다. '뜻함이 강퍅하다'는 것은, 양을 범하려는 데 뜻을 두었기 때문에 겉모습은 비록 말하는 것을 수용하고 있는 듯하지만 마음속으로는 범하려는 생각을 품고 있다는 의미다. 그러니 마땅히 일찌감치 이를 파악하여야 하며, 조금 현명함을 취할 수 있다고 하여 이 이와 더불어 행동해서는 안 된다.

九四, 履虎尾愬愬, 終吉.

구사: 호랑이 꼬리가 밟힘이요 두려움에 떨며 신중에 신중을 기함이니, 끝내는 길하다.

四體'乾'剛而居後, '虎尾'也. 與三相次, 三欲進干乎五, 則迫躡乎己, 有妄人不揣而見淩之象, '愬愬', 愼也. 四雖虎, 而以剛居柔, 反仁反禮, 愼靜而不與較, 故終不相咥而吉.

구사효는 굳셈의 덕을 지닌 건괘☰의 몸을 이루고 있으면서도 맨 뒤에 자리 잡고 있으니 '호랑이 꼬리'에 해당한다. 그런데 구사효는 육삼효와 서로 이웃하며 차례를 이루고 있다. 그래서 육삼효가 나아가서 구오효를 범하려다 보면 근접한 자기를 밟아버리게 되니, 망령된 사람이 앞뒤 가리지 않고 덤비는 데서 범함을 당하는 상이 있기는 하다. 효사의 '愬愬(색색)'은 신중함을 의미한다. 구사효가 비록 호랑이이기는 하지만, 굳셈으로서 부드러움의 자리를 차지하고 있으면서 인(仁)과 예(禮)로 돌이켜 행동하고, 신중하고 고요하여서 더불어 각축하려 들지 않는다. 그러므로 끝내는 서로 물지 않아서 길하다.

「象」曰: '愬愬終吉', 志行也.

「상전」: '두려움에 떨며 신중에 신중을 기함이니, 끝내는 길하다'는 것은 뜻함이 행해짐이다.

不與之較, 自行其志, 而孰能犯之!

더불어 각축하려 들지 않고 스스로 그 뜻함을 행하니, 그 누가 범할 수 있으리오!

九五, 夬履, 貞厲.

구오: 밟고 지나감을 과감하게 결단함이니 올곧으며 위엄이 있다.

'履', 柔履剛; '夬', 剛決柔也. '兌'乘權則爲'履', '乾'乘權則爲'夬'. '乾'陽居位, 得中以臨'兌', 以'夬'道應'履'者也. '厲'之爲訓, 有以危而言者, '厲无咎'之類是也; 有以威嚴爲言者, '婦貞厲'之類是也. 此言'貞厲', 謂其秉正而有威也. 九五'剛中正'以'履帝位', 健而能斷, 難說而不可犯, 六三雖欲履之而進, 憚其威而自詘, 所爲'光明而不疚'也.

'履(리)'는 부드러움이 굳셈을 밟고 지나가는 것이요, '夬(쾌)'는 굳셈이 부드러움을 과감하게 결단함이다. 이괘(履卦)의 정괘(貞卦)인 태괘☱가 권세를 타면 '履(리)'䷉가 되고 회괘(悔卦)인 건괘☰가 권세를 타면 '夬(쾌)'䷪가 된다. 지금 이 구오효는 건괘의 양효가 제자리를 잡고서 득중하여 아래로 태괘☱에 임하고 있으니, '과감하게 결단함'의 도(道)로써 '밟고 지나감'에 응함이다.
'厲(려)'의 뜻을 풀이한 것에는 두 가지가 있다. 먼저 '위태로움'으로써 풀이한 것이 있으니, '위태롭지만 허물이 없다'는 부류[204]가 바로 이것이다. 또 하나는 '위엄'으로써 풀이한 것이 있으니, '부인이 올곧아서 위엄이 있다'는 부류[205]가 바로 이것이다. 여기서 '올곧으며 위엄이 있다'고 말한 것은 올바름을 지키면서 위엄이 있다는 의미다. 이 구오효는 '굳셈이 중정함'으로서 '제왕의 지위를 차지하고 있음'이다. 그래서 씩씩하고 결단할 능력이 있어서 쉽게 말하기도 어렵고 범할 수도 없다. 육삼효가 비록 밟고 지나가고자 하지만 그 위엄을 꺼리며 저절로 굽히니, 이른바 '밝고 환하며 고질이 되지 않는다'[206]고 함이 된다.

「象」曰: '夬履貞厲', 位正當也.

「상전」: '밟고 지나감을 과감하게 결단함이니 올곧으며 위엄이 있다'는 위(位)가 정당하기 때문이다.

陽剛得中正之位, 秉正而以威嚴治志剛者之妄, 不待啞而自亨矣.

양의 굳셈이 중정의 위(位)를 차지한 채 올바름을 지키면서, 뜻함이 강팍한 이의 망령됨을 위엄으로써 다스리니, 굳이 물어버리지 않더라도 저절로 형통하다.

---

204) 건괘(乾卦)☰ 구삼효사, 서합괘(噬嗑卦)☲ 육오효사, 복괘(復卦)☷ 육삼효사, 규괘(睽卦)☲ 구사효사 등에 나온다.

205) 소축괘☰의 상구효사에 나온다.

206) 이 괘 「단전」에 나오는 말을 앞뒤를 바꾸어서 한 말이다.

上九, 視履考祥, 其旋元吉.

상구: 밟고 지나가려 함을 보고서 자신에게 돌이켜 고찰하여 상서롭게 하니, 그 돌이킴이 원래 길하다.

'視履', 視三之履也. '旋', 反也. 上九居高臨下, 與三相應, 三方欲履上而干之, 而平情順受, 俯視而見其情, 不急加譴, 但反求諸己, 審所以消弭之道而化災爲祥, 則三亦消阻旋退, 以說應而不敢生憑陵之心, 善以長人, 吉莫大焉.

'밟고 지나가려 함을 보다'는 육삼효가 밟고 지나가려 함을 본다는 의미다. '旋(선)' 자는 돌이킴을 의미한다. 상구효가 높은 자리를 차지하고서 아래에 임하며 육삼효와 서로 응하니, 육삼효는 막 윗사람을 밟고 지나가 범하려 하다가 곧 마음의 발현인 정(情)을 평온하게 가라앉히고 순종하며 받아들인다. 상구효는 굽어보면서 육삼효의 그러한 정(情)을 발견하고는 급박하게 꾸짖지 아니하고 다만 상황이 이렇게 된 원인을 자신에게로 돌이켜 찾는다. 그래서 사라지게 하는 원리를 살펴서 재앙을 상서로움으로 바꾼다. 이에 육삼효도 자신이 골칫거리 역할을 하던 것을 없애고 물러남으로 돌아서서 상구효에게 말하기로써 응하며 감히 윗사람을 능멸하며 밟고 지나가려는 생각을 내지 않는다. 이렇게 선함으로써 사람을 키워내니 길함이 이보다 큰 것이 없다.

「象」曰: 元吉在上, 大有慶也.

「상전」: 원래 길함이 위에 있으니 크게 경사가 있다.

三本爲眚於剛, 而臨之有道, 則無事喹之, 而彼此俱亨, 兩受其福矣.

육삼효는 본래 굳셈에게 골칫거리였지만 상구효가 그에게 이치에 맞게 임하니, 물어버릴 일은 없어지고 피차간에 모두 형통하며 둘 다 그 복을 받는다.

●●●

泰卦乾下坤上

태괘☷

泰. 小往大來, 吉亨.

태괘: 작은 것이 가고 큰 것이 오니, 길하고 형통하다.

'泰', 大也; 安也. 施化甚大而相得以安也. 天上地下, 一定之理, 而此相易以成乎'泰', 言其氣也. 卦因乎數, 數自下積, 故上爲'往'; 既成乎象, 象自上垂, 故下爲'來'也. 居之安爲'吉'; 行之通爲'亨'. 二氣交通, 淸寧不失, 故吉; 由是而施化於萬物則亨. 其義「彖傳」備矣.

'泰(태)' 자는 '크다'는 의미요, 또 '평안하다'는 의미다. 그래서 이 글자는 교화를 베풂이 너무나 위대하여 서로 간에 평안함을 얻는다는 의미를 지니고 있다. 하늘이 위에 있고 땅이 밑에 있음은 일정한 이치이기는 하다. 그런데 이 괘에서는 지금 이를 서로 뒤바꾸어서 태괘䷊를 이루고 있는데, 이는 그 기(氣)가 그러함을 드러내고 있다. 괘는 시초를 헤아린 수(數)로 말미암아 이루어지고, 그 수는 아래에서부터 누적된다. 그러므로 위에 있는 것이 '감[往]'이 된다. 한편 이미 괘상을 이루어서는 상은 위에서 아래로 드리우고 있으니, 아래에 있는 것이 '옴[來]'이 된다. 거처하는 데서 평안함이 '길함'이요, 행하는 데서 통함이 '형통함'이다. 이 태괘에서는 음·양의 두 기가 교접하며 통하여 맑고 평안함을 잃어버리지 않고 있다.[207] 그래서 길하다. 이를 원리로 삼아 만물에게 교화를 베풀면 형통하다. 그 의미에 대해서는 「단전」에서 밝히고 있다.

「彖」曰: "泰小往大來吉亨." 則是天地交而萬物通也, 上下交而其志同也. 內陽而外陰, 內健而外順, 內君子而外小人, 君子道長, 小人道消也.

「단전」: "태괘는 작은 것이 가고 큰 것이 오니, 길하고 형통하다."는 것은 하늘과 땅이 교접하고 만물이 통함이며, 위와 아래가 사귀고 그 뜻함이 같음이다. 안으로는 양이지만 밖으로는 음이고, 안으로는 씩씩하지만 밖으로는 순종하며,

---

207) 이는 본래 『노자』에 출전이 있는 말이다. 『노자』에서는 '하나'를 얻음이 하늘의 맑음, 땅의 평안함, 신(神)의 신묘함, 골짜기의 채움, 만물의 생겨남, 후왕의 천하를 안정시킴의 근거라 하여 이렇게 말하고 있다.(『노자』 제39장: 昔之得一者, 天得一以清, 地得一以寧, 神得一以靈, 谷得一以盈, 萬物得一以生, 侯王得一以爲天下貞.)

군자를 마음속에 가까이 두고 소인을 밖으로 멀리 함이니, 이러함에서 군자의 도는 자라나고 소인의 도는 사라진다.

'往來'之義有二. 自其互相醻酢者言之, 則此往而彼來, 陰陽易位以相應, 爲天氣下施, 地氣上應, 君民志感之象, 亨之道也. 天以淸剛之氣, 爲生物之神, 而妙其變化, 下入地中, 以鼓動地之形質上蒸, 而品物流形, 無不暢遂; 若'否'則神氣不流行於形質, 而質且槁. 君以其心下體愚賤之情, 而奠其日用飮食之質, 民且上體君心, 而與同憂樂; 若'否'則各據其是以相非, 貌雖應而情相離. 合天化人情而言, 泰之所以施化盛大而亨者見矣.

여기에서 말하는 '감[往]·옴[來]'에는 두 가지 의미가 있다. 첫째는 서로 주고받는다는 관점에서 말한 것이다. 즉 이것이 가고 저것이 온다고 함이니, 음·양이 서로 위치를 바꾸면서 응함이다. 이러한 관점에서는 하늘의 기가 아래로 내려오면서 베풀고 땅의 기는 위로 올라가면서 응한다. 이는 임금과 백성들의 뜻함이 서로 느껴서 통하는 상(象)으로서, 바로 형통함의 도(道)다. 즉 하늘은 맑고 굳센 기로써 만물을 낳는 신묘함이 되어 신묘하게 변하고 만들어내며, 아래로 내려와 땅속으로 들어가서는 땅의 형과 질을 고무하고 움직여 대서 위로 증기처럼 올라가도록 한다. 그리하여 낱낱 물(物)들은 유행하며 형체를 이루게 되니, 창달하며 이루어내지 아니함이 없게 된다. 이에 비해 비괘(否卦)䷋의 경우는 하늘의 신묘한 기가 땅의 형과 질에서 행하며 퍼져 나아가지 않으니 그 질도 메말라버린다.

태괘䷊의 경우에는 임금이 아래로 내려와 어리석고 비천한 이들의 정서와 하나가 되어 그들이 먹고 마시는 일상생활의 바탕을 정해주고, 백성들도 위로 임금의 마음과 하나가 되어 그가 우려하는 것이나 즐거워하는 것에 함께한다. 이에 비해 비괘䷋의 경우에는 각기 자신이 옳다는 것에만 의거하여 상대를 비방하고, 겉모습으로는 비록 응하지만 속의 정서적으로는 서로 괴리되어 간다. 이렇듯 하늘의 조화함과 사람의 일반적인 정서를 합쳐서 보면, 어째서 태괘의 베풂과 교화함이 성대하고 형통한지를 알 수 있다.

自其所處之時位言之, 往者逝於外而且消, 來者歸於內而且長, 爲陰陽健順・君子小人各得其所之象, 吉之道也. 內陽外陰, 如春氣動於內, 雖有寒氣在上, 而生物之功必成; 若'否'外陽內陰, 則如秋日雖炎, 而肅殺暗行於物內. 內健外順, 志秉剛正, 有爲而和順於物; 若'否'則色厲內荏, 而戕物以從欲. 內君子而外小人, 君子坐而論道, 而小人器使; 若'否'則疏遠君子, 而以小人爲腹心. 內之則道行而賢者彙進, 善日以長; 外之則讒賊不行而枉者化直, 惡日以消. '否'皆反此. 合天道人事而言, '泰'之所以各安所得而吉者見矣.

'감[往]・옴[來]'의 둘째 의미는 처한 시(時)와 위(位)의 관점에서 말한 것이다. 여기에서는 가는 것은 밖으로 나가서 사라지고, 오는 것은 안으로 돌아와 자라난다는 의미를 갖는다. 그리하여 양의 씩씩함과 음의 순종함이 군자와 소인으로 각기 자기들에게 알맞은 상(象)을 얻으니, 이는 길한 원리다.

'안으로는 양이지만 밖으로는 음이다'는 것은, 예컨대 봄의 기(氣)가 속에서 움직이니 비록 차가운 기가 위에 있다 하더라도 만물을 낳는 공력이 반드시 이루어짐과 같다. 이에 비해 비괘(否卦)䷋의 경우는 겉은 양이지만 속은 음이다. 이는 마치 가을철의 태양이 비록 따갑게 내리쬐고 있다 하더라도 물(物)들의 속에서는 암암리에 숙살(肅殺)이 행해지고 있음과 같다.

'안으로는 씩씩하지만 밖으로는 순종한다'는 것은, 굳셈과 올바름을 지킴에 뜻을 두고 있으면서도 외부적으로는 무엇인가를 하며 다른 것들과 화목하고 순종한다는 의미다. 이에 비해 비괘䷋의 경우에는 밖으로 얼굴 표정은 짐짓 엄숙하게 지으면서도 속으로 자기 자신에 대해서는 부드러우니, 타자(他者)들을 죽이면서까지 제 욕구를 좇는다.

'군자는 마음속에 가까이 두고 소인은 밖으로 멀리 함'이라 한 것은, 군자와는 앉아서 도(道)를 논하고 소인은 기량에 맞게 기용한다는 의미다. 이에 비해 비괘䷋의 경우에는 군자를 멀리하고 소인을 복심(腹心)으로 여긴다. 그런데 태괘䷊의 경우에는 군자를 안으로 들이니, 도가 행해지고 현명한 이들이 모여듦으로써 선(善)은 날마다 자라난다. 또 소인을 밖으로 내치니, 비방하고 중상함과 선량함을 해침이 행해지지 않고, 굽은 것이 교화를 받아 곧게 펴짐으로써 악이 날마다 사라진다. 그러나 비괘䷋의 경우에는 모두 이와 반대로 된다. 이렇듯 천도(天道)와 인사(人事)를 합쳐서 말하면, 어째서 태괘䷊의 경우에 각기 얻은 대로 편안해하며 길함이 드러나는지를 알 수 있다.

乃合而言之, 唯陰陽邪正各得其所, 故上欲下交, 而無撓沮之者; 下欲上交, 而無抑遏之者. 安於吉而後可亨, 故「彖」先言吉而後言亨也.

이상 '감[往]·옴[來]'의 두 가지 의미를 합해서 말하면, 오직 음·양의 사악함과 올바름이 각기 제자리를 얻었기 때문에, 위에 있는 것이 아래에 있는 것과 사귀려 하여도 어지럽히거나 저지하는 것이 없고, 아래 있는 것이 위에 있는 것과 사귀려 하여도 억누르거나 틀어막는 것이 없다는 것이다. 그리고 길함에서 편안한 뒤에라야 형통할 수 있으니, 「단전」에서는 먼저 '길함'을 말하고 뒤에 '형통함'을 말하고 있다.

「彖傳」於此二卦, 暢言天地萬物消長通塞之機, 在往來之際, 所以示古今治亂道術邪正之大經, 而戒人主之親賢遠奸, 君子之持己以中・待物以和, 至爲深切. 學『易』者當於此而審得失存亡之幾, 不可或忽. 乃先儒謂『易』但爲筮利害而作, 非學者之先務, 何其與聖人之情相違也!

「단전」은 태괘☷와 비괘☰ 두 괘에서 천지 만물이 사라졌다 자라났다 하고 통했다 막혔다 하는 체제에 대해 명쾌하게 말해주고 있다. 즉 음・양의 기가 왔다 갔다 하는 즈음에 옛날이든 지금이든 어째서 나라가 안정이 되거나 혼란스러워지는지, 나라를 경영하는 방법이 어째서 비뚤어진 것이 되거나 올바른 것이 되는지의 크나큰 이치를 보여준다는 것이다. 이렇게 하여 사람 세상을 이끌어가는 임금에게 현명한 이들을 가까이하고 간사한 이들을 멀리하라고 경계하고 있으며, 군자에게는 중(中)으로써 자기 자신을 다잡고 화(和)로써 다른 이들을 대하라고 경계하고 있다는 것이다. 이 모두가 지극히 심오하고도 절실하다. 『주역』을 공부하는 이들은 바로 여기서 마땅히 득(得)과 실(失), 존(存)과 망(亡)으로 갈리게 하는 털끝만한 차이를 살펴야 하며, 이를 혹시라도 소홀해서는 안 된다. 그런데도 이전의 유학자들은 『주역』이 단지 이로운지 해로운지를 점치기 위해 만들어진 것이라 여기고는 공부하는 이들로서는 먼저 힘써야 할 것이 아니라 하였으니, 어찌 그다지도 성인들의 마음씀과는 거리가 멀단 말인가!

「象」曰: 天地交, '泰', 后以財成天地之道, 輔相天地之宜, 以左右民.

「대상전」: 하늘과 땅이 사귐이 태괘니, 제후들은 이를 본받아 천지의 도를 마름질하여 이루어내고 천지의 적합함을 보조함으로써 백성들을 돕는다.

'裁成'地者, 天也. '輔相'天者, 地也. 天道下濟, 以用地之實, 而成之以道. 地氣上升, 以效用於天, 而輔其所宜. '后'則兼言裁・輔者: 於天亦有所裁, 而酌其陰陽之和; 於地亦有所輔, 而善其柔剛之用; 教養斯民, 佐其德而佑之以利, 參而贊之, 函三於一, 所以立人極也. '泰', 君道也, 非在下者所得用, 故專言'后'. 非王者而用'泰', 德位不足以配天地, 而謂造化在我, 爲妄而已. 孔子作春秋, 行天子之事, 且曰'罪我者其唯春秋乎', 下此者何易言也!

땅을 '마름질하여 이루어내는' 것은 하늘이고, 하늘을 '보조하는' 것은 땅이다. 하늘의 도는 아래로 베풀며 만물을 길러내는 데서 땅의 실질을 사용하는데, 이를 자신의 원리로써 이루어낸다. 땅의 기(氣)는 위로 올라가서 하늘에서 쓰임새를 드러내는데, 그 적합한 바를 돕는다. 여기에서 '제후'는 마름질함과 보조함을 겸해서 말한 것이다.
여기에는 세 가지 의미가 들어 있다. 첫째, 하늘에도 마름질할 바가 있으니 그 음・양의 조화(調和)가 사람 세상에 좋은 쪽으로 영향을 미치도록 한다. 둘째, 땅에도 보조해야 할 바가 있으니 그 부드러움[柔]・

굳셈[剛]의 쓰임이 사람 세상에 좋은 쪽으로 작용하도록 한다. 셋째, 자신의 백성들을 교화하고 길러 내서 그 덕을 보좌하고 이로움으로써 돕는다. 이렇게 함으로써 사람 세상의 우두머리인 제후는 하늘과 땅의 하는 일에 함께 참여하며 그들의 덕을 돕고 기리니, 함께 하나 됨에 셋 중의 하나로 포함된다. 이것이 바로 인극(人極)이 서는 까닭이다. 태괘(泰卦)䷊는 임금의 도리를 담고 있어서 그 아래 있는 이들이 쓸 수 있는 것이 아니다. 그래서 오직 '제후(后)'라고만 말하고 있다. 왕이 아닌 자가 태괘의 덕을 쓴다면 덕(德)과 위(位)가 모두 하늘·땅에 짝하기에는 부족하다. 그런데도 "하늘·땅과 같이 짓고 만들어냄[造化]이 나에게 있다."라고 한다면, 이는 망령된 짓일 따름이다. 공자께서 『춘추』를 지으신 것은 천자의 일을 행하신 것이다. 그래서 공자께서도 "나를 죄줄 이는 오직 『춘추』인지고!"라 하셨거늘[208], 이에 못 미치는 인물들로

---

208) 공자의 이 말은 『맹자』, 「등문공(滕文公) 하」 편에 나온다. 공자는 세상과 그 작동원리인 도가 모두 쇠미해지는 것을 안타깝게 여기며 그 치유책으로 이 책을 썼다. 그가 살던 당시에도 사악한 말과 폭압적인 행위들이 횡행(橫行)한 나머지 신하가 그 임금을 시해하고 자식이 그 부모를 시해하는 일들이 발생하자, 그는 이것을 공동체의 심각한 위기로 간파하였다. 오륜(五倫)의 핵심축인 군신유의(君臣有義)와 부자유친(父子有親)이 무너지는 것이어서, 이렇게 되면 더 이상 사람공동체를 운용할 수 없기 때문이다. 그는 이러한 위기 상황을 더 이상 방치할 수가 없어서 그에 대한 근본적 처방을 담은 『춘추』를 저술한 것이다. 『춘추』는 노(魯)나라의 역사책이다. 시기는 은공(隱公) 원년(B.C.722)에서 애공(哀公) 14년(B.C.481)까지 242년간이다. 편년체로 된 이 책에서 기록하고 있는 말들을 극히 짧지만 낱낱의 구절들에 당시 제후들의 한 일에 대해 긍정적으로 높이 평가하는 '포(褒)'와 부정적으로 평가하는 '폄(貶)'의 뜻이 들어 있다. 이를 '춘추필법(春秋筆法)'이라 부른다. 공자는 이렇게 함으로써 제후들의 행위를 바로잡을 수 있으리라고 보았다. 실제로 『춘추』가

서야 어찌 쉽게 말할 수 있으리오!

初九, 拔茅茹, 以其彙, 征吉.

초구: 띠뿌리와 꼭두서니를 뽑는데 그 뿌리까지 뽑힘이다[209]. 정벌함에 길하다.

완성되자 난신적자(亂臣賊子)들이 두려움에 떨었다고 맹자는 평가하고 있다. (『맹자』, 「등문공 하」: 孔子成『春秋』, 而亂臣賊子懼.) 그런데 이처럼 제후를 평가하는 일은 천자의 소임에 해당한다. 그리고 공자는 천자가 아니었다. 그래서 공자는 자신이 『춘추』를 저술한 저술 의의를 『춘추』만이 알 것이고, 자신을 죄줄 수 있는 유일한 것도 『춘추』라고 하였던 것이다.(『맹자』, 「등문공 하」: 世衰道微, 邪說暴行有作, 臣弑其君者有之, 子弑其父者有之. 孔子懼, 作春秋. 『春秋』, 天子之事也, 是故孔子曰, "知我者其惟『春秋』乎! 罪我者其惟『春秋』乎!")

209) 아래 왕부지의 풀이를 따라 이렇게 번역하였지만 이 구절에 대해서는 역대 제가들의 풀이가 이와 다르다. 먼저 왕필의 『주역주(周易注)』에서는 "띠뿌리는 그 뿌리를 뽑으면 서로 끌어당기는 성질을 지니고 있다. '茹(여)'는 서로 함께 끌어당기는 모양이다. 세 양(이 태괘의 하괘를 이루고 있는 양효 셋을 가리킴)이 뜻함이 같고 그 뜻함이 모두 밖에 있는데, 초효가 이 무리의 우두머리로서 이미 머리를 들고 나오니 다른 것들은 띠뿌리가 함께 들리듯 따라 나옴이다.(茅之為物, 拔其根而相牽引者也. 茹, 相牽引之貌也. 三陽同志, 俱志在外, 初為類首, 已舉則從若茅茹也.)"라고 풀이함으로써, '茹(여)' 자를 '띠뿌리를 뽑으면 다른 것들도 연이어 함께 딸려 나옴'으로 풀이하고 있다. 그리고 '彙(휘)' 자를 '같은 부류(무리)'라고 풀이하고 있다. 공영달도 비슷하게 풀이하고 있다.(『周易正義』: 拔茅茹者, 初九欲往於上九, 二九・三皆欲上行, 已去則從而似拔茅舉其根相牽茹也. 以其彙者, 彙, 類也, 以類相從.) 이정조의 『주역집해』는 왕필의 풀이를 옮겨 싣고 있고, 호원(胡瑗)의 『주역구의(周易口義)』나 정이의 『역전(易傳)』, 주진의 『한상역전(漢上易傳)』, 장재(張載)의 『횡거역설(橫渠易說)』,

'茹', 茹藘也. '彙', 根科也. 茅與茹藘, 莖皆堅韌, 拔之不絶, 而根科相綴. '泰'三陽聚於下, 蟠固不解, 而初九居地位之下, 彙之象也. 陽方興而尙潛, 未有應四之情, 乃二・三兩陽方升, 拔之而與俱升, 不得終於退藏, 而必往交. 時宜往而又有汲引之者, 故吉.

'茹(여)'는 꼭두서니를 의미한다. '彙(휘)'는 뿌리로 뻗어 가며 무더기로 남을 의미한다. 띠뿌리와 꼭두서니는 줄기가 모두 튼튼하고 질겨서 완전히 뽑아버리지 못한다. 뿌리가 뻗어가면서 무더기를 이루고 서로 연이어 있기 때문이다. 이 태괘䷊는 세 양이 아래에 모여 있는데[210], 이들이 단단히 서리고 있어서 해체가 되지 않는다. 초구효는 땅의 위(位)에서도 아래에 자리 잡고 있으니[211] 뿌리의 상이다. 양의 기운이 막 일어난 것이어서 초구효는 더 잠복해 있고자 하며 아직 육사효에게 응하고자 하는 마음이 없지만, 구이・구삼효 두 양이 바야흐로 일어나면서 초구효를 끌어당겨 함께 상승한다. 그래서 초구효도 어쩔 수 없어 끝내 물러나 숨어있지만은 않고 필연적으로 나아가 교접한다. 시대적인 흐름이 가는 것이 마땅하고 또 끌어당기는 것이 있기 때문이다. 길하다.

주희의 『주역본의』 등은 모두 왕필과 공영달의 풀이를 기본으로 하여 풀이를 하고 있다. 이에 비추어보면, 왕부지의 이곳 풀이는 독특하다고 할 것이다.

210) 태괘의 하괘가 건괘☰이기 때문에 이렇게 풀이하는 것이다.

211) 한 괘의 여섯 효에서 초효・2효는 땅을, 3효・4효는 사람을, 5효・상효는 하늘을 상징하는데, 이들에서도 각기 상・하로 나뉜다는 해석 틀을 전제로 한 풀이다.

「象」曰: '拔茅' '征吉', 志在外也.

「상전」: '띠뿌리와 꼭두서니를 뽑음' · '정벌함에 길함'은 뜻함이 밖에 있기 때문이다.

'外'謂四也. 時在必交, 豈徒有拔之者不容不往, 固宜變其潛藏之志, 以出應其正應.

'밖'은 육사효를 말한다. 때가 반드시 교접하도록 하고 있으니, 어찌 단지 누군가 뽑아주는 이가 있어서 어쩔 수 없이 가리오! 진실로 그 숨어 있고자 하는 뜻함을 바꾸고 나가서 제대로 응함[正應][212]에 응함이 마땅한 것이다.

九二, 包荒, 用馮河, 不遐遺, 朋亡, 得尙于中行.

구이: 멀리 변방에 있는 사람까지를 포용함이니 배도 없이 맨몸으로 강을 건넘이다. 멀리 있는 이들을 버리지 않고 벗들끼리만의 어울림은 사라지니 중도를 행함에 대해 숭상을 받는다.

'荒'猶荒服之荒, 遠處於外而不受治之象, 謂六五也. 陰宜居下, 而反居五, 據位自遠於君子; 九二以中道包容而應之, 非勇於自任者不能, 故

212) 육사효와 초구효의 응함은 '제대로 응함[正應]'이다. 음과 양의 응함이기 때문이다.

爲'馮河'. 六五雖有遐心, 弗遺棄也. '朋'謂初・三二陽. 三陽方相與爲類, 以居內用事, 二不堅於立黨, 遠收六五之用, 乃不偏倚而尙於中道矣. 言'尙'者, 道大則合於君德, 二雖在下, 而實君也. 蓋內君子外小人者, 用舍之大經也. 而君子得朋相尙, 過於遠小人, 不能隨材器使, 則有怙黨交爭之害, 故雖外之, 而未嘗不授之以位・達之以情, 坦然大公, 人皆自得, 乃爲交泰之盛. 李膺・杜密不亡其朋, 使邪黨得乘之以相傾, 習尙相沿, 延及唐・宋, 近逮啓・禎之際, 黨禍烈而國隨以亡, 大『易』之垂訓烈矣哉!

'荒(황)'은 황복(荒服)[213]의 '황'을 의미한다. 너무나 먼 곳에 자리 잡고 있어서 천자의 통치가 잘 먹혀 들어가지 않는 상이다. 이 태괘에서는 육오효를 지칭한다. 음이니까 아래에 자리 잡음이 마땅하지만 지금 이 괘에서는 오히려 5효의 자리를 차지하고 있다. 육오효는 바로 이 위치 때문에 저절로 군자로부터 멀리 떨어져 있다. 그런데 이에 대해 이 구이효가 중도(中道)로써 포용하며 그에 응하고 있는데, 이는 자신이 맡은 일에 용기 있게 나서는 이가 아니고서는 할 수 있는 일이 아니다. 그래서 '배도 없이 맨몸으로 강을 건너감'이라 하였다. 이는 육오효가 비록 사람들과 소원한 마음을 가지고 있지만 그를 버리지 않음이다. '벗들'이란 초구효・구삼효 두 양효를 가리킨다. 이들 세 양이 지금

---

213) 옛 삼대(三代)에는 수도와 경기를 중심으로 하여 그 밖의 둘레를 500리씩 구획하였다. 왕도(王都)를 둘러싸고 있는 지역을 '경기(京畿)'라 하고, 이로부터 500리씩 끊어서 차례로 전복(甸服), 후복(侯服), 수복(綏服)・요복(要服)・황복(荒服)이라 하였다. 이를 '오복(五服)'이라 한다. 따라서 황복은 가장 먼 변방에 위치하고 있음을 알 수 있다. '복(服)'은 천자에게 복종한다는 뜻이다.

막 서로 무리를 이루어 안에서 일을 벌이고 있는데, 구이효가 이들과 군이 당파를 이루는 데만 마음을 두껍게 닫지 않고 멀리 육오효의 쓰임을 거두어들이고 있는 것이다. 이는 바로 한쪽으로 치우치지도 기울지도 않음이며, 중도에 대해 숭상함이다. 효사에서 '숭상을 받는다'라고 한 것은, 도가 크면 임금의 덕에 합치하니, 구이효가 비록 아래에 있기는 하지만 실제로는 임금 노릇을 한다는 의미다.

'군자는 마음속에 가까이 두고 소인은 밖으로 멀리함'은 사람을 기용함과 내침에서 크나큰 법칙이다. 그런데 군자가 벗을 얻어 서로 숭상하는 나머지 소인을 지나치게 멀리하며 능력에 맞게 사람을 쓰지 못하면, 제 당파에 기댄 채 서로 간에 다툼을 벌이는 폐해를 낳게 된다. 그러므로 군자로서 비록 소인들을 멀리한다고는 하더라도 일찍이 그들에게 지위를 주고 그들의 마음먹은 것을 통하게 해주지 않음이 없어야 한다. 이렇게 하여서는 툭 터져 누구에게나 열린 위대한 공정사회를 이루어 사람이면 모두 자득하게 된다. 이것이 바로 군주와 신하 사이에 뜻이 소통하여 위·아래가 한마음이 되는 융성함이다. 그런데 이응(李膺)[214]

214) 이응(110~169)은 중국 동한 시대의 대신이다. 자는 원례(元禮)였다. 영천(潁川) 양성(襄城; 지금의 하남성 양성) 출신이다. 처음에는 효렴(孝廉)으로 등용되었다. 그 뒤로 청주자사(青州刺史), 어양태수(漁陽太守), 촉군태수(蜀郡太守) 등을 역임하였다. 그가 부임할 때마다 그 밑에 속하게 될 관리들은 그가 부임한 뒤가 두려워 관직을 버리고 도망을 칠 정도로 강직하고 청렴한 인물이었다. 오환교위(烏桓校尉)에 임명되어 선비족의 침입을 물리쳤는데 그가 가는 곳마다 적들이 멀리서 그 소식만을 듣고도 두려움에 떨며 굴복하였다고 한다. 이응은 두 차례에 걸친 '당고(黨錮)의 화(禍)'의 중심에 있던 인물이다. 그가 사예교위(司隸校尉)가 되어 당시 권력을 쥐고 온갖 악행을 저지르던 환관들을 징치(懲治)하게 되었다. 그러자 "궁궐의 상시(常侍)들이 그를 만날 적마다

과 두밀(杜密)[215]은 그 벗들끼리만 어울리던 풍조를 없애지 않은 나머지,

허리를 잔뜩 구부리고 숨조차 못 쉴 지경이었는데 그들은 업무를 쉬며 감히 다시는 궁성 출입을 못하였다.(『後漢書』, 「黨錮列傳 · 李膺傳」: 自此, 諸黃門常侍, 皆鞠躬屏氣, 休沐不敢復出宮省)"고 한다. 이리하여 이응은 환관들로부터는 극도의 기피 인물이 된 반면, 많은 지식인들과 태학생들로부터는 경배와 옹호를 받았다. 그래서 당시 태학생들은 시중의 말을 인용하여 "천하 사람들의 본보기는 이응이요, 강한 억압을 두려워하지 않는 인물은 진번이며, 천하 사람들 가운데 걸출한 인물은 왕창이다."(『後漢書』, 「黨錮列傳」: 學中語曰, "天下模楷李元禮, 不畏強禦陳仲舉, 天下俊秀王叔茂.")라고 할 정도였다. 그러나 이응이 태학생들에게 끼치는 영향력이 크면 클수록 환관들에게는 그만큼 죽여야 할 인물로 각인되었다. 연희(延熹) 9년(166년), 이응이 환관의 무리를 결집하고 살인을 교사하던 방사(方士) 장성(張成)을 붙잡아다 죽이는 바람에, 그는 태학생들을 결집하여 당파를 결성하고 조정을 비방하며 풍속을 해친다는 죄목으로 종신 금고(禁錮)형에 처해졌다. 나중에 사면을 받아 고향으로 돌아가서 죽을 때까지 벼슬을 하지 못하게 묶였다. 이때 이응과 함께했던 '당인(黨人)' 200여 명도 같은 처벌을 받았다. 이것을 제1차 '당고의 화'라고 부른다. 동한 당시 세상 사람들은 이응(李膺), 순익(荀翌), 두밀(杜密), 왕창(王暢), 유우(劉佑), 위랑(魏朗), 조전(趙典), 주우(朱寓) 등을 '팔준(八俊)'이라 칭했다. 빼어난 인물들이란 의미다. 이 외에도 '팔극(八極)'으로 꼽히는 인물들이 있었고, '팔고(八顧)'로 꼽히는 인물들이 있었다. 모두 덕행과 리더십이 뛰어나서 이렇게 불리고 있었으며, 환관의 무리들과 대척점(對蹠點)을 이루고 있었다. 제1차 당고의 화로부터 3년 뒤인 건령(建寧) 2년(169년), 진번(陳蕃)과 두무(竇武)를 피살하고 이응을 직책에서 밀어낸 환관들은 제2차 당고의 화를 일으켰다. 이들은 팔준, 팔극, 팔고의 24인이 당파를 이루어 반역을 꾀한다는 날조된 이유를 내세웠다. 이때 이응과 두밀을 비롯한 100여 명의 인사가 투옥되어 취조를 받다가 사망하였고, 700명에 이르는 인사들이 금고형에 처해졌으며, 태학생 1천여 명이 체포되었다. 이 박해는 중평(中平) 원년(184년)까지 장장 15년 동안 계속되었다. 또 한 번 겪은 지식인의 대화란이었다.

215) 두밀(?~169)은 동한 시대의 명신이다. 자는 주보(周甫)였다. 정주(鄭州) 등봉

사악한 환관의 당파로 하여금 이러한 형국을 올라타서 서로 간에 처절한 싸움을 벌이도록 하는 빌미를 주고 말았던 것이다. 나아가 이것이 하나의 시대적 흐름을 이루고 사람들이 번갈아가며 이를 따르게 되자, 이후 당·송을 지나 가까이는 명나라의 마지막 두 황제 시대, 즉 천계(天啓)[216]·숭정(崇禎)[217] 때까지 이러한 풍조가 지속되었다.[218] 그리하여 당파의

(登封) 출신이다. 일찍이 대군(代郡)과 태산(太山)의 태수 및 북해상(北海相) 등을 역임하였다. 환제(桓帝) 때 상서령(尚書令)에 임명되었고, 하남윤(河南尹)으로 천직되었다. 그리고 다시 태복(太仆)으로 전보되었다가 제1차 당고의 화에 연루되어 면직되었다. 당시에 이응과 나란히 이름을 날렸기 때문에 사람들은 이들을 '이·두'라고 연칭하였다. 그도 역시 '팔준(八俊)'의 한 사람으로 꼽힌다. 태학생들은 그를 두고 "천하의 훌륭한 보좌는 두밀이다."(『太平御覽』, 「人事部·謠」: 天下良輔杜周甫)라고 칭송할 정도였다. 영제(靈帝) 때 진번이 다시 실권을 잡았을 때 태복으로 복직되었지만 제2차 당고의 화가 일어났을 때 투옥되어 취조를 받다가 자살하였다.

216) 천계(天啓; 1621~1627)는 중국 명나라의 제16대 황제인 희종(熹宗)의 재위 중에 사용하였던 연호다.

217) 숭정(崇禎; 1628~1644)은 중국 명나라의 제17대 황제로서 마지막 황제인 사종(思宗)의 재위 중에 사용하였던 연호다. 이 숭정이 명나라의 마지막 연호다.

218) 왕부지는 여기서 이응과 두밀 등이 태괘䷊의 구이효와는 달리, 자신들끼리만 어울리면서 소인인 환관들을 끌어안지 못하고 그들을 배척함으로써 그들의 설 자리를 제거하려 드니, 환관들도 당파를 결성하여 그에 대항하였다는 것으로 당고의 화에 대한 역사적 의미를 풀이하고 있다. 그리고 이제 이것이 역사적 흐름을 이루어서는 끊임없이 당파 대 당파의 싸움이 지속되었고, 결국에는 이민족에게 나라를 내주는 결과를 낳고 말았다는 것이다. 이에 대해 왕부지는 소인들을 멀리해야 함은 분명하지만, 그렇더라도 그들의 존재 지평 자체를 허물어버리려 해서는 안 되고 그들에게 각기 능력에 맞는 자리를 줌으로써 함께 생존할 수 있는 장을 열어주어야 한다고 하고 있다. 그래야 저희들끼리만 당파적으로 어울리지 않고 서로 소통하며 위대한 공정사회를

화란이 가열되어서 나라도 따라서 망하였으니, 위대한 『주역』이 드리우고 있는 교훈은 참으로 매섭도다!

「象」曰: '包荒', '得尙于中行', 以光大也.

「상전」: '멀리 변방에 있는 사람까지를 포용함이니' '중도를 행함에 대해 숭상을 받는다'는 것은 환히 빛나며 위대하기 때문이다.

以剛居中, 志旣光大, 則包荒復何所嫌? 不宜復結朋以自矜矣.

이 구이효가 굳셈[剛]으로서 중위(中位)를 차지하고 있고 뜻함이 벌써 환하고 위대하니, 멀리 변방에 있는 사람까지를 포용한다고 함에 대해 어찌 또 의심하리요? 그러니 다시 붕당을 결성하여 그 속에서 자긍심을 갖는 일을 하지 않으리라는 것은 당연한 귀결이다.

九三, 无平不陂, 无往不復, 艱貞无咎. 勿恤其孚, 于食有福.

구삼: 평평한 것 치고 기울어지지 않는 것이 없고, 간 것 치고 돌아오지 않는 것이 없으니, 간난신고함 속에서 올곧음에 허물이 없다. 그 믿음을 주는 것에

이룰 수 있다는 것이다. 이는 매우 독특한 역사 해석이자 생동감 넘치는 『주역』 풀이라 할 수 있다.

대해 마음을 두지 마라. 먹는 것에 복이 있을 것이다.

'平'謂陽道坦易也. '陂'謂陰道傾險也. 三陽居內而盛, 陰且必生; 三陰居外, 成乎旣往, 而循環於嚮背之際, 且自下起, 故平之必陂, 往之必復, 自然之理勢也. 九三陽得位, 本无有咎, 而重剛過中, 處盛以拒陰, 有咎道焉. 唯能慮陂與復, 艱難守正, 則免於咎. '孚'謂九二以剛與三道合而相信也. 然二非樹三爲黨者, 三若懷念不舍, 固相結以擯陰, 則內外離析, 而泰交不成. 唯忘私以懷遠, 而應乎上, 則與九二'朋亡'之義合矣. 陽主治, 陰主養, 故曰'食'. 無野人莫養君子, 不擯陰而善成之, 則宣力報效, 受其福矣.

'평평한 것'이란 양(陽)의 길로서 탄탄하고 쉬움을 의미한다. '기울다'는 음(陰)의 길로서 기울어지고 험난하다는 의미다. 지금 태괘䷊에서는 세 양효가 안에 자리 잡고 있으면서 왕성하지만, 음 또한 반드시 생긴다. 즉 세 음이 밖에 자리 잡고 있으면서 이미 가버린 것을 이루고 있지만, 앞쪽·뒤쪽 사이에서 순환하니 또한 돌아와 아래로부터 일어나게 되어 있다. 그러므로 평평한 것이 반드시 기울어지고, 간 것이 반드시 돌아옴은 자연의 합리적인 추세다.
이 구삼효는 양효로서 제자리를 차지하고 있으니 본래는 허물이 있지 않다. 그러나 굳셈이 굳셈 자리에 있음은 중첩된 굳셈이고 중(中)을 벌써 지났다. 그래서 왕성함에 처해 있으면서 음을 거절하는 것에는 허물이 되는 이치가 있다. 그러나 지금 구삼효는 오직 기울어짐과 돌아옴에 대해 우려하고 간난신고함 속에서 올바름을 지키고 있으니, 허물로부터 벗어나게 된다.
'믿음을 주는 것'이란 구이효가 굳셈으로서 구삼효와 도가 합치하여 서로 믿는다는 말이다. 그러나 구이효는 구삼효를 내세워 자신의 당파를 이루고자 하는 이가 아니다. 이러한 상황에서 구삼효가 만약에 마음속에 품고 있는 생각을 털어버리지 않고 진실로 서로 붕당을 맺어 음을 물리치고자 한다면, 안과 밖이 서로 갈라지게 될 것이다. 이렇게 해서는 윗사람과 아랫사람의 뜻이 통하며 위・아래가 한마음이 되는 태평함은 이루어지지 않을 것이다. 구삼효로서 이러한 병폐를 피할 수 있는 길이란 오직 사사로움을 잊어버린 채 멀리 있는 이들까지를 품에 안으며 상육효에 응하는 것이다. 이는 구이효의 효사에서 '벗들끼리만 어울림은 사라지니'라 했던 것과 의미가 합치한다.
양은 다스림을 맡고 음은 부양함을 맡는다. 그러므로 '먹는 것'이라 하였다. 논밭에서 일하는 사람이 없으면 군자를 부양할 수조차 없다. 그러니 음을 배척하지 않고 그들을 잘 이루어주면 온 힘을 다해 효험으로써 보답하리니, 그 복을 받게 된다.

「象」曰: '无往不復', 天地際也.

「상전」: '간 것 치고 돌아오지 않는 것이 없음'이란 하늘과 땅이 사귐이다.

此通釋全爻之辭; 獨挈一句者, 略文. 離乎地即天也. 其際至密無間, 而淸濁殊絶, 不相淆雜. 九三與六四密邇, 而陰陽兩判, 正當其際. 昧者恃其淸剛, 謂可永固, 則往者必復, 還以自傾. 三進上行, 四退下就, 交泰而後可以消險阻. 艱貞者唯此之爲恤, 而非孚是恤, 則福歸之矣. 內陽外陰, 爲時已泰, 而保泰之道, 唯在廓然大公, 懷遠招携, 勿恃賢以絶物, 如天地之相融浹, 而不損其淸寧. 故內卦三陽, 皆以外應爲吉.

君子體小人之嗜欲而以道裕之, 乃上下合同, 而終不至於否. 若'否'則小人欲合於君子而非其誠, 故愈相應而愈相睽, 君子所宜峻拒, 時異而道不同也.

이는 전체 효사를 통틀어 풀이한 것인데, 유독 이 구삼효사 하나의 구절에만 매달아 놓았으니 생략된 문장이다. 땅에서 분리된 곳은 곧 하늘이다. 이처럼 하늘과 땅이 교접하는 경계는 지극히 밀접하여 틈이 없지만, 맑은 하늘과 흐린 땅이 전혀 다르게 격절되어 있어서 서로 뒤섞이지 않는다. 태괘䷊의 이 구삼효와 육사효는 밀접하게 가깝다. 그러나 음과 양 둘로 갈라져 있으니, 이는 바로 하늘과 땅이 교접하는 그 경계에 해당한다.

그런데 이에 대해 정확하게 파악하지 못한 이들은 이 구삼효의 맑고 굳셈만을 믿고서 "영원히 굳건할 수 있다."고 읊조리는데, 갔던 것이 반드시 돌아오게 되어서는 스스로 무너져버리고 만다. 구삼효는 나아가서 위로 올라가고 육사효는 물러나서 아래로 내려가니, 서로 교접하여 통한 뒤에 험난함과 막힘을 사라지게 할 수 있다. 간난신고함 속에서 올바름을 지키고 있는 이가 오직 이것만을 마음에 둘 뿐, 자신과 같은 부류에 속하는 이들이 자신을 믿어 주느냐에 대해서는 마음을 두지 않는다면, 복이 그에게로 돌아갈 것이다.

태괘䷊는 지금 안은 양이고 밖은 음이어서 시간적으로는 이미 태평하다. 이 태평함을 보존하는 길은 오직 툭 터진 위대한 공정사회를 이루며 멀리 있는 이들까지 끌어안는 데 있다. 절대로 현명한 이들에만 의존하며 다른 것들을 끊어버려서는 안 된다. 하늘과 땅이 서로 융합하며 사무치면서도 자신들의 맑음과 편안함을 잃지 않는 것처럼 해야 한다. 그러므로 내괘[貞卦]를 이루는 세 양 모두 밖으로 응하여 길하다. 이러함에서는 군자가 소인들이 좋아하는 것들이나 욕심내는 것들을 내 몸처럼 여기며 원칙으로써 너그럽게 끌어안으니 위와 아래가 하나가 된다. 그래서 끝내라도 비괘(否卦)䷋의 비색함에는 이르지 않는다. 그런데 비괘의 경우에는 소인이 군자와 합치하고자 욕심을 내지만 그 정성스러움은 아니니, 서로 응하면 응할수록 더욱 서로 어긋난다. 그래서 군자는 이를 준열하게 거절해야 한다. 이처럼 때가 다르면 도(道)도 다르다.

六四, 翩翩, 不富以其鄰, 不戒以孚.

육사: 훨훨 날아가 버리려 함이다. 이웃들 때문에 부유하지 않으며, 경계하지 않고서 믿는다.

'翩翩', 飛而欲去之象. 陽大陰小, 小者不富也. 六四一陰初興而當位, 未至於貧, 唯與五・上爲鄰, 故成乎'不富'. 四處退爻, 與陽密邇, 翩翩非其本志, 其下應初九, 不待戒而自孚. 言'孚'者, 三陰皆下應, 無異志也.

효사의 '翩翩(편편)'은 훨훨 날아가 버리려 하는 모습이다. 양은 크고 음은 작은데, 작은이는 부유하지 않다. 육사효는 하나의 음이 처음으로 일어난 것으로서 제 위(位)를 차지하고 있다. 그래서 아직 가난함에는 이르지 않고 있다. 그러나 오직 육오효・상육효와 이웃을 이루고 있기 때문에 '부유하지 않음'을 이룬다. 육사효는 물러남의 효에 처해 있으면서 양들과 밀접하게 가까이 있다. 그래서 훨훨 날아가려 함이 그의 본래의 뜻함이 아니고, 아래로 초구효와 응하면서 경계하지 않고 스스로 믿는다. '믿는다'고 한 것은 세 음효가 모두 아래로 응하면서 다른 뜻들을 품고 있지 않다는 의미다.

「象」曰: '翩翩''不富', 皆失實也. '不戒以孚', 中心願也.

「상전」: '훨훨 날아가 버리려 함', '이웃들 때문에 부유하지 않음'이란 모두들 실질을 잃어버렸기 때문이다. '경계하지 않고서 믿는다'는 것은 속마음으로 원한다는 의미다.

'皆'者, 統三陽而言之. 陽實陰虛, 失實故不富. '中心願'者, 雖往而非其志, 志在從陽.

'모두'라는 것은 세 양을 통괄하여 말한다. 양은 꽉 차고 음은 텅 빈 것인데, 이 태괘䷊의 상괘 세 효들은 모두 꽉 참을 잃어버렸기 때문에 부유하지 않은 것이다. '속마음으로 원함'이란 비록 이 육사효가 가더라도 이 육사효의 뜻함이 아니요, 그의 뜻함은 어디까지나 양을 따르는 데 있다는 의미다.

六五, 帝乙歸妹, 以祉元吉.

육오: 제을이 소녀에게 장가듦이니 복이 있고 원래 길하다.

商天子以'乙'爲號者非一, 此言帝乙, 未詳何帝. '歸妹'與'女歸'異. 女歸者歸嫁於夫家, 正也. 歸妹者, 夫就婦而歸之, 如後世之贅壻, 變也. 昏禮大定於周. 商蓋有男歸於女, 雖天子或然, 故『經』兩言帝乙. 男在外, 女在內, 正也. 陽居二, 陰居五, 男屈從女, 而女爲主於上, 有'歸妹'之象焉. 而帝乙所歸之婦, 柔順中正, 不驕其君子以宜家, 終膺福祉, 變而不失其正也. 六五陰陽易位, 以柔居中, 應九二得中之剛, 合於帝乙之吉.

상(商)나라의 천자 가운데 '을(乙)'을 명호(名號)로 쓴 이는 꼭 하나가 아니어서 여기서 말하는 제을이 어떤 천자인지는 모르겠다. '귀매(歸妹)'와 '여귀(女歸)'는 뜻이 다르다. '여귀'는 여자가 남자의 집으로 시집을 가는 것이다. 이것이 정상이다. 이에 비해 '귀매'는 남자가 부인을 얻기 위해 그 집으로 가는 것이다. 이는 후세의 '췌서(贅壻)'[219]와 같은 것인데, 변형된 형태라 할 것이다. 혼례는 주(周)나라 때 대대적으로 확정되었다. 상나라 때는 아마 남자가 여자의 집으로 간 것 같은데 천자라 할지라도 어쩌면 그랬던 것으로 보인다. 그러므로 『역경』에서는 두 번에 걸쳐 '제을(帝乙)'을 말하고 있다.

남자가 밖에 있고 여자가 안에 있는 것이 정상이다. 그런데 이 태괘䷊는 양이 2효에 자리 잡고 있고, 음은 5효에 자리 잡고 있다. 이는 남자가 여자에게 굴종(屈從)함이며 여자는 그 위에서 주인 노릇을 함이다. 여기에 '귀매'의 상이 있다. 그런데 제을이 장가든 부인은 부드럽고 순종적이며 중정(中正)하여서 그 군자에게 교만하지 않은 채 가정을 잘 꾸려간다.

---

219) '췌서'는 우리네 '데릴사위'의 일종으로서, 혼인을 하여 여자의 집에 얹혀사는 남자를 말한다. 여자의 부모를 자신의 부모로 여기고, 생겨난 자녀들도 어머니의 성을 따르며 그 자녀들이 어머니 쪽의 종통과 조상에 대한 제사를 이어받는다. 진(秦)·한(漢) 시대에는 이들의 지위가 노비와 같았는데, 후세에 오면서 변화가 있었다고 한다.

그리하여 마침내 복을 받는 것이니, '여귀(女歸)'에 비해 변하였지만 그 올바름을 잃어버리지 않은 것이다. 지금 이 육오효는 음과 양의 위치가 바뀐 것으로서 부드러움이 중위(中位)를 차지하고 있는 채 구이효의 득중한 굳셈에 응하고 있다. 이는 제을의 길함과 합치함이다.

「象」曰: '以祉元吉', 中以行願也.

「상전」: '복이 있고 원래 길하다'는 것은 득중한 채 원하는 것을 행하기 때문이다.

二·五皆得中, 故可行其願, 而不憂失正. 君求士, 士不求君, 然道合則士就君而非屈, 亦此義也.

태괘䷊의 구이효와 육오효는 모두 득중하고 있다. 그러므로 그 원하는 것을 행할 수 있을 뿐만 아니라, 올바름을 잃어버리지나 않을까 하며 우려하지 않는다. 그리고 임금이 훌륭한 인재를 찾는 것이지 그 인재가 임금을 찾는 것이 아니기는 하지만, 도가 합치한다면 훌륭한 인재 자신이 임금에게 나아갈지라도 굴욕은 아니다. 이는 바로 이러한 의미에서다

上六, 城復于隍, 勿用師, 自邑告命, 貞吝.

상육: 성이 해자로 무너져 내림이니 군사를 사용하지 말지다. 고을 사람들에게 정해진 운명을 말해주어야 하고, 올곧지만 아쉬워함이 있다.

'隍', 城下之溝無水者, 城傾, 則土復歸于隍. 上六陰處高危, 其勢必傾. 陰陽之位十有二, 嚮背幽明, 各居其半, 而循環以發見. 陰傾而入, 勢將復從下起. 三陽積下, 迫陰於外, 至於上六, 已太荒遠, 無可復安, 將激去而往者, 又且必復, 此小人被疾已甚, 勢且復興之象. 『易』不爲小人謀, 故不爲陰幸而但爲陽戒, 言陰之將復, 不可與爭, 但當告戒邑人, 內備必至之患. 然激成之勢, 已不可挽, 雖告命得貞, 而亦吝矣. 占此爻者, 時勢如此, 於爻外見意. 九三艱貞乃吉, 正謂此也.

'해자'는 성 주위를 빙 둘러서 판 도랑인데 거기에 물이 없는 것이다. 성이 기울어지면 흙은 해자로 되돌아간다. 상육효는 음으로서 높은 데 위태롭게 처해 있으니 그 추세는 반드시 기울게 되어 있다. 음·양의 위(位)는 모두 12위다. 이것들이 앞쪽과 뒤쪽으로 밝게 드러나는 쪽과 어둠에 싸여 드러나지 않는 쪽을 이루며 각기 절반씩을 차지하고 있는데, 순환하면서 이들이 드러난다. 이 과정을 보면 음이 기울어져서 들어갔다가는 추세를 타고 장차 돌이켜서 아래로부터 흥기한다. 태괘䷊에서는 세 양이 아래에 여러 켜를 이루어 쌓여 있으면서 밖으로 음을 핍박하고 있는데, 상육효에 이르러서는 이미 너무 멀리 떨어진 변방이어서 평안함을 회복할 수가 없다. 그래서 급격하게 갔다가 또한 반드시 되돌아오는 것이다. 이는 소인의 질병이 이미 극심함을 지나고 추세 상 다시 일어나게 되어 있는 상이다. 그러나 『주역』은 소인의 도모함을 위한 것이 아니기 때문에, 이러한 상황이 음에게 행운이 된다는 것이 아니라 단지 양에게 경계하고 있을 뿐이다. 말하자면 음이 장차 회복할 것이니 더불어 싸워서는 안 되고, 단지 마땅히 고을 사람들에게 경계하라고 알려 주어 틀림없이 이르게 되어 있는 환란을 안에서 대비하도록 해야 한다는 것이다. 그러나 급격하게 이루어진 추세니 이미 만회할 수가 없어서, 비록 정해진 명(命)

을 알려주어 올곧음을 지킬 수는 있지만 역시 아쉬움은 남게 되어 있다. 점을 쳐서 이 효를 얻은 사람은 시(時)와 세(勢)가 이러하니 효의 밖에서 의미를 살펴야 한다. 구삼효에서 '간난신고함 속에서 올곧아서 길하다'고 한 것은 바로 이를 두고 한 말이다.

「象」曰: '城復于隍', 其命亂也.

「상전」: '성이 해자로 무너져 내림'이란 그 운명이 혼란해지게 되어 있다는 의미다.

疾之已甚, 使居荒遠傾危之地, 雖自警戒, 固非制治之早圖.

이 태괘의 상육효는 질병이 벌써 심함을 상징하고 있다. 그래서 멀리 변방의 위태로운 지경에서 살아가는 사람들로 하여금 비록 스스로 경계하게는 하여도, 진실로 이 병통을 일찌감치 제지하거나 다스리지는 못한다.

否卦坤下乾上

비괘䷋

否之匪人, 不利君子貞, 大往小來.

꽉 틀어막는 이가 제대로 된 사람이 아니니 군자의 올곧음에 이롭지 않다. 큰 것이 가고 작은 것이 온다.

'否', 塞也. '否之匪人'者, 天高地下, 分位本定, 而邪人據地之利, 尸人之功, 以絶於天, 小人內而後君子外, 非君子之亢而不可與親, 否之者乃匪人也. 君子秉剛居外, 本無不正, 抑何不利? 小人否之, 則其不利必矣. 不利於君子貞, 非利於小人之不貞, 亦非君子可不正而利. 陰據要津, 君子無所往而得利, 貞且不利, 況可不貞乎? 然君子雖不利, 而固保其貞也. 此言'利'者, 與害相對之辭. '大往小來', 各歸其位, 所以否也.

'否(비)'는 틀어 막혔다는 의미다. '꽉 틀어막는 이가 제대로 된 사람이 아님'이란, 하늘은 높이 있고 땅은 아래에 있어서 나뉜 위치가 본래 정해져 있는데, 사악한 사람이 땅의 이로움을 근거지로 삼고 사람의 공력을 믿는 구석으로 삼아 하늘에 대해 끊어버리고 있음이다. 그리고 소인이 안을 차지하고 군자는 밖으로 내몰리니[220], 군자가 아닌 사람이

---

220) 원문은 '소인이 안을 차지한 뒤에 군자는 밖에 있다(小人內而後君子外)'로

젠 체하며 목을 뻣뻣이 내밀고 있어서 친할 수 없다는 의미다. 그래서 꽉 틀어막는 이는 바로 제대로 된 사람이 아니다.

이 비괘(否卦)䷋에서는 군자가 굳셈을 지닌 채 밖에 거주하고 있으니[221] 본래는 옳지 않을 것이 없다. 그런데도 왜 이롭지 않다는 것일까. 소인이 꽉 틀어막으면 그에게 불리함은 필연적이기 때문이다. 그러나 군자의 올곧음에 이롭지 않다고 하여 곧 소인의 올곧지 않음에 이롭다는 것은 아니며, 또 군자가 올바르지 않은데도 이로울 수 있다는 것은 아니다. 음이 요로(要路)를 장악하고 있어서 군자는 어디 가서 이로움을 얻을 곳이 없다. 그래서 올곧게 올바름을 지키고 있더라도 불리한데, 하물며 올바름을 지키지 않을 수 있겠는가! 그러나 군자는 비록 이렇게 이롭지 않은 상황에서라 할지라도 진실로 그 올곧음을 보존해야 한다. 여기서 말하는 '이로움'이란 해로움과 상대되는 말이다. '큰 것이 가고 작은 것이 온다'는 것은 각기 제 위(位)로 돌아간다는 의미로서, 그러하기 때문에 꽉 틀어막혀 통하지 않는다는 것이다.

「彖」曰: "否之匪人, 不利君子貞, 大往小來", 則是天地不交而萬物不通也, 上下不交而天下无邦也. 內陰而外陽, 內柔而外

되어 있다. 그러나 뒤에 나오는 「단전」의 문장 '소인이 안을 차지하고 군자는 밖에 있다(小人內而君子外)'와 맞지 않고, 일반적인 어법에도 맞지 않으며, 이곳 구문에서 특별히 '後(후)' 자를 첨가해야 할 이유도 없다고 보아 「단전」의 문장대로 번역하였다. 『주역내전』 원문은 아마 이 '後(후)' 자가 잘못 추가된 것으로 보인다.

221) 비괘(否卦)의 외괘가 건괘☰임을 두고 하는 말이다.

剛, 內小人而外君子, 小人道長, 君子道消也.

「단전」: "꽉 틀어막는 이가 제대로 된 사람이 아니니 군자의 올곧음에 불리하다. 큰 것이 가고 작은 것이 온다."는 것은, 하늘과 땅이 사귀지 않고 만물들끼리도 서로 소통하지 않으며, 윗사람과 아랫사람이 사귀지 않고 천하에 국가공동체가 없어져버렸다는 의미다. 그리고 속은 음이면서도 겉으로는 양인 체 함이요, 속으로 자신에게는 부드러우면서도 밖으로 남에게는 빳빳하게 대함이며, 소인을 안으로 들이면서 군자를 밖으로 내침이다. 그래서 소인의 도는 자라나고 군자의 도는 사라진다.

匪人乘權, 而君臣義絶. 賢姦倒置, 聖人之所無可如何者. 故二卦反覆申明, 而見治亂之相反, 存乎人者如此其甚也.

제대로 되지도 않은 사람이 권력을 쥐고 있으니 군주와 신하 사이에 의로움이 끊어져버린다. 현신과 간신이 있을 곳이 뒤바뀌어 있으니 성인(聖人)으로서도 도대체 어떻게 할 수가 없다. 그러므로 태괘䷊와 비괘䷋ 두 괘에서 반복적으로 거듭 밝히면서 치세(治世)와 난세(亂世)의 상반됨을 보여주고 있다. 사람에 따라 달라지는 것이 이와 같이 심한 것이다.

「象」曰: 天地不交, '否', 君子以儉德辟難, 不可榮以祿.

「대상전」: 하늘과 땅이 사귀지 않음이 비괘니, 군자는 검소함의 덕으로 어려움을 피하며, 녹봉을 받는 지위를 차지하여 영화를 누려서는 안 된다.

否塞而不通, 君子有德以通天下之志, 無所用之. 唯世之方亂, 難將及己, 則鄕鄰之鬪, 閉戶可也. 天下溺而不援, 德且不欲其豐, 而況祿乎! 德見, 則祿且及之矣. 百里奚不諫虞公, 孟子不復發棠, 用'否'之道, 以應'否'之世, 不嫌絶物矣.

꽉 틀어 막혀서 통하지 않으니, 군자가 덕이 있어서 천하 사람들의 뜻함을 통하게 해주려 해도 소용이 없다. 오직 세상이 한창 어지러워져서 자신에게 어려움이 닥치려 할 경우에는 고을에서 싸움이 벌어진다 하더라도 문을 닫아걸고 모르는 체해야 한다. 이러한 상황에서는 천하 사람들이 물에 빠진다 하더라도 구원하지 않는 것이다. 그래서 덕조차 풍성하게 하고 싶어 하지 않는데 하물며 녹봉이랴! 덕이 드러나면 녹봉도 덩달아 따라오는 것이다. 백리해(百里奚)가 우공(虞公)에게 간언하지 않은 것[222]이나 맹자가 당(棠) 읍의 식량 창고를 열어 기근에 시달리는 백성들

222) 백리해(百里奚)는 백리자(百里子), 백리(百里), 우리(宇里) 등으로도 불리는 인물이다. 이름이 해(奚)다. 춘추시대에 우(虞)나라의 사람이다. 생몰 연대는 정확하지 않다. 진목공(秦穆公)의 신임을 받았던 현신(賢臣)으로서 대단히 훌륭한 정치가였다. 그는 어려서 집이 매우 가난하여 여러 곳을 전전하면서 제(齊), 주(周), 우(虞), 괵(虢)나라 등을 주유하였다. 이 과정을 통해 그는 각 나라의 민속이나 실정, 지리 등에 대해 잘 알게 되었는데, 이것이 나중에 진목공의 대신 노릇을 하면서 그의 동진(東進) 준비에 큰 도움을 주었다. 그리고 유리걸식(流離乞食)하면서 기층 민중들의 삶을 잘 알게 되어 나중에 고관대작이 되고서도 청백리의 삶을 살며 백성들을 귀하게 여기게 되었다. 그리하여 그가 죽었을 때에는 온 나라 사람들이 슬픔에 젖어 어린아이들조차 노래를 부르지 않았고, 방아 찧는 아낙네들이 소리를 내지 않았을 정도라고 한다.
백리해가 우(虞)나라의 대부일 적의 일이다. 진목공 5년(B.C.655), 진(晉)나라가 우나라에게 괵(虢)나라를 치러 갈 터이니 길을 빌려 달라고 하였다. 이때

을 구제하도록 제(齊)나라 왕에게 두 번 다시 간언하지 않았던 것[223]은,

우나라의 대부 궁지기(宮之奇)가 '입술이 없으면 이가 시리다(脣亡齒寒)'는 비유를 들며 괵나라가 망하면 우나라도 곧 위태로워지니 거절하라고 우나라 임금에게 간하였다. 그러나 우나라 임금으로서는 이전에 진(晉)나라의 헌공(獻公)으로부터 보옥(寶玉)과 명마(名馬)를 선물로 받은 적이 있어 그에 대한 보답을 해야 한다는 생각만 한 채 궁지기의 간언을 듣지 않고 진나라의 요청을 들어주고 말았다. 이를 본 백리해는 우나라의 임금이 얼마나 어리석고 무능한지를 잘 알게 되었다. 그래서 아무리 훌륭한 간언을 한다고 하더라도 받아들이지 않을 것이 뻔하다고 여겨 입을 다문 채 단 한 마디도 간하지 않았다. 그 결과 진(晉)나라가 괵나라를 치고 돌아오는 길에 우나라까지 멸망시켜버렸다. 그리고 우나라 임금과 백리해는 진(晉)나라에 포로로 잡히게 되었다. 그러나 나중에 그의 인물됨을 알아본 진(秦)나라 목공(穆公)에 의해 백리해는 대부의 지위에 오르게 되었다.

223) 『맹자』, 「진심 하」 편에 나오는 말이다. 제(齊)나라에 기근이 들자 진진(陳臻)이라는 사람이 맹자에게, "나라 사람들 모두가 선생님께서 다시 제나라 왕에게 당(棠) 읍의 식량 창고를 열어 기근에 찌든 백성들을 구휼하라고 간언해주시길 바라고 있습니다. 선생님, 어떻게 다시 안 될까요?"라고 간청하였다. 그러나 맹자는 풍부(馮婦)라는 인물을 예로 들면서 이를 거절하였다.
풍부는 힘이 세서 젊어서는 맨손으로 호랑이를 잡던 인물이었다. 어느 날 친구와 함께 마차를 타고 들판을 지나고 있는데 사람들이 모여서 호랑이를 쫓고 있었다. 그 호랑이가 그만 산속 험한 곳으로 들어가 그 지세를 이용하여 버티고 있자 사람들은 더 이상 어찌할 수 없어 쩔쩔 매고 있었다. 멀리 풍부가 오는 것을 발견한 그들은 쏜살같이 그에게로 달려가 반색을 하고 맞이하며 저 호랑이 좀 잡아달라고 부탁하였다. 함께 가던 친구는 풍부에게 네가 호랑이를 잡던 것은 젊은 시절의 일이고 지금으로서는 안 된다며 말렸다. 그러나 친구의 만류를 뿌리치고 풍부는 젊은 시절의 그것만 믿고 사람들의 바람대로 그 호랑이 사냥에 나섰다. 그러자 풍부의 친구는 그저 풍부의 어리석음과 객기 부림을 비웃을 수밖에 없었다. 결국 풍부는 그 호랑이에게 죽임을 당하고 말았다.

바로 이 비괘䷋의 도(道)를 써서 비괘의 세상에 응했던 것이다. 그러니 이에 대해 사람들과의 사귐 자체를 끊고 살아감이라는 혐의를 두어서는 안 된다.

初六, 拔茅茹, 以其彙, 貞吉亨.

초육: 띠뿌리와 꼭두서니를 뽑는데 그 뿌리까지 뽑힘이다. 올바름을 지킴에 길하고 형통하다.

三陰連類相挾以據內, 亦有'拔茅茹以其彙'之象, 而彙則別矣. 初六以柔居下, 不黨同伐異, 而起上應乎陽, 故貞而得吉. 其吉也, 以有亨通之理而吉也.

맹자는 제나라 왕을 호랑이에 비유하며, 이미 처지가 변해버린 자신이 호랑이를 잡아주겠다고 나섰던 풍부처럼, 나서서 제나라 왕에게 식량 창고를 열라고 간언했다가는 풍부처럼 자신만 개죽음을 당할 뿐 일은 성사되지 않으리라는 관점에서 이를 거절하였던 것이다.(『孟子』, 「盡心下」: 齊饑. 陳臻曰, "國人皆以夫子將復爲發棠, 殆不可復." 孟子曰, "是爲馮婦也. 晉人有馮婦者, 善搏虎, 卒爲善士. 則之野, 有衆逐虎. 虎負嵎, 莫之敢攖. 望見馮婦, 趨而迎之. 馮婦攘臂下車. 衆皆悅之, 其爲士者笑之."

세 음(陰)이 연대하여 하나의 부류를 이루어 서로 끼고서 안을 점거하고 있으니, 역시 '띠뿌리와 꼭두서니를 뽑는데 그 뿌리까지 뽑힘'의 상이 있다. 그러나 이곳에서의 '彙(휘)'는 태괘䷊의 초구효사에서와는 구별된다. 이 비괘䷋의 초육효는 부드러움[柔]으로서 맨 아래 위(位)를 차지하고 있지만 당동벌이(黨同伐異)[224]하지 않고, 일어나서 위로 양효와 응한다. 그러므로 올곧게 올바름을 지켜서 길함을 얻는다. 그 길함은 이처럼 형통함의 이치가 있어서 길한 것이다.

「象」曰: 拔茅貞吉, 志在君也.

「상전」: 띠뿌리와 꼭두서니를 뽑는데 올곧아서 길하다는 것은 뜻함이 임금에게 있기 때문이다.

在上者爲之君也.

이 비괘䷋에서는 위에 있는 이[九五爻]가 임금이 된다.

---

224) '당동벌이(黨同伐異)'는 자기와 같은 입장에 대해서는 당파를 이루며 비호하고 자기와 다른 입장에 대해서는 공격한다는 뜻이다. 한(漢)의 선제(宣帝) 때 여러 유학자들을 석거각(石渠閣)에 모이게 하여 육경(六經)에 대해 강론할 적에 『춘추』의 「공양전(公羊傳)」과 「곡량전(穀梁傳)」의 동이(同異)에 대해 토론을 벌였는데, 이 학자들 사이에서 이러한 현상이 일어났다고 한다.(『後漢書』, 「黨錮列傳序」: 自武帝以後, 崇尚儒學, 懷經協術, 所在霧會. 至有石渠分爭之論, 黨同伐異之說, 守文之徒, 盛於時矣.)

六二, 包承, 小人吉, 大人否亨.

육이: 받듦을 포용하니 소인은 길하나 대인은 형통하지 않다.

'包承', 與九五相應而承之也. '大人'非必如'乾'之'大人'; 對小人而言, 剛正之君子也. '否', 不然之辭. 小人得位行志, 而能承順乎陽而應之, 吉矣. 乃大人已遠出乎外, 不以小人之順己而變其塞, 固不以爲亨也. '否'下三陰與上不交, 而皆以應言之, 蓋聖人贊『易』扶陽抑陰之義, 而不欲陰之怙惡以自絶, 其旨深矣.

'받듦을 포용함'이란 육이효가 구오효와 서로 응하며 그를 받든다는 의미다. 여기서의 '대인'은 꼭 건괘䷀의 '대인'과는 같지 않다. 여기서는 소인에 대비시켜 말한 것으로서 강직하고 방정한 군자를 의미한다. '否(부)' 자는 '그렇지 않다'는 말이다. 소인이 제자리를 차지하고서 그가 뜻하였던 것을 행한다. 그러나 이 소인은 능히 양(陽)을 받들고 순종하면서 응한다. 그래서 길하다. 이에 비해 대인은 벌써 멀리 떨어진 밖으로 나가버렸기에 소인이 자신에게 순종한다 하여 그 틀어막음을 변하게 하지 않는다. 그래서 진실로 형통할 수가 없다.

이 비괘䷋에서는 하괘를 이루는 세 음(陰)이 상괘를 이루는 양효들과 사귀지 않는데도 모두 '응함'의 관점에서 말하고 있다. 그 까닭은 아마 성인께서 『주역』의 '양을 떠받들고 음을 억누름'의 의미를 높이 치면서도, 음이 악함을 믿고 스스로 양과의 관계를 끊어버리는 것을 원하지 않기 때문으로 보인다. 이 뜻이 심오하다고 할 것이다.

「象」曰: ‘大人否亨’, 不亂群也.

「상전」: ‘대인은 형통하지 않음’이니 무리를 어지럽히지는 않는다.

陽與陽爲群. 狐赤烏黑, 則君子‘携手同行’, 豈以小人之包承, 而與君子異趨乎? ‘泰’陽居內, 則以‘朋亡’勿恤爲吉; 君子得志, 不宜絶人已甚. ‘否’陽居外, 則以不亂群而無取乎亨; 君子失志, 必不枉道從彼; 而求同志以衛道, 唯其時而已.

양이 양과 함께함이 무리지음이다. 여우와 붉은색, 까마귀와 검은색이 구별할 수 없을 정도로 한데 얽혀 있으니, 군자가 ‘백성들의 손을 잡고 함께 떠나가는데’[225], 어찌 받듦을 포용하는 소인으로서 군자와 다른 길을 가겠는가! 태괘☷에서는 양효들이 안에 자리 잡고 있으니 ‘벗들끼리

225) 『모시(毛詩)』, 「북풍(北風)」 편에 나오는 말이다. 이 시는 당시 위(衛)나라에서 위로 임금과 아래로 신하들이 다투어가며 악행을 저지르자 견딜 수 없는 백성들이 덕 있는 군자들에게로 가니 그가 이들의 손을 잡고서 함께 위나라를 떠나간다는 내용으로 되어 있다.(北風其涼, 雨雪其雱, 惠而好我, 攜手同行, 其虛其邪, 既亟只且. 北風其喈, 雨雪其霏, 惠而好我, 攜手同歸, 其虛其邪, 既亟只且. 莫赤匪狐, 莫黑匪烏, 惠而好我, 攜手同車, 其虛其邪, 既亟只且.) 그리고 붉은 여우와 검은 까마귀는 악행을 저지르는 임금과 신하를 비유한 것이라 한다. 즉 여우의 색깔은 모두 붉고 까마귀의 색깔은 모두 검어서 붉은색과 여우, 검은색과 까마귀가 함께 있으면 사람으로서는 이들을 구별해내기 어렵듯이, 군신 상하 간에 누구 하나 달라 보이는 이 없이 서로 한데 얽혀 학정(虐政)을 저지르고 있는 모습을 묘사한 것이라 한다.(漢鄭氏箋, 唐陸德明音義, 孔穎達疏, 『毛詩注疏』 권3, 「國風 · 北風」: 『傳 · 正義』 曰, “狐色皆赤 · 烏色皆黑以喻衛之君臣皆惡也. 人於赤狐之羣, 莫能別其赤而非狐者, 言皆是狐; 於黑烏之羣, 莫能別其黑而非烏者, 言皆是烏, 以喻於衛君臣莫能別其非惡者, 言皆為惡.)

만 어울림이 사라져' 길하다. 그리고 군자로서 뜻함을 얻었다 하더라도 사람들을 너무 심하게 뚝 끊어버리는 것은 마땅치 않다. 이에 비해 이 비괘䷋에서는 양효들이 밖에 자리 잡고 있으니, 무리를 어지럽히지는 않지만 형통함으로 취할 것은 없다. 그리고 군자가 뜻함을 실현할 수 없는 상황이라 할지라도 절대로 자신의 도(道)를 굽히고 저들을 좇아서는 안 된다. 이때에는 동지들을 구하여 도(道)를 지켜내야 하니, 오직 시대가 이러하기 때문이다.

六三, 包羞.

육삼: 수치를 포용함이다.

以柔居剛, 而爲進爻, 以邇陽而求合, 蓋小人挾勢, 以媚君子者驕君子, 如王驩之於孟子是已. 不言其凶, 『易』不爲小人謀. 言其可羞, 示君子賤惡之.

이 육삼효는 부드러움으로서 굳셈의 자리를 차지하고 있고, 나아감의 효가 되어 있으며, 양효와 가까워서 그에게 영합하려 한다. 이는 소인이 세(勢)를 끼고서 한 군자에게 아첨하여 얻은 총애를 믿는 구석으로 하여 다른 군자에게는 교만하게 대함이니, 왕환(王驩)이 맹자에게 했던 짓이 바로 이러하다.[226] 그런데 『주역』이 지금 여기서 '흉하다'고 말하지

226) 왕환(王驩)은 자(字)가 자오(子敖)였다. 제선왕(齊宣王; B.C.319~B.C.301) 때의

않는 까닭은, 『주역』이 소인들의 도모함을 위한 것이 아니기 때문이다. 수치스러워할 만하다고만 말하여서 군자에게 그것이 천히 여기고 혐오해야 할 것으로 보여주고 있다.

「象」曰: '包羞', 位不當也.

「상전」: '수치스러움을 포용함'은 위(位)가 제자리가 아니기 때문이다.

三非柔所當處之位, 雖上承乎剛, 而君子但見其可羞惡; 求合之情, 不足恤也.

대신이다. 그의 됨됨이는 아첨에 능한 것이었다. 그래서 제선왕의 총애와 믿음을 얻었다. 그는 개읍(蓋邑; 지금의 산동성 沂水縣 서북쪽 지역)의 대부를 지냈고, 나중에는 벼슬이 제(齊)나라의 우사(右師)에 이르렀다. 우사는 예(禮)를 관장하는 직책이다. 『맹자』에는 왕환과 맹자에 관련된 일이 세 차례에 걸쳐 언급되어 있다. 공행자(公行子)의 아들 장례식장에서 제선왕의 총신인 왕환에게 대부분의 사람들이 아첨을 떨었지만 맹자는 예법에만 따를 뿐 이를 무시하는 광경이 있고(「離婁下」), 맹자가 자신의 제자인 악정자(樂正子)가 왕환을 쫓아다니는 것을 꾸짖는 장면이 있다(「離婁上」). 특히 둘이 등(滕)나라에 조문 사절로 다녀오면서 맹자가 왕환을 완전히 무시한 일에 대해 언급하고 있다. 맹자가 당시 제나라에서 경(卿)의 직책에 있을 적에 왕환은 개읍의 대부에 불과하였다. 그래서 둘이 등(滕)나라에 조문 사절로 가면서는 왕환이 맹자를 보좌하게 되어 있었는데, 왕환이 제멋대로 일을 처리하자 돌아오는 길에 맹자가 그에게 한마디도 건네지 않고 무시하였다고 하고 있다.(「公孫丑下」) 왕부지는 여기서 왕환이 아첨으로 제선왕의 총애를 얻고, 그것을 믿는 구석으로 하여 맹자에 교만하게 대했던 것으로 보는 것이다.

3효의 위(位)는 부드러움이 처해야 할 위(位)가 아니다.[227] 그래서 비록 위로 굳셈을 받들고는 있지만 군자로서는 단지 그 수치스럽고 혐오할 만한 것임을 드러낼 뿐이다. 영합하려는 마음의 발동에 대해서는 괘념해야 할 필요조차도 없다.

九四, 有命无咎, 疇離祉.

구사: 명(命)이 있으나 허물이 없고, 짝을 이루어 함께 복을 누린다.

'疇'與儔通; 所相應而爲伍者, 謂初也. '離', 麗也. 九四與陰相際, 而以剛居柔, 處退爻而道下行, 以應初六, 君子而就小人, 疑有咎矣. 乃上承九五, 則懷柔之命出自上而非己之私; 欲拔初六於彙中而消其否, 初六亦資其誘掖, 進而麗吉亨之祉矣. 蓋初雖與陰爲彙, 而自安卑下, 其志能貞, 非若二・三之驕佞, 則四固不以峻拒爲道, 而五且任之以下濟. 當小人乘權之世, 初進之士, 不能自拔, 而迹與同昏, 拒之則終陷於惡, 引之則可使爲善. 處承宣之位者, 不得嚴立淸濁之辨而錮其嚮化之情, 所以收攬人才, 使陽得與而陰自孤. 此君子體國用人, 道之當然也. 范孟博唯不知此, 以掾吏而操郡守之權, 不請命而行其嚴厲, 不能曲諒人情, 以挽回匡救, 漫成黨錮之禍, 兩敗俱傷, 而國隨之, 豈非炯鑒哉!

---

227) 효위설(爻位說)에 의하면 초・3・5효는 홀수 위(位)기 때문에 굳셈[剛]의 자리요, 2・4・상효는 짝수 위(位)기 때문에 부드러움[柔]의 자리다.

'疇(주)'는 '짝'이라는 뜻의 '儔(주)'와 뜻이 통한다. 서로 응하여 대오를 이루는 것이니 여기서는 초육효를 가리킨다. '리(離)'는 '짝을 이루어 붙어있다'는 뜻이다. 구사효는 정괘(貞卦)의 세 음들과 경계를 이루며 서로 접하고 있다. 그런데 굳셈으로서 부드러움의 자리를 차지하고 있고 물러남의 효에 있으면서 도를 아래로 행하여 초육효에 응하기 때문에, 군자로서 소인에게로 나아가는 것이라 허물이 있지나 않을까 하고 의심할 수 있다. 그러나 이 구사효는 또한 위로 구오효를 받들고 있다. 그래서 부드러움(柔)들을 품에 안고자 하는 명(命)이 위에서 내리더라도 구사효는 그것을 자기의 사사로움으로 삼지 않고 초육효를 그 무리들 속에서 뽑아내어 그 비색함을 없애주고자 한다. 초육효도 그 유도와 부추김을 바탕으로 삼아 나아가서 길하고 형통함의 복을 함께 누린다.

이 비괘䷋에서는 초육효가 비록 음효들과 무리를 이루고는 있지만, 낮은 자리에 처해 있음에 대해 스스로 편안해 하며 그 뜻함을 올곧게 유지할 수 있다. 그래서 육이·육삼효처럼 교만하지도 간사스럽지도 않다. 그리고 구사효는 진실로 준열하게 거절함을 그 원칙으로 삼지 않는다. 구오효도 이런 구사효에게 아래로 이로움과 은택을 베풀어 만물을 키워내고 길러내는 임무를 맡긴다. 그 결과 구사효는 초육효와 짝을 이루어 함께 복을 누리는 것이라 여긴다.

소인이 권력을 쥐고 행사하는 세상에서는 처음으로 벼슬길에 나아간 선비로서 스스로는 몸을 빼낼 수가 없어서 행적이 이들과 함께 혼탁해지고는 한다. 그런데 그렇다고 하여 이들을 준열하게 물리치게 되면 이들은 끝내 악의 구렁텅이에 빠지고 말며, 끌어내어 주면 이들이 선한 사람이 되게 할 수 있다. 그리고 윗사람의 뜻을 받들어서 더욱 널리 드날리게 할 지위에 있는 사람은 청(淸)과 탁(濁)의 구별을 너무 엄격하게 내세운 나머지 그 교화에로 다가서 오고 싶어 하는 이들의 마음을 가로막아서는 안 된다. 그래서 인재를 거두어들여 끌어안음으로써 양에게는 더불어 있을 수 있게 하고 음에게는 저절로 고립되게 해야 한다. 이것이 바로 군자가 나라를 다스리고 인재를 기용하면서 운용해야 할 원리의 당연함이다.

그런데 범맹박(范孟博)228)은 오직 이 점을 알지 못했다. 그래서 아전으로서 군수의 권한을 틀어쥔 채 명(命)을 받지도 않고서 그 서릿발처럼 매시운 엄격함을 행사하였으니, 사람들의 실정을 구석구석까지 자세하

228) 범방(范滂; 137~169)을 가리킨다. 맹박(孟博)은 그의 자(字)다. 여남(汝南)의 후한 말기 인물로서, 정강(征羌; 지금의 하남성 漯河市 召陵區) 출신이다. 어려서부터 엄격한 성품이었고, '맑고 깨끗한 절개(淸節)'로 세상 사람들에게 칭송을 받았다. 그리하여 효렴(孝廉)으로 천거되어 청조사(淸詔使)・광록훈주사(光祿勳主事) 등을 지냈다. 나중에 여남태수가 되어서는 토호(土豪)들의 발호를 진압하기도 하였다. 환제(桓帝) 때 대기근이 들자 조정에서는 그를 기주(冀州)의 안찰사로 파견하였는데, 고상한 풍격에 굳은 절조를 지녔던 범방은 세상을 맑고 깨끗하게 하겠다는 뜻을 품고 이 일에 임하게 되었다. 그가 주(州)의 경계에 이르기가 무섭게 고을 수령들은 관직을 버리고 도망가기에 바빴다고 한다. 그도 역시 십상시의 부정부패를 반대하는 것으로 알려져 태학생들은 그를 '팔고(八顧)'의 하나로 칭했다. 그리하여 두 차례에 걸친 '당고의 화'에 범방도 모두 연루되었다. 그래서 연희(延熹) 9년(166년), 이응(李膺)・진번(陳蕃)・왕창(王暢) 등과 함께 체포되었다가 이듬해에 석방되었다. 고향으로 돌아온 그를 여남 고을의 사대부들이 열렬히 환영하였다고 한다. 그 2년 뒤인 영제(靈帝) 건녕(建寧) 2년(169년), 두 번째로 '당고의 화'가 일었을 적에, 그는 자진해서 출두하여 투옥되었다. 그 직전에 어머니에게 하직 인사를 하자 그의 어머니는 "너는 지금 이응(李膺)・두밀(杜密) 등과 나란히 이름을 날리게 되었는데 죽는다고 해서 무슨 여한이 있겠느냐!"라고 위로하였다고 한다. 옥중에서 범방은 죽었다. 그때 그의 나이는 겨우 33세였다.

게 알 수가 없었다. 이러한 방식으로 범맹박은 당시 나라의 잘못됨을 바로잡겠다고 밀어붙인 나머지 '당고의 화'가 널리 이루어지게 하였다. 그리하여 둘 다 같이 패하고 둘 다 같이 상처를 입는[兩敗俱傷] 결과를 초래하였으니, 한나라도 이를 따라 멸망의 길로 들어서게 하였다. 이것이 어찌 오늘날에 분명한 교훈이 되지 않으리오!

「象」曰: '有命无咎', 志行也.

「상전」: '명(命)이 있으나 허물이 없고'는 뜻한 것이 행해짐을 말한다.

承上以接下, 初六'在君'之志得以上通, 四乃上下交綏而無所疑沮也.

구사효가 윗사람을 받들면서 아랫사람과 접촉하니 초육효의 '임금과 함께 있고자 하는' 뜻함이 위로 통할 수 있게 된다. 구사효는 바로 위·아래 사람들을 교접하며 무마시키고 안심시킴으로써 서로 의심함이나 가로 막힘이 없어지게 한다.

九五, 休否, 大人吉, 其亡其亡, 繫于苞桑.

구오: 꽉 틀어 막힌 비색함에서 편안하게 살아감이니 대인이 길하다. "그 망할 것이다, 그 망할 것이다!" 하여 무성하게 무더기로 자란 뽕나무에 매어놓음이다.

'休', 安處也. 木叢生曰'苞'. 桑根入土深固, 叢生則愈固矣. 九五陽剛中正, 道隆位定, 安處不撓, 而又得四・上二陽以夾輔之, 故時雖否而安處自如, 大人靜鎭以消世運之險阻, 吉道也. 三陰據內以相迫, 雖居尊位, 權勢不歸, 危疑交起, 有'其亡其亡'之象焉; 而正己擇交, 不改其常度. 周公居東, 止流言之禍而靖國家, 用此道也. 朱子爲韓侂胄所錮, 禍將不測, 而靜處講學, 終免於患. 大人雖否, 而亦何不吉之有!

효사의 '休(휴)'는 편안하게 살아감을 의미한다. 나무가 무더기로 자란 것을 '苞(포)'라 한다.[229] 뽕나무 뿌리는 땅속에 깊이 파고들어서 굳다. 무더기로 자라나니 더욱 굳은 것이다. 구오효는 양의 굳셈으로서 가운데 자리를 올바르게 차지하고 있어서 도(道)가 융성하고 위(位)도 안정되어 있다. 그래서 편안하게 지내면서 어떤 것에도 흔들리지 않는다. 뿐만 아니라 구사・상구효가 옆에서 돕고 있다. 그러므로 비록 시대적으로는 비색하여 꽉 막혀 있으나 자신의 모습 그대로 만족하며 편안하게 지내고 있다. 그래서 대인이 고요한 가운데 세운(世運)의 험난하고 가로막힘을 진압하여 사라지게 함이니, 길한 도(道)다.

그런데 비괘䷋에서는 세 음효가 안에 근거지를 두고서 서로 핍박하고 있으니, 비록 구오효가 존귀한 지위를 차지하고는 있지만 권세가 그에게로 돌아오지 않고 위험과 혐의를 받음이 교대로 일어난다. 그래서 "그 망할 것이다, 그 망할 것이다!"라고 하는 상이 있다. 그러나 구오효는

229) 이는 『시경(詩經)』, 「대아(大雅)・행위(行葦)」라는 시(方苞方體, 維葉泥泥.)와 『시경』, 「소아(小雅)・사간(斯干)」(如竹苞矣, 如松茂矣.)편에 대한 풀이를 근거로 한 것으로 보인다. 「행위」의 시에 대해 정현(鄭玄)은 "苞(포)는 무성함이다."(鄭玄箋, 陸德明音義, 孔潁達疏, 『毛詩注疏』권24: 苞, 茂也.)라고 하였고, 「사간」이라는 시에 대해 주희는 "苞(포)는 무더기로 자라나서 단단함이다."(朱熹, 『詩經集傳』권5: 苞, 叢生而固也.)라고 하였다.

자기 자신을 올바르게 한 채 올바른 대상을 가려 사귀면서 그 상도(常度)를 바꾸지 않는다. 주공이 동쪽으로 가 지내면서 근거도 없이 떠도는 말을 그치게 하고 나라를 안정시켰던 데서[230] 사용한 방법이 바로 이것이다. 주희가 한탁주(韓侂胄)에 당고(黨錮)를 당했을 적에도[231] 화란이

---

230) 주공은 새삼 설명이 필요 없는 인물이다. 성인(聖人)의 반열에 속하는 사람으로서 주나라 문왕의 아들임과 동시에 무왕의 동생이었다. 성은 희(姬)씨고 이름은 단(旦)이다. 그의 형 무왕이 무력으로 은(殷)나라를 멸망시킨 뒤 겨우 2년 만에 병상에 눕자 주공은 스스로 글을 지어서 선대의 세 왕인 대왕(大王), 왕계(王季), 문왕(文王)에게 고하였다. 자신에게 어진 덕이 있고 다재다능(多才多能)하며 귀신을 섬길 수 있는 능력이 있기에 아직 어린 조카인 성왕(成王)을 대신하여 섭정할 테니 도와달라는 내용이었다. 이렇게 하게 된 데는 병상에 누운 형 무왕의 간곡한 부탁도 있었기 때문이었다. 이에 주공은 재삼재사(再三再四) 점을 쳐서 하늘의 뜻을 확인한 뒤 자신이 섭정하게 되었다. 그리고 그 책문(冊文)과 일련의 과정에 대한 기록을 궤에 넣고는 쇠줄로 묶어 아무도 모르게 보관해 두었다. 이를 '금등(金縢)'이라 한다.
무왕이 죽고 주공이 섭정에 들어가자 손위 형인 관숙(管叔)과 손아래 동생인 채숙(蔡叔)이 이에 불만을 품고 마음속으로 주공을 시기하며 유언을 퍼뜨렸다. 주공의 섭정이 성왕에게 결코 이롭지 않다는 것이다. 얼마 안 가 어린 왕으로부터 임금 자리를 빼앗으리라는 것을 암시였다. 성왕도 이에 마음이 흔들리고 주공을 의심하게 되었다. 그러자 주공은 재상 자리를 물러나 동쪽으로 가서 화란(禍亂)을 피하였다. 그리고 자신의 답답한 심경을 담아 「치효(鴟梟)」라는 시를 지어 성왕에게 바쳤다. 그해 가을 아직 추수를 하기 전이었는데 하늘에서는 거센 바람이 불며 벼락이 치자, 농작물을 다 쓰러지고 나무가 뿌리 채 뽑히는 현상이 일어났다. 이에 온 나라 사람들이 놀라 민심이 흉흉해지자 성왕은 「금등(金縢)」을 열어 보았다. 그리고는 주공의 충심을 알게 되었다. 그래서 성왕은 눈물을 흘리며 주공을 맞아들여 그에게 다시 정사를 맡겼다. 이상의 내용은 『서경(書經)』, 「금등(金縢)」 편에 나온다. 그 뒤 관숙과 채숙은 은나라 주왕(紂王)의 아들과 연대하여 반란을 일으켰다가 주공에게 진압되었다. 그리고 살해되었다.

장차 어떻게 전개될지 예측할 수 없는 상황이었기 때문에 주희는 조용한 곳에서 학문을 닦고 연구하면서 마침내 그 화를 면할 수 있었던 것이다. 그러므로 대인이 비록 비색하여 꽉 막혀 있다고 하더라도 또한 어찌 길하지 않음이 있으리오!

「象」曰: 大人之吉, 位正當也.

「상전」: 대인의 길함은 위(位)가 올바르고 마땅하기 때문이다.

有其德, 居其位, 孰能亡之哉!

그 덕을 지닌 채 그 위(位)에 자리잡고 있으니, 그 누가 그를 망하게 할 수 있으리오!

上九, 傾否, 先否後喜.

상구: 꽉 틀어 막힌 비색함을 미끄러지게 함이라, 앞서는 비색하지만 뒤에는 기쁘다.

上九遠處事外, 與陰絕無干涉, 而九五立本已固, 需時已審, 則上九可行其攻擊之威. 三陰否隔, 已肆行而無餘力, 六三之羞, 人知賤惡, 乘高

231) '경원당금(慶元黨禁)'을 가리킨다. 자세한 내용에 대해서는 주170)을 참고하라.

而下, 傾之易矣. 否者傾而人心悅矣.

상구효는 벌어지는 일과는 무관하게 멀리 처해 있어서, 이 괘의 정괘(貞卦)인 곤괘☷의 세 음효들과 절연하여 전혀 간섭함이 없다. 그리고 구오효가 근본을 세움도 벌써 굳건하며 필요한 때 이미 다 살폈으니, 상구효는 그 공격의 위엄을 행할 수 있다. 이 상구효에 이르러서는 세 음효가 비색하게 하고 격절하게 함도 벌써 그 방자함을 다해버려서 더 이상 위력이 없다. 육삼효의 수치심에 대해서도 사람들은 그것이 비천하고 혐오스러운 것임을 안다. 그리고 높은 상구효를 올라탔다가 내려가는 것이니 미끄러지기가 쉽다. 이렇게 하여 비색하게 하는 것이 미끄러져버리니, 사람들은 마음속으로 기뻐한다.

「象」曰: 否終則傾, 何可長也!

「상전」: 비색함이 끝나면 미끄러지니 어찌 오래갈 수 있겠는가!

'何可長', 言不可長也. 小人之伎倆已畢盡無餘, 天下皆憎惡之, 乘時而傾之, 當奮剛斷, 無使滋蔓也.

'어찌 오래갈 수 있겠는가!'라고 하는 것은 오래갈 수 없다는 말이다. 소인의 기량이 이미 조금도 남음이 없이 다 소진되었고, 세상 사람들이 모두 그들을 증오하며, 때를 타고서 미끄러졌으니, 마땅히 분발하여 굳세게 결단함으로써 더 이상 그러한 소인들이 생겨나서 번성하지 않도록 해야 한다.

지은이

왕부지(王夫之)

1619년 9월(음): 중국 호남성(湖南省) 형주부(衡州府; 오늘날의 衡陽市) 왕아평(王衙坪)의 몰락해가는 선비 집안에서 아버지 왕조빙(王朝聘; 1568~1647)과 어머니 담씨(譚氏) 부인 사이에 3남으로 태어났다. 어려서의 자(字)는 '삼삼(三三)'이었고, 성장한 뒤의 자(字)는 '이농(而農)'이었다. '부지(夫之)'는 그 이름이다. 왕부지의 호는 대단히 많다. 대표적인 것만을 소개하면, 강재(薑齋), 매강옹(賣薑翁), 쌍길외사(雙吉外史), 도올외사(檮杌外史), 호자(壺子), 일호도인(一瓠道人), 선산노인(船山老人), 선산병수(船山病叟), 석당선생(夕堂先生), 대명전객(大明典客), 관아생(觀我生) 등이다. 호는 20개가 넘는데, 스스로는 '선산유로(船山遺老)'라 불렀다. 왕부지와 함께 명조(明朝)의 세 유로(遺老)로 불리는 황종희(黃宗羲; 1610~1695)보다는 9살 아래고, 고염무(顧炎武; 1613~1682)보다는 6살 아래다. 동시대에 활약한 대학자 방이지(方以智; 1611~1671)보다는 8살 아래다.

1622년(4세): 자신보다 14살 연상의 큰형 왕개지(王介之; 1605~1687)에게서 글을 배우기 시작하다. 왕개지는 그의 자(字)를 좇아 '석애(石崖)선생'으로 불렸는데, 경학(經學)에 조예가 깊은 학자로서 『주역본의질(周易本義質)』과 『춘추사전질(春秋四傳質)』 등의 저술을 남겼다. 왕부지는 9살 때까지 이 왕개지로부터 배우면서 많은 영향을 받았다. 그런데 왕부지는 7살에 13경을 다 읽을 정도여서 '신동(神童)'으로 불렸다.

1628년(10세): 아버지에게서 경전을 배우기 시작하다.

1637년(19세): 형양(衡陽)의 재야 지주인 도씨(陶氏)의 딸에게 장가들다. 이해부터 숙부 왕정빙(王廷聘)에게서 중국의 역사를 배우기 시작하였다.

1638년(20세): 장사(長沙)의 악록서원(嶽麓書院)에 입학하다. 동학인 광붕승(鄺鵬升) 등과 함께 '행사(行社)'라는 독서 동아리를 만들어 경전의 의미와 시사(時事)에 대해 토론하였다.

1639년(21세): 관사구(管嗣裘) · 곽봉선(郭鳳躚) · 문지용(文之勇) 등 뜻이 맞는 벗들과 함께 '광사(匡社)'라는 동아리를 꾸려 정권의 잘잘못과 예측 불가능할 정도로 급변해가는 시사에 대해 토론하며 대안을 세웠다.

1644년(26세): 청나라 세조(世祖)가 북경에 천도하여 황제로 즉위하고 청나라 왕조를 세웠다. 왕부지는 명나라 멸망에 비분강개하며 『비분시(悲憤詩)』 100운(韻)을 짓고 통곡하였다. 그리고 형산(衡山)의 쌍길봉(雙吉峰)에 있는 흑사담(黑沙潭) 가에 초가집을 짓고 거처하며 '속몽암(續夢庵)'이라 불렀다.

1646년(28세): 비로소 『주역』을 공부할 뜻을 세우고 『주역패소(周易稗疏)』 4권을 지었다. 아버지로부터 『춘추』를 연구하여 저술을 내라는 명을 받았다. 도씨(陶氏) 부인과 사별하였다.

1647년(29세): 청나라 군대가 형주(衡州)를 함락시키자 왕부지 일가는 흩어져 피난길에 올랐다. 이 도피 생활 중 그의 아버지가 서거하였다.

1648년(30세): 왕부지는 형산(衡山) 연화봉(蓮花峰)에 몸을 숨긴 채 『주역』 공부에 더욱 매진하였다. 그러다가 기회를 타서 벗 관사구(管嗣裘)·하여필(夏汝弼)·성한(性翰; 승려) 등과 함께 형산 방광사(方廣寺)에서 거병하였다. 그러나 이 의병활동이 실패로 돌아가자 밤낮으로 험한 산길을 걸어가 당시 조경(肇京)에 자리 잡고 있던 남명정부 영력(永曆) 정권에 몸을 맡겼다. 병부상서 도윤석(堵允錫)의 추천으로 한림원 서길사(庶吉士)에 제수되었으나 부친상이 끝나지 않은 이유로 사양하였다.

1649년(31세): 왕부지는 조경(肇京)을 떠나 구식사(瞿式耜)가 방어하고 있던 계림(桂林)으로 갔다. 그리고는 다시 계림을 떠나 청나라 군대의 수중에 있던 형양(衡陽)으로 돌아와 어머니를 모시고 살게 되었다.

1650년(32세): 부친상을 마친 왕부지는 당시 오주(梧州)에 자리 잡고 있던 남명 정부를 다시 찾아가 행인사행인(行人司行人)의 직책을 맡게 되었다. 그런데 조정의 실세인 왕화징(王化澄)의 비행을 탄핵하다 그의 역공을 받아 투옥되었다. 농민군 수령 고일공(高一功; 일명 必正)의 도움으로 간신히 죽음을 면한 왕부지는 계림으로 가서 구식사(瞿式耜)의 진영에 합류하게 되었다. 그러나 청나라 군대가 계림을 핍박하는 바람에 다시 피난길에 올라 산간 오지에서 나흘을 굶는 등 갖은 고초를 겪었다. 이해에 정씨(鄭氏)부인과 재혼하였다.

1654년(36세): 상녕(常寧)의 오지 서장원(西莊源)에서 이름을 바꾸고 복식을 바꾼 채 요족(瑤族)에 뒤섞여 살았다. 이때의 경험으로 왕부지는 중국 소수민족들의 생활상을 알게 되었고, 이들에 대한 인식을 바꾸게 되었다. 그리고 명나라 멸망으로부터 얻은 교훈을 정리하는 저술활동에 몰두할 결심을 굳힌다.

1655년(37세): 진녕(晉寧)의 산사(山寺)에서 『주역외전』을 저술하였고, 『노자연(老子衍)』 초고를 완성하였다.

1657년(39세): 4년 가까이 지속된 도피생활을 마치고 서장원에서 돌아와 형산 쌍길봉(雙吉峰)의 옛 거처 속몽암(續夢庵)에서 기거하게 되었다. 그리고 유근로(劉近魯)의 집을 방문하여 6천 권이 넘는 장서를 발견하고는 그 독파에 시간가는 줄을 몰랐다.

1660년(42세): 속몽암으로부터 형양(衡陽)의 금란향(金蘭鄉; 지금의 曲蘭鄉) 고절리(高節里)로 거처를 옮겼다. 수유당(茱萸塘) 가에 초가집을 짓고 '패엽려(敗葉廬)'라 부르며 기거하였다.

1661년(43세): 정씨부인과 사별하였다. 정씨부인의 이해 나이는 겨우 29세였다. 아내의 죽음에 깊은 상처를 받은 왕부지는 그 쓰라린 감정을 애도(哀悼) 시로 남긴다.

1662년(44세): 남명(南明)의 영력제(永曆帝)가 곤명(崑明)에서 오삼계(吳三桂)에게 살해당했다는 소식을 듣고 『삼속비분시(三續悲憤詩)』 100운(韻)을 지었다.

1665년(47세): 여전히 패엽려에 기거하며 『독사서대전설(讀四書大全說)』 전 10권을 중정(重訂)하였다.

1669년(51세): 장씨(張氏)부인을 세 번째 부인으로 맞이하였다. 이해에 30세부터 써오던 근고체 시집 『오십자정고(五十自定稿)』를 펴냈다. 그리고 『속춘추좌씨전박의(續春秋左氏傳博議)』 상·하권을 지어서 부친의 유명(遺命)에 부응하였다. 수유당(茱萸塘) 가에 새로이 초가집 '관생거(觀生居)'를 짓고 겨울에 이사하였다. 그 남쪽 창가에 유명한 "六經責我開生面(육경책아개생면), 七尺從天乞活埋(칠척종천걸활매)"라는 대련(對聯)을 붙였다. 뜻은 "육경이 나를 다그치며 새로운 면모를 열어 보이라 하니, 이 한 몸 하늘의 뜻을 좇으며 산채로 묻어 달라 애걸하네!" 이제부터는 육경 공부가 하늘의 뜻인 줄 알고 거기에 온 생애를 걸겠다는 다짐으로 보인다. 중국 산천을 이민족에게 내준 것, 자신이 그것을 만회하기 위해 애썼지만 결국 부질없음으로 돌아간 것 등이 모두 하늘의 뜻이라 여기며, 이제 자신의 갈 길을 육경 공부로 정하였다는 것이다. 이것이 스스로 자부하는 문화민족으로서 한족(漢族) 지식인에게 허락된 길이라는 깨달음을 반영한 것으로 보인다.

1672년(54세): 『노자연(老子衍)』을 중정(重訂)하였다. 그러나 불행히도 그의 제자 당단홀(唐端笏)이 이것을 빌려갔다가 그 집이 불타는 바람에 그만 소실(燒失)되고 말았다. 지금 전해지는 것은 그가 37세 때 지은 초고본이다.

1676년(58세): 상서초당(湘西草堂)에 거처하기 시작하다. 『주역대상해(周易大象解)』를 지었다.

1679년(61세): 『장자통(莊子通)』을 짓다.

1681년(63세): 『상종락색(相宗絡索)』을 지었다. 그리고 제자들의 요청에 의해 『장자(莊子)』 강의용 『장자해(莊子解)』를 지었다.

1685년(67세): 병중임에도 제자들의 『주역』 공부를 독려하기 위해 『주역내전』 12권과 『주역내전발례』를 지었다.

1686년(68세): 『주역내전』과 『주역내전발례』를 중정(重訂)하였고, 『사문록(思問錄)』 내・외편을 완성하였다.

1687년(69세): 『독통감론(讀通鑑論)』을 짓기 시작하다. 9월에 병든 몸을 이끌고 나가 큰형 왕개지(王介之)를 안장(安葬)한 뒤로 다시는 바깥출입을 하지 않았다.

1689년(71세): 병중에도 『상서인의(尙書引義)』를 중정(重訂)하였다. 이해 가을에 「자제묘석(自題墓石)」을 지어 큰아들 반(攽)에게 주었다. 여기에서 그는, "유월석(劉越石)의❶ 고독한 울분을 품었지만 좇아 이룰 '명'(命)조차 없었고❷, 장횡거(張橫渠)의 정학(正學)을 희구했지만 능력이 부족하였다. 다행히 이곳에 온전히 묻히나❸ 가슴 가득 근심을 안고 세상을 하직하노라!"❹라고 술회하고 있다.

1690년(72세): 『장자정몽주(張子正蒙注)』를 중정(重訂)하였다.

---

❶ 유곤(劉琨: 271~318)을 가리킨다. '월석(越石)'은 그의 자(字)다. 유곤은 서진(西晉) 시기에 활약했던 인물이다. 그는 건무(建武) 원년(304년) 단필제(段匹磾)와 함께 석륵(石勒)을 토벌하게 되었는데, 단필제에 농간에 의해 투옥되었다가 죽임을 당하였다. 나중에 신원되어 '민(愍)'이라는 시호를 추서 받았다. 이처럼 자기도 모르는 사이에 진행된 일 때문에 정작 이적(夷狄)을 토벌하려던 입지(立志)는 펴보지도 못하고 비명에 간 유곤의 고분(孤憤)을 왕부지는 자신의 일생에 빗대고 있다.

❷ 이해는 명나라가 청나라에 망한 지 벌써 48년의 세월이 흐른 뒤이다. 왕부지는 명조(明朝)의 멸망을 통탄해 마지않았고, 끝까지 명조에 대한 대의명분을 지키며 살았다. 이처럼 한평생을 유로(遺老)로 살았던 비탄(悲嘆)이 이 말 속에 담겨 있다.

❸ 이 말은 그와 더불어 청조(淸朝)에 저항하였던 황종희(黃宗羲), 고염무(顧炎武), 부산(傅山), 이옹(李顒) 등이 비록 끝까지 벼슬을 하지 않으면서도 치발령(薙髮令)에는 굴복하여 변발을 하였음에 비해, 왕부지 자신만은 이에 굴하지 않고 죽을 때까지 머리털을 온존하며 복색(服色)을 바꾸지 않았음을 술회하는 것처럼 보인다.

❹ 王之春, 『船山公年譜』(光緒19年板), 「後篇」, 湖南省 衡陽市博物館, 1974: 抱劉越石之孤憤, 而命無從致; 希張橫渠之正學, 而力不能企. 幸全歸于玆邱, 固銜恤以永世."

1691년(73세): 『독통감론(讀通鑑論)』 30권과 『송론(宋論)』 15권을 완성하였다.

1692년(74세): 정월 초이튿날(음) 지병인 천식으로 극심한 고통 속에 서거하다.

[저서]

왕부지는 중국철학사에서 가장 방대한 양의 저술을 남긴 인물 중의 한 사람으로 꼽힌다. 대표적인 것만 꼽아도 다음과 같다.

『주역내전(周易內傳)』, 『주역외전(周易外傳)』, 『주역대상해(周易大象解)』, 『주역고이(周易考異)』, 『주역패소(周易稗疏)』, 『상서인의(尙書引義)』, 『서경패소(書經稗疏)』, 『시경패소(詩經稗疏)』, 『시광전(詩廣傳)』, 『예기장구(禮記章句)』, 『춘추가설(春秋家說)』, 『춘추세론(春秋世論)』, 『춘추패소(春秋稗疏)』, 『속춘추좌씨전박의(續春秋左氏傳博議)』, 『사서훈의(四書訓義)』, 『독사서대전설(讀四書大全說)』, 『설문광의(說文廣義)』, 『독통감론(讀通鑑論)』, 『송론(宋論)』, 『영력실록(永曆實錄)』, 『장자정몽주(張子正蒙注)』, 『사문록(思問錄)』, 『사해(俟解)』, 『악몽(噩夢)』, 황서(『黃書)』, 『노자연(老子衍)』, 『장자해(莊子解)』, 『장자통(莊子通)』, 『상종락색(相宗絡索)』, 『초사통석(楚辭通釋)』, 『강재문집(薑齋文集)』, 『강재시고(薑齋詩稿)』, 『곡고(曲稿)』, 『석당영일서론(夕堂永日緖論)』, 『고시평론(古詩評選)』, 『당시평선(唐詩評選)』, 『명시평선(明詩評選)』

김진근

연세대학교 철학과에서 학부, 대학원을 마침(문학사, 문학석사, 철학박사. 지도교수: 裵宗鎬・李康洙)
북경대학 고급진수반(高級進修班) 과정 수료(지도교수: 朱伯崑)

- 연세대학교, 덕성여대 등에서 강의
- 한국교원대학교 교수(현재)
- 국제역학연구원(國際易學研究院) 상임이사
- 한국동양철학회(韓國東洋哲學會) 감사(전)
- 한국교원대학교 도서관장(전)

[대표 논문]

- '강남스타일'과 극기복례
- 왕부지의 『장자』 풀이에 드러난 '무대' 개념 고찰
- 왕부지의 겸괘 「대상전」 풀이에 담긴 의미 고찰
- '互藏其宅'의 논리와 그 철학적 의의
- 船山哲學的世界完整性研究(中文) 외 30여 편

[저서]

- 왕부지의 주역철학
- 주역의 근본 원리(공저)

[역서]

- 완역 역학계몽
- 역학철학사(전8권, 공역) 외

한 국 연 구 재 단
학술명저번역총서
[동 양 편] 613

주역내전 ❶

초판 인쇄 2014년 12월 01일
초판 발행 2014년 12월 15일

지 은 이 | 왕부지(王夫之)
옮 긴 이 | 김진근(金珍根)
펴 낸 이 | 하운근
펴 낸 곳 | 學古房

주 소 | 서울시 은평구 대조동 213-5 우편번호 122-843
전 화 | (02)353-9907 편집부(02)353-9908
팩 스 | (02)386-8308
홈페이지 | http://hakgobang.co.kr/
전자우편 | hakgobang@naver.com, hakgobang@chol.com
등록번호 | 제311-1994-000001호

ISBN 978-89-6071-452-6 94140
978-89-6071-287-4 (세트)

갑 : 28,000원

■ 이 저서는 2011년 정부(교육과학기술부)의 재원으로 한국연구재단의 지원을 받아 수행된 연구임 (NRF-2010-421-A00022).
This work was supported by National Research Foundation of Korea Grant funded by the Korean Government (NRF-2010-421-A00022).

이 도서의 국립중앙도서관 출판시도서목록(CIP)은 서지정보유통지원시스템 홈페이지(http://seoji.nl.go.kr)와 국가자료공동목록시스템(http://www.nl.go.kr/kolisnet)에서 이용하실 수 있습니다.(CIP제어번호: CIP2014034842)